한국고대사의
뒷골목

한국고대사의 뒷골목

박인호 지음

좋은땅

죽은 원고 고환 만지기

며칠 전 국세청에서 문자가 왔습니다. 2018년에 어느 출판사와 계약을 하면서 떼어 간 세금, 3만 원을 환급해 준다는 내용이었습니다. 그때 계약을 했던 원고가 이것입니다. 출판만 남았는데, 어찌어찌하여 나오지 못하는 신세가 되었습니다. 한동안 '멘붕'상태에 있다가 다시 추스르고 아직도 쓰고 있는 두 번째 원고를 만지작거리는 사이에(또 어찌어찌하다 보니 일은 계속 늦어집니다) 시간이 이렇게 흘러 버린 것입니다.

한 번 버려졌으니 아예 묻어 버릴까 하다가 지금 하고 있는 작업과 다음, 다다음을 기다리고 있는 이야기가 조금씩 이어지는 것이라 결국 이것을 내놓아야 하겠구나란 생각을 하게 될 무렵, 갑작스런 문자와 함께 지나온 날을 돌아보니 복잡한 심경이 됩니다.

일을 하고 돈을 못 받은 건 이제 세는 게 귀찮고, 책이 나왔다는 경력이 중요한 시점에 쓴 원고들은 책이 되지 못하였습니다. 그 외에도 스스로의 과오에 의해 자빠진 것과 옆 사람이 쓰러지는데 덩달아 먹살 잡혀 넘어진 것을 합해 보니, 10타수 무안타에 출루율 0의 상태가 되었습니다. 역사책에 적힐만한 이야기를 읽다 직접 그 상황이 되어 보니 유쾌한 일은 아니었습니다. 그래도 어떻게든 빠져나오려고 발버둥 치는 것이 구렁에 빠진 이의 권리이자 의무 아니겠습니까?

　그래도 진흙탕에서 허리를 지나 목까지 잠기는 동안, 잊지 않고 불러 주었던 가까운 이들 모두에게 이 책을 바칩니다.

2024년 1월

뒷골목을 떠돌아다니며

1

조금 전까지 가지 않았던 길, 수도 없이 지나치면서 몰랐던 뒷골목을 걷고 있었습니다. 때로는 한참 전에 들른 적이 있었던 좁은 길과 만나 '아! 이 길과 이렇게 만나는구나' 감탄사를 던져 보기도 하고, 아주 오래전에는 갔으나 한동안 존재조차 잊고 있었던 시장골목을 가로질러 가 보기도 하였습니다. 걷는 것보다 버스를 타고 다니는 일이 더 많아진, 낯선 곳에 대한 흥미가 많이 줄어들었던 나날에 새로운 길을 만나 걷고 있습니다. 평소라면 언덕길을 만나면 멀리 빙 돌아가는 것을 택하지만 오늘은 한 번 올라가 보았습니다. 그리고 몰랐던 골목길을 또 하나 찾았습니다.

2

보통은 제목을 지을 때가 서문을 쓰는 것보다 더 어렵습니다. 글이 어떻게 나아갈지 모르니 서문은 제일 나중에 쓰라고 배워서, 늘 서문 쓰기를 뒤로하는데 그때까지도 제목을 정하지 못하는 경우가 많았습니다. 그런데 이 책의 제목만은 글을 시작하기 한참 전에 지었습니다. 언젠가 서울의 1호선 시청역의 내부를 단장하는 공사를 할 적에 천장의 배선이나 관을 가리는 천장의 판자가 철거된 것을 보며 지었습니다. 건물이 제 기능을 하기 위해선 조명이나 각종 기기를 움직일 전기가 필요하고, 물이 필요하고, 때때로 공기도 통해야 합니다. 그 장치들은 복잡하고도 때론 정돈되지 않음이 있어 가려진 공간이 필요한 것이죠. 역사도 그런 면이 있지 않을까요? 무심히 액정화면만 보며 지나가는 사람들의 삶을 유지하기 위해서 보이지 않는 곳에서 움직이는 것들에 대해 쓰는 것이어야 한다는 생각을 했습니다. 이 글은,

평소에 어떤 부분에 대해 수업을 할 때, 30분, 또는 45분에 가까운 시간을 배경 이야기하는 데 사용하곤 하였습니다. 7세기의 한반도를 둘러싼 국제전이라거나, 프랑스혁명이라거나, 또는 청일전쟁과 러일전쟁을 이야기할 때, 칠판에 지도를 그려 놓고는 등장인물이나 국가의 상황, 그리고 배경이 되는 상황, 제도를 이야기하는 데 거의 모든 시간을 썼습니다. 편하게 먹여 주는 지식만을 받아먹는 시대에 어떤 이가 보기엔 가장 기본적인 사실은 책을 읽으라고 말하는 무책임한 사람으로 보였을지는 모르지만, 적어도 단순 사실을 암기하라 말하는 강사가 되고 싶진 않았으니까요. 알아도 그 의미를 이해하지 못하던가, 전혀 다른 내용으로 오인하여 자랑스럽게 이야기하는 사람들이 넘쳐 납니다. 개중에는 전혀 들어 보지도 못한 뇌 내 망상을 정설이라 쓰는 것을 보고 나의 세계선은 그들과 다른가 탄식한 적도 종종 있지요.

3

역사라는 것을 공부한 이래 뇌리에 가장 깊게 박힌 단어는 '구조'입니

다. 하나의 사건, 한 인물의 행적이 있기까지 그것을 만든 배경과 필연으로 인도하는 흐름. 어떤 흐름을 유지하게 하는 것은 사실 두드러지게 드러나지 않습니다. 어떤 가수의 공연장에서 대다수의 사람은 무대 위의 주인공을 보지만, 개인적으로 그 공연을 위해 많은 사람들이 보이지 않는 곳에서 일하는 것처럼, 무언가를 뒷받침하기 위해 움직이는 것을 보는 것을 좋아합니다. 그래서 전쟁을 공부할 때도, 영웅의 활약상보다는 그가 먹는 음식과 사용하는 무기, 그리고 언제든지 싸울 수 있게 지원하는 것에 눈길이 갔습니다. 이를테면 용사와 마왕이 대결하는 이세계 판타지에서 마왕이나 용사보다 길드의 접수원, 대장장이, 농부, 떠돌이 음유시인의 이야기가 더 소중하다고 믿는 쪽입니다. 그들의 시각에서 보는 이야기는 얼마나 달라질까요?

4

살아오면서 지금까지 들었던 평가 중에서 제일 맘에 드는 것은 '**하고픈 것은 정말 많은데 능력은 없고, 또 의욕도 없지**'란 말이었습니다. 어떤 사람들은 너무 심한 말이 아니냐고 하지만, 하나도 틀린 말이 없습니다. 그 말을 하신 분이 저를 가장 정확하게 파악한 것이라 생각합니다. 그동안 해 온 것을 돌아봐도, 구조를 좋아한다고 말하지만 거대한 구조를 이해할 만큼 총명하지 않으며, 뒷골목의 사람들을 이야기한다고 하지만 딱히 민중사의 입장에 서 있는 것도 아닙니다. 글을 쓰는 것이 일이라고 하지만 물 흐르듯 독자들의 시간을 훔칠 만큼의 글재주를 가진 것도 아닙니다. 더 심각한 문제는 제대로 아는 것조차 없다는 것이지요. 공부는 결코 쉬운 것이 아닙니다. 네가 최종 보스구나 하고 열심히 깨고 나면 '그놈은 우

리 사천왕 중 최약체'란 말을 하는 자가 끊임없이 나옵니다. 끊임없이,

어렸을 때 '죽도 밥도 안 되는 건 피해라'란 말을 듣고 살았는데, 이따금 나란 요리는 죽인가 밥인가 도무지 알 수 없을 때가 늘 찾아옵니다. 하지만 이런 부족함을 가지고 가급적이면 뒷골목에서 바라보는 관점에서 보여 주려고 노력하였습니다. 사마천이나 김부식도 자신의 글은 고이 간직할 수준의 것은 아니라 하였습니다. 그런 사람들도 자신의 글에 대해 그리 표현하는데, 훨씬 못 미치는 사람이 '엣헴, 내 글은 걸작이오'라고 할 수는 없지 않을까요?

5

개인적으로 글을 쓰는 것은 덜어 내기의 과정이었습니다. 하고픈 말이 너무 많으면 머릿속 우거진 풀숲에 걸려 넘어지곤 했습니다. 글이 잘 써질 때는 고민 없이 베어 낼 수 있었을 때였습니다. 모든 말을 적고, 모두 이야기하는 것은 불가능합니다. 얇은 기둥으로서는 지탱할 수 없는 지붕을 짓는 일이지요. 그렇게 조심조심하였음에도 정작 나오는 결과물이 어떤 것인지 스스로 알기는 어렵습니다. 이제 판단을 남길 때가 왔습니다.

2024년 2월 1일
잠시 쉬던 찻집을 나서 다시 골목길로 들어가며

차례

V. 통일 이후부터 고대의 종언까지

I.

고대사의 토양에
뿌려진 씨앗들

01
한국고대사의 시공간 – 뒷골목은 어디에 있는가?

맨 첫머리에 이런 이야기를 하면 읽다가 덮지 않을까 하는 두려움은 들지만 그래도 앞으로 펼쳐질 이야기는 어떤 것인가에 대한 이야기는 먼저 해야 할 것 같습니다. 고대사란 무엇인가를 이야기하기 전에 고대라는 시간과 공간적 범위를 알려 드리는 것이 이 글을 읽어 주실 분들에게 길잡이가 되겠지요. 물론 평소에 이런 글을 종종 읽어 잘 아는 분들도 계시겠고, 개중에는 한국고대사를 연구하는 학자들이 어떤 주장들을 했는지 아실 분도 있을지 모릅니다. 그러나 강의하든, 원고를 쓰든 이야기를 풀듯, 이런 류의 글을 쓰는 사람이 마주 서야 할 대상은 잘 모르시는 분이 되어야 합니다. 잘 아시거나, 더 나아가 생각이 다른 분들은 이 대목을 건너뛰어서도 무방할 것 같습니다.

언제부터 언제까지를 고대사라고 부르는가?

사실 고대사의 시작이란 것이 누군가 '이제부터 고대가 시작됩니다'라며 망치를 두드리거나 긴 줄을 가위로 끊는 행사가 있는 것은 아니니, 명백히 언제부터 선사가 끝나고 고대가 시작되는가를 말하긴 어렵습니다.

설령 누가 이제부터 시작이라고 주장하더라도 '아니거든! 우린 아직 선사시대거든!'이라고 반박할 수도 있습니다. (실제로 한반도의 북쪽과 남쪽의 시간 차이는 시기를 거슬러 올라갈수록 벌어집니다) 그러므로 언제부터 고대사라는 시점을 잡아낼 수 없습니다.

학계에서는 최초의 국가로 알려진 고조선부터 고대사의 시작으로 봅니다. 고조선의 건국 시점을 고대의 시작으로 본다는 의미가 아니라(고조선이 언제 성립했나를 정확히 알 수 없으니까요), 고조선에 대한 것은 고대사의 영역에서 다루자는 일종의 구획 정리에 가깝습니다. 정확한 시기는 고고학의 자료 증가에 따라 조금씩 변화할 것이니 현재로선 가장 무리없는 방법이 될 것입니다. 흔히들 선사시대와 역사시대의 구분은 문자 사용, 역사 기록의 유무로 결정된다고들 하는데, 국가가 세워졌는데도 문자를 가지지 못한 곳이 더 많으니 약간 조심스럽게 써야 하는 말입니다.

한국고대사의 처음과 끝을 어떻게 정의할 것인가에 대해선 100명의 연구자가 100가지의 생각을 가지고 있다고 해도 과언이 아니지만, 처음은 대략 일치하지요. 그런데 그 끝에 대해서는 매우 다양한 의견을 내놓고 있습니다. 그중에서 가장 이른 것은 북한 학자들의 주장입니다. 그들의 연구는 남쪽과 달리 당에서 결정한 역사의 기준을 학자들이 입증한다는 식이라 우리가 알고 있는 일반적인 학문 연구와는 좀 다른 모습입니다. (지금은 주체사상이 더 중요하지만) 공산 진영의 역사관인 5단계설에 입각해서 고대는 노예제 사회가 주축이었다 규정하고, 고조선과 진국을 고대사에 넣고, 삼국시대부턴 중세 봉건제 사회라고 정의합니다. 그에 반해 현재 남한을 중심으로 가장 폭넓게 지지를 받는 주장은 936년 신라가 고려에 항복하면서 고대가 끝난다고 보는 쪽입니다. 하지만 1980년대부터 새로운 관점이 대두했는데 7세기 후반부터 중세가 시작된다고 보는 설입니다. 신라가 고구려와 백제를 무너뜨리고 삼국을 통일한 것은 한국 역사상 대사건인데, 같은 신라지만 그 이전과 그 이후는 질적으로 매우 달라져 오히려 후대의 고려나 조선에 더 가깝다는 주장입니다. 아직은 935년 설이 더 지지를 받지만, 그에 못지않게 중요한 설로 자리를 잡고 있습니다.

가장 마지막으로 이야기할 것이 고려 후기입니다. 사회경제사의 시각에서 나온 주장인데, 국가가 세금을 걷고, 백성들을 관리하는 것이 시대 구분의 중요한 기준이어야 한다는 주장입니다. 삼국시대로부터 인두세를 걷는 것이 국가의 변화에도 근본적으로 바뀌지 않았다고 하는데 이것이 재산세의 형태로 바뀌게 되면서 시대 변화의 근본적인 전환이 되었다는 거지요. 이 관점에 따르면 고대의 종말은 무신정권기를 거치며 시작되며 조선 건국이 본격적인 중세의 시작이라고 합니다. 그런데 이 설에 대해 처음 들어 보신 분들이 많을 텐데, 이렇게 생각하는 분이 매우 적기 때문입니다. 주장자도 돌아가신 지 오래지요. 개인적으로 지지하는 것은 아니지만 매우 중요한 연구사적 의미가 있다고 생각합니다.

고대의 시작이야 어느 정도 합의가 되었다지만 끝나는 시점은 매우 다양합니다. 가장 이른 것이 서력 전후이고 가장 늦은 것이 무신정권으로 잡아도 1170년입니다. 어림잡아 1200년이나 차이 나는 것이지요. 이쯤 되면 너무 간격이 넓다고 생각하시겠지만, 인류의 시작이 언제부터냐 300만 년 전이냐, 500만 년 전이냐, 아니면 700만 년 전이냐 하는 것보다는 훨씬 좁은 간격입니다. (고고미술사를 전공한 어느 선배가 '넌 천 년 갖고 힘들어하냐? 난 수백만 년'이라고 말했습니다!!) 이는 고대국가의 성격에 대한 정의만 정해지면 쉽게 좁힐 수도 있는 시간의, 관점의 틈입니다. 어느 것이 맞는 것일까? 주사위를 굴리거나 동전 던지기로 정할 수는 없습니다. 또는 사람들을 잔뜩 모아 놓고 다수결에 의해서 답을 정할 수는 없습니다. 각자의 생각에 따라 정하고, 동조하는 이가 많으면 그것이 정설에 가깝게 되겠지요. 그렇다면 이 글을 쓰는 너는 어떠한가 물어보실 수 있습니다. 만약 북한 학자들과 생각이 같다면, 이 글은 원고지 6~700매짜리가 될 것입니다. 반대로 조선을 중세의 시작으로 본다면 3,000매를 써야 할 것입니다. (물론 차례를 먼저 보신 분들은 어떤 쪽인지 아시겠지만) 개인적으로는 신라와 고려의 교체기가 고대의 종말이라는 데 한 표를 던지는 쪽입니다. 그래서 원고지 1,400매를 갓 넘긴 수준에서 글을 마치게 되겠지요. 여기에 대해 이야기하자면 새로 한 권을 써도 부족할 테니 이번엔 공간으로 화제를 바꿔 보겠습니다.

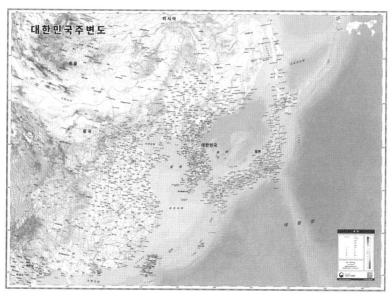

오늘날의 한반도와 주변 국가들(국토지리정보원)

고대사의 공간은 어떨까요? 먼저 위의 지도를 볼까요? 한국사의 무대니 당연히 한반도와 제주도 및 주변 섬 지역은 들어가야 할 것입니다. 그리고 거기에 한반도 북부와 연결된 중국의 동북 3성의 일부도 역사의 무대에 포함될 것입니다. 그러니까 현재 대한민국과 조선민주주의인민공화국, 그리고 중화인민공화국 3국이 한국고대사의 무대를 차지하고 있는 것입니다. 한반도 남부에서 일어난 백제, 신라, 가야, 마한·진한·변한의 삼한, 동예와 옥저 같은 정치체와 달리 북부의 고조선, 부여, 고구려, 발해에 현실 정치의 굴레가 씌여져 있습니다. 그 정치체들이 자리한 곳이 현재의 중국 동북 지방에 걸쳐 있기 때문입니다.

한국에서는 일부 사람들이 고토 회복을 부르짖으며 거긴 우리가 찾아야 할 땅이라 주장하고, 중국에서는 청나라 건륭제 당시 영역 안에 있었던 지역은 모두 중국이다. 그러므로 그 자리에 존재하던 나라들은 전부 중국의 지방정권이라는 주장을 폅니다. 어떤 이들에겐 거긴 현재도 한민족의 땅이거나, 중화민족의 역사에 속해야 하는 것입니다. 지난 세기 중국은 처음에는 발해를 자기네 역사에 속한 당의 지방정권이라 하다가, 고구려의 계승국가라는 반론을 극복하기 위해 '그렇다면 고구려도 우리 중국 꺼'라는 주장을 펴고 있지요. (그러다 고조선을 언급하더니 슬그머니 남쪽의 역사도 겨냥하는 추세입니다) 그 동북공정이란 국가의 역사 프로젝트에 중요한 이론적 근거를 구축한 어느 중국 학자는 심지어 한반도 이남만 한민족이라는 주장을 하기도 했습니다. (요즘은 그 학자의 주장도 순한 맛입니다) 이렇게 수천 년 전의 이야기를 하는데도 현실 정치가 개입되니, 시간과 달리 공간을 이야기할 때 자기도 모르게 조심스럽게 상대의 반응을 살피는 일도 있습니다.

개인적으로 과거에 우리가 가졌으니 지금 우리 땅이어야 한다는 사람들의 주장을 모두 받아들여 그 주장의 면적만큼 준다면 지구가 500개 있어도 부족할 것입니다. 이른바 고토 회복을 부르짖는 사람들이 동아시아에만 존재하는 것은 아닙니다. 중동이나 북유럽의 국가에서도 그런 주장을 하는 사람들이 있습니다.

현실적으로 그 땅이 지금 우리 것이어야 하는가에 대해서는 알아서 생각하시고(독자분들의 생각을 어찌어찌할 수는 없습니다. 다만 현행 헌법에는 대한민국의 영토는 한반도와 부속도서-섬-로 규정하고 있다는 것만 말씀드리지요) 다만 그 시절에는 거기에 살았었다 정도로 해 두고 이야기를 전개해야 하지 싶습니다.

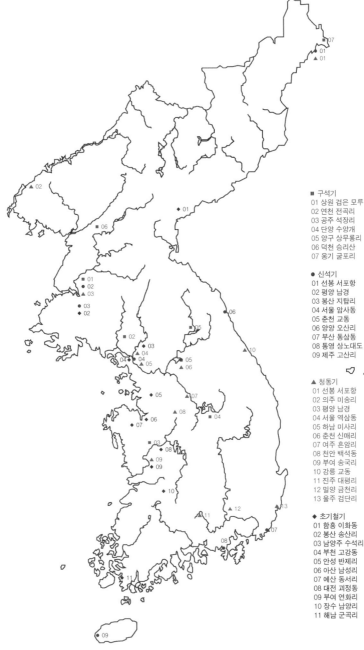

한국의 선사유적

02
석기시대가 길었던 이유

칼 세이건Carl Sagan(1934~1996)의 『코스모스Cosmos』가 세상에 나온 후, 우주의 발생으로부터 지금까지를 24시간으로 압축할 때, 인류 문명의 역사는 불과 1초에 불과할 정도로 짧은 시간에 불과하다는 것은 상식이 되어 버렸습니다.

우주의 탄생은 너무 멀고 지구의 역사만 놓고 보더라도 45억 년에 비해 인류의 문명이 보낸 1만 년 남짓한 시간은 찰나라고 할 수 있을 만큼 짧습니다. 칼 세이건은 보이저호가 해왕성 궤도에 이르렀을 때 카메라를 지구로 향하게 하여 렌즈 속으로 들어온 '창백한 푸른 점'을 보고, 저 작은 점을 가지기 위해 우리는 지나간 역사 동안 무수한 피를 흘려 왔다고 탄식했지요. 읽을 때마다 매우 길게 느껴지는 우리의 역사책은 우주의 시야에서 보자면 고작 눈 깜빡하는 순간의 기록입니다.

그런데 인류라는 종의 역사로 확대하자면, 우리와는 약간 종이 다른 먼 친척들의 것까지 잡아도 길게는 8백만 년, 짧게 잡아도 3백만 년을 잡고 있습니다. 인간의 먼 조상이 침팬지와 고릴라, 오랑우탄과 같은 유전학적 사촌들과 갈라진 이래 지금의 인류 문명이 나오기까지 왜 그렇게 오랜 시간이 걸렸을까요? 오늘날의 과학기술은 1년 단위로 바뀌는 일도 흔한데 왜 석기시대는 수십만 년이나 이어졌을까요? 오늘의 이야기는 인류역사에서 석기시대가 길었던 이유에 대한 것입니다.

일단 신체적인 변화부터 이야기하자면 인류란 종의 진화 자체가 오래 걸렸습니다. 흔히들 호모 에렉투스Homo erectus를 곧선사람이라 배우지요. 사실 라틴어로 붙인 학명(전 세계 학자들의 공용 명칭입니다. 각자의 '나랏말쏨이 사맛디 아니'해도 통할 수 있는 약속이랄까요)이 우뚝 선 사람이란 뜻을 가지고 있지요. 네 발을 사용하던 고인류가 그렇게 진화하는데 수백만 년이 걸렸습니다. 어린 시절 키우던 강아지 앞발을 잡고 걷기를 시켜 본 사람은 알겠지만 사실 직립은 어려운 작업입니다. 두 다리로 걸어도 한 발은 허공에 뜰 때가 많죠. 우리가 느끼기엔 순식간이지만 우리 몸은 그 순간에도 균형을 잡아야 합니다. 뇌가 균형을 잡도록 온몸에 신호를 보내야 하는데 인류의 뇌가 그 제어 프로그램을 '코딩'하는 데 시간이 걸렸고, 또 사족보행용 하드웨어를 이족보행용으로 바꾸는 데 또 시간이 걸렸지요. (성대의 변화를 얻은 대신 허리 통증을 얻었습니다. 일설에는 1년 내내 발정기인 것도 이 변화 때문이라고 합니다) 그리고 호모 에가스터Homo ergaster 같은 종이 나올 때까지 우린 땀도 흘리지 못했습니다. 움직일 때마다 발생하는 열을 효과적으로 방출하지 못하면 인류의 지구력은 발휘될 수 없거든요. 다른 동물에 비해 잘하는 것이 별로 없던 인류가 가진 최고의 장점은 지구력이라고 합니다. 하지만 그걸 얻는 데도 수백만 년을 보내야 했습니다.

왜 지구력만이 장점이냐고요? 사자나 호랑이처럼 단단한 이빨이나 거북이나 코뿔소처럼 단단한 장갑을 가지지 못했지요, 새처럼 날지도 물고

기처럼 헤엄을 칠 수도 없었습니다. 치타처럼 빨리 달리지도 못했기에 초기의 인류는 맹수들의 먹잇감으로 딱 좋았지요. 정말 잘하는 것은 지구력을 가지고 오랜 시간 행동을 유지하는 것 정도였습니다. 사냥감이 죽을 때까지 며칠이고 따라가는 건 인간이 제일 잘했습니다.

신 18 / 10

경기 연천군에서 출토된 주먹도끼(국립중앙박물관 e뮤지엄)

아주 오래전 고고인류학계에선 인류는 발생 직후부터 자연의 강자였다고 생각했지만 사실은 어지간한 초식동물에게도 밀리는 약체였습니다. 동아프리카의 어느 유적에서 고인류의 뼈가 대량으로 발견되었는데, 상당히 어지럽혀져 있었다고 합니다. 그 뼈의 흩어진 양상을 보고 이게 무슨 관습인가 궁리도 해 보았지만 표범의 생태를 연구한 후에야 답을 찾아내었습니다. 표범은 다른 맹수류에 비해 약해 먹이를 빼앗기는 일이 잦아 먹이를 나무나 바위로 끌고 올라가 먹곤 했는데, 표범의 식사 자리 아래 뼈가 쌓이는 것과 그 유적이 매우 흡사하다는 것입니다. 또 고인류 화석에서 표범 같은 맹수의 이빨자국이 종종 발견되지요. 이런 위험 속에서 살아남을 힘을 가지는 데 꽤 오랜 시간이 걸렸습니다.

인류는 걷기와 몸의 변화, 도구의 사용으로 인해 큰 변화를 겪게 됩니다. 그것이 '초원의 정육점'을 '자연의 깡패'로 거듭나게 만들어 주었습니다. 인류 역사에서 그만큼 중요한 변화는 농업의 시작과 도시문명의 건설, 산업 혁명과 정보화 정도일 것입니다. 수백만 년 전에 이미 직립보행을 하고 도구를 사용했는데 농업을 시작하고 도시를 건설하는 것이 고작 만여 년 전의 일입니다. 왜 늦었을까요? 여기에 대해서는 여러 가설이 있지만 가장 결정적인 것은 인류의 숫자인 듯합니다.

인류학자인 마빈 해리스는 구석기시대의 인류 숫자가 무척 적었을 것이라고 보았습니다. 그의 연구에 따르면 한반도의 3배 가까운 넓이의 프랑스에 고작 1만 명이 살았다고 합니다. 지금 프랑스 인구가 6천7백만 명에 달하니 매우 적은 사람들이 살았군요. 대한민국의 2016년 통계를 기준으로 하자면 경상북도 울릉군이 8,490명이고 영양군이 16,755명, 강원도의 양구군이 22,454명입니다. 프랑스라는 크기의 나라에 울릉군보다 약간 많은 사람들이 사는 것이지요.

이는 왜 그럴까? 지금처럼 키워서 잡아먹는 것이 아니라 자연에 있는 것을 잡아먹는 시대라 그렇습니다. 고기를 제공하는 동물들은 사시사철 새끼를 불리지 못합니다. 과일이나 풀도 날이면 날마다 달리는 것이 아닙니다. 마트에 가거나 인터넷으로 장을 보는 시대에는 상상하기 어렵지만 잔뜩 잡아먹으면 그만큼 생태계가 파괴되어 결국 사람도 굶어 죽게 됩니다. 동물이나 식물이 나고 자라나는 속도보다 인간이 먹는 속도가 빠르면 안 된다는 것입니다. 오늘날 대형 마트에서 편하게 수레를 끌고 돌아다니며 매대에서 포장된 음식을 가져다 담듯 먹을 것이 실시간으로 제공된다면 선사시대는 매우 짧았겠지요.

소비하는 사람들의 수가 먹이보다 많으면 안 됩니다. 또 사람들이 한곳에 오래 머물게 되면 금세 먹을 것이 고갈될 테니 생태계의 안정을 위해선 끊임없이 돌아다녀야 했습니다. (물론 본인들은 환경 문제를 심각하게 생각했다기보다는 먹을 것이 줄어드니 이동을 한 것이죠) 사람들의 수는 가급적 최소한의 규모만 유지해야 했고, 그들의 영역은 꽤나 넓어야 생존이 가능했습니다. 그렇다면 프랑스에 1만 명 정도가 살아야 한다는 계산은 어느 정도 타당성을 가진다고 할 수 있습니다. 구석기시대 사람들은 모여 있기보다 잘게 쪼개진 핵가족 단위로 다니거나 많아야 두세 집 단위로 모여 다니는 것이 가장 일반적인 사회조직 규모라고 생각됩니다.

일단 당시 환경에 맞게 생존에는 유리한 조직 구성이지만 인류사회의 발전을 생각하면 그리 좋은 것만은 아니었습니다. 이를테면 한 집단에 인류 사상 최고의 천재가 태어났다고 가정하지요. 그는 돌을 깨어 만든 깬석기보다 더 효율적인 도구이자 미적 감각으로 더 발전적인 간석기를 착안해 냈습니다. 인간이 원하는 대로 모양이 만들어지는 간석기는 깨어지는 모양이 제멋대로인 깬석기보다 10배의 사냥 효율이 있었다고 "가정"해 볼까요?(어디까지나 가정입니다) 이제 효율적인 도구가 생겼으니 생산성이 늘어나거나(물론 생태계 파괴) 같은 생산성을 유지하되 휴식시간을 더 늘리는 것이 가능해졌습니다. 와우~ 이제 인류의 기술적 진보가 생기겠군요! 그러나 현실은 그렇게 흘러가지 않은 것 같군요.

일단은 어렴풋이나마 지나친 획득은 자원 고갈을 부른다는 것을 직감하는 사람들의 반대가 있을 것입니다. 정확한 통계 따위는 없었던 시대이므로 각종 다양한 신비주의적 도구를 사용할 것입니다. 이를테면, '예전에도 네 삼촌이 그런 생각을 하다가 산신령의 분노를 사서, 며칠 후 나무에서 떨어져 다리가 부러져 한동안 쩔뚝거리고 다녔지', '숲의 주인인 커다란 사슴님이 노하신다', '좀 있으면 겨울 온다'. 이런 이야기가 난무할 것입니다. 현대인들에 비해 설명할 수단이 없을 뿐이지 과거 사람들도 이런 효과에 대해 모르진 않았습니다. 기댈 수 있는 이론이 없으니 신비주의에 기댄 것이지요. 그러니 신화와 전설이 생겨난 것입니다.

이번엔 다행히 같은 집단의 사람들이 동조했다고 칩시다. 마침 그때 먹을 게 부족해 배고픔이 너무 강했을 수도 있지요. 그래 한 번 해 보자 이거다! 그런데 다른 사람 모두 천재는 아닙니다. 새로운 기술이 뿌리내리려면 거기에 익숙해지는 동안 평소와 같은 경제활동은 줄어들 수밖에 없지요. 지금처럼 저장기술이 발전했다거나 실업급여 같은 사회보장제도가 있다면 모르겠으나 하루 벌어 하루 먹는 수렵채집 사회에서 새로운 기술을 위해 하루를 바친다면, 그 하루는 최악의 경우 굶주림을 가져옵니다. 이것이 왜 역사 속에서 새로운 기술이 나오면 저항이 큰가에 대한 한 가지 이유가 될 것입니다.

기왕 물러난 김에 한 번 더 물러나, 마침 주변 사람들 손재주가 너무 좋고, 때마침 전날에 구해 놓은 식량이 많아서 굶지는 않았다고 가정해 봅시다. 이제 그 기술은 뿌리내릴까요? 석기시대의 생활이 현재와 다른 것 중 가장 큰 것은 안정성이 결여되었다는 것입니다. 아침에 도를 깨달았는데 저녁에 모두 몰살당할 수도 있습니다. 이동하는데 산사태를 만났다거나, 막다른 곳에서 굶주린 맹수 떼를 만났다거나, 하필 오염원 근처를 지나며 유해한 세균에 감염된다거나, 갑자기 날씨가 이상변동을 일으켜 얼어 죽는다거나 하는 일이 그렇지요. 너무 잘게 쪼개진 사회조직이라 전멸을 당하지 않더라도 일부분만 잃어도 금세 생존 가능성이 급락할 수 있습니다. 그 생각이 사람들에게 인정받아 널리 퍼지기도 전에 사라지는 것이지요. 이른바 백업을 하지 않았는데 작업 중이던 파일이 날아가 버린 것입니다. 구석기시대의 인구 문제로 인한 약점은 아무리 천재라도 메울 수 없습니다. 각자의 생존이 불투명한데 '생각'이 살아남을 확률은 너무 낮습니다.

지식의 확산 가능성을 보자면, 말이 있으되 글이 없으니 오래오래 남기고 멀리멀리 알릴 수단이 없었습니다. 겨우 말을 전했는데 그 사람이 이해력이 떨어지고 표현력이 부족하면 겨우 살아남아 전한 개념이 뿌리내리기 어렵습니다. 말을 전하는데 한 사람이 착오를 하면 다음 사람들은 전혀 다른 이야기를 들어야 합니다. 옛날 구전민요 중에 '아실아실 춥거들랑 내 품에 안겨라~'는 노래가 있었는데 누군가 그걸 채록하는 과정에서 잘못 알아들어 '아씨각시 죽거들랑 내 품에 안겨라~'로 들은 경우가 있다고 합니다. 원래 노래는 연인 사이의 알콩달콩한 연애 감정을 그린 것인데, 잘못 알아들으면 사랑하는 사람을 잃고 괴로워하는 사람의 슬픈 한풀이로 들립니다. 그때 누군가가 창안한 새로운 생각도 그럴 수 있지 않을까요? 설탕을 넣어야 하는데 저 모지리가 소금을 넣으라고 말했다구!

수십만 년의 시간 속에서 분명히 역사의 정체를 깨고 진행속도를 빠르게 할 천재는 이 지구상에 수십, 수백, 수천 아니 수만 명은 있었을 것입니다. 그러나 흔하게 일어나는 불의의 사고, 그것이 뿌리내리고 널리 퍼질 수 있는 수단의 부재는 생각의 전파를 막으니, 위대한 발명은 기껏 만들어 놓으면 파도 한 방에 무너지는 모래성처럼 무수히 좌초했을 것입니다.

아마 우리의 수십만 년은 1보 전진, 3보 후퇴를 거듭했겠지요. 과거 사람들이 우리보다 훨씬 모자라서 정체된 것은 아닐 것입니다. 오히려 그런 악조건을 딛고 결국 발전에 성공한 인류의 승리 아닐까요? 그딴 뻘짓 하지 마라, 애가 운다. 그런다고 돈이 나오냐 먹을 것이 나오냐, 인생을 허비하지 마라(평균 수명은 매우 짧았습니다) 이런 말을 들으면서도 누군가는 비생산적(으로 보일) 궁리를 했을 것이며, 수백만 년 동안 그 잉여로운 사람들이 맨땅에 헤딩하듯 실패하기를 거듭한 결과 결국 살아남은 누군가 승리를 거둔 처절한 역사입니다.

이따금 박물관에 전시된 유물을 보며 현대인의 도구와 비교하며 그들의 노력을 폄하하는 사람들을 종종 봅니다. 물론 우리 시대의 과학기술은 대단합니다. 이제는 우주의 시작과 끝, 인체의 신비, 지구의 자연현상에 대한 이해도는 높아졌습니다. 해와 달이 뜨고 지는 것을 태양계의 운동 대신 오누이의 고난으로 표현한다거나 태양과 달의 신이 있다고 한다거나, 계절이 바뀌는 것을 지구 자전축의 각도 대신, 황금가지의 죽음과 부활로 설명한다고 해서 과거 사람들이 우리에 비해 모자란 것은 아닙니다. 21세기 초반, 우리가 누리는 모든 것은 수십만 년 동안 1보 전진 3보 후퇴를 거듭하면서도, 죽음의 위협이나 자신의 행복을 추구할 권리도 포기해가며 바위에 박치기를 거듭하는 달걀의 노력 덕분일 것입니다. 우리는 수백수천 세대의 혈투 끝에 이룩한 문명을 누리고 있습니다.

03

오래된 혁명 - 농사를 지으며 삶이 바뀌어 가다

한국고대사뿐만 아니라 인류 역사의 시작에서 가장 중요한 사건 하나인 신석기 혁명을 이야기하지 않고 넘어갈 수 없을 것입니다. 신석기 혁명이라는 말은 지난 세기, 고고학의 역사에 중대한 업적들을 남긴 고든 차일드Gordon Childe(1892~1957)가 처음 내놓은 말이었지요. 이 장에서는 그 신석기 혁명이 무슨 이야기인가에 대해 살펴보고자 합니다. 앞에서 고조선부터 고대사라 했지만 역시나 고대사의 시작을 이야기하기 위해선 역시 사람들이 모여 살게 된 것부터 시작해야 합니다.

구석기시대까지 인간의 삶은 소규모의 가족들이 매우 한적한 넓은 땅에서 수렵·채집·어로로 생계를 유지하며 떠돌아다녔습니다. 인류학자 마빈 해리스의 연구에 따르면 구석기시대에 프랑스에는 고작 만 명가량의 사람들이 살았다고 하지요. 2014년을 기준으로 해외 영토를 제외한 프랑스 본토의 영토가 551,695㎢로 약 220,847㎢인 한반도보다 두 배 이상 넓으니 아주 단순화시켜 대입해 보면 이 땅에는 300명 남짓 살았다고 보면 될 겁니다. (물론 유럽 최대의 농업국인 프랑스와 산지가 많고 대륙성 기후의 영향이 강한 한반도를 동급으로 놓을 수 없습니다. 말하자면 단순

비교일 뿐입니다)

동일 축적의 프랑스와 한국 지도 비교(국토지리정보원)

21세기 현재 한반도에 남북한에 7천만의 인구가 살고 있습니다. 아무리 과거에 인구가 지금보다 적다는 것을 생각해도 어떻게 이렇게 차이가 날까요? 그것은 인구부양력의 차이에서 빚어집니다. 현대의 한국인을 먹여 살리는 주식인 쌀은 서양의 주식인 밀에 비해 더 많은 인구를 부양할 수 있습니다. 동아시아의 인구가 유난히 많은 이유도 쌀농사 지대라는 것 때문이지요. 그러나 구석기시대의 경제 형태인 수렵·채집·어로로는 그렇게 많은 인구를 부양할 수 없습니다.

어떤 연구에서는 현대의 과도한 노동 강도와 비교하여 구석기시대의 여유로운 생활을 이야기합니다. 매력적이죠. 하루에 두어 시간만 일하면 그날 필요한 식물성 먹거리를 구할 수 있으며 하루나 이틀만 야외에서 고생하면 1주일을 먹을 수 있는 동물성 식재료를 구할 수 있습니다. 그러나 거기엔 아무런 사회적 안전망이 갖추어지지 않아 아프면 그게 끝이었으며(물론 선사시대 사람들도 아프거나 불편한 동료를 도와주기는 했습니다만) 사냥 활동은 목숨을 걸어야 했지요. 초식동물이라고 만만한 것은 아닙니다. 사냥하러 갔다가 죽을 수 있다는 건 그 시대에 당연한 것입니다. 또 하나 더 잔혹한 진실을 말하자면 구석기시대 사람들은 상당히 오랜 기간을 빙하기에서 보냈다는 겁니다. 현재처럼 온난한 기후는 매우 짧아, 수천 년 혹은 수만 년 이어지는 빙하기 사이에 마치 북극권의 봄·여름과 같이 짧게 스쳐 지나갔습니다. 가만히 앉아서 하늘에 입 벌리고 있으면 먹을 것이 떨어지는 상황이 아닙니다.

그런데 수십 차례의 빙하기가 끝난 기원전 9000년경 지구의 기후가 온화해지기 시작하는데 보통은 빙하기와 빙하기 사이 짧은 봄이었어야 하지만 이번만은 달랐습니다. 13000년 가까이 지구는 온난함을 유지하고 있습니다. 갈수록 찬 기운이 약세를 보임에 따라 유럽으로 치면 알프스산맥 북쪽, 아시아에서는 한반도의 북부까지 내려왔던 빙하는 북으로 후퇴함에 따라 온난화에 적응한 식물과 동물들의 개체 수가 증가하는 변화가 생깁니다. 이게 인간의 삶을 가장 크게 변화시키는 가장 큰 요인이 되지요.

기후의 큰 변화만으로 인간이 농경을 선택하지는 않았습니다. 그냥 온화해져 늘어난 먹거리를 소비하기만 할 수도 있었습니다. 이들은 어떤 이유로 농경을 택하였을까요? 먹거리의 생산량이 제한되어 있던 구석기인들은 임신을 줄이기 위해 여아가 태어나면 죽인다거나, 수유 기간을 늘리는 것으로 산아제한을 시도하였습니다. (오래 젖을 먹이는 기간엔 임신하지 못합니다) 그럼에도 인구는 꾸준히 늘어났습니다. 지금처럼 1년, 혹은 10년 단위로 맨 앞자리가 바뀌지는 않았지만, 매우 느린 증가라도 그들에게는 치명적이었습니다. 생산보다 소비가 더 커진 겁니다. 자연에 의지한 수렵·채집·어로도 기후 변화에 따라 상황이 달라져, 새로운 식물과 낯선 동물들을 마주하게 되었습니다. 농업의 시작은 이런 여러 가지 요인이 복잡하게 작용한 것입니다.

한 명의 수렵·채집자가 먹고살기 위해 26㎢의 면적이 필요하다 합니다. 현재 서울의 윤중로 안쪽 기준으로 여의도 면적(2.95㎢)의 약 8배, 즉 786만 5천 평의 땅입니다. 그냥 생각하면 그렇게 넓은 땅이 필요한가 하겠지만, 사람이 소모하는 것을 자연이 보충하는 시간이 길다 보니 그렇습니다. 반면에 초기의 농경민은 그 10분의 1인 2.6㎢의 땅을 경작만 해도 50명을 먹여 살릴 수 있다고 합니다. 이는 한반도 기준이 아니라 초기 농경에 대한 자료가 풍부한 메소포타미아 이야기입니다. 지금의 쌀농사라면 더 적은 땅으로 더 많은 사람을 먹여 살릴 수 있지만, 초기 농업 기술을 생각하면 그보다 더 적은 인구를 부양할 수 있었을 겁니다. 그래도 수렵과 채집만 하던 시절을 생각하면 이것은 혁명적입니다.

수렵과 채집, 고기잡이로 얻을 수 있는 것은 해를 넘겨 보관하기 어려운 게 많습니다. 식물이든 고기든 금방 먹어 치워야 합니다. 견과류와 곡류를 제외하면 장기 보관이 가능한 음식 재료는 별로 없다고 해도 과언이 아닙니다. 고기나 과일처럼 말려서 보관하는 방법도 있지만 어디서나 다 가능한 것은 아니었던 것 같습니다.

매년 평온한 날씨가 이어지면 모를까, 자연재해는 어쩌다 생각나면 찾아오는 핼리혜성이 아니죠. 현대의 과학기술로 견뎌 낼 수 있을 정도의 기상이변과 재해조차 당시 인간에겐 치명적입니다. 올해는 그럭저럭 풍족하게 먹고살았다고 해도 내년에는 어떤 일이 일어날지 장담할 수 없지요. 구석기시대 이후 인간의 생활은 노동에 찌들어 일생을 보내는 것으로 바뀌어 갔는데, 그 시대 사람들이 멍청해서 이런 생활방식을 받아들인 것이 아니지요. 더욱이 재배 가능한 곡류가 탄수화물만 차고 넘친다는 것을 생각하면 매력적인 선택일 수는 없습니다. 오히려 지역에 따라 선택의 여지가 없는 경우가 많았을 것입니다.

농담으로라도 심어 놓은 벼나 밀이 목마르면 알아서 강가에 가서 물 마시고 돌아오고, 달라붙은 진드기나 벼멸구를 스스로 털어 내며, 비가 많이 와서 쓰러져도 알아서 몸을 일으킨다면 얼마나 좋겠습니까. 한번 상상해 보세요. 벼가 이렇게 말하는 것을, "농부 아저씨, 알아서 자랄 테니 농민회에서 간다는 해외여행이라도 다녀오시죠. 아니면 도시에 산다는 손자놈 재롱이라도 보고 오시구랴." 현실은 그렇지 않죠. 영양학적이나 생활면에서 불편한데도 선택했다면 안정적인 먹거리가 절실해서였을 것입니다.

농업에 종사하면서 그전까지 이동 생활을 하던 인간은 정착을 시작합니다. 그러나 그것도 한 번에 이루어지진 않았습니다. 지금도 그렇죠. 가족이 있고, 안정적인 생활환경이 필요한데 맘 내키는 대로 직업이나 사는 곳을 바꾸는 것은 큰 결심이 필요하죠. 처음에는 씨를 뿌려 놓고 여름에는 다른 곳에서 수렵과 채집을 하다 가을이 되면 뿌린 씨를 거두러 옵니다. 경상도 남해안의 신석기시대 경제생활을 연구한 것에 따르면 우리나라에서도 그런 면이 나타난다고 합니다. 그러다 서서히 키워서 먹는 것에 사람은 익숙해지고, 또 돌아다니는 범위도 많이 줄어듭니다.

인류의 유전자 다양성을 연구하던 어떤 연구에서는 7만 년 전에 인류의 개체 수가 1만 단위까지 줄어들었다고 합니다. 7만 년 전에 인류의 유전자 다양성이 극히 소수로 줄어들었다는 것은 그때 알 수 없는 이유로 인류는 괴멸 직전의 위기를 맞았다는 말이 됩니다. 그 외에도 크고 작은 재해와 기상이변에 노출되었을 것입니다. 옐로스톤공원의 화산과 같은 슈퍼 화산이 터지면 인류의 생존이 위험하며 그 아래 수준인 백두산 급의 화산이 터져도 지역적인 피해가 막대합니다, 해류의 변화, 지각 변동 같은 문제도 큰 영향을 줍니다.

그 이후의 인류가 매우 의도적으로 기획하고 추진한 것은 아니겠지만 농업을 선택한 데는 이런 크고 작은 위기를 거치며 쌓인 경험이 작용한 것 아닐까 생각됩니다. 1만까지 줄었던 멸종 직전의 인류가 70억을 넘는 개체 수를 자랑하게 된 것은 이 농업의 역할이 큽니다.

자, 이제 농사를 짓기로 했다고 합시다. 그러나 여기에는 여러 가지 필요한 게 생겨납니다. 그중에서 가장 먼저 해야 하는 일은 여러 사람이 모이는 것입니다. 21세기를 살아가는 우리는 평지 하면 곡식이나 풀로 가득 찬 개활지, 혹은 건물들이 들어찬 것을 생각합니다. 그러나 적어도 수천 년 전까지는 지금 우리가 생활하는 평지도 빽빽하게 나무가 들어찬 숲과 끝이 보이지 않을 정도로 넓은 늪이었습니다.

삼림욕을 즐길 수 있는 현대의 숲이 아닙니다. 햇살이 들어오지 않을 정도로 나무들이 가득 차서 숲속은 그야말로 어둠 그 자체이고, 발을 디딜 때마다 축축함이 느껴지는 것을 상상해 보세요. 어느 행성도 거기 사는 생명체에게 농사를 지을 수 있도록 잘 정비된 논밭을 만들어 주지 않습니다. 우리가 김포와 김제에서, 또는 우크라이나와 프랑스, 미국의 중서부에서 볼 수 있는 평원은 수백 년에서 수천 년 가까이 사람들이 대를 이어 나무를 베고, 뿌리를 뽑고, 돌을 골라낸 결과물입니다.

어느 살인마의 손에 들려진 전기톱이 그때에도 있었다면 아마 이 글의 제목을 '피가 튀지 않는 김제평야 벌목 사건'이라고 붙여 볼 수도 있겠지만 인공림이 아닌 원시림의 단단한 나무에는 열 번은 턱도 없을 듯한 돌도끼로 백 번은 쳐서 베어 내고, 여러 명의 사람이 종일 걸려 뿌리를 뽑고, 힘이 약한 노약자나 여자들이 쪼그려 앉아 흙 속의 돌을 골라내었겠지요. 바로 집터와 탄화 곡식, 울타리와 고랑과 이랑이 나와야 현대 연구자들은 농경 유적이라고 부르지만 실은 최종 완성본인 유적에는 드러나지 않는 과정들이 숨겨져 있습니다.

한동안 어딜 가나 원시림만 이야기했습니다만 얼마 전 제 선생님과 이 문제에 대해 이야기하는데 숲만 있겠느냐 늪도 중요하지란 말을 들었습니다. 그날 머리 뒤에 큰 충격이 왔지요. 원시림 이상으로 이 땅에서 사라진 게 늪이지요. 농지를 만드는 데 늪에 비하면 숲은 누워서 떡 먹기 수준입니다. 늪을 메우는 데 들어가는 노력은 상상조차 할 수 없습니다.

곡식의 탄수화물만으로 인간은 살 수 없습니다. 고기도 키워서 먹어야

선사시대 농업의 시작을 보여주는 대전 출토로 알려진 농경문 청동기(출처 : e뮤지엄)

죠. 소와 돼지의 야생종은 성격이 온순하지 않으며 단단한 뿔과 어금니, 인간의 도구로는 뚫기 어려운 단단한 가죽을 가졌습니다. 그땐 K2 소총이 없었거든요. 어쩌면 부모를 잃고 떠도는 새끼들을 잡아, 바로 먹지 않고 키우기로 한 '바보'들이 있었기에(왜 안 잡아먹느냐고 화내는 가족들을 생각하면) 우리들의 소와 양과 돼지는 지금의 모습을 가지게 됩니다. (물론 모든 야생동물이 사육 가능한 건 아닙니다. 아니 사육에 성공한 건 우리가 익히 아는 녀석들이 전부입니다) 그리고 야생성을 잃어 가며 인간에게 묶인 가축들을 사냥하기 위해 밤마다 내려오는 맹수들이 있으니까 인간은 늑대를 길들이고 이를 개라고 부르게 됩니다.

이런 모든 과정을 우리들의 교과서는 매우 간략하게 기술합니다. 좀 더 꼼꼼하게 적더라도 신석기 혁명-농업 혁명의 위대함을 강조합니다. 그러나 현실은 더 참혹하고, 무모하다는 말로는 표현할 수 없는 장대한 도전이 그 바탕에 있습니다. 그때는 연구에 전념하게 도와줄 4대 보험이 제공되는 직장과 연구비 지원도, 새로운 산업 진흥을 위한 국가 차원의 지원도, 실패했을 때 다시 일으켜 줄 사회적 안전망은 하나도 없었습니다. 한 사람이 '잉여력'을 발휘할 정도로 여유 있는 자원은 없었으며, 한 사람, 혹

고구려 고분벽화에 보이는 신화 속 농사의 신(국립문화재연구원 지식e음)

한국고대사의 뒷골목

은 한 가족이 실험하다 실패하면 작은 집단 전체의 전멸을 맞이할 수 있었습니다.

중국의 전설적 인물로 염제 신농씨炎帝 神農氏라는 이가 있습니다. 농경 이후 모든 농부가 겪은 모든 일을 한 몸에 반영한 인물이지요. 그는 사람들이 먹을 수 있는 음식과 약을 구하기 위해 모든 것을 맛보았습니다. 그래서 독한 것을 먹게 되어 계속 아파했고, 나중에는 그 독성으로 인해 외모마저 추해졌다고 하지요. 그냥 고대 중국 문명의 흔한 전설로 치부할 수 있지만 실은 수천 년 넘게 먹거리 찾기 실험을 했던 모든 농부의 무모한 도전을 대표하는 아이콘이라고 할 수 있습니다.

지금 우리가 잘 먹는 곡류도 자연산은 약간의 독성을 가지고 있지요. 몸에 좋은 견과류의 하나인 아몬드도 처음에는 맹독을 지니고 있었습니다. 백인의 일부는 아직도 견과류의 미약한 독성에도 과민반응을 보인다고 합니다. 십여 년 전에 호주에선 땅콩잼 샌드위치를 먹은 남자친구와 입맞춤한 여학생이 사망한 적이 있지요. 남자친구의 입술에 약간 남은 땅콩잼에 반응을 보였던 것입니다.

또 여름에 많이 먹는 참외는 씨를 둘러싼 부분에 복통을 유발하는 성분을 가지고 있습니다. 씨가 완전히 소화되기 전에 설사를 일으키게 해서 씨를 여기저기로 퍼트립니다. 사실 단단한 씨가 있는 열매는 사실 미끼상품인 것입니다. 아몬드가 그러하듯 수천 년 동안 농부들은 독성이 없는 돌연변이를 찾아내서 그것을 중점적으로 키웠습니다. 다만 면역력을 물려받지 못한 이들은 오늘날에도 땅콩과 참외를 먹고 종종 화장실로, 혹은 병원으로 달려갈 것입니다.

앞에서 말한 가축도 처음부터 온순한 놈은 없었기 때문에 사육 가능한 녀석을 구하기도 힘듭니다. 또, 야생성이 약한 것을 겨우 찾았다 하더라도 그 새끼도 원래 야생성이 나오지 않으리란 법은 없습니다. 개의 조상이라는 늑대만 해도 갓 어미 배 속에서 나온 것을 데려와 길러도 1년이 넘기면 주인도 제어할 수 없는 본능을 드러냅니다.

사실 고고학 개설서에 나오는 정착 생활, 개간, 마을의 탄생, 그리고 토기의 사용은 이것에 비하면 부차적인 문제입니다. (물론 고고학 자료의 특성상, 이런 증거가 더 살아남을 확률이 매우 높습니다) 어쩌면 우리가 혁명이라고 부르는 것의 실상은 후대의 혁명처럼 장렬하지 않고, 마치 은행에서 번호표를 뽑듯 차례로 참호에 숨어 있는 적의 기관총 앞으로 뛰어들던 어느 전쟁의 모습에 더 가깝습니다. 구석기시대의 기술발전이 늦었던 것처럼 실패의 연속인 것이지요. 다만 장군이 쳐들었던 손을 한 번 내리자 10분 후에 수만 명이 죽던 그 전쟁과 달리 농사짓기는 매우 완만하게 진행되었다는 차이가 있겠습니다.

04
마을에서 국가로, 사람 나누기의 시작

언제나 그렇듯 사람들은 여러 형태로 모여 살면서 사람과 사람 사이를 어떤 등급이나 묶음으로 나누어 보려고 합니다. 인간은 모두 평등하다는 외침이 인류사회에 공감을 얻은 것은 불과 2백 년 남짓한 일이고 법으로 보호하는 장치들이 작동되기 시작한 것은 백 년도 채 되지 않습니다. (이를테면 신분제 폐지라던가 성별이나 재산과는 상관없는 평등한 투표권 말이죠) 지금도 표면적으로는 대다수의 국가가 신분제 같은 구습의 철폐를 법적으로 규정하고 있지만, 세상이 그리 만만치는 않죠. 여전히 우리는 사람에게 쌀이나 우유, 고기처럼 등급을 매기고 살고 있습니다. 과연 그러한 일이 어떻게 시작되었는가도 고대사의 시작을 이해하는 데 매우 중요한 것입니다.

청동기시대 이전의 인류에게는 딱히 사람 사이의 등급이라는 것이 없었습니다. 여기에는 인구 규모와 생활수단 수준이 큰 이유로 작용했을 것입니다. 구석기시대처럼 식량을 찾아 떠돌거나 신석기시대처럼 농경을 시작하던 단계에서 계급이 필요하지 않습니다. 사람들의 수도 적으니 거기서 뭘 나누기도 어렵고, 또 나누려고 해도 그 기준을 정할 수 없었습니다. 당시의 대표적인 도구인 석기는 어느 정도의 손재주만 있으면 누구나 만들었습니다. 사람에 따라 정밀도의 차이는 있겠지만 누구는 활을 쏘고 누구는 광선총을 쏘는 차이는 나올 수 없었습니다. 또 그런 도구들로 수확해 봤자 모두 먹고 살 정도를 수확하는 게 전부, 아니 힘을 모아도 될까 말까 한 수준이니 누가 더 많이 가지고 적게 가지고 할 틈이 없습니다. 사람이 많지 않으니 갈등관계 해소에 특별한 수단이 있는 것은 아닙니다.

그렇다고 지도자의 존재가 불필요한 것은 아닙니다. 텔레토비의 보라돌이나 코끼리 집단의 할머니, 좀 더 발전하면 스머프 마을의 파파 스머프 정도는 존재했을 것입니다. 전혀 연결고리가 없을 것 같은 보라돌이나 할머니 코끼리, 파파 스머프에게도 공통점이 있습니다. 이를테면 **지도**하지만 **군림**하지 않는달까요?

그들은 조직 내의 다른 이들과 다른 초월적 존재가 아닙니다. 다른 이들보다 좀 더 오래 살았고, 그래서 더 많은 것을 기억한다는 겁니다. 실제 어린아이들의 모임을 살펴보면 저연령일수록 한두 달 차이도 꽤 차이를 보이죠. 보라돌이는 뚜비와 나나, 뽀에게 명령을 하는 게 아니라 우리 이것을 같이 해 보자고 말합니다, 코끼리 집단의 할머니도 그렇습니다. 가장 오래 살아서 그만큼의 기억을 축적한 할머니는 쟤는 우호적이다, 저 늪은 위험하다, 이맘때면 산 너머의 마른 강에 물이 넘친다는 정보를 제공해서 집단의 생존율을 높입니다.

좀 더 발전된 형태로 보이는 스머프 마을도 그렇습니다. 마법사 가가멜의 손아귀에서 벗어나는 데, 지도자 역할을 맡은 파파 스머프는 왕이 아닙니다. 보라돌이나 할머니 코끼리보다 큰 조직을 이끌지만, 결코 자의적인 명령을 내리지 않습니다. 설령 스머페트나 똘똘이가 말을 안 듣고 사고를 치더라도 기지를 발휘해 구해 내는 게 그의 역할이죠. 금속기가 만들어지기 전의 사회는 이런 수준이었습니다.

어떤 이들은 스머프 이야기를 공산주의를 찬양한 작품이라고 부릅니다. 한편으로는 맞는 말입니다. 그러나 21세기 사람들이 생각하는 그것과는 다릅니다. 칼 마르크스가 창시한 정치경제학의 이념이 아니라 인류의 선사시대에 공통으로 겪은 원시공산제라는 것이죠. 뭘 많이 생산하고 누가 독차지하는 것은 곤란하니 모두 공평히 나누자가 아닙니다. 애당초 그 시대에는 누가 더 많이 가져갈 것도 없습니다. 사냥이나 농사거나 모두 힘을 합쳐야 겨우 뭔가 결실을 얻을 수 있었습니다. 그러므로 다 같이 나누자는 것에 그 어떤 심리적 저항이 없었을 것입니다. 물론 부모를 갑자기 잃은 애들이나 병에 걸리거나 다쳐서 일을 못 하는 이들을 상조하는 정도의 융통성은 있을 겁니다. 내가 부모 잃은 옆집 애를 돌본다면, 혹시 우리에게 무슨 일이 일어나도 마을 사람들이 우리 애를 지켜 줄 것이라는 일종의 사회적 연대겠지요.

이런 원시공산제는 금속의 발명과 함께 서서히 사라집니다. 청동기를 비롯한 금속기는 석기와 달리 누구나 쉽게 만들 수 있는 것은 아닙니다. 구리나 철은 들판에 널려 있지 않습니다. 그것들은 땅속에 묻혀 있어 굴을 파고 캐야 했죠. 또 광석에는 불순물도 많으니, 수많은 돌 중에서 그것을 찾아야 하고 힘들게 캐어 내선 가져와야 하고, 또 엄청나게 높은 열로 돌을 녹여 필요로 하는 성분만 추출해야 합니다. 거기서 나온 뜨거운 액체를 틀에 부어 형태를 만들거나 두들기며 원하는 모양과 기능을 위해 가공해야 합니다. 이것은 도저히 혼자 할 수 있는 게 아닙니다.

누군가 그 기술을 발견해야 합니다. 아마 일을 안 하고 돌만 들여다보면 가족이나 친구들은 매우 화가 날 겁니다. 또 그것을 끓여 보기도 하면 누군가는 미쳤군, 돌을 먹을 셈이냐고 혀를 찰 겁니다. 그렇게 신기술을 찾아내도 쉬운 것은 없습니다. 초기 생산물일수록 제 성능을 발휘하는 것은 없습니다. 특히 초기의 청동기의 경우 석기보다 성능이 더 낮았을 것입니다. 석기는 수만 년 동안의 노하우가 축적되었지만, 신제품은 그렇지 않거든요. 마치 신발표 시연장에서 멎어 버린 윈도98처럼 웃음으로 끝나진 않을 겁니다. 그때의 누군가도 현대인이 카페에서, 골방에서 열심히 기획서, 제안서를 짜듯 머리를 싸맸을 것이고, 창업설명회처럼 살벌한 분위기에서 이것의 미래를 설명했겠죠. 우리야 알고 있는 과거지만 그 시점의 사람들에겐 오지 않은 가능성의 미래일 겁니다. (물론 대다수에게 신소재 개발은 전혀 와닿지 않았을 것입니다)

어찌어찌 통과되었다 칩시다. 네, 손해를 두려워하지 않는 투자자가 깍지를 끼고 '좋소. 투자해 보지요'라고 했다고 생각해 보죠. 안 그랬으면 아직도 석기시대였겠죠. 요즘 식으로 하면 회사를 만든다고 생각해 보면, 법인설립과 사업자 등록, 정관 만들기 등은 빼놓고라도 가장 먼저 닥치는 문제가 있습니다. 결과물이 성공적으로 나올 때까지 뭘 먹고 살 거냐는 거죠. 현대 벤처 기업으로 치면 상용화 후 일정 기간이 지나 안착할 때까지는 밑 빠진 독이고 물먹는 하마입니다. 많은 사람이 농사를 짓지 않고 이 일에 매달려야 하는데 이들을 먹여 살릴 충분한 식량을 쌓아 두어야 하지요. 성과가 나오기 전까지 종업원들에게 이 일만 하고도 살아갈 수 있게 해 주는 자본이 있어야 합니다. 또 각 공정마다 일어날 수 있는 모든 상황을 제어할 수 있는 이른바 사령부가 필요합니다. 거기에 정점엔 최고 기술자, 또는 투자자가 있습니다. 보통은 이 정점이 기술적 우위에 정치적 우위까지 가지게 되며 계급이 발생하고 왕이 나온다고 봅니다. 앞서 이야기한 보라돌이나 할머니 코끼리, 파파 스머프가 고조선을 세우고, 고구려, 백제, 신라의 신성한 시조가 되는 겁니다.

앞서 잉여 생산물이 별로 없는 시대에서 어떻게 신소재 개발과 상용화가 가능해지고 거기서 우월한 존재가 나왔을까요? 서구의 문화인류학과 고고학에서 국가의 형성을 설명하기 위해 주로 메소포타미아와 메소아메리카(멕시코)를 연구하는데 그만큼의 중요한 지역이 하나 있었습니다. 바로 남태평양의 여러 섬이지요. 지금의 중동과 중남미는 과거의 유물과 유적을 통해 접근한다면 이 지역은 현재까지 그 당시의 모습을 엿볼 수 있는 곳입니다. 하와이나 뉴질랜드를 포함하는 폴리네시아의 경우 하와이나 통가처럼 대규모의 선단을 이끌고 정복전을 펼칠 수 있는 제국도 있는가 하면 뉴기니와 솔로몬제도를 포함하는 멜라네시아에는 아주 원시적인 부족도 존재합니다. 거기서 재미있는 사례를 찾았지요.

멜라네시아에서는 왕과 같은 우월한 존재는 없고 대신 마을마다 대인大人으로 번역할 수 있는 빅맨Big Man이 있습니다. 이들은 마을의 다른 구성원보다 더 많은 수확물을 거둘 수 있습니다. 그래서 가을이 오면 그들은 창고를 열어 마을 모두를 대상으로 하는 잔치를 엽니다. 다음 해를 넘겨서 보관할 수 없으니까 가을에 널리 베풀어 인기를 모읍니다. 3~4개월 정도 보관할 수 있는 고구마가 주식이니 그렇습니다. 빅맨의 정치적 기반은 가을 잔치에서 나오는 인기입니다. 더 많이 가진 자가 나오거나 계속 퍼주다 밑천이 바닥나 지지를 유지할 수 없으면 대인의 자리에서 내려옵니다. 그래서 항구적인 정치권력은 존재하지 않습니다. 지배자라고 부르기보다는 유명 인사에 가깝습니다. 요즘 말로 하자면 SNS나 유튜브의 인플

루언서랄까요.

 그러나 거기에 해를 넘겨 보관할 수 있는 식량자원이 있었다면 어떨까? 아무리 원시공산제 사회라도 능력에 따른 차이는 생겼을 것이고, 또는 대대로 빨리 죽는 병력을 가졌거나 너무 무모해 사냥에서 잘 죽는 성향이 누적된 집은 서서히 뒤처졌을 수도 있습니다. 반대로 파파 스머프 역할도 자주 맡는 집은 그만큼 우위를 가지고요. 아쉽게도 원시공산제에서 금속의 발명에 이르는 과정을 세세히 보여 줄 자료는 없습니다. 많은 이들이 간과하는 것처럼 고고학적 유물이나 유적이란 존재한 모든 것이 아니라 살아남은 것이거든요. 또는 『@#제철 3천 년사』 같은 공식 기록물이나 창업자가 쓴 『마을을 넓고 캐어야 할 광석도 많다』 같은 책도 없고, 또는 왜 삼돌이네만 다 해 먹는 거냐고 고발하는 변호사의 고발 리포트도 없습니다. 어떤 과정에서 잉여를 가지게 된 이가 그 기술을 얻어 더욱 우위를 확보한다는 가설을 완벽하게 입증할 물증 따위 없습니다. 장담컨대 오늘 오후에 먹을 간식을 걸고라도 진실을 알 수 있다고 하였다면 전 세계의 고고·인류학자들과 역사학자들은 1년 치 간식을 내놓을 것입니다.

 21세기의 우리야 이런 이들을 기술의 총화로 숭배하고, 그들의 프레젠테이션 시연에 밤잠을 설치며 모니터 앞에서 열광합니다. 아주 자세한 기술적 내용이야 모르더라도 적어도 마법이 아님은 압니다. 그러나 이 글의 무대가 되는 시대는 다릅니다. 과학교육이나 과학 잡지, 다큐 영상 따위 없습니다. 지금은 태양 주위로 지구가 돌고 있다는 것을 유치원생도 알지만 그 당시엔 가장 똑똑한 사람도 그 이유를 몰라 신화적인 이야기로 해설하던 시대입니다. 새로운 소재의 발명도 과학이 아니라 신화로 이해하던 때입니다. 최고 기술자는 과학기술이 아니라 신화적으로 숭배받는 상황입니다.

이를테면 말이죠. 매우 느끼하고도 재수 없는 목소리로 "어머, 너희들은 이걸 모르니? 어쩌면 좋아. 이건 요정님이(이왕 사기 치는 거 천신이나 태양신이라 해도 무방하죠) 나한테만 알려 준 거라구. 역시 난 선택받은 사람인가 봐. 호호호호." 이런 거짓말을 하는 거죠. 21세기의 지구에서 이런 식으로 말했다간 가장 친한 친구라도 몽둥이를 들고, SNS의 친구들은 조용히 친구관계를 끊을 것입니다. 하지만 그 시대의 사람들은 진지하게 믿었던 것 같습니다. 물론 말하는 본인도 몇 번 반복하다 보면 그걸 믿고 진짜 특별한 사람인 양 행동했을 것입니다.

강화도 고인돌

앞에서 말한 이야기가 동영상에 남은 것도 아니지만 그때 어떤 과정을 거쳤든 간에 지배자가 출현했다는 자료는 많이 있습니다. 그중의 하나가 고인돌입니다. 교과서에도 항상 나오는 강화도의 고인돌처럼 거대하지는 않아도 크고 작은 고인돌이 수만 기가 한반도와 그 주변에 널리 퍼져 있습니다. 수천 년 동안 갈아엎고, 구들장용 석재로 떼어 가곤 해도 남아 있는 것이 그 정도입니다. 강원도의 접경 지역에선 북한군의 탱크를 막겠다고 세운 콘크리트 저지선 속에 엄청 쑤셔 넣었지만 여전히 많이 남아 있습니다. 그렇다면 얼마나 많이 만들었다는 것일까요? 어떤 이는 너무 많으니 지배자의 상징일 리 없다고도 하지만 고인돌은 수십 명이 올라갈 수 있을 정도로 큰 것부터 책상만 한 것까지 다양합니다. 크면 클수록 만드는 사람들이 많이 필요할 것이니 그들을 부려 가며 만든 고인돌에 묻힐 사람들은 평범한 위치의 사람이 아닙니다. (개인적인 생각이지만 아주 작은 크기의 고인돌은 그것의 가치가 매우 떨어진 이후 그걸 동경하던 처지의 사람들이 따라 만든 것은 아닐까요)

고인돌을 시작으로 나타나는 장례의 불평등을 보면 죽어서도 숭배받고 또 그것이 후손에게 우월함에 대한 정당성을 제공하는 것을 알 수 있습니다. 여전히 고인돌이 지배자의 증거가 되느냐에 대해 논의가 진행 중이지만, 마을 굽어보는 고인돌 무리를 보노라면 역시 이때부터 사람과 사람의 등급 나눔이 시작되었다는 것을 느끼게 됩니다.

05
최초의 국가 고조선의 건국

거리를 지나가는 사람들 하나하나 붙잡고 우리 역사 최초의 국가는 무엇이냐고 묻는다고 가정해 보지요. 대부분의 사람들이라면 고조선古朝鮮이라고 답할 것입니다. 우리나라 역사를 연 인물은 누구냐고 물으면 또 다들 단군檀君이라고 말할 겁니다. 또 어떤 이들은 단군신화는 거짓이라고 말하기도 하고, 또 다른 이들은 단군 이전에 유라시아 대륙에 걸쳐 존재하던 대제국이 있었고 단군은 그저 그 제국 중 한 왕조의 창시자라고 하기도 합니다. 과연 어느 것이 맞는지 타임머신을 타고 그 시대로 가기 전에는 그 시대의 실상을 정/확/히 알 수는 없습니다. 역사를 연구하는 사람들은 그저 남/아/있/는 고고학 자료의 조각과 수천 년을 입으로 전해지다 문자로 남은 기록 몇 쪽만을 가지고 있습니다.

현재 남아 있는 가장 오래된 기록은 고려 말에야 쓰인 일연의 『삼국유사三國遺事』입니다. 거기에 실린 단군 신화를 정리해 보면 대략 이렇습니다. 하늘의 신 환인桓因의 아들 중 하나인 환웅桓雄이 지상 세계에 뜻이 있어 풍백風伯·우사雨師·운사雲師와 부하 3천인을 거느리고 지상에 내려와 360여 가지로 표현되는 인간사를 다스리는 임금이 됩니다. 마침 그때 호랑이와 곰이 사람 사는 모습을 부러워하여 환웅에게 사람 되기를 간청합니다. 환웅은 쑥 한 심지와 마늘 스무 개를 주면서 동굴 안에서 이것을 먹으며 100일을 피하면 사람이 될 수 있다고 합니다. 호랑이는 견디지 못하고 도망가고 곰은 21일 만에 여자로 변합니다. 환웅은 그녀를 아내로 맞아들여 단군을 낳았는데 그가 고조선을 세웠다고 하지요.

하늘에서 내려온 존재가 세상을 다스리는 존재가 된다는 것은 그 시대의 상식으론 당연한 것이었습니다. 특수한 기술이나 뛰어난 재능이란 것은 하늘에서 내리거나, 혹은 신이나 정령 같은 영적인 존재가 부여한 것으로 생각했었으니까요. 뭔가 대단한 능력을 가진 사람이 자신을 하늘로부터 내려왔다거나 선택받은 자라고 주장하면 거기에 따르는 것은 당연해 보였습니다. 삼국시대의 시조들도, 하다못해 그들의 신하들도 다 하늘에서 내려온 존재입니다. 고구려 초기 기록에 보이는 날개를 가졌거나 신마, 혹은 신성한 솥을 가진 사람들도, 박혁거세朴赫居世가 알에서 태어나기 전 여섯 마을의 촌장도 사실은 하늘에서 내려왔다고 주장하는 사람들입니다. 삼국시대의 시조들이 내려오자마자 왕이 되는 것과 달리 고조선의 신화는 거기서 한 번 더 숨 고르기를 합니다.

어렸을 때부터 그게 정말 이상하다 생각했거든요. 주몽이나 박혁거세나 김수로金首露는 알에서 태어나고 왕위에 오릅니다. 그런데 하늘에서 바로 내려온 환웅은 왕이되 자신이 새 나라의 시조가 되지 않습니다. 암만 생각해도 고조선은 환웅이 세워야 맞는 것 같았거든요. 어쩌면 삼국시대의 시조 신화는 훨씬 뒤의 연대를 이야기하지만 일찍부터 기록에 남아 원형을 보존하고 있고 단군신화는 오래전의 이야기이되 문자로 정착된 것이 늦고 그 오랜 세월 동안 사람들 손에 만지작거림을 당하며 좀 더 세련된 모습을 갖게 된 것은 아닐까요?

환인을 불교의 제석천帝釋天과 비교하거나 풍백·우사·운사와 같은 도교의 신이 들어간다는 것은 적어도 불교와 도교가 널리 퍼진 이후에도 이 이야기가 고쳐졌다는 것을 의미하지요. 그렇다고 이 이야기가 고려 말에 불쑥 튀어나온 것은 아닙니다. 고려 중기의 역사서인『삼국사기』에도 고구려 동천왕대 기록에 단군이라는 단어가 잠깐 언급됩니다. 평양은 단군의 옛 수도라는 문장이 나오지요. 원형은 알 수 없지만 삼국시대를 거쳐 그러한 일이 있었다 정도가 사람들의 입으로 전해진 것 같습니다. 그걸 기록한 역사서는 물론 있었겠지만 현재 남은 것은『삼국유사』가 가장 오래된 것이죠.

다시 신화로 돌아가면 환웅은 천상의 존재입니다. 만약 그가 실존 인물이었다면 고조선의 시조는 그여야 합니다. 그 이후의 왕들은 그의 우산 아래 자신의 정통성을 주장해야 합니다. 그러나 당시 사람들의 관념으로는 하늘의 신이 직접 지상에 군림하는 것은 일종의 구역 침범 행위로 본 것은 아닐까요? 신은 사람이 될 수 없습니다. 그러므로 천상의 존재인 환웅에게 자신을 대신할 존재가 필요합니다. 물론 신이므로 그냥 아무 여자와 결혼을 할 수는 없습니다. (물론 현실적으로는 세력가의 여인이겠지만) 그러므로『삼국유사』에서는 곰을 사람으로 변신시키고, 그다음으로 오래된 기록인『제왕운기』에서는 손녀를 어찌어찌하여 단군을 낳게 하였다고 하는데 하여간 지상에 군림하려면 신비한 힘을 사용하여 지상의 피도 섞어야 한다는 일종의 제약처럼 느껴집니다.

곰이란 무엇인가? 과거 연구자들은 이것을 일본 말 카미かみ(神)와 연결 지었습니다. 일본 말이 한국에서 건너간 것에 뿌리를 둔다는 인식에 우리

말의 원형이 거기에 있다고 본 겁니다. 카미와 곰, 이 두 단어가 유사한 것으로 보고(왜 그랬는지는 지면상 넘어가겠습니다) 천상의 신과 지상의 신이 만났다고 보았습니다. 좀 지나서는 다음 연구자들은 신의 후손을 주장하는 집단과 곰을 토템으로 하는 종족의 만남을 신화로 수식한 것이라고 생각했습니다. 어떤 이는 게르만 신화에서 영감을 얻어 곰을 농경민, 호랑이를 수렵민으로 해석하여 새로운 국가를 여는 과정에서 일어난 융합 과정 중 농경민의 우위를 표현했다고 해석하기도 합니다.

그런데 신화학의 관점에서는 곰이 사람과 가장 가까운 존재라고 하는군요. 물론 과학적으로 유전자가 인간과 가장 가까운 것은 침팬지라고 합니다만, 과거 지구상의 인류가 자신들과 가장 가깝다고 생각한 것은 곰이었습니다. 현대인은 곰을 미련한 동물로 여기지만 묘하게도 곰은 매우 민첩하고 인간과 가장 유사한 행동양식을 가지고 있습니다. 직립보행이 가능하고 머리도 좋고 민첩합니다. 심지어는 날것이 아닌 사람들의 음식도 잘 먹지요. 그래서 고대인들은 곰과 사람은 같다고 생각했습니다. 사람이 인형 옷을 입으면 곰, 곰이 털옷을 벗으면 사람이라 여겼습니다. 그래서 둘 사이엔 결혼도 가능하다고 믿었습니다. 한국의 전래 설화에서 어떤 사람이 호랑이를 만나자마자 어렸을 때 잃어버린 형님이라고 속여 넘기는데 대다수의 인류사회에서 그 역할은 곰이 맡습니다. 우리나라의 은혜 갚은 호랑이와 같이 인디언들의 이야기에서는 곰이 형입니다. 아마 고대인이 『정글북』을 썼다면 주인공은 곰이 되었을 것입니다. 어쩌면 곰을 사람으로 바꾸어서 신비함도 보여 준다는 뜻이 아니었을까요? (그래서 곰이 한국사 최초의 외척이라는 개소리를 하곤 했습니다)

그런데 고조선은 언제 나타난 것일까요? 『삼국유사』에 따르면 기원전

2333년에 건국했다고 합니다. 그런데 그때는 신석기시대로 그때 국가를 건설한 문명은 없습니다. 문자를 모르는 두 살짜리가 문법에 대한 박사학위 논문을 쓴다는 것과 같습니다. 국가를 세우기 위해선 가져야 할 조건들이 좀 많은 게 아닙니다. 최소한 도시국가 정도라도 되려고 해도 요즘 식으로 하자면 필요한 서류가 열 가지는 넘습니다. 발기인도 모아야 하고, 총회도 열고, 법인설립도 해야죠. 그게 끝나면 사업자등록증도 받아야죠. 소수의 사람들이 오순도순 모여 사는 마을을 넘어 꽤 많은 사람들이 모이거나, 여러 마을들을 하나의 질서로 묶는 일은 매우 정교한 일입니다.

고고학에서는 적어도 기원전 1500~1000년 사이에 금속을 사용하는 복합사회가 나타난다고 봅니다. 기록에 의존해야 하는 역사학에서는 기원전 4세기 무렵에는 중국에서도 인지하고 있을 정도의 국가로 성장한다고 봅니다. (그러니까 시작은 더 오래전이라는 뜻이죠) 전국시대 제의 명재상 관중管仲이 썼다고 하지만 실은 기원전 4세기에 쓰여진『관자管子』가 첫 기록입니다. 여기에 따르면 고조선의 정치적 지도자는 북경 지역을 중심으로 요서까지 세력을 뻗는 연燕과 대립 상태에 있었고, 당시 중국의 여러 나라처럼 지배자가 '왕'을 칭할 정도로 성장했다고 합니다.

그렇다면 고조선이 세워지고 발전한 곳은 어디였을까요? 현재 남북한의 학자들은 각각 처한 입장에 따라 요서遼西에 세워졌다고 주장하거나(재요령설) 처음부터 평양에 세워졌다고 주장하거나(재평양설) 요서나 요동 어디선가 세워졌다가 나중에 평양으로 이동했다고 보기도(이동설) 합니다. 북한에서는 1950년대 후반부터 재요령성을 밀거나 더 나아가 북경 근처의 난하灤河유역에 있었다고 주장하다가 1990년대 중반부터는 재평양성을 채택하고 있습니다. 남북한의 경쟁구도에서 그들은 자신들의 역사적 정통성을 고조선과 고구려로부터 이어진다고 주장하면서 자기들의 수도인 평양을 민족사의 성지로 만들었지요. 그래서 고구려의 돌방무덤(봉토석실분)을 고쳐 단군릉이라고 주장하기도 합니다.

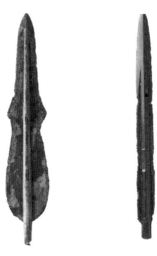

비파형동검과 세형동검(e뮤지엄)

한편 남한에서는 이동설을 정설로 보고 있습니다. 기원전 311년에서 279년 사이에 중국 연나라의 침공에 의해 요서·요동의 땅을 잃으며 한반도 북부로 중심지를 옮겼다는 것이죠. 연의 동진과 함께 요서·요동과 한반도 북부에 퍼져 있던 비파형 동검문화가 한반도 전역을 중심으로 하는 세형 동검문화로 바뀌는 것에 주목한 것이죠. 실제로 이 시점부터 중국이 요서와 요동을 실질적으로 지배했다는 증거가 나타나니까요. 그러나 이것은 현재 상황일 뿐 더 극적인 증거들이 나오면 바뀔 수밖에 없습니다.

한국고대사의 뒷골목

다만 현재 이야기하는 것은 '현재까지 알려진 자료에 근거하여'라는 말이 생략된 것입니다. 고조선과 연의 경계선은 어디였느냐가 문제인데, 경우에 따라 압록강, 혹은 청천강까지 밀려났다고 보는데 영역을 어디까지 잃었는지 아직도 연구자들의 머리를 아프게 합니다. 압록강 중류, 후일 고구려가 세워지는 곳에서도 연나라의 명도전明刀錢이라는 칼 모양 화폐가 발견되는 것을 보면 고조선이 꽤나 심한 타격을 입었다고 할 수 있지요.

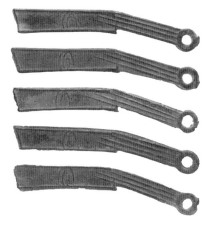

전국시대 연의 화폐였던 명도전(e뮤지엄)

마지막으로 고조선이란 이름에 대한 이야기를 해 보겠습니다. 고조선, 그러니까 옛 조선이란 이름은 아마 뒤에 세워진 이성계의 조선왕조와 구별하기 위해 지은 것으로 많은 분들이 알고 있습니다. 그러나 고조선이란 이름이 실린 『삼국유사』와 『제왕운기』는 고려 때 지어진 책입니다. 고려왕조가 버젓이 있는데 그 시대 사람들이 '아! 이제 고려는 망하고 새로운 조선이라는 나라가 세워지겠군. 나중에(그러니까 1392년 이후가 되겠지요) 개정판을 내기 귀찮으니 지금 미리 옛 조선과 새 조선을 구분해서 책을 쓰자' 이런 생각을 하진 않았을 것입니다. (그런 생각을 입 밖으로 냈다면 일연과 이승휴는 더 일찍 죽었겠지요) 그렇다면 옛 조선이란 말의 반대편에는 조선왕조는 아닐 겁니다.『삼국유사』에서 말하는 고조선은 단군이 세웠다는 단군조선과 중국의 현인 기자가 와서 세웠다는 기자조선을 말합니다. 그렇다면 이에 대응하는 새 조선이란 위만조선을 말하는 것이지요. 뭔가 다르다는 건데 그 이야기는 다음 장으로 넘어갑니다.

06
나에게 빛을 다오

한국사에서 위만衛滿의 존재는 명확하지 않습니다. 조선시대까지는 왕위를 찬탈한 자로, 조선이란 원래 왕조와 결을 달리하는 나라의 왕으로 대우받았습니다. 일제강점기에 일본 학자들에 의해 이 땅에 한의 식민지를 건설한 중국판 코르테스나 피사로 같은 사람으로, 해방 후에는 연에 끌려갔다가 대탈출을 감행한 고조선판 모세와 같은 인물로, 아니면 남월의 조타를 모델로 조선을 침략하기 위해 중국에서 조작한 가공의 인물로 그려졌지요. 시대에 따라 그를 보는 시각은 달랐습니다. 일부 사람들에게는 그저 조선 제국의 혼란을 틈타 서쪽을 잠식해 나라를 세운 변방의 패역자로 지탄을 받고 있지요. 공통점은 암묵적으로 그의 조선은 그전의 조선과 따로 보려고 한다는 인식일까요?

여기서는 위만이 어느 나라 사람이었느냐와 그가 조선의 지배자가 될 수 있었던 역사적 배경에 대해 이야기해 볼까 합니다. 위만과 그의 왕국이 가진 특수성 탓에 정작 역사적 사실의 추구보다는 각자 자기가 보고 싶어 한 각도에서 상상화를 그려 왔으니 수천 년간 몹시 억울해하지 않았을까 싶습니다.

기원전 195년, 한고조 유방의 절친한 친구이자 개국공신이었던 연왕 노관盧綰이 불안한 정세 속에 흉노로 망명하였습니다. 토사구팽이라 하여 이후 왕조가 새로 등장할 때마다 남조의 양梁, 조광윤의 송宋을 제외하고 늘 벌어졌던 공신들의 숙청이 벌어집니다. 한신, 팽월, 영포 같은 명장들도 죽임을 당합니다. 천하를 통일하고 공신들을 제후로 삼았는데 그중 왕의 자리에 봉해진 이들이 위험해집니다. 황제는 유씨가 아닌 자가 왕의 자리에 있는 것을 원하지 않았습니다. 지금의 북경 인근의 제후였던 노관은 유방과 어렸을 때부터 동네 친구였으나 그도 계속 벌어지는 사건에 겁을 먹었는지 망명을 택합니다. 이때 위만은 그를 따르는 무리 1천을 거느리고 조선으로 망명하였습니다. 이때 그는 국경을 넘으며 고조선 사람의 복식을 따랐다고 합니다.

　처음에는 무리 1천 명으로 시작하였던 위만 집단은 곧 전란을 피해 온 연과 제의 유망민을 결집하여 무시할 수 없는 세력으로 성장하게 됩니다. 중국의 수많은 동란에서 사람들은 자기 지역의 유력자들을 따라 안전한 곳으로 무리를 지어 피난하는 일이 많았습니다. 북경 주변에서는 동쪽으로 몸을 피하는 것이 일반적이었지요. 신라의 옛 기록에는 진시황의 부역을 피해 연과 제, 그러니까 하북성과 산동성의 사람들이 피난을 왔다는 이야기도 나옵니다.

　이 과정에서 위만은 이른바 난민 무리의 우두머리가 된 것 같습니다. 당시 조선의 왕이었던 준왕準王도 위만을 이 집단의 대표로 인정하고 한과 국경을 접하는 지역에 머물게 하였습니다. 위만이 이끄는 집단을 서북쪽 국경지대에 안착시켜 혹시 있을 모르는 한의 공격에 대비하고자 하였던 것이지요. 그러나 위만은 한이 쳐들어온다고 준왕을 속인 후, 왕을 축출하고 자기가 왕이 됩니다. 졸지에 나라를 잃은 준왕은 남으로 떠나게 됩니다.

앞서 시대에 따라 위만이 어느 나라 사람이냐를 보는 관점이 달랐다는 이야기를 했습니다. 어떤 이는 연(춘추전국시대의 연나라입니다)의 장군 진개秦開의 침입에 따라 연에 끌려간(혹은 복속된) 조선인이라고 보았습니다. 또 어떤 이는 순수 중국인이라고 보고 있습니다. 초기 일본 학자들은 원래 조선 역사 자체가 외세에 복종당하는 역사란 주장을 하기 위해, 위만이 중국인이며, 앞선 고조선은 전설이고 위만이 세운 중국계 정권이 한국 역사의 시작이라고 주장하였습니다. 이후 한무제에게 멸망당하고 한군현이 세워지는 것을 근거로 '거 봐라 조센징들은 애초부터 지배당하는 게 일상인 종자들이다. (그러니 우리가 지배한들 뭔 문제냐. 게다가 신공황후神功皇后 때 이미 천황가에 복속한 적도 있는데!)'라는 주장을 한 것이지요. 이후 두계 이병도는 이러한 일본 학자들의 설을 반박하여 위만이 원래 조선인이었다는 설을 내놓았습니다. 위만이 연에서 망명한 것 자체로 노관과의 연관성을 찾을 수 없다고 하였다. 그가 동으로 도망갔다는 것은 연에서도 동쪽, 요동 지역에 위치하였던 것이므로 중앙의 노관과 상관없는 독자적인 행동이라고 하였습니다. 또 연의 장수 진개가 침략해 왔을 때 많은 조선인이 연으로 끌려갔거나 복속되었을 것이므로 위만도 조선인이기 때문에 연의 혼란을 틈타 조선으로 되돌아온 것이라고 주장했습니다. 위만이 국경을 넘을 때 상투를 틀고 조선의 옷을 입었다는 사실과 준왕을 축출하고 왕이 된 후에도 조선이라는 국호를 사용한 것을 근거로 들었습니다.

개인적으로는 위만이 중국인이라는 것이 그렇게 문제인가 하는 생각도 해 봅니다. 일단 위만을 조선인으로 보는 설에는 많은 허점이 있습니다.

노관의 망명과 위만의 망명이 전혀 상관없다고 하는 것은 사기 열전만 보아도 맞지 않는 이야기임을 알 수 있습니다. 얼마 전까지도 우리에겐 연좌제가 있었습니다. 북한 또는 공산당 활동에 관련된 사람들은 공직이나 교직에 몸을 담는 일이 극히 어려웠습니다. 그뿐만 아니라 얼굴을 보지도 못한 친척이라도 그런 활동한 사람이 있으면 아무리 재주가 좋아도 뽑히는 것이 어려웠습니다. 심지어 어느 대통령은 보지도 못한 장인이 좌익이었다는 비난을 받자, 그러면 마누라를 버리란 말이냐로 응수했지요.

그런데 이 시대의 연좌제는 기본이 사형, 운이 좋아야 수천 리 밖으로 귀양가는 것이었습니다. 특히 한나라에서 종종 일어난 제후의 반란 사건을 보면 가족뿐만 아니라 국가에서 그들을 관리하라고 보낸 관리, 개인적인 문객, 친분이 있는 사람들이 연좌되어 처벌받습니다. 사건에 따라 천 명이 넘게 처벌받는 일도 있습니다. 그 형벌을 면하려면 막대한 벌금을 물거나 흉노 같은 외국으로 망명하는 길밖에 없었지요. 앞에서 말한 한신이나 팽월, 영포 같은 이의 가족, 부하, 지인들도 덩달아 처벌의 대상이었습니다. 위만이 노관과 상관없었다면 왜 굳이 망명을 했을까요? 지금처럼 모니터에서 먼 곳의 길과 지형까지 알 수 있는 시대가 아닙니다. 자기가 현재 머물거나 지나온 곳 아니면 시커먼 화면으로 보여 주는 전략 게임과도 같습니다. 산 너머에 뭐가 있는지도 알 수 없는데 그냥 움직였을까요? 아무리 서열 높은 개도 주인 따라 다른 동네 이사 가면 밑바닥부터 시작합니다. 죄도 없는데 그 위험을 무릅쓸까요?

그리고 위만이 조선으로 들어올 때 상투를 틀고 조선의 옷을 입었다는 것이 원래 조선인이었다는 근거가 되진 않습니다. 오히려 외국인이라는 증거가 될 수 있습니다. 최근 유튜브에 한국말을 잘 구사하는 외국 사람들이 나와서 김치와 매운 음식을 맛있게 먹고, 독도는 당연히 '우리' 땅이라고 말한다고 그들이 '원래 처음부터' 한국인이었다고 말할 수 있겠습니까?

위만의 변신은 앞으로 조선 땅에서 자신의 새로운 운명을 개척하겠다는 의지를 나타내는 표현, 또는 그가 이 지역에 잘 적응했다는 사마천식의 표현일 수 있습니다. 현대 학자들에 의해 그 정확함을 인정받는 게 사마천의 글이지만, 거기에도 은유와 비유가 가득합니다. 아무리 왕을 쫓아내고 그 자리를 차지하였어도 토착 조선인이 득실득실한 곳에서 한 줌의 중국 유망민들로 나라를 유지하려면 그들을 자극하지 않는 것이 중요하지 않겠습니까? 지금 우리가 다른 동네로 이사를 가도 잘 부탁한다며 공손하게 떡 돌리는 게 세상 사는 이치인데요.

다시 말하지만 그가 중국인이었다고 한국사의 큰 줄기에 손상을 입는 것처럼 느낄 필요는 없다고 생각합니다. 그가 계속 중국인임을 주장하며 토착인들을 박멸하고 땅을 바쳐 중국의 개척 식민지를 일군 것이 아닌 한, 그도 한국인의 역사 속으로 들어온 것 아닐까요? 다만, 이병도 이래 위만=조선인설이 꾸준하게 이어진 것은 일제강점기의 한국사를 복속의 역사로 규정하려던 것에 대한 반발로 자주성을 강조해야 했던 사정을 감안한다면, 또 1980년 초반까지 한국 역사학계의 핵심 과업이 식민사학의 극복이었음을 생각하면 이해할 만한 일입니다.

※ '나에게 빛을 다오'는 독일의 대문호 괴테Goethe(1749~1832)의 유언입니다. 위만에 대한 글을 쓰려니 떠오른 말입니다. 그에게 현실정치와 같은 욕망의 시선이 아니라 역사적 진실의 빛이 비추어진다면 얼마나 좋을까 하는 생각이 떠나지 않았습니다.

07
한제국과 흉노, 남월 그리고 위만조선

중국사에서 진한 교체기는 주변 지역에 엄청난 파급효과를 가져왔습니다. 그때까지의 중국은 여러 나라로 나뉘어져 있었지요. 물론 이전에 상商나라나 주周나라 같은 국가들이 있었지만 그것은 작은 나라들의 느슨한 연합체에 가까웠습니다. 그래서 춘추전국시대에 중국의 국가들과 싸우는 주변 종족이나 정치체는 그중의 일부와 상대하면 되었고, 각국의 역학 관계에 따라 그 배후 국가와 손을 잡아 충격을 줄일 수 있었습니다. '어라! 연나라가 쳐들어오네, 그럼 우린 조나라와 제나라랑 친구 먹어야지. 얘들아 연나라 뒤통수 좀 때려 줘!' 하는 식으로요. 중국이 분열되었던 시대는 중국인들에게 분열과 다툼의 시간이었는지 모르지만 주변에 사는 사람들에게는 그나마 발 뻗고 잘 수 있는 시간이었습니다.

그 시절 중국의 북·동·남에서 성장한 것이 흉노匈奴·조선朝鮮·남월南越입니다. 흉노 역사의 시작은 상세히 알려져 있지 않으나 적어도 전국시대에는 북방의 여러 나라들의 머리를 아프게 할 정도로 강력한 힘을 발휘한 유목민족입니다. 우리가 알고 있는 진시황의 만리장성은 바로 그들을 막기 위해 세운 것입니다.

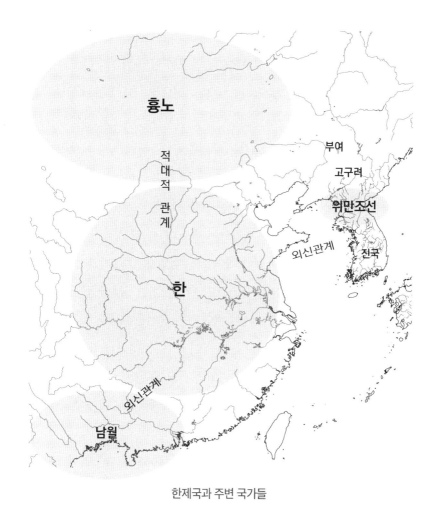

한제국과 주변 국가들

　남쪽에서는, 그러니까 삼국지 게임을 하신 분들이라면 교지와 남해(지금의 광저우廣州) 지역과 그 위의 영릉과 계양, 회계와 건안을 아우르는 남쪽 지역을 떠올리시면 이해가 빠를 것입니다. 중국 남부와 현재 베트남 북부 지역에 퍼져 있던 월越족에 의해 크고 작은 나라들이 만들어지고 망하다가 진한 교체기인 기원전 207년에 중국인 조타趙佗(베트남어로는 찌

에우 다)가 토착 월족과 연합하여 남월南越이라는 나라를 세웁니다.

동쪽에는 우리가 잘 아는 위만조선衛滿朝鮮이 있었습니다. 한제국 건국 직후 개국공신 숙청이 이루어지던 기원전 195년에 고조 유방의 친구였던 연왕 노관이 흉노로 망명하자 그 세력 중 일부가 조선으로 망명하지요. 그들을 이끌던 사람이 위만입니다. 처음에는 서북쪽의 국경 지대에 머물다가 이내 정변을 일으켜 고조선을 접수하지요. 후세인들은 이 나라를 위만조선이라 하여 앞선 고조선과 구분해 부릅니다. 이 위만조선은 남월국과 같이 토착인들과 중국인이 연합하여 세운 정권이란 성격이 강합니다.

한제국 초반에는 이들 나라를 제어할 수 없었습니다. 기원전 200년에 유방이 대군을 일으켜 흉노를 공격하였다가 평성(산서성 대동)에서 대패하였는데, 공주를 시집보내고 매년 비단 등의 물건을 보내는 조건으로 살아 나왔습니다. 흉노의 선우單于는 유방이 죽은 후 정권을 좌지우지하던 여후(유방의 부인)에게 '나도 홀아비고 당신도 과부이니 둘이 합치면 어떻겠냐'는 편지를 보내는데 한은 거기에 대해 공개적으로 화를 낼 수도 없는 상황이었습니다.

남쪽의 남월은 아예 '세상은 중원中原과 영남嶺南으로 나누어져 있어서 중원 세계의 주인은 한이고 영남의 주인은 우리다'는 식으로 생각하고 있었습니다. 여러 외교적 절충을 거쳐 표면적으로는 한의 신하인 척했지만 자기 나라 안에서는 그 생각을 전혀 버리지 않았습니다. 세력을 키워 장사 바로 아래까지 영역을 넓히는 등 흉노보다 덜 위협적이었지만 한제국에게 힘만 생기면 한 대 때리고 싶은 대상이 되었습니다.

그렇다면 위만조선은 어땠을까요? 위만이 나라를 세우고 난 후의 자세한 이야기는 전해지지 않지만 현존하는 기록의 단편을 살펴볼 때, 한의 동북방의 울타리를 자처한 것 같습니다. 이른바 우리를 지원해 주면 동북방의 시끄러운 일은 다 해결해 주겠다는 계약을 맺었다는 겁니다. 이런 관계는 현대 국제 관계에서도 종종 볼 수 있지요. 이걸 가리켜 '외신外臣'이라 부르는데 중국 외부의 정치체가 한의 지원을 받는 대신 그 지역에서 한을 위협할 수 있는 요인을 억누르는 역할을 해 주는 관계를 말합니다. 중앙 정부와 직접 관계를 맺은 흉노와 남월과는 달리 한의 요동태수遼東太守와 관계를 가졌다는 점을 볼 때 정식 관계였는지 의문이 들지만 적어도 위만의 등장 이후 한과의 충돌이 적었던 점, 아무리 토착인과 연합을 맺었다지만 외부인이 세운 왕국이 급속도로 성장할 수 있었던 이유에는 한의 지원이 작용한 것으로 보입니다. 다만 이 관계는 한의 내정이 안정을 찾고 외부로 관심이 쏠리기 시작하고, 조선이 외신의 제약에서 벗어나 독자적으로 성장하고픈 욕망이 생길 때 흔들리게 됩니다.

한제국의 사람은 조선을 어떤 관점으로 보았을까요? 위만조선 문제의 시작은 한무제의 적극적인 대외정책에서 찾는 이도 있지만 중국과 한반도 국가와의 전쟁은 짧은 시간에 전쟁의 필요성을 만들어 내지 않습니다. 아니 강대국의 전쟁의 당위성을 만들어 가는 과정 자체가 그렇습니다. 한제국이 조선을 '정벌'하자는 논의가 시작된 것은 무제의 할아버지 때인 문제 때의 일입니다. 『사기史記』율서律書에는 다음과 같은 기록이 있습니다.

한고조漢高祖가 천하를 장악하였으나 세 곳의 변방에서 반란이 일어났으며, 큰 나라의 왕들이 비록 번보藩輔(변방의 충성스런 종속국?)라고 하였으나 신하로서의 절개를 다하지 못하였다. 한 고조는 군사의 용병이 괴로운 일임을 알았으며 소하蕭何, 장량張良의 지모가 있어서 전쟁을 멈추게 할 수 있었으나, 적군을 얽어매는 수단을 갖추지는 못하였다.

효문제孝文帝가 즉위하게 되자 장군 진무陳武 등이 의론을 올려 말하였다. "남월南越과 조선朝鮮은 진秦나라 전시기에 걸쳐서 신하로 복속하였습니다. 후대에는 군대에 의존하고 험난한 요새를 방패 삼아 꿈틀꿈틀 기회를 엿보며 관망하고 있습니다. 고조께서 천하를 새로 평정하시고 백성들이 조금 안정되었으므로 다시 전쟁을 일으키기는 어려웠습니다. 지금 폐하께서는 인자함과 은혜로 백성들을 어루만지시고 은택을 천하에 더하셨으므로, 군민軍民이 기꺼이 명령을 따를 때이니 반역의 무리를 토벌하고 변방의 강토를 통일하여야 합니다."

무제가 전쟁을 일으킨 것은 기원전 109년이지만 문제(우리가 문제, 경제, 무제… 이런 식으로 부르지만 당시에는 그 앞에 일괄적으로 '효'자가 붙었습니다)가 즉위한 것은 기원전 180년입니다. 적어도 7, 80년 전부터 이미 조선을 정벌하자는 말이 나온 것입니다. 한제국이 건국되었어도 초반에는 공신 숙청과 그에 따른 반란, 흉노와의 전쟁으로 정신이 없었고, 그 이후는 여후의 집권 등을 거치며 약간의 혼란을 겪었고, 그나마 한제국이 안정적으로 안착하게 되는 게 문제 때입니다. 문제와 경제의 치세에 한제국은 자기의 저력을 제대로 활용할 수 있는 국가가 되지요. 보통은 경제의 아들인 무제 때 선대의 발전을 기반으로 대외 정복 사업을 벌였다고 해석하지만 문제가 즉위한 초기, 그러니까 아직 안정을 찾고 힘을 기르기도 전에도 위만조선을 공격하자는 의견이 나오는 겁니다. 이 발언의 주체인 진무는 무려 한제국의 개국공신으로 여후의 세력을 숙청하고 문제의 즉위를 도울 정도의 인물입니다. 그냥 무명 인사의 발언이 아니란 것입니다. 황제도 무시할 수 없는 정계의 거물이 조선을 반드시 멸망시켜야 하는 악의 축으로 지목했습니다. 다만 채택되지 않았을 뿐입니다.

흉노야 전국시대부터 중국의 안보를 위협하는 요인이었고(그래서 만리장성이 완성된 것이죠) 남월이야 이미 한고조 때부터 외교적으로 삐걱거리는 사이였고, 여후 때는 요즘 말로 경제제재가 벌어질 정도의 사이입니다. 당시 최고의 전략물자인 철의 수출 금지 같은 조치가 행해져, 남월은 한의 남쪽을 공격하지요. 그런데 조선은 적어도 무제가 즉위하기 전까지는 충돌하지 않았고, 직접적으로 문제라고 거론된 것은 위만의 손자 우거右渠 때입니다. 『사기』 조선열전에 따르면 조선이 한의 사람들을 유인해서 망명시키고, 주변의 국가들이 중국과 교류를 하려고 할 때 막는다는 것이 갈등의 시작이었습니다. 전쟁의 도화선이 된 요동도위遼東都尉 섭하涉何를 살해한 것도 전쟁 직전의 일입니다. (섭하는 그전에 사신으로 와서 외교적 압박을 가하고, 돌아가는 길에 전송하는 고조선의 고위 인물을 죽였습니다) 그런데 저 위에 언급된 율서의 기록을 본다면 한이 조선을 목의 가시처럼 여기게 된 것은 그보다 더 오래전의 일입니다. 뭘 해도 '너는 이미 찍혀 있다'죠.

어떤 분들은 조선과 한의 관계를 정치외교를 중시하는 입장에서 보고, 또 어떤 분들은 교역 관계를 중심으로 봅니다. 정치외교적이야 지금까지 이야기한 것들이 중심이 되겠고, 교역 관계에 따르면 한과의 갈등은 한과 주변 세력 사이에 위치하여 중계교역의 이점을 독차지했다고 보는 입장입니다. 한과 직접 수교를 원하는 주변 세력(삼한이 해당되겠지요)을 차단하여 경제적 이익을 보고 이것이 한의 입장과 충돌하였다는 것입니다.

지금의 고구려의 첫 중심지에 해당하는 압록강 중상류에서 중국과 교역한 증거들이 나오고, 남쪽의 삼한 지역에서도 중국계 유물들이 많이 나오는 것을 보면 경제적 교류가 있었다는 것을 알 수 있습니다. 그러나 중원에서 구하기 힘든 귀한 것들이 많이 나온다는 남월에 비하면 교역의 중요도가 높았다고 보기에는 어렵지 않을까요? 그렇다고 조선열전에만 주목하여 전쟁 직전에 벌어진 몇몇 갈등이 주요인이라고 보긴 단선적으로 보는 것이 아닌가 싶습니다.

또 한편으로는 당시 한제국의 적국 1순위였던 흉노에 주목하여 흉노와 조선이 연합할 것을 두려워한 한제국의 전략적 선택으로 보는 경우도 있습니다. 위만조선이 한의 침략을 당하기 20여 년 전부터 시작된 대흉노전쟁은 위만조선을 제압하고도 20여 년을 더 끌다 종료됩니다. 그런 면에서는 흉노의 팔 하나를 끊는다는 인식은 유효합니다. 그러나 위만조선 멸망 이전에 흉노 공략은 상당한 진도를 나가고 있었고 실제 전투가 벌어진 곳은 황하 상류의 오르도스 지방과 그 서쪽으로 위만조선과는 거리가 먼 쪽입니다. 개인적으로는 흉노 공략의 일부라는 관점에는 상당히 끌리는 쪽이지만 그것을 가장 중심에 놓고 보기엔 아주 먼 거리에 있는 위만조선이 대체 무엇을 하였느냐가 드러나지 않습니다.

사실 우리가 생각하는 것과 달리 중국의 입장에서 보자면 동쪽을 건드려서 얻는 실익은 그리 크지 않습니다. 이 지역을 자기 것으로 하여 얻게 될 경제적 이익은 서역과 남방이 더 중요했습니다. 전략 안보상의 위협도 동북방의 여러 민족들이 활발하게 활동한 위진남북조魏晉南北朝나, 아예 수도가 북경으로 옮긴 후대에 비해 심각한 편은 아닙니다. 어떤 역사책을 종교처럼 믿는 사람들의 생각과 달리, 만주와 한반도에 "같이 분포하던"

사람들이 중원으로 못 쳐들어가서 안달 난 상태였느냐도 확실하지 않습니다.

어쩌면 실제 한제국의 안보에 위협이 되었던 서북방의 흉노, 남방의 남월과 달리 동북쪽의 위만조선은 별 위협이 되지 않고, (교역을 중요시하는 분들의 관점에 따라) 직접 교역을 막는 짓을 하였더라도 중국 전체의 틀에서 보자면 그리 큰 분량이 아니거나, 위협적이라 하더라도 제·연(요즘의 산동성에서 요령성에 이르는)의 지역 경제인들에게만 절실했을 수도 있습니다. 한제국의 수도는 거기서 먼 서쪽의 장안이었음을 생각하면 조정 인사들의 눈에는 변방의 일입니다.

기원전 128년에 고구려인들과 관련이 있을 것으로 보이는 예족의 군장 남여南閭가 28만여 명의 집단을 이끌고 위만조선에 반하여 한에 투항을 하자 창해군滄海郡을 세웁니다. 한에서는 도로망을 건설하고 운영을 하려다가 3년 만에 포기합니다. 국경선 너머 먼 지역으로 군사력을 투사하고 행정력을 펴자면 기본적으로 도로망이 갖춰져야 하고 또 초기에는 세금도 걷지 않고 토착민들에게 일정 정도 혜택을 줘 가며 운영해야 하는데 아무리 죄수들을 징발해(당시 한의 법률상 요즘 말로 징역형 이상을 선고받은 자는 강제 노역이나 전쟁에 군사로 동원됩니다) 인건비를 줄인다 해도 경제적 부담이 크죠. 재료비와 식비, 관리비는 여전히 들어갑니다.

적어도 한제국에게 위만조선은 경제적 이유로 쳐들어가야 할 나라는 아니었습니다. 흉노와 남월과는 달리 갑자기 악의 축이 되어 곧바로 전쟁에 돌입하는 위만조선과의 전쟁은 그래서 다시 생각할 여지가 많습니다. 어쩌면 "기왕 정복하는 김에 여기도?"가 아니었을까란 생각을 해 봅니다. 한제국의 전쟁 운영이 항상 치밀했던 것은 아니지만 유독 위만조선과의 전쟁은 엉성하게 진행되고, 그 사후 처리도 유달리 엉성합니다. 전쟁에 승리를 했는데 승장들은 처벌을 받고 성문을 열어 나라를 팔아먹은 고조선인들을 우대하다 갑자기 숙청하는 것을 단순히 재위 기간 중 승상 4명 중에서 3명을 처형한 무제의 광기로 해석하기엔 뭔가 석연치 않습니다.

※ 보통 중국의 국가명을 부를 때 진나라, 한나라, 당나라와 같이 ~나라로 호칭하는 것이 일반적입니다. 다만 중국의 대외 팽창정책에 한반도의 국가가 휘말리는 경우에는 ~제국으로 부르겠습니다.

08
날씨가 나쁜건데 왜 부여의 왕이 죽어야 하나?

고대사책을 읽다 보면 왕권의 강화라는 말은 빠지지 않고 나옵니다. 그것도 나쁜 의미가 아니라 좋은 뜻으로 쓰입니다. 그것이 이루어질수록 고대국가가 발전한 지표라고 말이지요. 민주주의 국가에 살고 있는 사람들이 왕권 강화가 좋은 것이라 말하다니 세상의 고대사 학자들은 죄다 왕당파이거나 독재 찬양자일까요? 지금 이 시대에 "대통령제를 강화하자, 국회와 법원마저 초월하는 절대 권력을 부여하자, 왜? 그것이 선이니까!"라고 하면 친구들이 슬슬 연락을 끊을 것입니다. 대통령의 임기를 제한하고, 권력의 분산이 왜 중요한지 초등학교 6학년 교과서에서도 가르치는 마당에 권력의 집중을 긍정적으로 말하다니요.

이 기묘한 태도에 대해 이해를 구하자면 그들이 고대사를 연구하는 학자, 아니 왕정시대를 연구하는 학자들이기 때문입니다. 지금은 권력자 한 사람에게 권력을 집중한다면 시민의 자유라든가 여러 가지로 해로운 것을 낳습니다. 과거에 우리는 그것을 경험하고 그것을 극복하기 위해 무수한 노력을 해 왔지요. 그런 이념적인 면을 떠나 현실적으로 접근해도 21세기의 민주주의 국가에서는 권력의 집중이 오히려 비효율적입니다. 의

회에서 지난하게 토론하는 것보다 강력한 영도력의 대통령이 한 방에 해치우는 게 화려하고 효율적으로 보이지만 위급상황을 제외하곤 더 많은 비용이 소요됩니다. (국회에서 싸우는 것을 두고 뭐라고 하는데 현재 싸우는 내용에는 화가 나지만, 주제만 제대로 갖추고 성실하게 임한다면 문제가 없습니다. 거기서 국회의원들이 싸우는 게 시민들이 내전을 치르는 것보다 천억 배 낫기 때문입니다. 아니 대신 싸우라고 금배지 달아 주고 먹여 살리는 겁니다)

그러나 고대의 국가는 다릅니다. 사회적 통합도나, 자기의 저력을 온전히 사용할 수 있을 정도로 체계가 잡힌 구조가 아닙니다. 물론 나름의 합리성도 가지고 있지만 현대와 비교하면 몹시 엉성합니다. 그런 사회에서는 오히려 1인에 의한 찬란한 영도력, 또는 모두가 인정할 수 있는 압도적인 권위가 혼란을 줄이고 안정을 가져올 수 있습니다.

21세기의 대한민국에서는 내가 지지하든 안 하든 한 번 선출된 대통령은 공정한 선거에 의해, 가장 많은 사람이 지지했다는 정통성을 가집니다. "내가 안 찍었으니 걔를 내 대통령으로 인정할 수 없어!" 이런 말은 철저하게 비웃음 받을 일입니다. 그렇다면 과거는요?

고대의 왕은 신성성에 기반을 둡니다. 하늘에서 내려온 누구누구의 피를 이은 자로서의 정통성을 가집니다. 그런 왕의 정통성이 흔들리고 그 자리를 얻기 위한 자들의 싸움이 시작될 때 그 국가는 제 역량을 발휘하지 못하거나, 국민들에게 최소한의 보호 장치도 제공하지 못하지요. 현대 사회는 다양성의 공존을 최우선 가치로 여기므로 이 당 저 당, 달라도 매우 다른 정치적 목소리가 공존할 수 있습니다. 그러나 국민 전체가 참정권을 가지지 못한 과거의 사회에서 다양성은 사회의 분리를 가져오는 요인이 되기도 했습니다. 아직 정치체를 구축하는 기술은 정교하지 못했습니다.

드라마나 소설에서는 고대국가의 건국 영웅이 들어서자마자 나라가 질서정연한 구조를 갖추고, 비단옷과 화려한 궁실을 갖추고 명령만 하면 불구덩이로 들어갈 신하들이 광장에 도열한 것처럼 그려집니다. 그러나 현실은 그렇지 않습니다. 극소수의 추종자로 시작된 나라는 제도란 것은 없어서, 요즘 시각으로 보자면 주먹구구식 운영을 하고 있어 현대의 컨설팅 업체에서 본다면 '이러다 5년 안에 망합니다'라고 판정했을 것입니다. 화려한 궁궐 대신 민가보다는 약간 큰 초가집일 것이며 주변에는 약간만 실수하면 달려들 사람들이 호시탐탐 노리고 있을 것입니다. 고구려로 치자면 오녀산성 아래 작은 평지가 고작 영토일 것이며, 신라로 치면 경주분지의 일부가 박혁거세 손에 쥐어진 영역일 것입니다.

그마저도 완전히 내 땅이라고 할 것은 없습니다. 아무도 없던 땅에 착륙하여 깃발을 꽂은 것이 아닙니다. 그 작고 좁은 땅이라도 선주민은 있기 마련이고, 나름의 세력가라는 사람들이 있었습니다. 정말 외부(신화에서는 하늘이지만)에서 들어왔거나, 또는 그 내부 세력 중 하나가 대장이 되던, 늘 경쟁자들은 있습니다. 그저 신화 속에서 단역처럼 보이는 사로국의 6촌장이라도 각기 하늘에서 내려온 자라는 나름의 정통성이 있었고, 고구려도 초기에 주변에는 각기 신성성을 가진 이들이 존재했습니다. 그들이 귀부하거나 패하여 복속하였다는 것은 그저 주몽과 박혁거세의 깃발이 더 좋은 것임을 인정한 것뿐입니다.

이후 무슨 무슨 국을 멸망시켰다, 복속시켰다고 해서 영역이 늘어나긴 하지만 초기의 국가는 그것을 완전히 내 것으로 만들지 못합니다. 거기의 왕을 그 지역 책임자로 임명하여 지배권을 보장하기도 하고, 안으로 끌어들여 '누가 물으면 내 부하라고 답해'라고 다짐 받는 수준입니다. 우리가 잘 알고 있는 신라의 고승 원효元曉도 본디 지금의 경산에 있었던 압독국押督國의 왕족이었지요. 삼국통일의 영웅이라는 김유신金庾信도 김해에 있던 가야 소국 마지막 왕의 증손자이죠. 처음부터 그들을 완전히 배제하고 그 지역을 다스릴 수 없었습니다.

요즘 사람들이 쉽게 이해하기 위해 비유를 하자면 건국 초기의 왕은 협동조합장과 같고, 살아남는 데 성공해 발전도상에 위치한 삼국시대 초반부의 왕은 이사회의 대표이사와 같습니다. 아시는 분은 아시는 대로 협동조합의 이사장은 그렇게 대단한 권력을 누리지 못합니다. 지금의 협동조합은 각각의 조합원의 의사가 매우 중요하지요.「협동조합기본법」에서 규정하는 조합 내 의사결정 과정은 평등을 중요시합니다. 조합원의 투표에서는 조합장이나 조합원이나 모두 똑같은 1표입니다. 물론 현실에서는 조합장이 전횡도 가능하고 여러 잘못을 저지르는 경우가 있지만 합법적으로 운영되는 곳이라면 본질적으로 조합장의 권력은 제한적입니다. 물론 고대국가가 무슨 평등한 조합과 같다는 말이 아니라 왕이 생각보단 권력을 가지지 못한다는 뜻에서 비유한 것입니다.

좀 더 몸집을 불려서 각기 다른 주변 세력을 복속시켜 휘하에 두게 되지만 그들은 부하가 아닙니다. 이제 국가의 모습은 주식회사와 같을 것입니다. 새로이 복속된 사람들은 각기 국가의 지분을 일정 부분 가진 대주주들입니다. 왕은 그들보다 조금 더 강한 사람일 뿐입니다. 직할지에서만큼은 진짜 왕이지만 다른 대주주들의 영지까진 아직 힘이 미치지 않습니다. 혹시라도 술자리에서 자기만 빈 잔 채워 주지 않았다고 삐진 대주주 중 하나가 자기 지분을 빼서 다른 나라에 붙는다면, 또 그것을 막으려고 할 때, 다른 대주주들이 협력하지 않는다면('나는 쟤처럼 아주 열받은 것은 아니니까 나갈 생각은 없어. 하지만 그렇다고 네가 잘한다고 생각하는 건 아냐!') 왕은 막을 길도 없습니다.

고조선으로부터 삼국시대 초기의 왕들은 대주주들 중에서 가장 지분이 큰 사람이긴 한데, 각 주주들 간의 이해관계를 조절하고, 전쟁과 같은 배당금 행사가 열렸을 경우 공정하게 분배하는 역할을 합니다. 그것을 할 수 있다는 것이 바로 1대 주주의 특권입니다. 그리고 그 구조를 나름 안정시키기 위해 신화를 이용합니다. 흔히들 고조선 이후 삼국시대 이전의 사실로 누구나 배운 부여의 영고迎鼓, 고구려의 동맹東盟 같은 제의는 단순한 축제가 아닙니다. 그것은 제각각 놀지 않기 위해 정기적으로 모여 모두의 공동이익을 재확인하는 일종의 단합대회라고나 할까요. 거기서 자기들만의 신화 체계에 대주주들의 신화를 접붙여 신화적 정통성을 구축하지만 대주주 격인 대세력가들의 동의가 무너진다면 일시에 붕괴할 수 있습니다. 그래서 영고나 동맹은 새로운 변동 사항에 대비 시스템의 틀을 재조정하는 일종의 윈도 업데이트와 같은 역할을 합니다.

그런 국가 체제에선 드라마에 나올 것 같은 강력한 왕은 없지요. 삼국으로 살아남은 고구려나 백제, 신라는 그 단계를 넘어서 그 시절의 흔적이 많이 지워졌지만 어중간한 시점에 생명을 다한 국가에선 그 흔적이 화석처럼 선명하게 남아 있습니다. 그게 제목처럼 부여 왕의 파리 같은 목숨입니다.

옛 부여의 풍속에는 가뭄이나 장마가 계속되어 오곡五穀이 영글지 않으

면, 그 허물을 왕에게 돌려 '왕을 마땅히 바꾸어야 한다'고 하거나 '죽여
야 한다'고 하였다.

　　－『삼국지三國志』위서 동이전 고구려조

　기억하기론 2010년대 전후로 날씨가 평온한 적이 없었습니다. 어느 해
는 너무 덥고 비가 오지 않았고 또 어느 해는 비가 너무 많이 내렸습니다.
때로는 중부의 폭염과 남부의 폭우가 동시에 일어났고 그다음 해는 귀신
같이 자리를 바꾸었습니다. 각자 자기가 지지하는 정파에 따라 술자리에
서 '다 그 남자(또는 그 여자) 탓이야'라고 말할 수는 있습니다. 그러나 진지
하게 물어본다면 지금의 기상이변을 대통령이 일으킨다고 생각하는 이는
없을 겁니다. 대통령이 흑마법을 부릴 수 없다는 것은 초등학생도 압니다.

　그러나 고대는 달라요. 지금과 달리 과학지식이 널리 퍼지지도 않았던
터라 해가 지고 뜨는 것도 매우 진지하게 고민하고 해답을 구하던 시댑니
다. 여름과 겨울이 교차하는 원인인 지구 자전축이 23.5°의 기울기를 가
진다는 것도 몰라서 하늘의 조화로 이해했지요. 그런 시대에 이런 자연현
상은 하늘의 선택이었고, 왜 그랬나에 대한 이유는 하늘과 가장 가까운,
아니 가깝다고 믿어지던 이만 아는 일입니다.

　왕은 하늘의 누군가의 후손으로, 이른바 그 '빽'으로 그 자리에 도달한
자입니다. '내가 하늘에서 내려온 자다(또는 그의 후손이다)'라고 말하자
'네 그렇군요'라고 수긍하는 세상이니 하늘이 뭔가 심술을 부린 것은 그
하늘과 가장 가까운 왕의 탓이지 일반 백성의 탓이 아닙니다. 그러므로
대장이 책임을 져야 하는 겁니다.

　지금이야 최근의 기상이변으로도 기아를 겪지 않고 있습니다. 불과 100

여 년 전만 해도 생산 가능한 인력의 90%가 농업에 종사하였는데 보릿고개 같은 식량 부족에 늘 시달렸지요. 반면, 지금은 농부들의 수가 매우 적지만 대다수의 사람들이 굶는 일은 없습니다. (굶주림은 여전히 존재하지만 사회제도나 경제체제의 문제입니다) 그러나 더 오래전의 과거로 올라갈수록 농업생산력은 뻔합니다. 기술적 한계로 모든 경작지를 다 활용하지 못해 논과 밭에도 정기적인 휴가를 줘야 합니다. 1년 농사를 지으면 1년은 아에 쉬게 하고 1년은 양분을 덜 필요로 하는 작물을 심는 식으로 말이죠. 오늘 경기에서 7이닝을 던진 선발 투수가 4일가량 쉬고 등판하는 것을 생각하시면 됩니다. 게다가 품종별로 생산력은 지금보다 더 형편없으니 인간의 생명줄은 매우 가늘었을 것이라 생각됩니다. 자꾸 휴식을 주지 않고 곡식을 심는다면 땅은 점점 혹사에 시달려야 하는 불펜 투수의 수명과 같을 것입니다.

정말 하늘만 바라봐야 하는 상황에서 조금만 날씨가 나빠도 농업생산력은 크게 줄어들 수 있습니다. 지금이야 올해의 농사가 망해도 비축 식량도 있고 정 안되면 수입이라도 할 수 있죠. 전 지구적 기상재해만 아니라면 피해는 있어도 지금의 우리는 파국은 피할 수 있습니다. 그러나 고대 국가엔 그런 대안이 없었습니다. 어차피 이웃나라도 자기 먹을 것밖에 만들지 못할 것이거든요. 그나마 온화한 기후의 평야를 끼고 있는 나라라면 충격을 조금이나마 줄여 나갈 수 있지만 아무리 평야라 해도 부여같이 북방에 있는 나라는 그럴 기회도 훨씬 줄어듭니다.

부여의 왕은 그런 환경까지 책임져야 했습니다. 이유는 없습니다. 그냥 부여에는 위기를 돌파할 자원이 충분하지 않고, 왕은 하늘의 권위를 지고 있으니 하늘이 심한 건 다 그가 제대로 일을 못했기 때문입니다. 다행히 죽임을 면하더라도 그의 권위는 매우 취약해졌을 것이고 꽤 높은 확률로 대체되었을 것입니다. 다른 누군가가 왕의 자리를 갖기 위해 움직였을 거란 거죠. 밤에 잠을 자더라도 자기의 가슴을 쉬이 드러내진 못했을 겁니다. 당시의 부여의 왕은 생각보다 안정적인 직업은 아니란 거죠.

왕 노릇 하기 어려움을 다룬 글 중에서 가장 인상 깊었던 것을 적어봅니다. 적어도 부여 왕은 이 말에 동의했을 것입니다.

> 너희는 모든 가신 전부를 조심하라.
>
> 혼자서 그들 가까이 가지 마라.
>
> 형제에게 마음을 허락하지 마라.
>
> 친구를 만들지 마라.
>
> 그들과 친해지면 한정이 없다.
>
> 잠잘 때도 자기 스스로가 심장을 지켜라.
>
> 재앙이 있는 날에는 자기 편은 없다고 생각해라.
>
> – 이집트 파라오 아메하트 1세가 아들 세누세르트 1세에게 남긴 말.
>
> 김진, 『바람의 나라』 7권(댕기 초판본) 작가의 말에서 재인용

※ 이 문제에 관심 많으신 분이라면, 프레이저의 『황금가지』에 부여 왕의 이야기가 실려 있다는 말을 들은 적이 있을 것입니다. 현재 시중에서 팔리는 『황금가지』 번역은 13권의 축약본입니다. 크게 생전에 프레이저가 1권짜리로 축약한 판이 있고, 후대의 옥스퍼드의 연구자들이 그의 원래 의도에 맞게 축약한 판이 있고, 보기 편하게 그림도 많이 넣어 편집한 또 다른 축약본, 이 3종이 전부 번역되었습니다. 만약 큰맘 먹고 책을 샀는데 부여의 'ㅂ' 자도 나오지 않는다면 옥스퍼드 축약본을 집으신 것입니다.

09
한군현은 무엇이고 어디에 있었나

기원전 108년, 1년간 이어지던 포위전은 끝났습니다. 조선은 한에게 멸망당했으니 그 땅은 어떻게 될까요? 그것을 궁금해하는 사람들은 그다지 많지 않았을 것입니다. 고조선 사람들은 중국이 어떤 통치를 하는지는 몰라도, 전쟁에 진 나라가 어떻게 되는지 알았을 겁니다.

베트남과 중국 서북방이 그랬던 것처럼 이 땅에도 중국인은 자기들에게 익숙한 지방 통치체제를 여기도 구축합니다. 낙랑樂浪·진번眞蕃·임둔臨屯·현도玄菟로 불리는 4개 군이 그것입니다. 군만 설치된 것이 아니라 군 아래는 현이 설치되었고, 또 현 아래는 향鄕과 리里라는 조직도 구성되었을 것 같은데 향까지는 흔적이 보이지만 리까지 존재했는지는 좀 불투명합니다.

황제가 다스리는 천하는 무릇 중원의 사람들뿐만이 아니라 사방의 야만족까지 똑같이 아우르는 것이어야 했습니다. 보천지하普天之下 막비왕토莫非王土, 무릇 천하에 왕의 땅 아닌 곳이 없어라. 처음에는 나라 안에 고루 펼쳐지는 왕의 통치에 대한 찬사였지만 그 천하는 세계를 지향하기도 했습니다. 실상은 어떠했는지 몰라도 그들이 지향하는 이념은 그러하였습니다.

 그들이 무너뜨린 대상이 중국과 유사한 시스템을 구축했거나 받아들일수 있는 환경이라면 쉽게 뿌리내리겠지만 그것이 여의치 않을 경우에는이상이 어느 정도는 현실에 양보해야 하는 게 많지요. 이를테면 지금의사천성 이남으로부터 광서장족 자치구에 이르는 지역의 서남이西南夷라거나, 감숙성 언저리의 유목민의 지역에서는 중국화는 생각만큼 빨리 진행되지는 않았습니다. 그렇다면 위만조선의 땅은 어떠하였을까요?

 한의 지방제도는 수령인 태수太守, 현령縣令(현장縣長), 기타 고위직은장리長吏라 하여 중앙에서 임명해 보냅니다. 그들은 해당 군현 출신이 아닌 인근 지역 출신 중에서 뽑아 보냅니다. 그 아래 실무진에 해당하는 속리屬吏는 지역 사정에 밝아야 하니까 지역민을 뽑는 것이 일반적인데 위만조선의 경우 초기엔 요동군遼東郡 사람들을 보냈습니다. 위만조선 자체가 망명 중국인들과 토착민의 연립 정권이라 할 만큼 중국 문화에도 낯설지 않았고, 또한 다른 변방 군현과 달리 농업지대라 편제하기가 편하다는이점이 있습니다. 그럼에도 타지에서 뽑은 것은 단순 문자 해독 능력이아니라 얼마나 한제국이 원하는 지방 통치를 할 수 있느냐의 문제였을 것같습니다. 그 땅에 살던 중국계 사람들은 진시황이 싫어서였던 진한 교체기의 혼란이 힘겨워서였던 어쨌거나 중국을 탈출한 "나쁜 놈"들이어서겠지요. 제국 통치의 담당자들은 당장 저들을 믿을 수 없었을 것입니다. 그러나 다른 지역과 달리 빠른 시기에 토착인들이 관리가 된 것 같습니다.

 파·촉·월수越巂(사천성)·울림鬱林(광서장족 자치구)·일남日南(베트남 북부)·요동·낙랑의 풍습을 살펴보면, 주나라 때는 머리를 뒤로 넘겨 묶었지만 지금은 관을 쓴다. 주나라 때는 거듭 통역으로 이해시켜야 했지만 지금은 『시경』과 『상서』를 낭독할 정도다. -『논형』 58, 회국 편

후한대의 학자 왕충王充의 책, 『논형論衡』에는 다음과 같은 말이 나옵니다. 좀 더 알아듣기 쉽게 요약하자면 이렇습니다. "우리가 지배했더니 저 이민족의 땅도 드디어 사람 사는 냄새가 나기 시작했다." 어찌 보면 일본이 우리나라를 지배해서 근대화로 이끌었다는 '식민지 근대화론'의 먼 조상 같습니다. 동시대 유라시아 대륙 건너편의 로마제국에서도 로마가 지배한 야만족의 지역이 드디어 문명화가 되었다는 자화자찬이 나옵니다. 후대의 왕조들은 내가 저걸 먹었을 때 이익인지 아닌지도 계산할 줄 알았습니다. 그래서 반드시 정복을 하고 그 지배자를 무릎 꿇리는 짓을 하는 대신 겁을 주거나 형식적인 항복 의례로 대체하기도 했습니다. (그도 여의치 않으면 '저건 신 포도'라고 외면하기도 하죠) 그러나 가끔 중국은 이해타산을 잊고 모두 가지려고 합니다. 문제는 위만의 손자 우거와 고조선 사람들이 마주했던 나라는 하필 그게 가장 심했던 한제국입니다.

대부분의 정복 국가들은 한 번 힘을 보여 준 다음 현지 사정에 따라 유연한 통치를 하기도 했는데, 한제국은 그런 거 없다는 투로 임했습니다. 어떻게든 중국 본토와 유사한 통치를 하려고 했습니다. 물론 과거에는 한나라도 정복지에선 상당히 유연한 태도로 임했다고 생각했습니다. 그동안 연구자들은 남월 멸망 후 세워진 9군과 조선의 4군은 재지세력의 독자성을 어느 정도 인정해 준 것처럼 생각했습니다. 물론 한무제 때 중국 본토처럼 가혹하게 다스리면 반란은 필연적으로 일어나는 데다 중요 사항은 거리가 멀어 중앙의 결재를 받기도 어려우니 어느 정도 융통성을 발휘

한 것만은 맞습니다. 그러나 그 융통성도 기본적인 원칙 아래서 약하게 발현되는 것이었지요.

1990년 7월 평양의 낙랑구역에서 무덤 하나가 발굴됩니다. 처음엔 8천 기가 넘는다는 낙랑고분 중에 또 하나였겠지만, 이 무덤에서 『논어』의 일부와 함께 「낙랑군초원4년현별호구부樂浪郡初元四年縣別戶口簿」라는 문서가 나옵니다. 호구부라는 것은 매년 정기적으로 제국 내의 모든 군에서 관할 현의 인구와 호수, 그리고 증감폭을 나무판에 기록하여 보고하는 것입니다. 어느 국가조직이나 문서 행정은 동일한 양식을 가집니다. 그러나 국제 공용 용지 규격도 없는 시대에 자료를 적는 나무판의 크기까지 통일한 관청의 공식 문서입니다. 여기서부터 한제국이 조선을 점령한 후 하고자 했던 것을 엿볼 수 있습니다. 바로 제국 지배의 통일화지요.

낙랑군 호구부에 의해 새롭게 비정된 낙랑군현

환령지말(환제桓帝와 영제靈帝의 치세, 바로 청유파와 십상시가 맞붙고 태평도가 기반을 다지던 시대입니다. 삼국시대 및 위진남북조의 중세를 여는 문이라 할 수 있지요) 이후로는 중국의 대혼란기라 본토와는 먼 변방의 군현은 상당수가 유명무실해지지만 그전까지는 본토와 똑같이 지배하는 것을 관철했음을 알 수 있습니다. 한반도 외에도 다른 지역에서도 쏟아지듯 발굴되는 자료들은 결코 서류상으로만 지배하지 않겠다는 한제국의 의지를 보여 줍니다. 정말 그들은 우직할 정도로 밀어붙이는 사람들이었달까요. 호구부같은 공문서의 양식이야 통일성을 가지는 건 당연하다 할 수 있는데, 거기에 사용하는 붓의 제원도 제국 내에선 똑같았습니다. (한국에서 최초로 발견된 필기구인 창원 다호리 유적의 붓도 한제국 공용 필기구의 규정에 맞게 제작된 것입니다)

이런 한군현을 두고 최근 들어 한반도에는 존재하지 않았다는 이야기가 많이 나오고 있습니다. 사실 이 문제가 회자된다는 것 자체가 당황스러운데요. 저 호구부만 해도 조작이라는 글은 꾸준히 올라옵니다. 한군현이 한반도에 있었다, 없었다. 일단 모든 가지들을 쳐내고 문장 그대로 등뼈만을 취하고 보면 둘 다 틀린 이야기는 아닙니다. 일단 역사학자들의 정설인 한반도에 있었다는 설에 표를 던집니다. 그리고 반대편에 서 있는 사람들의 말도 맞습니다. 한군현, 특히 낙랑군과 대방군은 한반도에 있었지만, 대륙에 있기도 했습니다. 뭔가 이상하지요? 둘 다 맞다니.

일단 낙랑군을 비롯한 한군현이 한반도에 없었다고 믿기에는 존재의 증거가 너무 많습니다. 어떤 분들은 그것 모두 조작이라고 믿고 싶겠지만 그러기엔 지금까지 나온 자료가 너무 방대합니다. 수천 기의 낙랑고분, 그리고 각종 금석문과 행정에 문서 봉인에 쓴 인장들을 조작하기엔 너무 많은 자원이 소모됩니다. 20세기 전반기의 일본과 후반기의 북한에게 그 조작을 할 돈과 물자가 있었다면 다른 곳에 썼을 것입니다. 본격적으로 중국이 발굴을 시작하기도 전에 나온, 본토와 똑같은 물건은 대체 뭘 기준으로 복제했다는 말일까요?

낙랑군 해명현 태수의 부관인 승초의 인장을 사용한 봉니(e뮤지엄)

좀 복잡한 사정이 있지만 북한이 낙랑군의 존재를 부정하지 않는다는 것이죠. 대동강에 인류 최초의 문명이 있었다고 주장할 정도로 극단적인 사관을 고수하는 저 신정국가가 뭐가 아쉬워 낙랑을 위해서 가짜 자료들을 조작하겠습니까? 그럴 시간과 돈이 있으면 김일성 가계의 역사적 신성성을 더 부각시키죠. 해방 전 일본 학자들의 연구는 좀 미덥지 않은 면도 있고, 그만큼 악의도 존재합니다. 그러나 일본 학자들의 악의적 역사왜곡이라 하기엔 자료가 너무 많습니다. 지금은 중국 어느 지역에서 만들어진 것인지 확인할 수 있는 유물도 많이 나옵니다.

그렇다면 중국 대륙에 있었다는 주장은 뭐가 맞다는 것일까요? 네, 그 문장만 맞습니다. 중국 대륙에도 존재했습니다. 다만 그 시점은 313년 이후라는 단서가 붙어야 합니다. 역사학자들이 아직도 일본에 봉사하느라 한군현이 한반도에 있었다고 주장을 하는 자칭 애국자들만 그것을 인정하지 않을 뿐입니다. 때로는 제대로 사료의 성격을 검증하지 않은 상태로 중국지리지의 몇몇 단편을 들어 증거라고 주장하는 경우도 있지만 그것도 313년 이후의 상황에 대한 자료입니다. 이따금 위진남북조 때 엉망으로 만든 개인 저술 갖고 들이미는 사람들이 있는데 유네스코 기록 유산으로 지정된 1980년 광주민주화운동에 대한 기록과 그건 북한군 특수부대가 주동했다는 지 모 씨의 주장을 같은 등급의 신뢰도라고 보는 것과 뭐가 다를까요?

중국이 굳이 왜 한군현을 만들었나, 그것을 어떤 생각으로 운영했나는 생각지도 않는 주장은 당황스럽습니다. 아무리 우리가 민족적인 감정으로 보려고 해도 본질적으로는 중국의 행정기관의 일부입니다. 그것을 운영하는 것은 철저하게 중국인의 시각에서도 봐야 합니다. 평가는 한국인의 입장에서 하는 것이지만 그에 대해 이해할 때 중국의 입장을 생각하지 않는다는 것은 본질을 놓치는 것이지요.

흉노는 차라리 국가 안보에 위험하기라도 했지 사실 남월이나 조선을 정복한 것은 한의 경제적 손실이 컸습니다. 너무 머니까 가는 것도 비용이 엄청납니다. 남월로 진격하기 위해 진나라 때부터 정복하려고 사람이 살지 않는 광대한 지역에 길부터 만들어야 했습니다. 삼국지 게임을 해보신 분들을 알 겁니다. 양양과 강릉 이남의 땅에 인구가 얼마나 적은지. 지금처럼 인구가 많고 잘 개발된 당나라 이후 강남이 아닙니다. 숲을 밀고 산을 깎고 아예 없는 거나 마찬가지인 길을 고속도로 수준으로 만들어야 했습니다. 그곳이 중국인들에겐 해로운 질병이 가득한 땅이었다는 문제만 아니었음 견딜만했겠지요….

그렇다면 조선은? 차라리 북경으로 수도가 고정된 시기라면 수도방위라는 절대 불가침의 이점이라도 있습니다. 임진왜란 때 명과 청일전쟁의 청, 한국전쟁에서 '중공'(이 단어는 참 오래간만에 들어 보시지요? 아니면 처음 듣거나. 중국공산당이 다스리는 땅이라 하여 정식 나라 취급도 안 하던 시절의 용어입니다)의 참전은 한반도가 적성국가의 손에 들어갈 경우 너무 취약해지는 북경 방어에 대한 대책이기라도 했지요. 그래서 전쟁을 하자고 해도 그들 나름의 타당성은 있었습니다. 그러나 한무제 시절의 북경은 수도인 장안에서 너무 먼 깡촌입니다. 당시에도 중국의 먼 동쪽은 돈이 될 만한 것은 별로 없습니다. 그렇다고 조선이 대륙 간 탄도탄이나 핵무기 같은 대량살상 무기를 가진 것도 아니고.

정복 이후에도 병력을 주둔시키는 것이 만만치 않았고(그나마 변방을 지키는 상당수의 병력은 생활필수품을 자기 부담, 즉 집에서 받아야 했습니다. 서역 방면에 파병 간 병사가 가족에게 필요한 물자를 빨리 안 보내 주면 사형 당한다고 독촉하는 편지도 출토되었지요) 또 규모는 작더라도 제국이 바라는 수준의 통치를 구현하려면 어마어마한 비용이 소모됩니다. 어쩌면 이 글에서는 자세히 다룰 수 없는 한무제라는 사람의 특징, 한 제국의 천하 이념, 거기에 기기묘묘하게 양념 노릇을 하는 신비주의가 아니었으면 외교적 엄포를 던진 후 깔끔하게 협상으로 끝났을 일입니다.

그런 그들에겐 황제의 국경은 신성한 것이었고, 후임 황제가 그중 일부를 잃는다면 선황의 위명을 더럽히는 일이고, 다음 왕조가 유지하지 못한다면 전 왕조를 무너뜨릴 때 천명을 받았다는 주장은 거짓으로 여겨질 수 있는 것입니다. 313년에 낙랑군, 314년의 대방군이 고구려에 의해 한반도에서 소멸하게 됩니다. 현대 한반도에 사는 사람들의 입장에서라면 중국의 지배 기구를 몰아낸 쾌거입니다. 그렇다면 당시 중국에서는 지배 영역의 상실을 서류상 손실처리했을까요? 아니면 그렇다면 또다시 되찾기 위해 또 전쟁을 할까요? 만약 싸울 상황이 아니면 어떻게 할까요?

그렇지 않음을 보여 주는 것이 바로 요서의 낙랑군과 대방군입니다. 앞에서 말한 호구부에 따르면 기원전 45년, 낙랑군은 25현에 인구 28만을 거느린 군이었습니다. 중국 본토의 군들에 비해 작은 규모였지만 최소한 이름만 가진 것은 아니었습니다. 그러나 수隋제국까지 존재하던 대륙의 낙랑군은 인구 2백 명에 불과한 서류상의 군현이었습니다. 아니 중국의 군현은 다이어트라도 한단 말입니까?

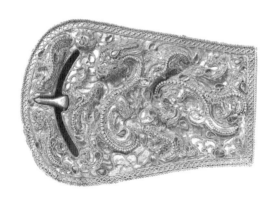

평양에서 발견된 낙랑의 금제 허리띠의 고리부분(e뮤지엄)

많은 분들이 아시다시피 고구려는 현도군과의 싸움 속에서 성장한 국가입니다. 그 과정 속에서 현도군은 여러 차례 자리를 옮기게 되지요. 나중에는 요동군의 일부로 흡수·폐지되어도 이상치 않을 상황에서도 군을 유지합니다. 본토의 큰 현만도 못한 군이 다른 군에 기생한 것이죠. 한반도 내의 낙랑을 인정하지 않는 분들도 이 기록은 부정하지 않을 것입니다. 그런데 그 일이 낙랑과 대방군에도 일어나지 않았다고 주장할 근거는 무엇일까요? 아니 실질적으로 군현으로 존속할 수 없을 만큼 모든 것을 상실했는데 서류상으로나마 남겨 두어야 했던 이유는 무엇일까요?

그것은 중국이 제국임을 자임하고 있었기 때문입니다. 한나라 때는 당연히 무제라는 선황이 정복하고 개척한 곳이니 버릴 수 없습니다. 내 권력의 정당성은 선황들로부터 이어졌는데 어느 후대 황제고 무시할 수 없습니다. 제국의 관료들도 그것을 버리자고 주장할 사람이 없습니다. 그랬다간 '저 자는 불충한 자이옵니다'라고 댓글창이 불타겠지요. 나중에 생긴 제국들도 그렇습니다. 안 그래도 온 천하는 내 것인데 거긴 이미 우리가 침발랐다고 생각합니다. 이것을 잃어버리면 타도한 전 왕조만도 못한 게 되는데요? 무엇으로 왕조개창의 정당성을 찾을까요? 고구려가 낙랑과 대방을 차지했더라도 그것은 항구적인 일이 아니어야 합니다. 언젠가는 다시 되찾아야 할 땅이고(원래 소유자였는지는 중요하지 않습니다. 적어도 그들 시각에서는) 그때를 대비해 재지배를 위한 여지는 남겨 놔야 합니다.

한군현이 중국 대륙에 있었다는 설을 주장하는 이들은 중국이 무슨 생각으로 지배를 하려 했는지에 대해 관심이 없었습니다. 덕분에 중국사를 공부하는 학부생도 알만한 이야기를 모르는 것인지 애써 무시하는지 모를 태도를 취하고 있습니다.

중국 중세(개인적으로 일본 교토 학파의 시대 구분을 따릅니다. 이 시대는 후한 말부터 당송 교체기에 해당하지요)에 특히 많이 출현한 교치,

교군이라는 개념이 있습니다. 제국의 영토는 신성한 것이기에 적에게 빼앗겼거나 어쩔 수 없이 후퇴해야 할 경우, 그냥 손 털고 나오면 하늘 아래 가장 숭고한 존재이신 황제 폐하와 제국의 체면을 구기는 일이죠. 아니 전한의 무제가 넓힌 영역을 유지하지도 못하다니! 이 어찌 우리 왕조의 치욕이 아닐쏘냐. 왕조의 존재의 의미가 없어진다! 그래서 나온 것이 교치입니다. 거기 출신들을 모아 다른 곳에 그 군현을 또 만드는 겁니다. 그러니까 낙랑군을 실제로는 빼앗겼지만 그 군은 잃어버린 게 아니라는 주장을 할 수 있죠. 나중에 나타나는 서류상의 낙랑군은 교군이 되는 것입니다. 이는 중국 중세에선 흔했던 일입니다.

실제로 영가의 난永嘉之亂으로 중국 북방을 다 잃어버렸을 때도 피난민을 받아서 일정 구역에 몰아넣고는 상실한 군현의 이름을 붙였지요. '아아… 우리는 영토를 잃어버린 게 아니라 사정상 옮긴 것뿐입니다……'라고 주장하는 겁니다. 실제 영토는 줄었지만 우리는 여전히 천하를 지배한다는 믿음을 버리고 싶지 않은 것이죠. (당연히 수복할 때를 대비한 조직이기도 합니다) 그 군현이 수나라 초기까지 살아남았으니, (때론 원래 있었던 행정구역을 흡수하기까지 합니다) 그게 저들 주장의 근거가 되는 겁니다.

이게 낯설다면 서울 종로구에 위치한 이북5도위원회(속칭 이북5도청)를 생각하시면 됩니다. 휴전선의 북쪽은 조선민주주의인민공화국이란 나라가 수십 년째 존재하고 있습니다만 현행 대한민국 헌법 제3조는 "대한민국의 영토는 한반도와 그 부속도서로 한다"라고 명시하고 있습니다. 유엔에 동시 가입을 했지만 대한민국의 법제에 따르면 저 신정국가는 대한민국의 영토를 불법적으로 점거한 불법 괴뢰단체입니다. 국토지리정보원에서 제공하는 대한전도에도 북한이 개편한 자강도나 양강도 같은 행정 구역이 반영되어 있지만 5도청에서는 1948년 이전의 행정구역을 고수하지요. 실제 도의 행정일은 안하지만 차관급의 도지사, 중요 도시의 시장도 뽑습니다. 5도청과 도지사가 있으니 북한의 영토는 현재 우리 대한민국이 실제 소유하고 있습니까?

그와 반대의 일도 일어나지요. 1948년에 제정하여 1973년에 개정할 때까지 사용한 신정국가의 첫 헌법 마지막 조항은 "조선민주주의인민공화국의 수부首府는 서울이다"였습니다. 어차피 저쪽에서도 '공화국의 남부는 반동괴뢰들이 불법 점거한 땅'이라고 주장할 테니 당시로는 '관습 헌법적으로' 수도로써 대표성이 있었던 서울은 자기 땅이어야 한다고 생각했지요. 그렇다면 1973년 이전에 서울에 살던 분들은 북한 사람입니까?

현대국가에서도 실제로는 빈말이래도 나름의 복잡한 이유로 말뿐인 선언을 합니다. 현실보다 이념/이상이 더 힘이 세었던 고대/중세는 얼마나 더 많은 선언이 넘쳐 났을까요? 그 말을 그대로 믿는다면 1953년 이후에도 휴전선 이북이 대한민국의 실질적 영토고 1973년까지 서울은 북한의 영토였다는 전혀 공존할 수 없는 이야기가 역사적 사실로 병존했다고 주장하는 것과 무엇이 다를까요? 1212 군사 반란 이후 대한민국은 하늘에 조각구름 떠 있고, 강물에 유람선이 떠있는 이상적인 정의사회가 구현되었을까요? 보통 사람들의 시대가 시작되었을까요?

만약 이 글을 쓰고 있는 찻집에서 큰 소리로 저 이야기를 떠든다면 분명 미친 사람이라는 손가락질을 면치 못할 것 같은데요.

II.

거친 산의 나라,
고구려

10
고구려, 대지에 서다!

어느 문명이나 신화 속의 주인공은 공통점을 가지고 있습니다. 남들과 다른 출생의 비밀이 있고, 쉴 새 없이 닥쳐오는 고난을 헤쳐 나가야 한다는 것이죠. 뭔가 평범한 사람들은 받아들이기 힘든 가혹한 숙명이라거나 혹은 신이한 존재의 피를 이었다거나 그들의 축복을 받는다거나 하는 것이죠. 그래서 그는 평범치 않은 인생을 보냅니다. 특히 그것이 건국의 영웅일 경우, 그의 운명과 고난의 극복은 사람들이 수긍하다 못해 존경을 표할 권력의 정당성을 줍니다. 고구려를 세운 주몽朱蒙, 또는 추모鄒牟라는 사내도 그런 운명을 가졌습니다.

『삼국사기』에 따르면 주몽은 신의 핏줄을 타고났습니다. 강의 신, 하백河伯의 큰딸이었던 유화柳花가 하늘에서 내려왔다는 해모수解慕漱와 사랑에 빠지면서 이야기는 시작됩니다. 부모의 허락 없이 시작된 사랑은 해모수가 떠나며 끝나게 되고(다음 글에서 자세히 이야기하겠지만 과거의 결혼은 집안과 집안의 만남의 한 방법입니다. 그것을 통하지 않은 남녀 관계는 야합이 될 수밖에 없죠) 그의 아이를 임신한 유화는 우발수優渤水라는 강의 깊은 곳으로 유폐됩니다. 사냥을 나왔던 부여의 왕 금와金蛙가 그녀의 처지를 딱하게 여겨 데려오지요. 그런데 어느 날 하늘의 빛이 다가와 유화의 몸을 비추고 임신을 하게 되고, 얼마 후 알을 낳았다고 하지요.

과거 사람들은 우리와 다른 것이 하나 있습니다. 그들 삶의 기조는 '어제처럼 평안한 오늘, 오늘처럼 행복한 내일'이라는 것입니다. 우리가 사는 21세기는 무언가 새로운 것이 발견되면 흥분을 하고 그것이 어떤 것인가를 알아내기 위해 노력합니다. 자연재해나 이상 현상이 일어나도 완벽하진 않더라도 그 원인을 밝혀내려 하지요. 그러나 과거로 올라가면 올라갈수록 달라집니다. 어제와 다른 오늘이 시작됨은 공포가 됩니다. 자연이나 사회의 움직임에 대한 지식이 부족할수록 사람들은 그 이유를 신비로운 존재에서 찾습니다. 어떤 것은 길조라고 여기지만 또 어떤 것은 흉조로 해석됩니다. 아홉 달 열흘 만에 여자가 낳은 것이 아이가 아니라 알이라면 매우 무서운 일이겠습니까.

왕은 겁에 질려 돼지우리에 집어넣기도 하고, 들판에 버리기도 하고, 길 한가운데 던져 넣기도 합니다. 심지어는 왕이 칼로 내려치기도 합니다. 그럼에도 무사했다는 것은 신화 속 주인공의 첫 출발로는 어쩌면 자연스런 것이지요. 그렇게 태어난 아이는 태어나자마자 활을 잘 쏘는 아이가 됩니다. 『삼국사기』 이전의 역사서를 인용한 이규보李奎報의 「동명왕편東明王篇」에는 생후 7일 만에 활로 파리를 잡는다고 했습니다. 태어난 지 1주일 만에 파리라는 것을 파악하고 말을 하고 활을 잡는다는 것은 이 아기가 얼마나 비범한지 보여 줍니다. 우리나라의 양궁 선수들이 올림픽에서 금메달을 독점하는데, 그들도 날아다니는 파리는 못 잡을 것입니다. 이것은 주몽이 매우 특별한 사람이라는 신화적인 장치지요.

다음에도 또 이야기하겠지만 이것이 실제 일어난 일인가는 중요하지 않습니다. 알에서 태어난 것도, 태어나자마자 활로 파리를 잡은 것 모두 사실은 아닐 것입니다. 주몽 또는 후손, 추종자들이 그리 말한 것을 사람들이 납득한 것에 불과합니다. 다른 이와는 다른 주몽의 능력, 또 그가 나라를 세우고 사람들 위에 군림해야 할 근거를 신화로 내세웠고, 사람들은 '역시 그러면 그렇지. 신의 핏줄을 가졌으니 저리 대단하지'라고 수긍한 것에 지나지 않습니다. 그런 위대한 사람이니까 우리를 지배하는 것은 당연하다는 자기 최면을 걸고 그 후손들에게 지배의 정당성을 부여합니다.

여느 신화가 그렇듯 그의 신이한 능력이 위기를 불러옵니다. 왕의 아들이라면 모르겠으나 피가 섞이지 않은 주몽이 왕자들보다 빼어난 것이 문제지요. 사냥 대회가 열릴 때, 화살을 적게 주었는데도 일곱 왕자들보다 더 많은 짐승을 잡아 오고, 말을 능수능란하게 다루는 능력을 보여 주니 왕자들은 겁에 질리지 않았을까요? 주몽을 제거하지 않으면 모두 죽임을 당하고 권력을 빼앗길 것이라는 생각을 하는 것은 당연한 결과가 아닐까

주몽이 처음 도읍했다고 알려진 오녀산성

요? 지금도 정치권력의 세계에서 위협적인 존재가 나타나면 다른 생각을 갖지 못하게 큰 타격을 준다거나 하는 일이 비일비재합니다. 내가 죽이지 않으면, 죽을 수 있는 거친 시대였습니다.

주몽은 오이烏伊·마리摩離·협보陜父라는 추종자 세 명과 달아나는 데서 신화는 절정을 맞습니다. 이 일행은 큰 강을 만났는데, 앞에는 큰 물이 막고, 뒤에는 추격병이 쫓아옵니다. 이 이야기를 듣던 고구려 사람들은 자신도 모르게 귀를 쫑긋하고 자세를 바로잡았을 것입니다. 말하는 이의 숙련도에 따라 긴장감은 더 깊어졌겠지요. 여기서 모두가 주몽을 신화 속 영웅으로 만드는 대사가 나옵니다.

"나는 천제의 아들, 하백의 손자다! 추격자가 다가오는데 어떻게 해야 할 것인가?"

그러자 강 속의 물고기와 자라들이 수면으로 떠올라 다리를 만들어 주몽은 무사히 건너고 졸본에서 고구려를 세웁니다.

이는 주몽의 개인적 능력을 칭송하는 데 그치지 않습니다. 사람들은 그의 인간을 초월한 면에 고개를 숙였을 것이고, 그의 후손들이 고구려의 왕통을 이어 가는 데 반드시 필요한 정당성을 주었을 것입니다. 또, 그가 나라를 세우는 도중에 만난 이들과 나중에 합류한 세력가들은 고구려의 귀족이 됩니다. 「모두루묘지명牟頭婁墓誌銘」이라는 기록이 그것을 잘 보여주는데 광개토왕廣開土王 시절에 북부여北扶餘의 지방관이었던 모두루의 무덤 벽에 그의 이력을 기록한 글이 발견됩니다. 그 글에 따르면, 모두루의 조상은 부여에서 주몽을 따라 고구려를 세웠고, 그 후손들 꾸준히 나라를 위해 공을 세웠다는 내용을 담고 있지요. 무엇보다 중요한 것은 모두루의 조상이 국가의 공인 신화에 연결되었다는 주장입니다. 진짜 따라 왔는지, 원래 살고 있던 사람인지 알 수는 없습니다. 중국의 사례를 보면 명청대에 정복당한 운남성 토착민의 유지 가문은 나중에 자기 조상은 정복한 장군을 따라 정착한 중국인이라고 주장하는 일도 있었습니다. 그러니 우리는 진상을 알 수 없습니다.

고구려 초기의 귀족형성을 보여주는 모두루 묘지명(지식e음)

다시 주몽으로 돌아가 보면 고구려의 건국 이야기는 이렇게 이루어집니다. 그러나 이것이 사실을 그대로 기록한 것이라는 보장은 전혀 없습니다. 고구려의 건국 시점에 객관적인 관찰기록이 남았을 리 없고, 수백 년간 사람들이 구전으로 전하다 고구려 소수림왕小獸林王대를 전후하여 문자 기록으로 정착한 것으로 보입니다. 그 과정에서 많은 부분이 고쳐졌을 것입니다. 대략의 줄거리는 유지하지만 전달자의 역량에 따라 극적으로 삽입된 부분이 있고, 또 깜빡하고 잊혀진 대목이 있을 것이며 누군가 공을 세우거나 새로이 등장하여 추가한 부분이 있을 것이고, 또 후손이 반역을 했다거나 큰 죄를 지었을 때 그 조상의 이야기가 지워졌을 수도 있습니다.

또 이런 고난 끝에 나라를 세운다는 신화는 부여도 가지고 있습니다. 부여보다 더 북쪽의 탁리국橐離國이라는 나라에서 시녀가 아이를 낳았는데 알을 낳았다고 합니다. 동명東明이라 불린 이 아이도 탁리국에서 살 수가 없어 남쪽으로 도망을 쳐서 부여를 건국했다고 합니다. 그래서 어떤 이들은 부여와 고구려인 사이에 동명이란 신화 속의 영웅이 있고, 고구려의 주몽은 이 신화의 재생산으로 보기도 합니다. 그러므로 이 신화가 고구려의 온전한 것이라고 말하는 것은 어쩌면 온전한 역사와는 멀 수도 있습니다.

그 신화의 진실이 무엇이던 그 이야기에 따르면 주몽의 도망으로 고구려라는 나라가 세워집니다. 나라를 세웠다고 마냥 꽃길이 펼쳐진 것은 아닙니다. 드넓은 만주벌판에서 말 타고 활쏘기를 상상하는 분들의 바람과 달리 고구려가 자리 잡은 곳은 산만 많고 식량 생산량이 적은 곳이었습니다. (만주벌판은 요하유역과 송화강유역을 제외하면 대부분이 험준한 산지입니다) 고구려는 인근의 사람들과 그 제한된 자원을 가지고 아귀다툼을 해야 했습니다. 우연히 사냥을 나가서 만난 비류국沸流國의 송양왕松讓王이 주몽에게 '두 나라가 있기엔 이 땅이 좁다. 짬밥은 네 쪽이 딸리니 내 밑으로 눈 깔고 들어와라'라는 말을 한 것은 고구려가 처한 상황을 압축적으로 보여 주는 것이지요. 신화에서 그렇듯, 초기의 고구려는 주변의 정치체들을 물리치면서, 혹은 약탈을 하면서 생존을 도모하였을 것입니다.

주몽 이후의 고구려를 이야기하기 전에 과연 주몽의 고구려는 언제 세워진 것인가에 대해 이야기해 볼까요? 어떤 이들은 한국의 역사학자들은 식민사학을 계승하여 위대하고 찬란한 고구려의 역사를 억지로 축소하고 있다고 말합니다. 『삼국사기』에 기록된 주몽의 고구려 건국의 연대는 사대주의자인 김부식金富軾에 의해 조작되었다고 말합니다. 이렇게 화끈한 발언은 때론 사람들의 호기심을 자극합니다. 그런데 또 고구려의 역사가 우리가 아는 것보다 더 길 수도 있다는 기록도 존재합니다.

주몽의 시대로부터 7백 년 가까이 흐른 668년의 봄, 북방의 요새 부여성扶餘城이 함락된 직후에 시어사侍御史 가언충賈言忠은 당 고종에게 전황보고를 하면서 이런 말을 합니다. (정작 이 기록은 왜곡 역사서라고 욕을 먹는 『삼국사기』에 실려 있습니다)

"『고구려비기高句麗祕記』에 '900년이 되기 전에 80 대장이 멸망시킬 것'이라 하였는데 고씨가 한나라 때부터 나라를 세워 지금 900년이 되었고, (사령관) 이적李勣의 나이가 80입니다."
– 『삼국사기』 고구려본기 보장왕 27년조

우리가 알고 있는 고구려의 건국 연대는 기원전 37년이니 여기에 멸망 연도인 668을 더하면 705입니다. 705년 된 나라인데 900년이라니, 저 알 수 없는 『고구려비기』라는 책만큼이나 믿을 수 없는 이야기가 아닌가, 그런 생각을 해 볼 수 있습니다. 또 다른 기록에는 800년이 되었다고 합니다. 어쩌면 고구려의 건국신화는 우리가 아는 현재와는 상당히 달랐을 수도 있습니다. 200년이라면 단순한 착각이라 하기엔 긴 시간이지요. 그런데 이런 차이는 고구려인이 남긴 기록에도 나옵니다. 「광개토왕릉비」에서는 광개토왕이 주몽의 17세손이라고 하는데『삼국사기』에 따르면 13세손입니다. 세를 대로 읽어도 19대 왕이니 미묘하게 차이가 납니다. 무언가 맞지 않습니다. 아마 고구려 후기까지 역사가 정리되는 과정에서 여러 자료를 가지고 가지치기와 접붙이기를 하는 중에 착오를 일으킨 것이지요.

이렇게 연대 차이가 나는 것에 대해 어떤 사람들은 일제 식민주의 사학의 후예들이 고구려의 역사를 축소하고 있다고 비난하지요. 한술 더 떠서 북한에서는 200여 년을 더 붙이고 그동안에 존재했다고 여겨진 왕의 이름을 '복원'하고 있습니다. 지금도 많은 역사책에서는 기원 전후에 고구려가 세워졌다고 이야기하고 있지만, 남한의 연구자들도 고구려의 역사가 더 올라갈 수 있다는 걸 부인하지 않습니다. 다만 확실한 증거가 나타나지 않았기에 단정 지어 말하지 못하는 것이지요. 이 사람들은『삼국사기』의 연대보다 더 올라갈 가능성을 항상 열어 놓고 있습니다.

사실 고구려인의 정치체가 어떤 형태로도 존재하였을 가능성은 매우 높습니다. 고조선을 멸망시킨 한제국은 한반도 북부와 중국을 잇는 지역에 현도군을 설치하는데 그 아래에 고구려현高句驪縣을 둡니다. 한제국이 이민족의 땅을 영토로 삼을 때 기존의 정치체나 종족 집단이 있던 곳에 군현을 세우는 것을 본다면 고구려현이 세워진 곳은 그 이름으로 부를 수 있는 무언가가 있다는 것을 말해 줍니다. 또 현도군의 이른바 군청 소재지가 고구려현에 세워진 것을 생각하면 고구려라는 무언가는 당시 한나라 사람들의 주목을 끌만한 존재가 아니었을까요.

기원전 75년, 갑작스럽게 현도군은 토착인들의 저항으로 밀려납니다. 학계에서는 그전부터 존재한 고구려인의 정치체가 다시 독립을 꾀했다거나, 이 투쟁을 계기로 각성하게 된 이들이 국가를 건설하였던 것으로 봅니다. 다만 어디부터가 대나무이고 어디까지가 죽순인지 구별하기 어려운 것이 고대국가의 정확한 기원 연대일 것입니다. 주몽의 이야기도 현도군의 축출 때의 이야기인가, 혹은 기원전 57년에 주몽이 기존의 지배자를 몰아내고 새 나라를 세운 것인가 단정할 수 없습니다. 딱 한 가지 저 신화에서 알 수 있는 것은 고구려인들이 주몽을 자기네 국가와 왕조의 시작으로 '결정'했다는 사실입니다.

11
형이 죽으면 그녀는 내 여자다

사람과 사람이 순수하게 사랑에 빠져 결혼하는 것이 일반적으로 받아들여지게 된 것은 얼마나 오래되었을까요? 두 사람의 눈에서 감정의 불꽃이 튀는 것은 생명체가 가진 본능일 것입니다. 기록으로 확인할 수 있는 것으로만 따져도 문명의 초반에도 사랑은 있었습니다. 때론 신분을, 때로는 국경을 넘는 애절한 이야기들은 늘 있어 왔지요. 그러나 사람이 가진 감정과는 별개로 결혼이란 제도에서 두 사람의 사랑이 중요한 지분을 차지한 것은 아주 최근의 일입니다. 그러므로 오래전 이야기의 사랑은 대개는 슬픔으로 끝을 맺습니다. 애절하다고 한 것은 그런 것입니다.

춘천의 남면 어느 마을에서 만난 한 어르신은 반세기 전에 치렀던 자신의 결혼식 전날까지도 신랑 될 사람의 얼굴을 알지 못했다고 합니다. 서울이나 평양, 대구와 같은 대도시에선 한참 전부터 모던뽀이가 부모가 맺어 준 여성을 버리고 신여성과 사랑을 키우는 것이 흔했는데 말입니다. 어떤 이들은 왕조가 사라지면서 새로운 흐름이 주류가 된 것처럼 이야기합니다. 그러나 당시에 도시에 거주하며 신사조의 영향을 받았던 이는 지금에 비하면 극히 적은 수준입니다. 산업화가 본격적으로 시작되었던 지난 세기의 후반까지도 대다수의 사람들은 도구만 새로운 것을 썼지 생활 양식은 백여 년 전에서 그리 멀지 않은 것이나 마찬가지였습니다. 서구식 생활을 시작한 지 백여 년이 넘었지만 마지막 잔재라고 할 수 있는 상례가 매장에서 화장 위주로 바뀌고 선산에서 납골당으로의 전환이 시작된 게 불과 십여 년 전입니다. 제도와 견문으로 사람들의 생각까지 바뀌는 건 매우 오랜 시간을 필요로 합니다.

결혼에서 당사자의 의향이 중요하지 않았다면 무엇이 중요했을까요. 가까이는 두 사람의 아버지, 좀 넓게 따지면 가문, 집단의 선택이었습니다. 예전의 결혼은 가족, 또는 가문, 마을, 정치적 집단의 연대 수단이었습니다. 정치적이든 경제적이든 두 집단의 관계가 밀접해야 할 때 서로의 자식들을 결혼시켜 유대를 다지는 것입니다. 어떤 적대적 집단과 맞서기 위해, 또는 같은 경제적 기반(사냥터나 어장)을 공유하고 다른 세력을 배제한다든가, 또는 서로 친밀한 관계를 오래 유지하고 싶다던가. 결혼 당사자들의 의사와 상관없이 다른 이들에 의해 가족 제조 계획이 세워지고 진행되는 것입니다.

결혼으로 인한 유대는 그 결혼이 어떤 이유로 깨어지면 연결고리가 약해진다는 약점을 가지고 있습니다. 지금과 같은 이혼은 흔하지 않을 것입니다. 사랑해서가 아니라 만나서 정을 쌓는 결혼은 헤어짐도 외부 논리에 제약을 받습니다. 대신 죽음이 중요한 이유였겠지요. 과거 남자들의 사망률은 지금보다도 더 높았을 것입니다. 전쟁이 아니더라도 사냥이나 개간 등의 외부 업무 중에, 또는 과도한 노동으로 인한 소모로 남자가 빨리 죽는 일은 흔했습니다. 여자들 역시 만만치 않았지요. 비교적 위험한 외부 작업은 없었지만 출산 자체가 목숨을 건 일입니다. 아이를 낳다 죽는 일은 흔했습니다.

지금과 같은 세련된 정치적 기술을 가지지 못한 먼 시대로 올라갈수록 결혼으로 맺어진 유대 관계를 유지하는 방법은 간단합니다. 야구나 축구, 농구나 배구에서 선수가 경기를 뛸 수 없는 상황이 오면 선수를 교체하지요. 네, 결혼도 결원이 생기면 다음 대기 선수를 투입하는 것입니다. 이를테면 철수와 영희 중에서 철수가 사냥을 하다 죽어 버리면 그의 동생 영수, 영희가 아이를 낳다 죽으면 동생인 경희가 그 결혼을 이어 가는 겁니다. 설령 선수가 바뀌더라도 경기가 계속되는 것처럼 두 집단의 관계는 유지되는 겁니다.

형이 죽으면 남동생이 뒤를 이어받는 것을 형사취수(levirate)라고 하는데, 언니가 죽으면 여동생이 뒤를 잇는 것(sororate)도 있습니다. 재미난 것은 이 결혼의 선수가 교체되어도 그 결혼의 명의는 처음 결혼한 사람들에게 있다는 것입니다. 예를 들어 철수와 영희가 결혼 후, 아이가 태어나기 전에 철수가 죽고 영수가 형의 뒤를 이었다고 가정하지요. 나중에 영수의 아이가 태어나도 그 아이의 아버지는 죽은 철수입니다. 반대로 영희가 죽어 동생 경희가 부인이 되어도 같습니다. 경희가 낳은 아이의 법적 어머니는 영희입니다. 생물학적 부모보다 명의상 부모가 누구냐가 중요한 것이지요. 슬픈 말이지만 교체 선수는 어디까지나 땜빵인 것입니다. 교체된 선수가 홈런을 쳐도 자기 기록이 아닌 것이지요. 어떤 곳에서는 아예 한 남자에게 자매나 사촌을 시집보내는 경우도 있습니다. 시대나 지역에 따라 다르지만 교체 선수가 뒤를 이어 결혼 관계를 유지한다는 것만은 변함이 없습니다. 인류학 책에서나 볼 수 있는 이런 결혼이 한국사에서 존재했을까요? 마침 고구려에서 일어난 사건이 하나 있군요.

서기 197년에 고국천왕故國川王이 사망합니다. 왕에게는 아들이 없었기 때문에 그의 동생들이 뒤를 이을 것이 유력했습니다. 세 명의 동생 중 맏이였던 발기發歧가 가장 유력했습니다. 그러나 다음 날 왕이 둘째 동생인 연우延優에게 왕위를 넘긴다는 유언이 공표됩니다. 사람들은 놀라고, 특히 발기의 분노는 하늘을 찌를 듯이 높았습니다.

이야기는 전날 밤으로 돌아갑니다. 왕이 죽자 왕비 우씨于氏는 이 사실을 비밀로 감추고 첫째 시동생 발기를 찾아가 왕의 후계자 문제를 언급합니다. 상황을 모르는 상태에서 밤에 형수가 찾아와 이런 이야기를 하면 매우 긴장할 수밖에 없습니다. 왕이 살아 있는데 그 후계자를 언급한다는 것은 매우 위험한 일이지요. 과거 군사독재 시절에도 다음 후계자로 지목받거나 섣불리 욕심을 내는 자는 사정없이 내쳐졌습니다. 박정희 시절에 윤필용 사건이 대표적이었고, 그 외에도 많은 심복들이 사라진 걸 생각하면 꼭 왕조만의 문제는 아닙니다. 하물며 왕정에서는 이런 일이 일어나면 정말 목숨을 걸어야 합니다. 의도는 없었다 해도 누명의 재료가 되니까요. 왕이 되지 못한 왕의 형제들은 칼날 위에 서있다고 해도 과언이 아닙니다. 2017년 봄에 말레이시아에서 목숨을 잃은 김정일의 첫째 아들 김정남의 운명과 다르지 않습니다. 오스만 튀르크에선 술탄이 되지 못한 아들들은 권좌에 오른 형제에 의해 모두 죽임을 당했다지요. 최근 사우디아라비아에서도 형제 상속의 규칙이 깨지는 일이 벌어지면서 많은 왕자들이 권력과 부를 잃었습니다.

다른 사람도 아니고 현 왕의 왕비가 그런 주제를 꺼내니 발기는 '형님도 멀쩡한데, 형수는 그런 말 하지도 마소!'라며 쫓아내었을 수도 있습니다. 형이 죽었다는 정보를 갖지 못한 발기는 그래야 살 수 있었습니다. 혹시

한국고대사의 뒷골목

라도 형과 형수가 발기를 죽이려고 꾸민 정략이라면 어쩌겠습니까? 그렇다면 발기는 도마 위의 생선 신세가 됩니다. 발기에게서 쫓겨난 왕비 우씨는 그대로 둘째 연우에게 갑니다. 발기와 달리 연우는 쫓아내지 않았고 잘 대접하자, 우씨도 이번엔 왕의 죽음을 밝힙니다. 다음 날 둘은 '손에 손잡고' 왕궁으로 돌아가 왕의 죽음을 밝히고 연우를 왕에 앉힙니다. 우씨는 그대로 새 왕의 왕비가 됩니다.

사실 이것은 발기의 입장에서 모든 것을 뒤엎어 버리고플 정도로 화가 날만한 일이었습니다. 특별한 결격사유가 없는 한 연우보다는 발기가 우선순위였습니다. 왕궁에 있어야 할 왕비가 밤에 여기저기를 돌아다니고 다음 날 둘이 왕궁으로 들어간 후 왕의 죽음과 신왕의 즉위가 선포된다? 누가 봐도 의심할 만한 일이었지요. 그래서 발기는 사람들을 모아 반란을 일으키지만 성공을 거두지 못합니다. 이제 신왕이 된 동생의 저항도 컸고, 또 동조자가 많지 않았습니다. 그래서 발기는 사람들을 이끌고 요동의 공손씨公孫氏에게 투항을 합니다. 마침 공손씨도 고구려를 위협적으로 인식하였으므로 발기에게 군사를 주어 고구려를 치게 합니다.

중국의 역사서 『삼국지』에는 『삼국사기』와는 다른 증언을 합니다. 그 기록에 따르면 고국천왕은 존재하지 않았습니다. 그래서 과거에 일본 학자들은 고국천왕의 존재를 부정하기도 했지요. 아버지인 신대왕의 사후, 발기와 이이모伊夷謨(『삼국사기』에서는 고국천왕이라고 하는데 『삼국지』에서는 산상왕을 가리킵니다)가 있었는데, 발기를 싫어한 고구려 사람들이 이이모를 옹립합니다. 그 후 요동의 공손씨와 싸움이 벌어졌을 때 발기는 왕이 되지 못한 불만으로 3만 명의 사람들을 거느리고 투항하였다고 합니다. 이때 공손씨의 공격과 발기의 투항으로 고구려는 휘청거리고 산상왕이 새로운 나라를 세운 거나 마찬가지란 이야기를 담고 있습니다. 보통은 주몽의 아들 유리왕琉璃王 때 집안의 국내성國內城으로 이주했다고 하는데 고고학 자료들을 살펴보면 그렇게 시대가 올라가는 고구려의 흔적이 나타나지 않는다고 합니다. 그래서 새롭게 나라를 세웠다는 이 시대에 천도한 것은 아닌가란 생각이 점점 연구자들에게 호응을 얻고 있습니다.

약간 다른 내용이지만 발기가 정당한 왕위 계승을 주장하며 동생과 싸운 것만은 분명합니다. 신왕인 산상왕도 막냇동생 계수罽須를 보내어 막게 합니다. 아까 사건의 경과처럼 이 싸움의 결과도 다릅니다. 『삼국사기』에서는 싸움에서 패한 후 동생을 본 발기가 어떻게 동생이 형에게 칼을 겨누느냐고 따졌지만, 지금 왕이 된 형도 잘한 건 아니지만 그렇다고 당신이 조국에 칼을 겨누는 건 뭐냐는 대답을 듣습니다. 발기는 부끄러움을 이기지 못해 자결을 합니다. 반면 『삼국지』에서는 공손씨의 요동으로 건너가 거기서 여생을 마칩니다.

발기가 어디서 죽었나와 상관없이 이 다툼의 승자는 산상왕 연우였습니다. 앞에서의 설명대로라면 이 둘 사이에서 태어난 아이는 죽은 고국천왕의 아이가 됩니다. 그러나 둘 사이에서 태어나지 않고 우씨의 집안과 다른 여자와의 사이에서 태어난 아이가 대를 잇습니다. 그가 바로 후일 관구검에게 큰 패배를 당한 동천왕東川王입니다.

지금 우리가 사는 21세기의 관점에서 매우 특이한 결혼은 그 끝맺음도 매우 특별했습니다. 산상왕이 227년, 왕비 우씨는 234년에 죽습니다. 고대 사회에선 누가 먼저 죽었나와 상관없이 돌이나 벽돌로 방을 만든 후 차례로 부부를 한 곳에 묻습니다. 벽화고분도 처음 묻히는 배우자 때는 초벌만 만들었다가 드디어 남은 배우자가 죽었을 때 완성본을 그립니다.

돌로 방을 만든 무덤은 둘이 있어야 완성되는 것이지요.

죽은 우씨에겐 남편이 둘이었습니다. 선발투수였던 고국천왕, 계투로 중간에 등판해 끝까지 마무리한 산상왕. 어느 쪽과 영원히 같이 해야 할까요? 당시의 법도라는 것을 따지자면 법적으로 유일한 남편인 고국천왕과 묻혀야 맞습니다. 고국천왕의 옆자리는 우씨가 차지할 것이다. 누구나 그렇게 생각했지요. 애초에 고국천왕이 죽었을 때도 어차피 왕비 우씨도 묻힐 것이기에 공간을 비우고 나중에 무덤을 완전히 봉하기 전에 꾸미겠다고 대충 갈무리한 상태였을 것입니다.

우씨의 선택은 당시의 상식과는 달랐습니다. 그녀가 직접 다음 등판할 투수를 손수 고른 것처럼 자기와 영겁의 시간을 함께할 동반자도 직접 선택합니다. 산상왕의 무덤에 묻힐 것을 유언으로 남긴 것입니다. 『삼국사기』에 그 이후 이야기가 이 결혼이 당시에 가지는 의미를 잘 나타냅니다. 우씨를 산상왕과 같이 묻은 직후 동천왕에게 무당이 찾아옵니다. 그의 말인즉 고국천왕의 혼령이 우씨가 동생에게 가는 것을 보고 화가 나서 따지러 가서 싸웠는데, 돌아와 생각해 보니 이것도 후손들에게 창피한 일이라. 왕께 고하여 자기 무덤 주변을 무언가로 가려 달라는 것입니다. 왕은 그 말을 듣고 소나무를 일곱 겹으로 심었다고 합니다.

이 이야기의 주역은 하나같이 이상합니다. 원래대로라면 고국천왕의 행동은 당연한 것입니다. 나랑 처음 결혼했으니 내 여자가 맞습니다. 동생은 구원투수일 뿐입니다. 그런데 그 정당한 주장이 부끄럽다니. 산상왕도 자기의 차례가 아닌데 입을 씻고 왕의 자리를 채 갑니다. 원래의 목적인 형의 대를 잇는 것도 하지 않고 결국 다른 여자에게서 아들을 얻어 자기의 핏줄로 상속을 합니다. 이것은 일단 반칙이기도 합니다. 그러나 가장 이상한 건 역시 우씨입니다. 남편의 시신이 식지도 않았는데 시동생들을 상대로 거래를 하려 합니다. 순서를 어겨 가며 손아래 시동생을 남편으로 맞이합니다. 죽어서는 원래 남편에게 돌아가야 하나 자기가 전 남편의 낯을 볼 염두가 없다고 산상왕 곁에 묻어 달라고 말합니다. 오히려 발기가 정상인으로 보일 정도입니다. 이것을 고구려 방송국에 아침드라마 각본이라고 써서 제출했다간 퇴짜 맞을 이야기입니다. 개연성이 부족하다고요.

앞의 이야기를 읽으시는 분들이라면 이 시점에 고구려에선 형사취수혼이 매우 일상적인 것이라고 생각하실 겁니다. 앞에서 이런 결혼의 특성에 대해 이야기했으니 더욱 그렇게 생각하시겠지요. 그러나 이 세 남녀의 기묘한 엇갈림은 이런 결혼의 가장 성한 한낮이 아니라 서서히 의미를 잃어 가는 황혼이라는 증거입니다. 이런 결혼이 매우 일반적이었다면 발기가 어떻게든 왕이 되었을 것입니다. 우씨는 누구랑 결혼했던 나중에 죽은 후엔 고국천왕에게 돌아갔을 것입니다. 고국천왕도 무당에게 하소연하고 새 왕에게 부탁을 전하지 않았을 것입니다. 새 왕은 우씨의 여동생을 빌어서라도 고국천왕의 아들을 낳았을 것입니다. 이 모든 이들의 엇갈림은 이제 이런 결혼이 과거의 유산이고 서서히 환영받지 못하는 것이었기에 일어났습니다. 이런 난장판을 벌이니 전 남편에게 돌아갈 수 없었고, 다른 여자를 얻어 순수한 자기 씨를 남겨도 하등의 두려움이 없었으며, 당연히 자기에게 돌아와야 할 여인이 오지 않음을 인정하고 잠시 질투했음을 부끄러워하는 것입니다.

많은 연구자들은 자기가 어느 관점에 입각해서 바라보아도 이 고구려사에서 산상왕의 시대가 고구려의 한 분기라고 보는데 동감합니다. 그중 하나로 지적하는 것이 이후 고구려의 왕권이 확고하게 귀족들에게 우위를 보인다는 것입니다.

바로 왕실이 형사취수를 하던 것은 왕권이 강하지 않던 것을 반영하고 있을지도 모릅니다. 고대국가 초기의 왕은 그저 여러 세력가의 조합장에 불과합니다. 자기의 지분만으로는 여러 세력들을 압도할 수 없으니까 동조 가능한 세력을 선택, 연합하여 지분비율을 높입니다. 신대왕 이후 고구려 왕실이 특정 집단과 연이어 혼인관계를 맺는 경향을 보이지요. 왕실의 파트너가 되는 집단을 흔히들 왕비족王妃族이라 부릅니다. 이들은 꾸준히 왕비를 배출하여 왕실의 든든한 지원세력이 되는 동시 왕권과 함께 자신들의 세력 신장도 추구합니다.

형이 죽고 동생이 이어받는 결혼으로 인한 연대는 매우 중요한 정치적 자산이 되었을 것입니다. 그러나 그것은 양날의 검입니다. 한 집단에게만 왕실이 힘을 몰아주면 오히려 후일 최대의 적이 될 수도 있습니다. 또 이런 과정을 거치며 왕권이 강화되면 왕비족은 걸림돌이 됩니다. 나머지 세력도 모두 끌어안는 것이 정치적 과제가 됩니다. 이제 그런 결혼 방식이 아니어도 왕실은 탄탄해진 것입니다. 왕후 우씨의 시대는 그런 변화의 한복판이었던 것이지요.

일반적으로『삼국사기』와『삼국지』이야기는 여기저기서 많이 충돌합니다. 그런데 생각지도 못한 곳에서 둘은 다른 듯하지만 같은 이야기로 만나기도 합니다. 이 두 역사 기록 중 어느 쪽을 중심으로 두느냐가 반세기 넘는 한국고대사 연구의 가장 중요한 화두였습니다. 처음에는『삼국지』기록을 더 중요시하다가 20세기 후반부터는『삼국사기』의 중요성이 커졌습니다. 이 글의 뼈대도『삼국사기』를 기준으로 한 것입니다.

단,『삼국지』의 기록도 신뢰성을 가지는 것이, 바로 왕을 가린 소나무의 존재입니다. 여기서는 고구려인의 무덤에 관한 풍속을 이야기를 하며 돌을 쌓아 봉분을 만들고 소나무·잣나무를 그 주위에 벌려 심는다고 전하고 있습니다.『삼국지』의 기록은 당시 고구려를 방문한 중국인들의 견문에 의한 것입니다.

12

정복의 시대보다 재구축의 시대가 더 중요한 이유

340년대, 고국원왕故國原王은 선대부터 야심 차게 추진해 온 대외 확장 정책에서 실패를 맛보고 있었습니다. 5호 16국시대라는 중국의 대혼란을 틈타서 낙랑·대방군을 몰아내고 요동군과도 치열하게 싸우고 성공을 거둔 아버지 미천왕美川王과 달리 고국원왕은 강한 저항에 전진하지 못하고 있었습니다. 342년에는 선비족鮮卑族 모용부慕容部의 전연前燕이 수도인 환도성丸都城을 점령하고, 미천왕의 시신과 태후(그러니까 미천왕의 왕비), 그리고 5만여 명의 사람들이 끌고 갔습니다. 이것 때문에 고구려는 요동을 둘러싼 전연과의 다툼에서 능동적으로 대처할 수 없었지요. 그렇다면 남으로 창끝을 돌리면 어떨까? 낙랑과 대방군을 몰아내고 그 땅을 차지한 고구려는 남쪽의 백제와 국경을 마주하게 되었습니다. 고구려가 있었던 곳에 비해 남쪽은 평야지대가 펼쳐져 있습니다. 만약 거기에 약한 나라가 있다면 한번 큰 뜻을 품어 볼 만합니다.

360년대에 고구려가 마주한 남쪽 나라는 근초고왕近肖古王이 다스리는 최전성기의 백제였습니다. 고국원왕에게 불리했던 점은 백제도 전연만큼이나 만만치 않은 상대였다는 것입니다. 369년에 백제로 쳐들어갔는데 치양雉壤(지금의 황해도 배천)에서 대패합니다. 기록을 보건대 동원한 병력은 많았으나 실제 정예병은 몇 안 되었던 것이 패배의 요인 같습니다. 뭔가 나름대로 수의 이점을 노린 것 같은데 단일 군대로서의 연계가 부족한 상황에서 백제는 정확하게 고구려군의 취약점을 파악하여 그것을 뚫어 버렸습니다. 2년 후인 371년에 백제군이 평양平壤을 공격하자 왕이 직접 요격하러 나섰다가 전사하고 맙니다. 그의 뒤를 이어 새 왕으로 즉위하는 이가 바로 강대국 고구려의 기틀을 다진 소수림왕小獸林王입니다.

갑작스럽게 등장한 새 왕에게는 즉위의 즐거움이란 없었습니다. 할아버지 때부터 야심 차게 추진한 확장정책은 실패로 돌아가고 있었습니다. 더욱이 아버지인 전왕은 최전선에서 전사합니다. 왕실의 권위부터 땅바닥에 떨어진 상태입니다. 신성한 핏줄은 강할 때는 도움이 되지만 약할 때는 물어뜯기는 계기를 제공합니다. 우리가 생각하는 것보다 소수림왕의 첫 출발은 극히 위험한 상태였을 것입니다. 사람들이 겉으로야 왕의 죽음에 슬퍼하고 새 왕의 즉위에 축하하는 말을 늘어놓아도 속으로는 왕을, 왕실을 우습게 보고 있을지도 모릅니다. 그러니 새 왕은 새로운 시대라는 말을 해도, 물밑에서는 초식동물을 노리는 맹수가 득실거리는 상황이죠. 꼭 목숨은 아니라도 권력은 빼앗길 수 있는 상황입니다.

역사서에는, 현존하는 모든 기록에는 그 갈등을 적은 기록이 없다고 해서 갈등이 없었다는 것은 아닙니다. 다른 나라, 시대의 역사서를 보더라도 이때는 딛고 일어서느냐, 망하느냐의 길밖에는 없었습니다. 인간사에서 흔한 일이 고구려에서 나타나지 않았다고 생각하는 것 자체가 망상입니다. 고구려는 이제 산골짜기의 소국도 아닙니다. 빨리 수습하지 않으면 누군가 가슴에 칼을 꽂을 것이요, 팽창을 하지 않더라도 이 틈을 타서 누군가는 싸움을 걸어올 것입니다. 위기였습니다.

사실 고구려하면 광개토왕廣開土王과 장수왕長壽王의 정복 정책을 떠올리는 이들이 많습니다. 상대적으로 소수림왕은 왕권 강화 정책을 폈다고 지나치는 왕이지요. 물론 연구자들은 고구려사의 중요한 분기점을 이끈 왕이라고 중요하게 생각합니다. 371년의 고구려는 언제 망해도 이상하지 않을 상황이었습니다. 그런데 무사히 살아남고, 그의 조카는 정복의 시대를 엽니다. 보기에는 정복의 시대가 화려하게 보이지만 그가 없었다면 두 정복왕의 위업도 존재하기 어려웠을 것입니다. 그래서 개인적으로는 두 정복왕보다 더 중요하다고 생각합니다.

일단 신왕의 왕권은 탄탄하지 않습니다. 아버지가 성공적으로 국정을 매듭짓고 물려주었다면, 태자가 자기 사람을 기르며 계승에 필요한 대비를 했겠지요. 그러나 고국원왕은 전연과 백제에게 연달아 패하고, 전사하기까지 했습니다. 그 계승자로서는 악상을 치르고 어수선한 나라를 물려받은 것입니다. 이럴 때야말로 사람들의 지지를 끌어올릴 화끈한 대업을 이루어야겠지요. 평범한, 아니 범용한 군주라면 아버지에 대한 복수전을 부르짖었을 것입니다. 고대의 왕은 신의 계승자였습니다. 그런데 그 왕이 적에게 비참하게 죽었다면 국가의 위신이 서지도 않습니다. 또 살아남은 자에겐 복수는 의무입니다. 그러니 즉위하자마자 복수전을 천명해도 이상한 것은 아니지요. 부모를 죽인 원수는 같은 하늘을 짊어지고 살 수 없다란 말도 있지 않습니까.

그러나 소수림왕은 바로 칼을 뽑지 않았습니다. 대신 즉위하자마자 한 일이란 것이 불교를 공인하고, 태학太學을 세우고, 율령律令이란 것을 반포했습니다. 아버지가 돌아가셨다고! 아버지께서 백제 놈들에게 죽임을 당하셨단 말이다! 이러며 칼을 뽑아야 하는데요. 사실 개혁이란 것은 아무리 그 당위성을 수긍한다 하더라도 막상 하자고 하면, 하고 싶지 않은 게 대다수의 맘입니다. 잃을 게 아예 없지 않은 바에야 혹시라도 오늘보다 더 불편한 내일이 기다리는 것은 아닐까? 그리고 모두가 순식간에 느낄 수 있는 개혁의 효과란 것은 환상의 물건입니다. 그냥 보더라도 소수림왕은 나약해 보이는 왕입니다. 그런데도 오랜 시간이 걸려야 효과가 나올 일을 조급해하지 않고 추진합니다.

다시 369년의 치양으로 돌아가 봅시다. 『삼국사기』의 고구려본기에는 건조하게 치양에서 패했다는 것만 실려 있습니다. 그러나 백제본기는 다릅니다. 근초고왕의 태자(근구수왕近仇首王)가 고구려군을 요격할 적에 일전에 죄를 짓고 고구려로 도망친 백제인이 귀순합니다. 그 사람은 태자에게 붉은 깃발의 부대만 정예병이고 나머지는 긁어모아 수를 채운 것에 불과하니 그 부대만 물리치면 된다는 정보를 제공합니다.

앞서 이야기한 취수혼이 행해지던 시기의 고구려는 신분이 높은 전사단이 주 전력이었습니다. 이 당시의 사정을 기록한 『삼국지』위서 동이전에는 이들을 좌식자坐食者, 앉아서 밥을 받아먹는 사람들이라 부릅니다. 동예東濊나 옥저沃沮의 예속민들이 식량을 짊어지고 나르면 그것을 받아먹는 것입니다. 이 전사단하면 서양 중세의 기사와 유사하다고 하면 이해하기 쉬울까요? (그 실제 세부 내용은 다르지만) 적어도 전쟁에 나서는 것도 그 자체가 높은 자만 누릴 수 있는 자격이었던 시대입니다.

나라의 규모가 커짐에 따라 전쟁의 규모도 그와 발맞춘다면 이 전사단으로는 도저히 해소할 수 없는 약점이 생깁니다. 바로 숫자입니다. 어느 정도 전력의 계량화가 이루어진 군대라면 수의 우위는 이길 수 없는 폭력이 됩니다. 아무리 정예 특수한 병사라도 마구마구 찍어 낼 수 없으니. 한 번 손실이 나면 모자란 인간은 자판기에서 사서 채울 수 없습니다. 또 수를 확보해도 제 몫을 하려면 양성에 오랜 시간이 걸리니 소위 '즉전감' 전력이 말라 버린 것입니다. 서양 중세 이후 정예 기사단이 징집병을 이길 수 없게 된 것은 화약무기의 등장 말고도 이런 사정도 있는 것이지요. 그냥 백성들에서 충원하면 안 되냐고요? 군역이 짐이 아니라 자랑스런 자격이었던 시대에 그 문을 열어 준다는 것은 말도 안 되는 것이죠.

어쩌면 고구려는 이 시기가 자랑스런 전사가 중심이 되던 것에서 징집병이 중시되는 변화 과정에 있었던 것은 아닌가 생각해 봅니다. 백제군이 깨뜨린 붉은 깃발은 전통적인 전사단을 말하고, 그 외의 병력은 백성들을 징집한 군대라고 여겨지기도 합니다. 소수의 최정예를 깨뜨리면 나머지는 알아서 무너진다는 것이 백제의 판단이고 이는 적중했습니다. 이런 패전은 귀족 전사단에서 다음 단계로 이행하던 국가가 종종 겪는 것이기도 합니다. 군대는 종종 변화에 보수적인 태도를 취합니다. 수백 년 동안 이걸로 잘했는데 왜 머리 아프게 고치라 하냐고 반항하다가 새로운 기술을 습득한 상대에게 크게 데이지요. 반항 여부는 알 수 없어도 아직 고구려는 변화를 오롯이 자기 것으로 만들지 못했고, 이것이 고국원왕이 고전한 이유가 될지도 모릅니다.

소수림왕은 게으르거나 겁쟁이여서 아버지의 원수를 갚을 생각을 안 한 게 아닙니다. 우리가 왜 졌느냐부터 생각한 것 아닐까요? 지금 복수하겠다고 바로 뛰어드는 것은 또 하나의 패배를 낳는다는 걸 깨달은 것은 아닐까요? 우리는 소수림왕의 심정을 알 수 있는 증거는 하나도 가지고 있지 않지만 그가 한 일을 살펴보는 것으로 추측해 볼 수 있습니다. 그는 아버지의 패전에서 무얼 보았고, 어떤 결론을 내렸고, 무엇을 우선순위로 삼았는지 역으로 살펴볼 수 있지 않을까요?

흔히들 산상왕 때부터 고구려의 많은 것이 바뀌었다고 합니다. 최근 들어 많은 연구자들이 국내성 천도가 유리왕 때가 아니라 산상왕 때 일로 보기도 합니다. 그 외에도 중요한 변화의 양상이 발견되지요. 그전에는 소노부消奴部니 계루부桂婁部니 '~~부'라고 해서 어느 정도 독자성을 가진 정치체들이 모여 고구려라는 나라의 몸을 이루었다고 한다면, 이때부터는 그 독자성이 서서히 소멸하고 국왕권 아래 소속된 형태로 바뀌는 것이 보입니다. 이런 부를 이끌던 세력가들은 중앙 귀족이 되는 양상이 보이지요. 그 이전의 고구려가 내부 구성원을 희미한 연결망으로 묶고 있었다면 이제는 서서히 강한 통제를 사용하기 시작한 것이랄까요? 산상왕 때부터 미천왕에 이르기까지 중국 군현의 포위망을 돌파하고 낙랑군과 대방군을 쫓아내는 등 성과를 거둡니다. 그러나 고국원왕은 전연과 백제에 왜 패했을까? (애송이여서일까요?) 어쩌면 소수림왕은 앞선 시기의 변화가 아직 완벽히 뿌리내리지 못했다고 생각한 건 아닐까요?

2년(372) 여름 6월에 진秦왕 부견符堅이 사신과 승려 순도順道를 보내 불상과 경문經文을 주었다. 왕이 사신을 보내 사례하고 토산물을 바쳤다. 대학大學을 세워 자제들을 교육하였다.

3년(373) 처음 율령律令을 반포하였다.

4년(374) 승려 아도阿道가 왔다.

5년(375) 봄 2월에 처음에 초문사肖門寺를 창건하고 순도를 두었다. 또 이불란사伊弗蘭寺를 창건하고 아도를 두었다. 이것이 해동 불교의 시작이었다.

이상은『삼국사기』고구려본기에 실린 소수림왕 초반의 기록입니다. 한국사 교과서, 한국사 수험서에 단골로 등장하는 소수림왕대의 개혁에 대한 언급입니다. 뭔가 긴 이야기가 실려 있지 않을까 가슴 두근두근하며 찾아보면 이렇습니다. 그러나 이 짧은 기록만으로도 그 의미는 충분히 이야기할 수 있지요. 율령, 불교, 태학이라는 단어가 가지는 의미를 곰곰이 따져 보면 다음과 같습니다.

율령이란 것은 국가의 체계적인 운영을 위한 규칙이라고 정의할 수 있습니다. 동아시아에서 근대 이전에 사용되던 성문법 체계인데, 이 율령이 사용되면서 국가의 운영이 규칙성을 가지게 됩니다. 물론 그전에도 법이라 할 만한 것은 있었습니다만 매우 간략한 처벌 규정이 대부분이었을 것입니다. 이 율령은 그보단 더 정교하고 조직적입니다. 기본적으로 율은 형법이고, 령은 행정법에 해당됩니다. 여기에 개정 법령인 격格과 관등과 관직 등 국가 시스템에 대한 규정, 조세제도, 제의와 장례, 음악과 의복 등에 대한 세세한 규정이 식式이 더해져 이른바 율령격식律令格式이라고 불리는 것이지요. 이 모든 것이 국가운영과 사회조직의 보존을 위한 하나의 체계를 이루니 그전의 관습법과는 차원이 다른 것이지요.

그런데 아쉽게도 고구려의 법이 구체적으로 어떤 것이었는지 기록이 전하지 않습니다. 이웃 중국의 율령을 많이 참고하였을 것이라고 생각하는데 여기에 고구려만의 특색이 가미된 것이 아닐까 생각합니다. 직접적인 법 조항은 남지 않았지만 율령의 존재를 간접적으로 알려 줄 증거는 있습니다.「광개토왕릉비」하면 대개는 위대한 정복왕의 찬란한 기록만을 떠올리겠지만 사실 그 내용의 6할은 수묘인, 즉 왕릉을 관리할 사람들의 소속과 그들에 대한 관리에 대한 규정을 다루고 있습니다. (고구려의 신화나 광개토왕의 업적은 서론이라고 보는 사람도 있을 정돕니다!) 그것을 그냥 단순한 관습법이라고 볼 수도 있겠지만 최근에 중국 집안에서 발견된「집안고구려비集安高句麗碑」에는 아예 광개토왕이 이런 능묘 관리인(수묘인守墓戶이라고 합니다)에 대해 율과 령으로 관리하고 어긴 자는 령에 따라 처벌하라고 명을 내린 내용이 적혀 있습니다. 광개토왕은 율이나 령에 대한 것을 알고 '법대로' 하란 말을 할 수 있었던 것입니다. 무덤 관리법이 있다면 더 상위 법도 존재했겠지요?

이번에는 불교를 받아들인 것에 대해 이야기해 볼까요? 소수림왕 이전까지 고구려의 전통적인 신앙 체계라 하면 국가 차원의 조상신, 각 세력가의 조상신, 그리고 대다수의 사람들이 믿었을 자연에 대한 신앙으로 나눌 수 있을 것입니다. 나라를 세운 동명성왕 주몽과 그의 어머니인 유화는 등고신登高神과 부여신扶餘神으로 숭상되었습니다. 매년 10월에 그들을 모시는 제사를 크게 지냈습니다. 또 귀족세력도 자신들의 조상신을 믿은 것 같습니다. 적어도 고구려 왕실에 속하기 전에는 그들의 조상도 역시 하늘에서 내려온 신성한 존재였을 것이고(고구려 국가공인 신화에서 고구려에 귀부한 능력자의 형태로 살아남지요) 그에 대한 제사도 지냈을 것입니다. 그리고 자연 신앙을 믿는 사람들까지 혼재되어 있어 자유로운 영혼들이 많은 시대였지요. 이런 현상은 왕권을 제약하고, 각 세력의 원심분리적 성향을 강화시키는 효과가 생깁니다. 왕이 권위를 올리려 해도 '우리 동네 산신님이 틀렸다 하던데요'라고 하거나, '너만 하늘의 후손이냐, 우리 조상도 하늘에서 내려왔다!'라고 하면 언제라도 분리될 수 있습니다. 이 문제를 해결하는 것이 불교입니다.

흔히들 소수림왕이나 백제의 침류왕枕流王, 신라의 법흥왕法興王 때 불교

한국고대사의 뒷골목

가 처음 들어와 국교가 되었다고 생각하는 경우가 많습니다. 일선 학교에서도 가르치는 내용대로 가면 그렇게 생각하는 것이 자연스럽지요. 그러나 도입과 공인, 국교화는 모두 다른 개념입니다. 소수림왕보다 앞선 시대에 동진東晉의 고승 지둔도림支遁道琳이 고구려 사람에게 보낸 편지에 축법심竺法深이란 승려의 공덕을 칭송한 내용이 있습니다. 이 지둔도림은 366년에 죽었으니 소수림왕 이전 사람입니다. 또 고구려 사람이 불교를 모르는데 중국 승려를 암만 칭찬을 해 봐야 외계어입니다. 아니 지둔도림과 편지를 주고받지도 않겠지요. 또 신라의 예를 들어 보면 일찍부터 소백산맥을 아래 선산군善山郡(현재 구미시)을 중심으로 서서히 불교가 알려지고 고구려의 승려들이 하나둘 몰래몰래 포교를 합니다. 법흥왕의 공인 이전의 일입니다. 마치 조선 후기에 천주교 신부들이 서해안을 중심으로 서서히 포교하던 것과 유사하지요. 이때 처음 접하자마자 감동 먹고 공인한 것이 아니라 이전부터 왕실을 중심으로 한 지배층까지 스며들었다가 소수림왕 시대에 와서 불교의 포교활동을 정식으로 인정한 것이 맞겠지요. 그리고 엄밀히 말해 국교화는 소수림왕의 동생인 고국양왕故國壤王 때 와서야 이루어집니다.

그냥 믿든지 말든지 반란만 일으키지만 않으면 신경 쓰지 않아도 되는데 무슨 종교에 면허가 필요하다고 공인 절차를 거쳤을까요? 소수림왕이 주목한 것은 불교가 가져다줄 새로운 가능성이었을 것입니다. 첫째로 불교는 기존의 신앙 체계와 다른 세계 종교라는 것입니다. 내가 남의 조상을 믿을 이유는 없을 것입니다. 또 내가 윗마을에 사는데 아랫마을의 오래된 나무를 내 신앙의 대상으로 믿어 줄 이유는 없습니다. 그러나 불교는 보편성을 강조하는 세계 종교입니다. 믿고자 하면 소속에 상관없이 누

왕족불

불교를 받아들이던 당시의 왕실은 북조계열의 왕즉불, 즉 왕과 부처를 동일시하는 관념을 적용하여 왕의 권위를 높였다. 특히 신라에서는 경주가 전생의 부처가 머물던 곳이고, 왕실은 부처의 일족이란 이론을 내세워 왕권을 강화하고 국가의 사상적 통일을 추구하였다.

미륵

왕권의 강화를 목적으로 하는 왕즉불사상은 귀족들의 반발을 샀다. 왕실은 귀족들을 달래기 위해 그들과 부처에 준하는, 미래 세상의 부처인 미륵을 연결시켜주었다.

전륜성왕

불교는 각국들의 정복전쟁을 성전으로 합리화시켜주었다. 불교가 생겨나던 고대 인도처럼 왕은 무력을 가지고 온 세상을 통합한 후 정법(불교)으로 다스려 세상에 평화를 가져오는 존재로 자임하였다. 여기엔 인도의 아소카왕이 하나의 모범이 되었다.

불교의 의의(지식e음)

구나 믿을 수 있는 것입니다. 이 점이 당시 사람들에겐 신선한 충격으로 다가왔겠지요. 둘째로 고구려에 들어온 것은 북조 계열의 호국불교입니다. 개인의 해탈과 악업의 해소를 추구하는 일반적인 불교의 성행과는 약간 다르게 북조 계열의 불교에서는 왕과 부처가 '동기동창'의 존재이니 불법으로 나라를 지켜야 한다고 주장하였습니다. 이 점은 왕실이 매우 좋아하지 않았을까요? 물론 닥치고 임금님 만만세를 외치라고 하면 모두 따라와 주지 않으니까, 왕 아래의 귀족들에게도 부처는 사랑을 내린다는 미끼도 던집니다. 신라는 한술 더 떠서 부처가 7번 환생하면서 덕업을 쌓아 해탈을 할 준비를 갖추었다고 설명하는데(개인적으로는 이걸 마일리지라 부릅니다) 그중 한 번은 신라에서 왕족으로 태어난 것이니 우리 신라 왕실은 진짜로 부처님과 동기동창이란 주장을 합니다. 그런데 이차돈이 죽는 등 소동이 벌어지기까지 해도 통하지 않아 귀족들도 왕=부처 정도는 아니어도 그 아래 급인 미륵 정도는 된다고 달랩니다. 왕만 최고를 외치기보단 너도 2등이라고 하니 타협할 수 있는 여지가 크죠.

또 주목할 것은 종교의 신도 조직입니다. 천주교처럼 교구 조직이 체계적이지 않다고 해도 나름 불교도 신도들을 묶는 조직이 있습니다. 그냥 어디나 있을 것 같은 사찰도 나름의 구역과 상하 관계를 가지고 있지요. 어느 정도 지방행정 체제를 갖추었다면 상관없지만 아직 지방에 대한 편제가 완료되지 않은 상태라면 불교의 신도 조직을 눈여겨볼 만한 가치가 있는 걸로 생각할 것입니다. 이를 통해 국가의 시책을 빨리 선전하고 또 그에 찬동할 사람들을 늘릴 수 있다면 꽤나 유용한 것이지요.

이런 여러 요소들에 주목한 왕실은 이 종교를 통해 원심분리 성향이 강하던 당시의 여러 세력 집단을 왕실을 중심으로 한 새로운 국가 조직에 흡수할 수 있다고 생각하지 않았을까요. 또 불교 승려라면 당연히 교학에 대한 공부를 해야 하니까 당시 기준으로 본다면 꽤나 선진화된 지식인 계층을 확보했다고 보기도 합니다. 이들을 국가운영의 자문으로 삼거나 외교에 활용하기도 합니다. 또 윤회전생 이론을 이용하여 지배층은 전생에 좋은 일을 많이 하여 현재에 오른 것이니 아랫것들은 불만을 가지지 말고 시키는 거 잘 따르라고, 요즘식으로 말하면 '가스라이팅'합니다.

거기에 국가가 점점 커지면서 전쟁의 규모도 커지는 것과 관련해서 도움을 주는 것도 있었습니다. 인도에서 창시되던 당시의 불교는 자비의 종교라는 인식과 달리 국가들의 정복전쟁을 성전으로 합리화시켜 주는 면이 있었습니다. 이른바 칠불쇠법七不衰法이라고 하여 왕이 제대로 나라를 다스리느냐 등의 조건에 일치하지 않으면 망해도 상관없다는 이야기를 합니다. 고대 인도의 왕처럼 삼국시대의 왕은 무력을 가지고 온 세상을 통합한 후 정법(불교)으로 다스려 세상에 평화를 가져오는 존재임을 주장합니다. 그전에는 높으신 분들만 참여하고 그 혜택은 그들의 독차지하던 전쟁은 이제 우리 국가, 우리 사회의 미래를 위한 성스러운 작업이 되는 것입니다. 이 와중에 왕의 권위는 더욱 높아지지요. 인도의 아소카왕은 그 시대의 본보기였습니다.

마지막으로 태학太學의 설치를 이야기하지 않을 수 없군요. 저 위에 언급한 기록에서는 대학大學으로 나오지만 대나 태는 혼용됩니다. 한마디로 요약하자면 태학은 고등교육 기관입니다. 이 기관의 목적은 국가를 통치하는 세력에게 통치에 필요한 지식, 합리적 태도를 교육하는 것입니다. 당시의 최첨단 선진 국가였던 중국의 학문, 특히 유교를 학습하여 지배세력을 단순히 힘 있는 자에서 (통치)능력을 갖춘 자로 업그레이드시키는 것이지요. 여기에는 그냥 학교를 세우라고 명을 내리면 쑥하고 만들어지지 않습니다. 일단을 뭘 알아야 가르칠 것이고 어디까지 가르쳐야 효과가 좋은지 결정해야 합니다. 소수림왕대의 고구려는 그럴 필요가 있었고, 또한 오랜 중국과의 투쟁을 통해 그런 것이 필요하다는 절박함이 있었습니다.

창원의 다호리에서 붓이 발견되는 등, 처음 붓을 써서 문자를 사용해 보던 시절에 유교 경전은 그저 글자와 문법을 익히는 외국어 교재에 불과했습니다. 또 당시의 수준에서 필요한 문자는 장부에 기입하거나 간단한 사실만을 기록한 정도에 불과했습니다. 아직 작은 규모의 사회체제에선 그 이상은 요구되지 않았겠지요. 중국과 교역을 한다거나 사신을 보내야 할 때는 어떨까? 그들과 가장 가까운 중국의 군현에서 국서나 각종 서류를 대신 써 주는 경우도 있었다고 합니다. 대략 무슨 내용을 담을 것인가 정해 알려 주면 중국식

김해 봉황동에서 출토된『논어』공야장편의 일부가 적힌 목간(지식e음)

의 그럴싸한 문서가 만들어지는 것이지요. 작은 소국 수준의 나라라면 그래도 됩니다. 늘 쓰지도 않을 복잡한 언어체계를 익히기 위해 그들에게는 막대한 비용을 써서 익힌다는 것은 효율적이지 않습니다.

어느 정도 덩치가 커져서 중국 본토와 정기적으로 관계를 가지는 수준에 이르게 되면 이야기는 달라집니다. 어쩌다 매번 대필을 맡기는 것은

불편합니다. 또 매우 정교한 의견 조율을 필요로 할 때도 있는데 상대의 말을 이해하지 못하면 곤란합니다. 그리고 지탱해야 하는 규모가 커질수록 복잡한 구조의 조직이 필요로 하는데 당시 주변에서 그것을 이룬 나라는 중국밖에 없었습니다. 유목 제국의 모델이 있었지만 그것은 초원을 벗어나면 적합하지 않은 형태입니다. 그런 의미에서 단순 행정을 위한 기술이야 전문 서기 집단을 양성하면 됩니다. 그러나 외교라든가, 국가의 전략을 모색하는 수준의 일을 하려면 지배층의 식견을 높여야 할 필요가 있으니 태학의 설립은 당시 고구려에서도 매우 필요성을 느끼고 있었던 것 아니겠는가라는 생각을 해 봅니다.

다시 소수림왕으로 돌아가 봅니다. 이 사람만이 고구려에서 홀로 깨어 있던 사람은 아니었을 것입니다. 저 위에 언급한 신문물을 적극적으로 수용해야 한다거나 접근 방법을 달리해야 한다고 생각하는 제일선의 사람들은 있었을 것입니다. 그러나 그들의 말에 귀를 기울여 결정하고 실행에 옮기는 것은 왕의 몫입니다. 민주주의에서도 국민의 상당수가 바라는 일인데도 정치 지도자가 외면하는 경우도 있음을 우리는 지난 몇 년간 충분히 겪었지요. 아무리 4세기의 제왕이 초월적 권력을 가지지는 못하였다 하더라도 현대의 민주주의의 기준으로 보면 결코 권한이 작지도 않을 것입니다. 그래서 왕조를 연구하는 이들이 왕권 강화에 집중하는 건 당연합니다.

모르는 후대인이 보기에는 전쟁의 고통이 직접 느껴지지 않는 정복전의 승리는 상쾌하게 느껴질 수도 있을 것입니다. 그러나 우리는 그것이 가능하려면 얼마나 많은 토대 다지기가 필요한지는 종종 외면합니다. 이따금 몇 조, 혹은 몇십조 정도 들어가는 다른 나라의 대사업을 보면서 운하를 파지 않고 저기에 썼으면…… 하는 댓글이나 게시물을 종종 봤습니다. 거기에 들어간 돈만 보면 그리 보이겠지만 사실 그 이전부터 그들이 쓴 돈은 수십 조가 아니라 수백수천 조를 쓰고 또 거기에 그 돈을 더한 것입니다. 토대를 다지지 않고 당장 성과를 내놓아야 박수를 받는 현실을 볼 때, 아버지의 죽음과 정치적 위기를 겪으면서도 냉정하게 자기 할 일을 하는 한 명의 제왕이 더 위대해 보입니다. 우리는 그 시대보다 더 후퇴한 것은 아닌가요?

13
고구려의 반역자는 어떻게 처벌당했나

    고대사회로 올라갈수록 형벌의 기조는 '가혹함'입니다. 죄인에 대한 형벌은 죄와 벌의 등가교환을 넘어 고리대 수준의 복리 이자가 붙어서 가해지는 것이 특징입니다. 보통은 과거의 형벌을 함무라비 법전에 규정한 대로 눈에는 눈, 이에는 이 정도로 생각하지만 실상은 좀 더 가혹합니다. '눈을 망가뜨렸어? 그런 너는 나쁜 놈이니 살려 두는 것 자체가 말도 안 되는 일이다. 사형!' 이런 느낌이랄까요? 그 시대 사람들이 보기엔 죄인은 치유되지 않는 병원균과 같습니다. 가두거나 죽이는 것은 범죄자의 교화보다는 사회에서 격리하자는 의미가 더 강합니다. 또 이 시대 처벌의 특징은 해당 개인에게 머무는 것이 아닙니다. 워낙 사회적 연결고리가 촘촘하게 연결되어지다 보니 '너도 나쁜 놈이면 종자가 같은 가족과 너랑 친한 놈들은 모두 제거 대상'이라고 생각한 것은 아닐까요?

    예를 들어 2023년에 연쇄살인을 저지르고 체포된 누군가 있다고 합시다. 그는 체포되어 조사받은 후 여러 단계의 재판을 거친 후 처벌을 받겠지요. 그는 극악무도한 죄인입니다. 그럼에도 가족들에게는 사회적으로 피곤한 일이 많겠지만 법적으로 처벌받을 일은 없습니다. 물론 요즘도 누가 사고를 치면 그 가족들이 얼굴을 못 들고 다니기도 하고, 또 SNS나 그들이 몸담고 있는 조직의 웹사이트에 몰려가서 난동을 피우기도 합니다만 국가가 나서서 그들을 벌주는 일은 없습니다.

이 땅에도 몇십 년 전까지는 연좌제라고 해서 북한과 관련된 죄를 지었다거나 하는 사람들의 가족들은 취업 등에 큰 제약이 있었지요. 그러나 과거에는 같이 죽였습니다. 삼족을 멸한다는 이야기는 많이 들으셨을 겁니다. 직계가족만 박살 내는 것으로 생각할 수 있지만 종종 친구들도 덕용 포장, 아니 1+1로 같이 묶여지기도 합니다. 친구가 역적이면 나도 역적일 수도 있는 겁니다. 심지어는 그가 사는 지역도 반역향이란 이름으로 강등당합니다. 요즘식으로 하자면 서울특별시가 아니라 서울군이 되고, 춘천시는 춘천읍이 되는 식이죠.

고대인과 현대인은 이 부분을 어떻게 받아들이느냐 큰 차이를 보입니다. 현대인이라면 이것을 불합리하다고 여길 겁니다. 그러나 고대인은 죽음 자체가 싫은 것일 뿐 이 자체가 불법적이고 헌법소원을 할 만한 일이라고 아무도 생각지 않을 겁니다. 왜냐하면 고대사회엔 개인은 그저 집단 속에 포함된 존재일 뿐입니다. 근대 이전에 개인이 집단보다 중요한 적은 없습니다. 그러므로 죽을죄를 진 나와 내 가족, 내 동료들은 같은 존재입니다.

고구려의 예는 아니지만 연좌 처벌의 예가 하나 있습니다. 신라의 진평왕眞平王 53년(631)에 이찬伊湌 칠숙柒宿과 아찬阿湌 석품石品이 반란을 일으켰는데 칠숙은 물론이고 그의 가족들까지 처형당하는데 보통 듣던 삼족도 아니고 무려 구족입니다. 국사편찬위원회의 삼국사기 주석에 따르면 구족九族은 "고조로부터 증조・할아버지・아버지・본인・아들・손자·증손·현손까지의 직계 친족을 중심으로 하여 방계 친족으로 고조의 4대손이 되는 형제·종형제·재종형제·삼종형제를 포함하는 동족의 친족을 말한다. 또는 부계父系 친족 넷, 모계母系 친족 셋, 처족妻族 둘의 합칭合稱으로 해석하기도 한다." 사실 옮겨 적는 저도 이게 무슨 소린지 감이 안 옵니다. 그냥 단순하게 요약하자면 '피가 조금이라도 섞여도 씨를 말려 버리는 것'입니다.

그런데 고대의 형벌은 왜 그렇게 많은 이들을 도매급으로 처벌할까요? 앞에서 병원균이니 1+1이니 하는 비유를 사용했지만 이건 어디까지나 이해를 돕기 위한 비유인데 표면적으로는 암기하듯 이해해도 머릿속 깊은 곳에서는 여전히 물음표투성이입니다. 사실 스스로도 완전히 이해 못 하는 상황에서 지금까지 그런 이야기를 접하기는 어려웠을 이 글의 독자분들이 삼족을 멸하라는 사극 속 대사를 들을 때 조용히 고개를 끄덕일 수 있게 하는 것이 목적입니다. 아, 어렵네요.

고대 형벌은 가혹하고, 연대책임을 진다는 것을 기본을 깔고 삼국시대, 특히 고구려의 형벌을 바라볼 참입니다. 고구려 중심이라고 하지만 백제와 신라는 전혀 다른 것이 아닙니다. 같은 시대, 같은 수준의 사유를 가진 사람들이 사는 국가이므로 개개의 법 조항 정도가 다를 뿐 가혹하고 한 놈이 사고 쳐도 무고한 여럿을 보낸다는 점은 차이가 없습니다. 고구려의 법 조항이 담긴 고구려 법학개론이란 책은 없으니까 중국인이 기록한 내용을 살펴볼 겁니다. 또 모든 죄를 다룰 여유는 없으므로 반역자에 대한 부분만 살펴봅니다.

그 나라의 형법은 모반한 사람과 반역자는 먼저 불로 지진 다음 목을 베고, 그 집은 적몰하였다. 도둑질한 사람에게는 [도둑질한 물건의] 10여 배를 징수하였다. 만약 가난하여 징수할 것이 없거나 공적·사적으로 빚을 진 사람에게는 모두 그의 아들이나 딸을 노비로 주어 보상할 수 있도록 하였다.

–『주서』이역열전 고려조

6세기에 북중국에 존재한 북주北周왕조의 역사인『주서周書』에 따르면 (이 역사책은 7세기 당태종 때 만들어집니다) 중죄인을 불로 지진 후 목을 베고 그 가족을 노비로 만듭니다. 노비奴婢라는 말 자체가 남자종인 노奴와 여자종인 비婢를 말하는 겁니다. 혹시라도 6세기만 나타나는 현상일 수도 있으므로 그 뒤 시대, 고구려가 멸망당하기 직전의 기사를 봅니다.

그들의 정치는 엄격한 법률로서 아랫사람을 다스리기 때문에 법을 범하는 자가 적다. 반란을 일으킨 자는 [많은 사람들이] 모여 횃불로 몸을 지진 다음 목을 베고, 그 일가는 적몰한다. [적에게] 항복한 자·패전한 자·사람을 죽인 자 및 협박하는 자는 목을 벤다. 도둑질한 자는 [그 물건의] 열 배를 갚아야 하며, 소나 말을 죽인 자는 노비로 삼는다. 그렇기 때문에 길가에 떨어진 물건도 줍지 않는다.

–『신당서』동이전 고려조

여기서도 고구려 법은 엄격하다고 설명하면서 반역자에 대한 처벌을 조금 더 구체적으로 언급합니다. 실제로 641년에 당나라 병부兵部의 직방낭중職方郎中, 요즘 말로 하자면 국방부 정보부서의 책임자인 진대덕陳

大德이 고구려를 방문해 얻은 정보에 바탕을 둔 내용입니다. 직방은 지도나 성벽의 방어시설, 전방의 주둔, 봉수烽燧 등을 담당한다고 하지만 더 중요한 일을 맡았는데 외국의 정보를 구하는 것이었습니다. 사신을 주고받으며 상대 국가의 인문·지리 정보를 얻고 적성국가의 주요 인사를 포섭하기도 합니다. 진대덕은 『봉사고려기捧史高麗記』라는 책을 남겼는데 고구려의 1급 정보들을 담은 자료였을 것으로 추정됩니다. (현재는 그 일부만 『한원翰苑』이란 책에 인용되어 전합니다)

그냥 목을 베는 것이 아니라 불로 지지고 목을 벱니다. 동서양을 막론하고 별의별 고문과 사형 방법이 존재하지만 중국의 능지처참(살점을 조금씩 도려내는 것)을 제외하고 가장 많은 고통을 주는 것은 불을 이용하는 것입니다. 마녀사냥이나 지동설 탄압으로 잘 알려진 서양 중세의 화형에서는 불길을 일부러 약하게 하여 화형 대상자는 오히려 장작을 더 쌓아 불길을 더 세게 해 달라고 빌었답니다. 차라리 그게 고통이 덜하다는 것이죠. 처벌당하는 이도 고통이 크지만 가족들도 동시에 처벌받고 그 가문의 명성은 땅에 떨어집니다.

그런데 삼족을 멸한다고 해 놓고 위 기록들은 가족들이 노비가 되는 정도에 그칩니다. 에이 뭔가 말이 안 맞잖아요? 네, 그렇죠. 그러나 실제로 법 조항은 저 조문보다 더 엄격하게 적용되었을 겁니다. 모반과 반역에는 군주를 죽이고 정권을 잡는 것과 나라를 팔아먹는 것까지 과거 왕조국가에서라면 진저리를 쳤을 최악의 범죄입니다. 개인의 잘못이 아니라 그 가문, 거기에 평소에 정치적 입장을 같이하던 집단들까지 해가 안 갈 리 없습니다. 이번엔 정말 안 했더라도 다음에는 할지 모르거든요. (같은 종자니까요!) 고대사회에선 이 정도도 충분한 죄가 됩니다. 그런데 일본의 기록에서 실제 사례를 찾을 수 있습니다.

> (흠명) 7년 이해에 고려가 크게 어지러웠다. 싸워서 죽은 자가 2천 명이나 되었다.『백제본기』에 이르기를 고려는 정월 병오에 중부인의 아들을 왕으로 세웠는데 나이가 8세였다. 박왕狛王(고구려왕을 말합니다)에게는 세 명의 부인이 있었는데 정부인에게는 아들이 없었고 중부인이 세자를 낳았다. 그 외가를 추군麤群이라 하였다. 소부인에게(도) 아들이 있었는데 그 외가를 세군細群이라 하였다. 박왕이 병들자 세군과 추군이 각각 그 부인의 아들을 왕으로 세우려고 하였다. 그런데 세군(이 패하여) 죽은 자가 2천 명이나 되었다.
>
> ─『일본서기』19, 흠명 7년조

요즘에는 『삼국사기』 인용하듯 편하게 쓰는 이들도 있지만 『일본서기』는 꽤 조심해서 다뤄야 하는 역사서입니다. 그럼에도 이 기사는 다른 사료와 교차 검증을 통해 신뢰성을 인정받고 있습니다. 백제에서 건너간 누군가 쓴 것으로 보이는 『백제본기』를 인용한 기사입니다. 545년 안원왕安原王이 죽자 그의 아들 중 누구를 올리느냐를 두고 귀족들이 양분되어 싸웁니다. 싸움에 졌으니까 그냥 전사가 아닙니다. 그중의 반 이상은 싸움이 종결된 후에 죽었을 것입니다.

만약 세군, 소부인 쪽의 세력이 승리하였다면 아마 추군, 중부인 편에 선 자들이 죽었을 것입니다. 아마 후대에 양원왕陽原王이라 불린 중부인의 아들 역시 왕명을 조작하여 정당한 자리를 탐한 대역 죄인으로 처형당했을 것입니다. 그러니까 세군의 죽은 이들 2천 명의 상당수는 감히 세자인 중부인의 왕자(양원왕)에게 반기를 든 대역무도의 죄인으로 처단 당하였을 것이고 또 굴비 엮듯 그들과 정치적 입장을 같이한, 혹은 가까운 편의 사람들도 명단에 들어갔겠지요. '이기면 관군, 지면 역적'이란 말은 일본에서 나온 말이지만 이 말은 동서고금을 막론하고 통용될 수 있습니다.

이런 가혹한 형벌의 근본 원인은 두려움과 분노입니다. 사실 왕이라고 해서 모두가 떠받들어 주기만 하는 것은 아니었습니다. 그 일의 무거움은 생각하지 않고 화려함만을 동경하는 야심가는 늘 존재합니다. 군주에 대한 암살이 일상적이었던 메소포타미아에서는 아예 왕이 미로와 같은 궁에서 한정된 사람들과의 접촉만 유지하는 일도 있었다고 합니다. 그리 조심을 했는데 정작 칼을 들이민 것은 심복 중의 심복이라 할 경호 부서의 책임자와 시중드는 이들의 두목인 경우가 많았다지요. 그 보이지 않는 위험이 두려움을 낳았는데, 공포가 현실화되면 분노로 변질되기 쉽습니다. 사실 가혹한 일을 하는 사람이 겁 많은 사람일 경우가 많지요. 거기에 개인보다는 집단을 중시하는 고대의 사회 속성과 만나면 아예 모두 씨를 말려 버리자는 생각이 나오는 것은 어쩌면 당연하지 않을까요?

14
온달이라는 이름의 남자

많은 사람들이 온달溫達이라는 이름을 듣게 되면 보통은 바보라는 단어를 떠올리겠지만 거기에 한 단어를 더한다면 콤플렉스겠지요. 신데렐라처럼 왕자가 찾아온다는 바람의 반대로 공주가 찾아줄 것이라 생각하는 심리상태를 말한다고 합니다. 왕자나 공주가 내 삶을 바꿔 줄 것이라는 공상은 충분히 할 수 있습니다. 그것이 나를 위해 타인을 해치는 것이 아닌 이상, 한 번 해 보는 상상 정도로야 무슨 문제겠습니까.

하지만 온달이라는 사람이 마치 공주에 기대어 자신의 행복을 타인에게 맡겨 버린 인간의 대표로 불리는 것은, 그에게 많은 관심을 가진 사람으로서 그리 즐거운 일은 아닙니다. 그가 "마누라 잘 만나서 평생 놀고먹고 살 테야~"라고 말한 것도 아닌데 말이죠. 이 글은 온달에 대한 변호를 하고픈 사심이 가득한 글입니다. 물론 사심이 들어갔다고 하나 그도 역사속의 인물이므로 그가 살았던 6세기의 고구려 사회가 어떤 모습이었는가를 보여 준다면 이 개인적 의도도 허용되지 않을까요?

고구려사에서 6세기는 그리 주목받는 시대는 아닙니다. 4~5세기의 정복전이나 7세기의 국제전이라는 대사건의 사이에서 슬그머니 넘어가는 시대랄까요? 그나마 공무원 시험용 교재에서 안장왕安藏王, 안원왕安原王 같은 왕이 언급되는 것이 그나마 대중적인 인기(?)라고 할 수 있습니다. 다행히 최근 들어 이 시대를 주제로 학위 논문을 쓰는 사람이 많아졌지만 여전히 취준생들도 달달 외워야 하는 안장왕과 안원왕이란 이름은 여전히 상당수의 고대사 연구자들에도 친숙한 이름은 아닙니다. (예전에 이 시대로 논문을 쓴다니까 그런 일을 하는 학생이 있냐고 놀라시는 선생님도 계셨습니다)

물론 반짝반짝 빛나 보이거나 뭔가 치열함이 느껴지는 전후 시대에 비해 눈길이 덜 갈 수는 있겠지만, 그것이 6세기가 덜 중요하다는 근거는 아닙니다. 동물의 세계에서 예를 들자면, 뱀이 자기 몸만 하거나 더 큰 먹이를 먹었을 때는 곧바로 움직이지 못합니다. 소화액으로 완전하게 삭힐 시간이 필요하지요. 만약 삼킨 먹이를 소화시키는 속도가 부패하는 것보다 느리다면 그 동물의 몸속에서 발생한 가스가 차올라 터져 죽고 말 것입니다. 살려면 어서 빨리 소화시켜 자신의 피와 살로 만들어야겠지요.

고구려에게 정복의 시대로 넓어진 땅을 어떻게 내 것으로 만드느냐는 중요한 일이었습니다. 또 갑자기 늘어난 국가의 부를 제대로 배분하고, 그것을 남보다 더 차지하고픈 내부의 욕망들을 제어하지 않는 한, 정복으로 커지자마자 무너지는 나라로 기록되었겠지요. 또 뒤이어 찾아온 7세기의 국제전은 고구려가 굳건하게 버티기엔 너무나 큰 파도였습니다. 결국은 멸망의 길을 걸었습니다만, 100여 년 가까이(보통은 수隋의 통일, 혹은 수문제隋文帝의 침입, 수양제隋煬帝의 1차 침입부터 보는 이들도 있지만 고구려의 전시상태는 550년대 북제北齊와의 긴장부터 시작된다고 한다면 100년이 넘습니다) 버틸 수 있었던 데는 6세기를 어떻게 보냈는가에 달려 있습니다. 그것을 이해하면 전후 시대를 이해하기 수월하겠죠.

그런데 고구려의 6세기가 인기 없었던 것은 그 시대의 상황을 알 수 있는 사료가 앞뒤 시대에 비해 매우 부족하다는 것입니다. 그러나 현재까지 찾을 수 있는 국내의 사료들을 모조리 긁어모아보면 그다지 편안한 시대는 아니었다고 생각됩니다. 백제 사람들의 자료를 인용한 일본의 역사서 『일본서기』에는 두 번에 걸쳐 왕의 죽음 전후로(앞에 말한 두 명의 왕입니다) 정변이 벌어진다고 적혀 있습니다. 특히나 545년 안원왕의 죽음 직후 두 왕자의 왕위 계승을 둘러싼 싸움에서는 패배한 측의 희생자가 2천 명에 이르렀다고 합니다. 일본 기록이니까 안 믿는다는 사람들도 있을 수 있지만 『삼국사기』에도 551년 신라가 북진을 할 적에 고구려의 고승 혜량 慧亮이 신라장군 거칠부居柒夫에게 항복을 하면서 우리나라(고구려)의 정치가 혼란스러워 망할 날이 멀지 않았다는 말을 하는 내용이 실려 있지요. 분명 이웃나라들도 알 정도의 큰 사건이 많았던 것은 사실 같습니다. 정보가 무기였던 것은 그때도 같았으므로 적성국가의 동향에 관심 두지 않았을 리 없습니다.

내부의 문제만 있었던 것은 아닙니다. 고구려의 6세기 대외환경은 그야 말로 악조건의 연속이었습니다. 광개토·장수 두 왕의 정복전이 있던 시기는 중국은 5호 16국의 혼란기였고, 곧이어 북위北魏가 북중국을 통일하느라 고구려에 신경을 쓸 여유가 없었습니다. 그러나 6세기에 북위가 북주北周와 북제北齊로 나뉘었는데, 낙양을 경계로 동쪽을 차지한 북제의 대외정책에서 고구려는 매우 거슬리는 존재였습니다. 특히 요하遼河의 서쪽 지역, 북방의 군소 종족의 지배권을 두고 신경전을 벌이기도 했습니다. 특히 문선제文宣帝가 552년 영주營州(현재의 조양시)까지 친정을 하면서 사신을 보내 북위 말 혼란기에 흘러온 유민을 송환하라고 압박하고(북제사신이 양원왕을 폭행했다고 하는데 개인적으로는 과장이라고 봅니다) 553년에 거란 친정을 하며 또 한 번 요하까지 순행합니다. 나주에 수나라가 들어서서도 북제 출신들이 대고구려 외교를 강경노선으로 이끌었습니다.

거기에 북방의 초원에서는 고구려와 친했던 유연柔然이 멸망하고 돌궐突厥이 들어서며 국경의 긴장도가 높아집니다. 그뿐만이 아닙니다. 남쪽의 백제와 신라도 고구려를 위협하는 존재가 됩니다. 장수왕의 평양 천도 이후에 벌어진 삼국 간의 전쟁기록을 보면 6세기 초반까지는 고구려의 공격이 압도적으로 많은데 중반으로 접어들면서 백제와 신라가 공격하는 빈도가 높아집니다. 서서히 전쟁의 공수가 바뀌는 것이죠, 그것이 가장 극명하게 드러난 사건이 551년 백제와 신라의 연합군에 의해 한강유역을 빼앗긴 사건입니다.

이들 중 한두 곳에서만 압박이 들어온다면, 집중해서 처리할 대책을 세웠겠지만 후세 사람들이 보기에도 주변의 압박은 동시다발로 일어났습니다. 양면전쟁은 과거 독일제국이나 냉전 후반부의 미국도 피하려고 애쓴 일입니다. 땅이 넓다 하지만 인구와 자원이 부족한 고구려도 사방에서 전쟁을 수행할 여력은 없습니다. 한쪽을 막고 재빨리 이동해 반대편을 막는다는 건 창작에서나 가능하지 철도나 항공수송의 시대에도 어려운 일입니다.

대다수의 연구자는 551년 고구려가 백제와 신라에게 한강유역을 내준 것을 다면전쟁만은 피하려는 일종의 작전상 후퇴로 보기도 합니다. 가장 중요한 서북쪽의 안정을 위해 남부의 영토를 일부 손해 보는 선에서 해결한 것 아닌가 하는 생각을 합니다. 수도인 평양과 가까운 지역을 빼앗긴 것은 맞으나 서울과 평양 사이 현재의 경기도 북부에는 산맥 사이 좁은 길목이 있어 고구려는 그곳만은 사수하려고 한 흔적이 보입니다. 가지고 있으면 평화 시엔 좋지만 위기 시 방어하기 품이 많이 드는 한강유역을 비우고 전략적 요충지에 집중하자는 의도였겠지요. 『삼국유사』에는 진흥왕이 고구려와 싸움을 피하고 친하게 지내려 한다는 기록을 근거 삼아, 고구려와 신라가 타협을 했다고 보는 이도 있습니다.

이런저런 점을 감안하더라고 6세기 중반 남쪽의 중요한 생산 기반을 잃어버린 고구려가 반격을 가하기 시작한 것은 반세기가 지난 후의 일입니다. 고구려에게도 한강유역은 경제적으로 중요했지만 백제와 신라의 북진을 막는 방어선이기도 했습니다. 이렇게 반응이 느렸던 이유는 그만큼 여기저기서 터진 제방의 구멍을 막는 시간이 오래 걸린 탓이겠지요.

온달이 처음으로 이름을 알렸다는 사냥은 이런 모습이었을까?(지식e음)

온달은 이러한 시대에 살았던 고구려 사람들 중에 가장 풍성한(?) 기록이 남아 있어 일찍부터 관심의 대상이 되었습니다. 과장해서 말하자면 6세기 고구려사를 규정하는 통설의 뿌리는 온달 연구에서 나왔다고 할 수도 있습니다. 『삼국사기』의 온달전은 역사학뿐만 아니라 국문학이나 민속학에서도 관심을 가지는 주제였습니다. 일제강점기의 역사학자이자 언론인인 호암 문일평文一平(1888~1939)은 평강공주에 주목해서 적극적인 여성상을 찾아보려고 하였습니다. 국문학자였던 창강 김택영金澤榮(1850~1927)에게서 『삼국사기』의 여러 열전 중에서는 가장 뛰어난 문학성을 가졌다는 평가를 받기도 하고, 민속학에서는 무왕의 왕비라고 하는 선화공주와 대비시켜 적극적인 여성의 상으로 보기도 합니다.

그중에서 연구자들이 가장 주목한 것은 온달의 신분입니다. 온달전에 따르면, 온달은 공주와 어울리는 신분은 아닙니다. 공주를 처음 만날 적에도 먹을 것이 없어 산에 나무껍질을 캐러 갔을 정도입니다. 그런데 공주와 결혼한다는 것이 흥미롭단 말이죠. 이것을 그냥 허구라고 하면 편하지만, 그래도 기록에 약간의 거짓이 섞일지언정 전체를 억지로 창작하지는 않으므로 거기서 역사적 의의를 찾아보려는 연구가 나올 수밖에 없습니다. 공주랑 결혼한 가난뱅이라는 모순을 해결해 보려는 시도로 이기백(1924~2004)의 「온달전의 검토」(『백산학보』 3, 1967)라는 논문이 발표된 이후, 온달은 하급 귀족의 일원이었다가 이 결혼을 통해서 성장했다는 관점이 우세합니다.

그런데 말입니다(!). 한국고대사의 신분제도를 공부하다가 보면 이런 결혼은 불가능하다는 것을 알 수 있습니다. 이준익 감독의 영화 「황산벌」에서 백제군과의 전투를 앞둔 신라의 장군들이 티격태격하는 대목이 나오죠. 모르고 보면 신라군의 구수한 사투리와 함께 장군들의 엉성함을 보여 주는 장치로 생각할 수 있는데, 사실은 매우 역사적 사실을 명확히 드러냅니다. 김유신의 증조부인 금관가야金官伽倻의 구형왕仇衡王이 532년에 신라에 항복을 합니다. 그래서 금관국의 왕족도 왕족에 준하는 대우를 받습니다. 구형왕의 셋째 아들이자 김유신의 조부인 무력武力은 신라가 한강유역을 점령하고 세운 신주新州의 장이 되었고, 554년에 백제가 충북 옥천의 요충지 관산성管山城을 공격할 적에 마침 전선으로 나온 성왕聖王을 죽이는 대공을 세우지요. 알아서 나라를 바치고, 중요한 싸움에서 적국의 왕을 베었는데, 김무력의 아들인 서현이 진흥왕의 동생인 숙흘종肅訖宗의 딸 만명萬明과 결혼하려고 하니 엄청난 반대를 겪어야 했습니다. 두 사람이 야반도주를 해야 할 정도였지요. 법적으론 동급이었으나 신라 전통 지배층에겐 '감히 네놈 따위가'라는 소릴 들은 셈입니다.

그뿐만이 아닙니다. 딸을 왕비로 세우려다 죽임을 당한 장보고張保皐의 일화는 말할 것도 없고, 신라의 소지마립간炤知麻立干 같은 경우, 왕비도 아니고 지방 세력 출신의 후궁 하나 들이는 문제로 죽임을 당한 것 아닌가 하는 의심을 받고 있습니다. 왕이 죽기 직전에 후궁이 사내아이를 낳았는데, 왕에게 '아들이 없다'는 이유로 숙부인 지증왕智證王이 즉위하지요. 권력 다툼에 희생된 고구려의 안장왕도 전설에 따르면 한강유역까지 내려왔다가 이곳 미녀를 만났다는 전설이 있는데, 왕의 피살을 이 문제 탓으로 보는 연구자도 있습니다.

언제나 드라마의 소재로 사랑받는 것은 신분이나 재산의 정도가 다른 두 사람이 고난을 겪으며 결혼에 성공하는 이야기였습니다. 이따금 그런 일이 현실 세계에서 일어나기도 하지요. 그러나 과거로 올라갈수록, 고대까지 갈수록 그런 일은 일어날 가능성이 없/습/니/다. 왜냐하면 과거의 신분제는 세계를 움직이는 정교한 질서였기 때문입니다. 수백수천만의 톱니바퀴가 움직이는데 하나의 톱니가 헐거워지거나 이가 닳거나, 맞물리는 곳에 이물질이 쌓이면 전체의 움직임이 멈출 수도 있고, 자칫하면자기들이 누리는 기득권의 구조가 붕괴할 수도 있었습니다. '우리 사랑하니까 이번만 넘어가면 안 되나요'라고 애원해도 통할 수 있는 것이 아닙니다. 신분에 따라 몸속에 흐르는 피가 다르다는 것이 그 시대 사람들의 생각이었습니다. 자기보다 신분이 낮은 자의 피가 우리의 고귀한 피 속에섞인다면 우리의 고결함은 빛을 잃는다고 생각했습니다.

사실 온달을 하급 귀족으로 보는 시각은 충분한 타당성을 가집니다, 그러나 삼국시대의 신분제를 생각한다면 고귀한 핏줄을 낮은 신분의 피로오염시키려 하는 자는 세상의 질서를 깨뜨리려는 대악당으로 보일 것입니다. 아버지나 오빠가 '멀리멀리 떠나서 너희 둘이 행복하게 살아라'라는대사를 말하는 건 창작의 세계 속에서나 가능하고 실제로는 피를 보아서라도 막았을 일입니다. 그렇다고 온달이 바보로 불릴 정도로 못나고, 산에 나무껍질을 캐야 할 정도로 빈곤한 생활을 하고 있었다는 열전의 기록을 무시할 수는 없습니다. 어쩌면 그의 곤란한 처지는 단순한 경제적 문제가 아니라 정치적으로 밀려난 처지를 비유하는 것은 아닐까요?

앞에서도 말한 것처럼 두 왕의 죽음에 따라 정쟁은 일어났고, 특히 545년의 정쟁은 대규모의 희생을 치러야 했습니다. 이기면 관군, 지면 역적이란 말처럼 진 쪽에 가담하였던 세력은 가혹한 대가를 치루고 멸족되거나 강등되는 일은 흔합니다. 그 외에도 자연스레 도태되는 경우도 있고, 또 전 왕도인 국내와 새 왕도인 평양 사이에도 지역적 갈등이 존재했을가능성도 큽니다. 벽화고분에서 의복만을 검토한 연구에 따르면 국내와 평양의 옷은 지역 차이를 보여 준다고 합니다. 국내성 쪽은 전통적인 옷을 선호하고, 평양성 쪽은 중국유행에 더 가깝다고 합니다.

성공의 과실을 누가 먹느냐로 다투더라도, 외부의 적이 나타나면 싸움을 멈추어야 하는 경우도 있습니다. 서북에서는 북제와 돌궐이 등장하고, 남에서는 백제와 신라가 치고 올라옵니다. 이때 고구려 사람들은 싸움을 중단하지 않으면 밥그릇 자체가 없어진다는 생각을 하지 않았을까요?

실제로 고구려 후기의 모습을 기록한 여러 자료에서 여러 정치 세력이 타협을 통해 정치적 안정을 찾으려는 모습이 보입니다. 고구려의 국무총리라고 할 수 있는 대대로大對盧를 선출할 때, 의견 일치를 보이지 않으면 무력시위를 한다고 기록하지만 대부분의 경우 그렇게 되기 전에 '이번엔 너다. 하지만 다음은 나다'라는 식으로 합의점을 찾았을 것입니다. 많지도 않은 인구에 한 번 정쟁으로 수천 명이 죽는(대부분은 귀족, 그리고 그들의 중요한 지지세력이었을 것입니다) 짓만은 피하고 싶지 않았을까요? 설령 다른 나라들이 쳐들어오지 않는다 해도 그 사건의 뒷수습을 하느라 이긴 즐거움도 잊혀질 테니까요.

그렇다고 완전한 평화는 오지 않았지만 적어도 642년 연개소문의 정변이 일어날 때까지 고구려는 안정을 찾습니다. 계속 정쟁을 했더라면 수와 당의 가공할 정도로 끔찍한 전쟁을 그 정도로 수행하기는 어려웠을 것입니다. 합의는 밀실에서 하더라도 온 세상에 알리고, 합의를 공고히 하는 의식은 필요합니다. 어쩌면 온달과 공주와의 혼인은 그 타협을 위한 의례 중 하나가 아니었을까요? 그렇게 본다면 온달전은 단순히 마누라 잘 만나 인생이 달라진 온달의 행운담이 아니라 6세기의 고구려사의 중요한 실마리를 담은 보물 이야기일 수도 있습니다.

15
612년, 요하, 적이 7 강물이 3

612년에 일어난 살수대첩薩水大捷은 한국 역사에서도 손에 꼽을만한 대 승리였습니다. 흔히 수양제隋煬帝의 1차 침입이라고 부르는 이 전쟁에 수 제국은 113만이라는 상상하기 어려운 대군을 동원했고, 그중 30만이 평 양성平壤城을 치기 위해 별동대로 내려왔습니다. 전체 전황을 풀자면 수는 요동을 거쳐 평양까지 진군해 고구려를 굴복시키려 했고, 고구려는 요동 성遼東城에서 성공적으로 저지하였습니다. 전선이 고착 상태에 빠지자 수 는 30만 병력을 동원하여 고구려의 저지선을 뚫고 평양성까지 진군하였 다가 성공하지 못하고 퇴각하는 와중에 청천강에서 궤멸당했습니다. 무 사히 요동의 본진으로 돌아간 이들은 2,700여 명에 불과했지요, 이런 극 적인 전과는 많은 이들의 관심을 끌었습니다. 이 과정에서 을지문덕乙支文 德이 위장 투항하여 적정을 살펴본 것, 일부러 평양성까지 거짓 패배로 끌 어들인 것, 평양성 앞에 이르렀을 때 을지문덕이 수 별동대의 총대장 우 중문于仲文에게 시를 적어 보낸 것, 퇴각하는 수의 군대를 살수, 지금의 청 천강에서 물리친 것 등 넘쳐 나는 흥밋거리는 작가들의 펜을 자극하여, 일찍부터 역사 소설의 소재로 자주 사용되었지요.

지금도 종종, 사람들이 즐겨 찾는 게시판에서 수제국이 백만 대군을 동원하였다고 하는데 이것이 사실이냐 아니냐를 두고 종종 논쟁이 벌어집니다. 이번에는 그것에 대한 이야기입니다.

　　612년이라 하면 1400년 전입니다. 사람들은 그 시절에 백만 대군 동원이 가능하냐고 지금도 질문을 던집니다. 중국사에서 병력의 수를 과장하는 것은 흔한 일이니까 이것도 그런 과장 섞인 기록이 아니겠느냐는 것이지요. 물론 과장을 하는 경우는 많습니다. 상商과 주周의 마지막 대결에선 무려 70만의 상나라 군사가 있었다고 하고, 삼국지 초반에서 역사의 분기점이 되었던 관도대전에서 양군 합쳐 100만에 가까운 대군이 붙었다고 하지만 실제론 1~20만 명의 병력이 움직였다고 합니다. (물론 20만도 어마어마한 숫자입니다) 적당한 과장은 적의 의지를 꺾어 아예 싸울 의욕을 꺾는 일도 생깁니다. 아니 솔직하게 자기 병력을 밝히고 전쟁하는 경우가 있었던가, 적을 방심시키기 위해 줄이는 경우도 있기도 하다니 인간의 전쟁사를 통틀어 솔직한 병력 공개 사례를 찾는 것이 더 어려울 겁니다.

　　그런데 일단 모든 사료를 의심하고 시작하는 학계조차 백만 대군이란 숫자에 의문을 갖지 않습니다. 아니, 중국사에서도 유례가 없는 대규모의 병력 동원인데 이것을 무비판적으로 믿느냐고요?

모두 1백13만 3천8백 명인데 2백만 명이라 하였으며, 군량을 수송하는 자는 그 배였다. …… 황제가 친히 조절하여 군軍마다 상장上將과 아장亞將 각 1인을 두고, 기병은 40대隊로 하였는데, 1대隊는 1백 인으로 구성되고, 10대를 1단團으로 편성하였으며, 보졸步卒은 80대였는데, 4단으로 나누고, 단마다 각각 편장偏將 1인을 두었다. 그 갑옷과 투구, 영불纓拂, 깃발은 단마다 다른 색으로 하였다. 매일 1군씩을 보내었는데, 서로 거리가 40리가 되게 하도록 진영을 연이어 점차로 나아가니, 40일 만에야 출진이 완료되었다. 머리와 꼬리가 서로 이어지고 북과 나팔소리가 서로 들리고 깃발이 960리에 걸쳤다. 어영御營 안에는 12위衛·3대臺·5성省·9시寺를 합하여 내외전후좌우內外前後左右 6군에 나누어 예속시키고, 뒤이어 출발하게 하니 또한 80리를 뻗쳤다.

『삼국사기』 고구려본기 영양왕嬰陽王 23년조에 실린 기록입니다. 113만의 병력인데 200만이라고 과장한 것까지 기술되었고 실제 그 병력은 어떻게 짜여졌는지까지 상세히 기록되었습니다. 어떤 이들은 나중에 따로 추린 30만 별동대만 실제 전투부대고 나머지는 후방 지원이 아니겠냐고 하지만 그것은 저 위의 굵은 글씨 아래를 읽지 않았거나 무시하고 이야기하는 것입니다. 대한민국도 군대 내에 보급과 수송을 담당하는 병력이 존재합니다. 그 외에도 전쟁이 일어나면 군인이 아니지만 군량과 각종 물자를 움직이는 일종의 노무자가 배치되지요. 아무리 철도니 자동차니 하여도 전투가 벌어지는 최전방까지 가긴 어려운 일이니까 그런 일을 하는 사람이 반드시 필요합니다. 1000년 전의 중국의 군대도 사람이 가축을 몰아 그렇게 물자를 날랐습니다. 그러니까 30만 병력만 전투 병력이라는 말은 자료도 제대로 읽지 못했다는 말입니다.

　그냥 113만이라고 병력만 공개한 것이 아니라 실제 편성까지 밝혀 놓았습니다. 수양제의 친위부대인 6군과 전투부대인 24군이라는 편성, 24군의 명칭, 군의 지휘관 구성, 각 병종별 편제까지 언급하고 있습니다. 황제 직속 6군이 순수한 근위사단뿐만 아니라 관리들까지 동행하는 작은 정부였고, 지원 병력의 규모가 누락되어 각 군의 전체 인원수는 알 수 없습니다. 연구자들에 따라 대개 2만 명에서 3만 명 사이로 봅니다. 위 기록에는 각 군의 주력 전투력인 보병과 기병만 다루고 있지만 요즘 말로 하면 각 사단에 배속된 지원화력과 군수, 행정, 통신, 의무, 정비 등 다양한 보조 병종이 추가된 것으로 봅니다. 군대를 다녀오신 분들이라면 육군의 사단 혹은 타군의 정규 편제를 떠올리시면 이해가 더 빠를 것입니다. 최신 연구에 의하면 다른 자료에서 위 기록에 나오지 않은 군단의 편성 흔적이 나타난다니 점점 더 구체적으로 알 수 있게 되는 날도 올 것입니다.

덕흥리 고분벽화 속의 개마행렬(지식e음)

그 외에도 여러 기록을 살펴보면 각 군의 대장과 부대장의 이름까지도 찾아볼 수 있습니다. 심지어는 이들이 고구려를 향해 출병할 때 출발에 걸린 시간, 행렬의 길이까지 자세히 명시되었습니다. 보통 중국에서 전체 병력의 수를 과장/축소하는 정도는 있어도 편성을 허위로 기록하진 않습니다. 설령 잘못 기록되더라도 이것은 거짓이란 설명을 붙입니다. 그리고 이 사료는 모두 다음 왕조인 당나라에서 정리한 것입니다. 수의 기록을 정리한 당나라 사람들은 악착같이 끄집어내 파헤쳤으면 파헤쳤지 수

나라의 잘못을 감싸 줘야 할 이유가 없습니다. 수양제란 멍텅구리가 저렇게 대규모로 동원해 놓고도 이기지도 못했다 그러니 망해서 우리 당나라가 세워진 것이다……. 이런 의도가 전 왕조의 실패를 '정직하게' 드러내는 것이지요. 또 수나라가 워낙 단명하는 바람에 당 초에도 이 전쟁을 겪은 이들이 워낙 많이 생존했기에 노골적으로 조작하기도 어렵습니다.

그렇다면 그다음으로 붙는 질문이 정말 100만 명을 동원할 수 있었느냐일 것입니다. 보급이라는 일에 종사해 본 경험이 있는 분들이라던가, 이부분에 관심을 가진 전쟁사 애호가들은 이것이 얼마나 어려운 것인지 알 것입니다. 아니 초등학생이나 유치원생이 참여하는 행사에 밥이나 간식거리를 준비하는 것도 매우 머리 아픈 일이지요. 『손자병법孫子兵法』에서 10만 병력을 동원하는데 하루에 천금이 소요된다는 언급도 있고, (춘추전국시대의 천금은 요즘 말로는 거부의 재산입니다) 송나라 때 기록을 보면 감숙성으로 파병하는 문제를 토의하는 자리에서 10만을 먹여 살리기 위해 50만 명 분의 물자(여기에는 수송 시 유실, 수송하는 인력과 가축이 소모하는 것까지 포함합니다)가 필요하다고 분석합니다. 한무제 이래 무리한 대외원정이 국고를 얼마나 탕진하는가는 중국 역사를 공부하신 분들은 쉽게 아는 문제입니다.

유럽의 근대 전쟁사를 공부하다 보면 적을 향해 진군하는 것이 아니라 식량이 많은 곳으로 향하는 경우가 종종 있습니다. 그래서 30년, 길게는 100년을 싸웠다지만 실제로 전투가 벌어진 기간은 극히 짧죠. 지난 세기 후반 아버지 부시 대통령이 이라크를 공격할 적에 50만이 넘는 대군을 동원하기로 하고, 물자를 준비하고 병력을 배치하며 전쟁을 준비하는 데 무려 반년이 걸립니다. 미국은 현시점에서 다른 대륙으로 병력을 보내 단독으로 전쟁을 장기간 수행할 수 있는 거의 유일한 나라이며, 전쟁 역사상 가장 뛰어난 보급체계를 갖추었다는 소리를 듣는데도 그렇습니다. 그런데 1400여 년 전에 백만 명을 어떻게 먹여 살리나… 하는 의문을 갖고 믿을 수 없다 하는 분들도 계시지요. 113만 명을 부정하는 분들 중에는 의외로 군사 지식이 풍부한 분들이 많습니다. 자기가 아는 지식에서도 이건 좀 무리가 아니겠느냐 이거지요. 그래서 논쟁을 엿보다 보면 의외로 다양한 수치들이 언급됩니다.

그런데 유럽사를 위주로 공부하다 보면, 종종 어떤 제도가 유럽에 자리잡기 천 년 전에 이미 동아시아에서 시행되고 있었다는 것을 잊게 됩니다. 종종 헤아릴 수 없는 무리수를 두기도 하지만 산업 혁명과 제국주의 팽창을 겪었던 유럽이 국가 단위에서 운용의 어려움을 겪는 일도 중국에서는 대륙 규모로 시행되기도 합니다. 이를테면 무적함대를 무찌르던 시기에 위대한 여왕 폐하의 영국 해군은 필요한 병사를 구하기 위해 술집에 널브러진 남자에게 '동의'를 받았습니다. (고전만화인 「Area88」에서 주인공 카자마 신이 어떻게 용병이 되었나를 떠올리시면 됩니다. 그런 모집방식이었으니 정신을 차린 선원은 명령을 제대로 따르지 않고, 장교들은 그것을 가혹한 체벌 내지는 교수형으로 화답했습니다) 그런데 수당시대에는 지금의 병무청에 해당하는 기관이 전국 규모로 가동되고 있었습니다. 전쟁이라는 것이 황제의 욕망, 탁상에서 조정관리가 짠 구상으로 시작하지만 그것을 수행하는 과정은 체계적이긴 했습니다.

이런 이유들로, 의심병 환자들로 가득 찬 학계에서도(연구자에게 있어 의심은 미덕입니다) 113만이라는 숫자는 사실로 보고 있습니다. 물론 세부사항에 대해선 다양한 의견이 나오지만요. 가끔 전혀 들어 보지도 못한 이야기를 하면서 이것이 학계 정설이라고 게시판에서 주장하는 분들을 보는데, 과연 무엇을 보고 정설이라 하는지 때론 궁금합니다. (물론 소위 뇌피셜이 그 '정설'의 정체일 가능성이 매우 높습니다만)

다만 무리였다는 말은 맞습니다. 수를 건국한 문제(양제의 아버지)는 남북조의 통일을 달성한 후, 과거제도 시행 등 통일제국을 반석에 올리기 위해 부단한 노력을 했지만 그의 아들은 그렇게 쌓인 국력을 낭비하기에 바빴습니다. (물론 나중에는 남북 교통의 근간이 되었지만) 강남에서 장안에 이르거나, 황하에서 북경 근처까지 이어지는 총 길이 1,500㎞의 대운하를 조성할 때도 기본으로 동원하는 인력이 100만 명 단위였습니다. 북위가 멸망하고 동서로 갈라지는 와중에 버려졌던 낙양을 재건하는 데 동원된 인원이 200만 명에 달합니다. 사람이 부족하면 여자들까지 동원하였다 합니다. 물론 조정의 탁상에서 계획한 것과 달리 실제 운영은 무리에 가까워, 동원된 사람들은 매우 가혹한 환경에서 일을 해야 했다고 하지만 어쨌거나 그런 대규모 인력 동원 자체는 사실입니다. 한 가지 일에 몇십만 단위로 인력을 동원하는 건 서양에서는 나폴레옹의 러시아 대

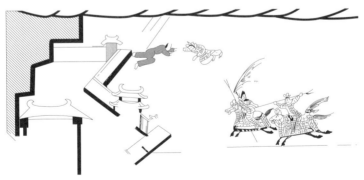

삼실총 고분벽화에 보이는 기마무사 전투(지식e음)

원정에서나 이루어지지만 중국에서는 그보다 천 년 전에도 가능했습니다. 그것도 유럽 대륙만 한 하나의 국가를 유지하면서 말이지요.

수제국의 113만 군대가 몰려왔을 때, 고구려가 받았을 심리적 충격은 매우 컸을 것으로 보입니다. 지금도 100만 대군은 엄청난 병력입니다. 이 정도가 동원되는 전쟁은 많지 않고, 이를 뛰어넘는 것은 가까운 역사에서 세계대전 정도입니다. 이따금 고구려의 영토가 매우 넓었음을 이유로 인구가 천만 명에 이르렀을 것이라고 말하는 사람들이 있는데 실제로는 그리 많지는 않았을 것입니다. (이 문제는 다음 글에서 다룹니다) 개인적으로는 100만이라는 적군의 숫자가 고구려에게는 최대한 동원할 수 있는 숫자보다 많았을 것이라 생각됩니다. 인구가 얼마나 되었든 간에 적어도 반수를 차지하는 여성은 빠지고, 너무 늙거나 어리거나 활동이 어려운 사람도 빠져야 할 것입니다. 또 아래 신라와 국경선을 접하고, 동북쪽의 유목민도 상대해야 하므로 아무리 긁어모아도 100만은 못 될 것입니다. 정확한 통계수치는 모르더라도 최소한 중국은 광대하고, 인구가 많고 (고구려인이 보기엔) 물자가 넘치는 나라이므로 그 병력이 국가 전체 병력이 아니란 건 알고 있었을 것입니다. 그래서 다시 또 그 정도 군대를 끌고 올 수 있을 것이라는 생각을 안 했을 리 없습니다. 고구려도 수시로 사신을 보내고, 또 정보원을 동원해 정보를 수집했으니 그 숫자의 폭력성을 이해했다고 생각합니다.

전쟁사를 좋아하는 사람들의 일부는 소수의 병력이 다수를 이긴 사례를 즐겨 이야기하지만 그것은 사람이 개를 물 확률만큼이나 희소하니 대서특필되는 것이고, 일정 정도의 수준을 갖추면 보통 숫자는 폭력입니다. 나는 성검이나 마검, 모든 공격을 막을 수 있는 마법 아이템, 줄어드는 힘을 채워 줄 약을 가진 만렙 용사인데, 저쪽은 기껏해야 나뭇가지를 든 저 렙 신참이 아닌 이상 많으면 많을수록 좋습니다. 소수가 다수를 몇 번 이 겨도 장기적으로 가면 결국 소수가 무릎을 꿇어야 합니다. 소모되는 숫자 를 채울 길이 없습니다. 소수라는 규모는,

고구려인의 증언이란 건 안 남았지만, 르네상스 시기에 피렌체에 몰아 닥친 샤를 8세와 루이 12세의 이탈리아 원정을 떠올리게 됩니다. 이탈리 아, 아니 당시 유럽에서 가장 번영한 도시 중 하나였던 피렌체의 인구는 고작 10만 명 정도였습니다. 두 프랑스 왕이 거느렸던 군대는 각각 10만 을 넘거나 약간 못 미치는 숫자였습니다. 프랑스가 덩치는 컸지만 수준은 자기들보다 한참 아래라고 깔보았던 이탈리아 사람들에게는 상상도 할 수 없는 일이었습니다. 자기네 제일 번성한 도시국가의 인구랑 맞먹는 군 대가 몰려오다니.

요하를 넘어 몰려오는 병사들, 압록강에서 평양으로 오는 좁은 길목을 가득 채운 별동대를 보고, 그들은 말로 표현할 수 없는 두려움에 떨지는 않았을까요? 고구려 사람들이 용케 정신줄을 놓지 않고 버텨 냈구나 하 는 감탄이 나옵니다. 요동성과 평양성, 살수에서 이겼어도, 물러나는 수 제국 군대를 보며 저들은 또 몰려올 것이라는 두려움에 웃을 여유나 있 었을까요?

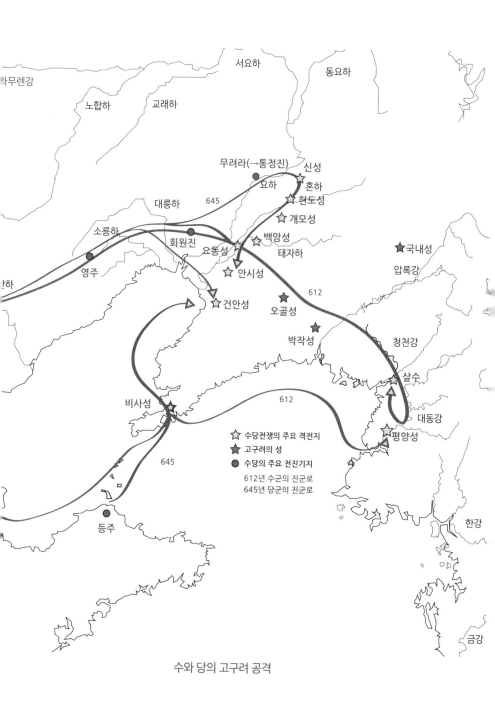

서요하

동요하

화무렌강

노합하　　교래하

무려라(→통정진)　신성

요하　혼하

대릉하　　645　현도성

소릉하　　개모성

회원진　　백암성

영주　요동성　태자하

안시성

안하　　건안성　오골성　612

박작성

청천강

살수

비사성

612

☆ 수당전쟁의 주요 격전지

★ 고구려의 성

● 수당의 주요 전진기지

612년 수군의 진군로
645년 당군의 진군로

645

등주

평양성

대동강

국내성

압록강

한강

금강

수와 당의 고구려 공격

16
살수에는 물이 없다

612년의 고수전쟁(흔히들 수양제의 1차 침입으로 부릅니다)에 대해 사람들이 가진 가장 큰 오해는 살수의 물을 막았다가 수나라 군대가 건널 때 터트려 쓸어버렸다는 것입니다. 명량해협에 설치한 쇠사슬 이야기처럼 이 가공된 신화는 매우 뿌리 깊게 자리하고 있습니다. 아동용 한국사 책에는 늘 물을 모았다가 터트린 이야기가 나옵니다. 일반인 대상 책에도 종종 실려 있지요. 개인적으로도 춘천의 모 중학교 선생님이 수업 시간에 수공설을 가르쳤다 하여 그것이 왜 잘못된 이야기인가를 잡아 주느라 애를 먹은 기억이 있습니다. (슬프지만 지금도 그럴 것이다에 돈을 겁니다)

일단, 당시에 대해 언급한 역사 기록에 수공을 언급한 것이 있는가를 살펴봅시다.

가을 7월에 살수薩水에 이르러 **군사가 반쯤 강을 건넜을 때 아군이 뒤에서 후군을 공격하니** 우둔위장군 신세웅辛世雄이 전사하였다. 이에 여러 군대가 함께 무너져서 걷잡을 수 없게 되어 장수와 사졸들이 달아나 돌아가는데, 하루 낮 하룻밤에 압록수에 도달하였으니 450리를 행군하였다. 장군 천수天水 사람 왕인공王仁恭이 후군이 되어 아군을 공격하여 물리쳤다. 내호아來護兒는 우문술宇文述 등이 패함을 듣고 역시 병력을 이끌고 돌아갔으며 오직 위문승衛文昇의 1군만이 홀로 온전하였다. 처음 9군이 요하에 이르렀을 때는 무릇 30만 5천 명이었는데, 요동성으로 돌아온 것은 겨우 2천7백 인이었고 수만을 헤아렸던 군수와 기계는 모두 잃어버려 없어졌다. 황제가 크게 화가 나서 우문술 등을 쇠사슬로 묶고 계묘일(25일)에 병력을 이끌고 돌아갔다.

−『삼국사기』고구려본기 영양왕 23년조

여기까지 이르게 된 경과부터 이야기하자면, 요동성(과거 요동군의 치소로, 요동의 중심지였습니다)을 점령하지 못하고 시간만 잡아먹자 수양제는 9군 30만 명의 병력을 떼어 평양성으로 진격하는 임무를 맡깁니다. 이 별동대는 수석 지휘관인 우중문과 차석 지휘관인 우문술이 지휘를 합니다. 그리고 수군을 이끄는 내호아에게 바닷길로 진군하며 육군의 보급을 담당하고, 평양성을 공격할 때 바다 쪽에서 지원하게 하였습니다. 당시 수의 지휘부는 육로로 평안도를 종단하고, 해로로 평양성을 직공하는 방식은 이미 한무제漢武帝의 고조선 정복에서 입증된 최적의 전략이라고 생각했습니다.

다만 육군 별동대는 적진 한복판을 돌파하여 진공해야 하므로 일정량의 식량 및 각종 물자는 직접 챙겨야 했습니다. 사극에서 병사들은 창이나 활, 방패만을 들고 행군하는 것처럼 그려지는데, 근대적인 보급체제가 뿌리내리기 전에는 병사들이 각각 자기의 무장과 취사도구, 각종 보급물자를 짊어지고 행군해야 했습니다. 진군하는 모든 곳에 지붕이 달린 숙

박시설, 장막과 침구류, 가벼운 동결건조 전투식량이 있는 상황이 아닙니다. 동양이나 서양이나 병사들이 이동하며 가설하고 철거할 수 있는 간이 화덕과 각종 요리기구, 식량과 화살 같은 소모품도 모두 지참해야 합니다. 병사들의 부담이 줄어든 현대의 군대에서도 30~40kg에 달하는 군장을 짊어지고 행군하던 일은 흔합니다. 도구들이 달라졌을 뿐, 가장 근본적인 모습은 메소포타미아의 앗시리아의 군대 이후로 바뀐 것이 없습니다. (보통 이런 체계화는 로마군대를 많이 생각하는데, 앗시리아 군대에서 하던 걸 로마군'도' 한 것입니다)

별동대라 하니 무슨 특전사와 같은 초 정예전력을 떠올리지만 실상은 지옥으로 '팔려 가는' 불쌍한 아저씨들이었습니다. 그저 24군 중에 이들이 선택된 것뿐입니다. 결과론적이지만 여기에 뽑히지 않고 요동에 남은 나머지 병력은 소위 군인들 표현으로 꿀 빠는 자리, 또는 땡보(모두 편한 자리라는 뜻입니다)라는 게 드러났습니다. 물론 9군의 장군들은 여기서 이기기만 하면 공신이 되어 영광을 누릴 것이란 희망을 가졌겠지만, 실제로 군장을 어깨에 걸자마자 순간 허리가 굽혀지고, 숨이 콱 막혀 버린 병사들은 자기네가 영광스런 병사가 된다는 생각은 바로 버렸을 것입니다. 남은 부대의 병사들은 '저 아저씨들 불쌍하다', '犬빡세네' 이런 생각을 했으면 했지, 결코 부럽다는 생각은 하지 않았을 것입니다.

지금도 그렇지만 군대의 행군은 무턱대고 앞으로 행진하는 것이 아닙니다. 적의 방어를 뚫고 진격하는 것도 중요하지만 물자의 보급도 그에 못지않습니다. 군대는 생산하지 않고 소비만 하는 집단입니다. 먹고 마시는 것, 사용하는 무기의 소모, 하다못해 영화나 만화에서는 칼 한 자루로 하루 온종일 싸우지만 실제로는 몇 번 사용하면 금속과 금속이 부딪치는 것이므로 금속피로로 금세 부러지거나, 이빨이 나가거나 사람을 베거나 찌르면서 묻은 기름기로 인해 금세 사용불능이 됩니다. 화살이나 투석 무기같이 소모되는 것도 순식간입니다. 사격을 해 보신 분은 아시겠지요. 단발사격이 아니라 자동이면 몇 초도 지나지 않아 탄창이 텅텅 비지요. 진흙탕, 혹은 먼지 구덩이에서 뒹구니 개발연구실에선 잘 돌아가던 장비들도 금세 수리를 하거나 부품을 갈아야 합니다. 기병을 태우거나 수레를 움직이는 소나 말은 사람보다 훨씬 더 많이 먹습니다. 전쟁은 그야말로 소비 그 자체입니다. 그래서 전장의 보급은 전투행위만큼이나 중요한 문제였습니다.

고구려군이 일부러 지는 척하며 유도를 한 것도 있지만 수의 군은 보급에 의존하지 못하는 곳으로 너무 깊숙하게 들어갔습니다. 수레를 이용할 수 없으므로 보급물자는 모두 병사들이 짊어져야 했습니다. 100일치 물자니 아무리 서서히 줄어든다 해도 이게 들고 갈 수 있는 것이 아니니까, 지휘관들이 죽인다, 죽인다 엄포를 놓아도 병사들은 몰래 버릴 수밖에 없었습니다. 어떻게 식량과 무기까지 다 들고 갈 수 있겠습니까? 생각해 보세요. 수나라 군인들은 박격포나 중기관총을 두 정씩 짊어지고 행군하다 전투하는 상태나 마찬가지였을 것입니다. 처음에는 먹는 거야 서서히 줄었고 거짓 패배라도 고구려군은 물러나고 있었고, 조금만 참으면 승리는 나의 것이 될 수 있다는 희망은 있었습니다. 또, 평양까지만 가면 바다를 건너온 수군이 물자를 보급해 줄 것입니다. 그러나 그 희망은 무너졌습니다. 수군이 육군을 기다리지 않고 독자적으로 평양성으로 쳐들어갔다가 궤멸당한 것입니다. 육군과 공동 작전을 벌이고, 물자도 보급해야 할 수군이 사라졌습니다. 도망치는 고구려군의 연기가 설령 대종상 주연상감이라 해도 어딘가 발연기라는 느낌은 왔을 것입니다.

보통 살수대첩에 대해 이야기할 때, 건무의 평양성 승리는 따로 언급을 합니다만 살수대첩과 평양성전투는 연결해서 보아야 그 의의가 선명하게 드러납니다. 사실 살수대첩의 진짜 승패는 이미 평양성에서 끝났습니다. 한무제가 그러했던 것처럼 육군과 수군이 각각 북쪽과 대동강 하구에서 진격하여 포위망을 구성한 후 공격하는 구상이었으나 포위망의 한 축이 사라졌습니다. 더욱 심각한 것은 육군에게 가야 할 물자도 줄 수 없는 상황이 되었다는 것입니다. 을지문덕이 은근히 물러갈 것을 종용하는 시를 보내어 우중문과 우문술이 물러날 결심을 한 것처럼 알려졌지만, 실제로는 수군 궤멸 소식을 듣고 이미 승패 판단은 나왔겠지요. 정말 바보가 아니라면 말이지요. 이제는 재빨리 손절하고 물러나야 할 때입니다. 한국 역사에서 가장 극적인 전투 중 하나라 할 살수대첩은 후퇴하는 수나라 군대와 추격하는 고구려군 사이에서 일어납니다.

원래는 수공설에 대한 부분을 이야기하려고 글을 쓰는데 전반부 설명이 너무 길었습니다. 그러나 그 과정을 설명하지 않고서는 실제 일어난 일을 이해하는 데 수박의 겉만 핥는 이야기가 되어 버린다고 생각합니다. 이들이 어떻게 살수에 이르렀냐를 이해해야 지금부터 할 이야기가 이해되기 때문이죠.

어떤 기록에도 살수에서 물을 막아 수나라 군대를 몰살시켰다는 기록은 없습니다. 설령 있다고 하더라도 후대에 지어내거나 다른 것과 혼동하여 기록한 것입니다. 요遼의 2차침입(1010) 때 고려를 쳐들어왔을 때, 고려군이 "계곡"물을 잠시 막았다가 터트려 요나라 군대의 진군을 저지한 사례가 있습니다. 이것이 살수대첩 수공설의 뿌리가 된 것 같습니다. 또 일본 규슈에는 백제가 망한 후, 백제계 사람들을 동원해 만든 성 안에 저수지를 만들어 물을 가두었다가 적진을 향해 터트려 진군을 막는 것도 있기는 합니다. (성의 이름도 수성水城입니다) 그러나 위의 두 사례도 강물을 막는 것은 아니었습니다.

어렸을 때 계곡에 놀러 가서 흐르는 물을 막아 보자고 돌이나 나무를 쌓아 보셨다거나 바다에서 모래로 둑을 쌓아 보신 경험이 있는 분이라면 잘 아실 것입니다. 그걸로 물이 막아지던가요? 잠시 계곡물의 흐름을 조금이나마 늦출 수는 있습니다. 그러나 결국은 막은 것을 뛰어넘거나 힘으로 밀어 버리거나 하여 결국은 물이 흐를 것입니다. 모래사장에서 둑을 쌓거나 해도 오래 지나지 않아 물의 힘은 그것을 무너뜨릴 것입니다.

현대의 토목건축 기술로도 흐르는 강에 댐을 쌓으려면 먼저 건설 예정지 앞에서 다른 곳으로 흐를 물길을 만든 후에야 구조물을 올립니다. 물이 닿으면 현대의 시멘트는 잘 굳지도 않고 뭐가 되기도 전에 다 떠내려 가겠지요. 1980년대 서해안에 간척지를 막는 공사를 할 적에 수십수백 대의 덤프트럭을 동원하여 물이 흘러 떠내려가는 것보다 더 많은 양의 흙을 부어 결국은 물을 막는 데 성공한 적도 있습니다. 기술적으로 불가능한 것은 아니지만 현대의 기술과 물량을 뛰어넘는 양을 동원해야 합니다.

그러나 고대에는 저수지를 만드는 것도 어려운 일이었습니다. 벽골제나, 수산제, 청제 같은 고대부터 내려온 저수지를 봐도 그렇습니다. 지금의 댐보다 훨씬 작은 규모인데도 그것을 만드는데 경부고속도로나 고속철도를 만드는 정도의 기술력과 자원동원이 필요했습니다. 다시 말하지만 흐르는 물을 막는다는 것은 쉬운 일이 아닙니다. 그런데 수나라 군대를 몰살시키려고 이른바 댐을 쌓는다고 합시다. 그걸 만들기 전에 수나라 군대는 모두 지나갈 것입니다. 1년 전에 이 전쟁을 예상하여 아아… 여기쯤 수나라 군대가 여차 저차할 때 지나갈 것이니라… 미리 막았다가 터트리자… 이럴 수는 없을 것입니다. 그런 소리를 했다간 임금님이 친히 사람을 시켜 머리와 몸을 분리시켜 줄 것입니다. 아니면 고구려의 예언자가 되었거나,

혹은 쇠가죽을 연결해서 재빨리 물을 막았다고 하는 사람이 있는데, 만약 강물에도 인격이라는 게 있다면 매우 저급한 모욕을 당했다며 화를 낼 것입니다. 청천강이 다른 강에 비해 강폭이 넓은 반면 수량이 적다고 하는데도 한반도에서는 큰 강에 속합니다. 북한의 4대강 안에 들어가는데 겨우 소가죽으로 어찌어찌할 수 있는 물이 아닙니다. 여러 개의 소가죽을 이어 이어 잇는다고 그 물을 다 막을 수 있을까요? 설령 막더라도 그 가죽띠가 물을 얼마나 가둘 수 있을까요? 물이 적으면 수나라 군대까지 흘러가는 도중에 넓게 퍼지며 사라질걸요.

조조가 하비성의 여포를 잡기 위해 수공을 했다지만 여포는 성에서 농성하고 있었고, 옆에 흐르는 강의 수로를 바꾼 정도입니다. 고려의 군대가 요나라 군대를 막았다고 하지만 그것은 계곡물입니다. 일본 규슈의 수성이 있다고 하지만 그건 평소에 물을 모아 두었다가 유사시에 쓰는 형태입니다. 어느 것 하나 강물을 막아 이동 중인 적을 괴멸시킨 사례는 될 수 없습니다. 위에 언급한 기록도 살수를 건널 때 공격을 가한 것이지 물을 가두었다는 이야기는 없습니다. 기왕 극적인 싸움, 더 극적으로 포장하다 보니 만들어 낸 말이 아닐까요?

일반적으로 군대가 막대한 희생을 치를 때는 패주할 때라고 합니다. 긴장하고 싸울 때와는 달리 공포와 전의 상실로 정신도 무장해제가 됩니다.

고구려 고분벽화 속 패전측의 말로(지식e음)

쫓는 자의 입장에서는 토끼 사냥을 하는 것과 같다는 말도 합니다. 화약 병기가 발달한 이후 병사들이 뭉쳐 있으면 더 빨리, 더 많이 죽게 됩니다. 하지만 화약 병기가 나오기 전 이전 시대에는 뭉쳐 있는 것이 전투력이었습니다. 뭉치면 뭉칠수록 공격과 방어, 전투력이 늘어납니다. 그런데 물러날 때는 뭉쳐지지 않습니다. 공포가 모든 생각을 잡아먹습니다.

수나라 군대는 임무 달성에 실패하였고, 보급을 받을 기회도 잃었습니다. 안 그래도 사기가 떨어질 대로 떨어졌는데, 적이 근처에 있는데 강을 건너는 것은 매우 위험한 일입니다. 아무리 얕은 물이라도 움직임에 제약이 가해지고, 설령 무사히 건넜다고 해도 온몸이 물에 젖어 버리면 건넌 직후의 전투력은 토막이 납니다. 물에 젖어 체온이 급격히 떨어질 테니까요. 체력 소모도 그만큼 크고요.

적의 도하를 막을 때나 쫓을 때도 적절한 순간 포착이 필요합니다. 막을 때는 적군의 주력이 강 복판에 있고, 선발대가 막 올라왔을 때가 좋습니다. 대열 중간 이후부터는 그야말로 물에 갇히거든요. 쫓을 때는 대부분이 건너고 있고 후위가 남았을 때가 좋습니다. 정말 적을 정신적으로 몰아 버리기 좋은 시점입니다. 위의 기사에 나오는 고구려군의 공격은 수나라 군대가 강을 건너고 있고, 후위가 남은 시점에 이루어집니다.

30만 중 극히 소수가 살아 돌아갔다고 해서 29만 명이 죽은 것이 아닙니다. 29만 명의 전투력이나 의지가 소멸된 것입니다. 아직 적진 한가운데서, 그것도 가장 정신적으로나 체력적으로나 소모가 극심한 도하작전 중에 후방에서 적이 밀어닥치면 칼이나 화살이 쓰러뜨리기 전에 먼저 정신이 무너집니다. 물론 후위에선 현도군의 지휘관인 좌둔위 장군 신세웅이 전사할 정도로 격전이 벌어집니다만, 그들을 제외한 나머지는 속수무책으로 당했을 것입니다. 그게 현재 남은 기록으로 알 수 있는 살수대첩의 진상일 것입니다.

소크라테스였던가, 여튼 고대 그리스 아테네의 유명한 철학자 중 한 사람이 전투에 참여했는데, 아테네가 패했습니다. 고슴도치처럼 뭉쳐서 돌진하는 방진이 무너지고 아테네 병사들은 무기와 방어구를 버리고 도망가기 바빴습니다. 그 철학자는 냉정하게 주변 사람들을 끌어모아 다시 작게나마 방어 대열을 만들고 적을 노려보며 서서히 물러났다고 합니다. 그냥 도주를 한 사람들은 말 그대로 패잔병 사냥을 당했지만, 방어 대열을 만든 무리만은 살아남았다고 합니다. 그러나 이것은 쉬운 일이 아니라 역사에 남은 것입니다.

30만 명의 병사 중, 수양제가 있는 곳까지 갈 수 있었던 이는 고작 2,700여 명이었다고 합니다. (또 위문승의 1군은 살아남았다는 기록이 있는데, 그가 이끈 증지군은 앞의 24군에는 들어 있지 않습니다. 그래서 24군 외에도 더 동원되었다는 설의 근거가 되기도 합니다) 이런 패잔병 사냥에선 많은 이들이 죽기는 하지만 꽤 많은 이들이 살아남은 것으로 보입니다. 후일 당나라가 세워진 후 고구려에선 영류왕 2년(619)에 화해 조치로 1만 명의 포로를 송환합니다. 고구려는 모두 보낸다고 하였지만 그로부터 22년 후인 왕 24년(641)에 중국에서 진대덕이 사신으로 왔을 때도 이 전쟁에서 남겨진 중국 사람들을 많이 만났다고 기록하고 있습니다. 이들의 대다수는 아마 살수에서 요동성까지 가는 길목에서 낙오된 사람들이겠지요.

※ 수공설을 누가 처음 만들어 유포했는가를 찾고 있었는데, 『개벽』이나 『별건곤』 같은 일제강점기 잡지를 살펴보니 이때까지는 수공의 'ㅅ' 자도 나타나지 않습니다. 차상찬이나 문일평 같은 당대 역사 저술가의 성향을 볼 때, 수공과 같은 소재가 있다면 절대 거르지 않을 사람들인데도 말이지요. 이것이 해방 후의 일인가 하다 그쪽만 찾는 중에 신채호의 『조선상고사』에서 근거를 찾아내었습니다. (이걸 한 두 번 읽은 게 아닌데 놓치고 있었습니다)
한 가지 재미난 점은 차상찬과 문일평의 글에서 모두 수제국의 병력을 130만이라고 적고 있다는 것입니다. 一百'十三'萬을 一百'三十'萬이라고 표기한 것인데 공교롭게도 두 사람의 글 모두 그러한 것을 볼 때 식자공의 실수가 반복되었다기보다는 두 사람이 본 자료의 출처가 같았던 것은 아닌가 생각됩니다.

17

고구려 땅에 천만 명이 살았을까?

아! 고구려.

20세기 후반에서 21세기로 넘어오는 기간 중의 한국사회에서 고구려가 가지는 의미는 매우 큽니다. 이미 망한 지 1300년이 되는데도 어떤 이들에게는 일제강점기나 조선왕조보다도 더 큰 영향력을 행사하는지도 모르겠습니다. 20세기의 한국 근현대사가 일그러질 대로 일그러진 면도 과거의 영광에서 위안을 찾으려는 경향을 부추겼지만 시간이 지나면 희미해진 옛사랑이 될 이야기를 다시 불타오르게 한 것은 다름 아닌 1997년의 외환위기였습니다.

이 사건 이후 방송사들이 내놓는 역사 다큐의 논조가 바뀌고(KBS에선 아예 환단고기에 기반을 둔 이야기도 은근슬쩍 흘려보냈습니다) 공익광고에서는 '다시 일어나자 대한민국'이라며 광개토왕릉비를 비추어 주었습니다. 절망 끝에 기댈 것이 필요했는데 그것이 광개토왕릉비가 되고 만주 벌판에서 말달리던 고구려 기마전사가 되었던 것이죠. 그래서 사람들은 뇌와 손가락 끝에서 고구려에 대한 이미지를 계속 덧붙이고 있는 형국입니다. 거기에 대해서 반대를 하면 반민족주의자나 친일파로 불리기 십상입니다.

고구려가 어떤 나라고, 어떤 역사적 궤적을 밟았느냐는 뒷전으로 물러나고, 오로지 드넓은 땅(실제로 그 땅이 그렇게 젖과 꿀, 아니 비만과 콜레스테롤이 흐르는 땅인지는 넘어가더라도)이란 말에 넘쳐 나는 침은 턱받침을 필요로 합니다. 이야기들이 쌓이고 쌓이는 와중에 사람들의 뇌와 손은 고구려 사람들이 천만 명이었다는 그럴싸한 이야기를 만들어 재생산하고 있습니다. 고구려를 제대로 이해하려면 일단 환상을 깨야 합니다. 일단 고구려가 나고 자란 만주에 대한 이야기부터 해야겠지요.

기록에 따라 지금으로부터 2천 년 전 고구려는 지금의 길림성에 해당하는 지역에서 세워집니다. (물론 처음 나라를 세운 환인의 오녀산성은 요령성의 가장 동쪽 끝에 속합니다만) 드넓은 만주벌판, 만주벌판이라고 말하지만 실제 사람들이 많이 사는 평야 지역은 요동평야에 한정되어 있고, 한반도와 인접한 지역은 산이 많습니다. 대련에서 단둥을 거치던, 장춘이나 심양에서 출발하던, 고구려 유적이나 백두산을 보기 위해 중국을 다녀오신 분들은 요령성을 벗어나면서 평야 대신 산만 펼쳐졌음을 기억하실 것입니다. 가지 않아도 인공위성 지도만 찾아봐도 드넓은 평야는 요하 유역과 북쪽의 송화강 유역에만 있음을 알 수 있지요.

2007년 처음 고구려 유적을 가 보기 1주일 전에 독립운동 사적지를 조사하기 위해 강원도 홍천군의 내면을 돌아보았습니다. 홍천 내면도 깊은 산으로 가득 찬 곳인데 나중에 중국에 가 보니, 중국에서 흔하게 볼 수 있는 시뻘건 바탕의 노란색으로 적힌 한자 간판만 아니면 강원도민이 향수병 걸릴 일 없겠다 싶었습니다.

수십억 년 전 호주 대륙과 뉴질랜드와 붙어 있던 한반도가 아시아 대륙으로 치고 올라오면서 충돌한 여파로 압록강과 두만강 남북으로 거대한 산악지대가 형성되지요. (또 거기에 백두산이라는 매우 거대한 화산의 활동까지 생겼습니다) 고구려가 태어난 곳은 기마전사들이 활 쏘며 말달리던 '광활한 만주벌판'과는 거리가 멀었습니다. 고구려가 소유한 지역 중에 지금이야 인구가 3천만에 육박한다는 길림성도 있지만 2천 년 전에 그렇게 사람들이 많이 살 정도로 풍요롭진 않았다고 생각합니다.

고구려가 세워진 지 한참 지나서 이 지역을 방문했던 중국인들은 "큰 산과 깊은 골짜기가 많고 넓은 들은 없어 산골짜기에 의지하여 살면서 산골의 물을 식수로 한다. 좋은 땅이 없으므로 부지런히 농사를 지어도 식량이 충분하지 못하다."(『삼국지』 위서 동이전 고구려조)라고 기록했습니다. 앞에서 이야기한 고국천왕으로부터 동천왕에 이르는 시기의 기록입니다. 현재 만주와 북한 인구를 합하면 1억에 육박하니 그때라면 천만 명은 살았을 거란 상상을 하는 이도 있는데 과거 수천 년 전으로 올라가면 지금처럼 땅을 이용할 수 있었을까요?

농경에 유리한 평야 지역도 힘들었을 것인데 고구려가 세워진 지역은 앞서 이야기한 것처럼 산간지대였습니다. 계곡에 모여서 거기서 나오는 물에 의지해 살아야 했지요. 산과 강의 상류가 겹치는 지역은 토양이 비옥하지 못합니다. 거기서 얻을 수 있는 식량은 한정되어 있어요. 오히려 산아제한을 하거나 초과하는 인원수만큼 내보내는 짓을 해서라도, 땅이 감당할 수 있는 수만큼만 인구를 유지해야 하는 곳입니다.

현대 20~21세기만큼 폭증하진 않았지만 어떤 방법을 쓰더라도 인구는 늘게 마련입니다. 농경지대라면 숲을 더 베어 내어 농경지를 늘리는 방법으로 대응할 수 있습니다. 또 노동집약적인 농업의 특성상 인구가 많을수록 생산량이 늘어나므로 큰 무리는 없습니다. (물론 제대로 지력 회복을 하지 않으면 토양은 서서히 황폐해지지요. 메소포타미아처럼,) 그러나 산간지대는 그런 것을 기대할 수 없습니다. 농지의 확보나 토양의 비옥도의 문제로 농사도 여의치 않고 산에서 나오는 것들의 대부분은 '다품종 소량 생산'에 가까워 인구 부양에 불리하죠. 현대 이전에는 '단일'품종 대량생산이 유리한 시대였습니다.

고구려의 지도를 어떻게든 부풀려 그려 넣은 것이 유행을 넘어 당연한 것처럼 받아들여집니다. 그 지도를 바탕으로 고구려의 인구가 매우 많았다는 주장을 펴는 분들을 종종 봅니다. 아예 천만 명이라는 구체적 수치를 제시하는 분도 많고요. 서로 경쟁하듯 더 북쪽으로 넓어지는 지도를 보며 웃음이 나오는 건, 그 지역들이 과거의 농업 기술로는 대규모의 인구 부양이 불가능한 곳임을 알고 있기 때문입니다. 유목민의 전투력이라는 것에 낭만을 느끼시는 분들은 그곳이 유목지대라고 설득하려 하지만 고구려가 뻗어 나갔다고 주장하는 지역은 사실 반농반유목지대이고, 또 전면적인 유목이야말로 대규모의 인구 부양에는 매우 불리합니다. 몽골 제국이 세워지던 당시 몽골고원의 초원지대에 사는 사람이 150만이었습니다.

다시 강원도의 예를 들어볼까요? 전쟁으로 인해 간성 등 6개 군은 지역은 북한으로 넘어간 '미수복지역'입니다. 그 북강원도를 제하더라도 남한에서는 가장 넓은 면적을 자랑합니다. 그런데 인구는 2023년 여름 현재 150만을 조금 넘습니다. 경기도 안양의 인구는 60만에 약간 못 미칩니다만, 옆의 안산과 의왕, 과천의 인구를 합치면 강원도 전체 인구와 비슷할 것입니다. (안양 54만, 의왕 15만, 과천 6만, 안산 73만) 강원도 전체에 비하면 이 4곳의 도시는 매우 작은 곳이지요. 면적이 인구를 좌우하는 절대적 요인은 아님을 알 수 있습니다.

고구려가 세워진 곳은 이런 곳입니다. 고구려의 출발점인 졸본의 경우, 현재 요령성 본계시 환인만족 자치현 경내에 1천 미터를 넘는 봉우리 숫자만 64개입니다. 그보다 3배는 더 넓은 경기도의 경우 최고봉은 강원도의 춘천시와 화천과 겹쳐 있는 화악산(1,468m)이고 1천 미터가 넘는 봉우리는 명지산(1,267), 용문산(1,157)뿐입니다. 그 외 대부분의 산은 졸본에 비하면 땅꼬마입니다.

다음 수도인 국내성(집안)에서 산 너머 조금만 더 내려가면 북한 땅이 나옵니다. 사실 북한 땅도 산이 많기론 말할 필요도 없습니다. 방어에 유리해 군수산업단지가 조성되었다는 강계가 그곳입니다. 그나마 북한 땅에서도 사람들이 좀 많이 모여 살 수 있는 땅은 평안도의 청천강 이남으로부터 평양을 지나 황해도 지역까지입니다. 바로 마지막의 수도였던 평양과 그 인근이지요. 그러나 그곳도 만주와 북한 땅에서 생산력이 높은 땅이라는 것이지, 호남의 평야지대의 수준으로 부양력이 높은 것은 아닙니다. 그보다 더 위의 산악지대가 인구 부양력이 높을 수는 없습니다.

사실 사람들이 그렇게 칭송하는 고구려의 전투력이란 것도 어디 특별한 유전적 요소가 있던 것은 아닙니다. 어떤 수단을 쓰더라도 인구란 것은 완만하거나 급격하거나 속도 차만 있을 뿐, 늘 수밖에 없고, 자연재해에 대비한 잉여생산물 축적이 어려운 곳에서 먹을 것이 부족해지면 자연스럽게 들어야 할 것은 생산도구가 아닌 무기류가 됩니다. 내 집단 외의 모두와의 투쟁이 될 수밖에 없습니다.

멀리서 바라본 오녀산성

오녀산성에 가 보신 분들은 아시겠지만 이 성은 오로지 싸움만을 위한 곳입니다. 그나마 강을 끼고 있는 자그마한 평야 한가운데 우뚝 솟은 산 위에 접근로가 몇 개 없는 천혐의 요새지요. 평시야 어떻게든 꾸려 나가겠지만 비상시에 노약자와 여성들은 성으로 올라가고 남자들은 무기를 들고 이웃과 싸웠을 것이고 또 이웃이 쳐들어왔을 때는 모두 성에 올라가 싸웠을 것입니다. 그런 환경에서 태어난 사람이라면 평야지대 사람들과 다른 강인함이 필요할 것입니다. 또 사냥도 해야 부족한 곡물을 보충할 수 있었을 것이고요. 그건 대단한 의식이나 주의주장 때문이 아니라 살기 위함이었습니다.

중국인들의 견문에 따르면 고구려인들은 스물 남짓할 때 결혼을 하며 그 기쁜 시절에 수의를 마련했다고 합니다. 마치 무예를 숭상한 위대한 고구려의 강인한 정신이라고 칭송하고픈 이들도 있지만 사실 매우 거친 환경에서 살아가던 시절부터 내려온 일종의 마음의 준비라 할 수 있습니다. 무덤을 만들어도 물건들을 넣지 않고 장례식에 와 준 사람들에게 나눠 주는 것은 얼핏 보면 검소하다고 칭찬할 수 있겠지만 그들이 누렸던 환경은 남쪽과는 다릅니다. 경주의 황남대총을 파 보니 황금이 큰 트럭으로 여러 대 나왔다고 하는데, 고구려가 정말 약하고 가난해서 그런 무덤을 만들지 못했을까요?

앞에서도 이야기한 것처럼 현대 한국인의 고구려에 대한 관념은 망상을 넘어 희망사항으로 변해 갑니다. 드넓은 평야지대에 비옥한 생산력과 매우 많은 인구, 그리고 중국을 무서워하지 않는 강한 전투력 같은 것으로 포장하려 하지만 실제로는 과거 사람들을 있는 그대로 보지 않고 자기의 입맛에 맞게 재단하는 것입니다.

고구려가 대단한 것은 그 한정된 자원을 가지고 자기의 생존을 유지해 갔다는 것입니다. 물론 사람들이 그리 칭송하는 정복전쟁은 수많은 사람들의 희생을 담보로 하는 것입니다. 사내들은 무기를 들고나가야 했고 여자들과 어리거나 늙은 남자들이 대신 생산 활동을 해야 했습니다. 그런 생활이 그렇게 매력적으로 보이지 않습니다. 그런데도 그 시대가 매력적이라고 하는 사람들은 어떤 사람들일까요? 전쟁만 잘하면 성군일까요? (우리나라 최고 성군이 누구냐는 게시물에 광개토왕이라고 답글 단 사람 때문에 속이 매우 아팠습니다)

가급적이면 전쟁을 하지 않는 것이 좋습니다. 고구려는 후손들 보기 좋으라고 전쟁을 한 것이 아닙니다. 백범의 말처럼 우리가 아파 봤으니 남을 아프게 하지 않는 것이 좋다고 배우는 시대에 우리는 살고 있습니다. 지금의 우리가 아프다면 그 시대 사람들도 아팠을 것입니다. 내 아픔 아니라고 막 말하는 사람들이 없었으면 좋겠습니다.

그런 전쟁 찬양자들이 1세기 전에도 매우 흔했습니다. 우리는 그런 작자들을 파/시/스/트라 부르지요.

18

평화를 원한다면 전쟁을 준비하라

일반 대중에게 연개소문淵蓋蘇文은 고구려의 마지막을 장식하는 영웅으로 그려집니다. 당에 당당한 모습을 보이고 저항했다는 점에서 그렇습니다. 그의 정변을 이야기할 때, 마치 강자에게 굴복하는 나약함을 뿌리 뽑기 위해 일어선 의거처럼 표현하는 경우가 많습니다. 그러다 보니 정변에 의해 죽임을 당한 영류왕榮留王은 나약하고 비겁한 군주처럼 그려지기 일쑤입니다. 과연 그런 것인가. 이 자리에서 한 역사적 인물의 누명을 벗겨볼까 합니다.

영류왕의 외교는 대당유화정책으로 표현됩니다. 연개소문을 민족자주의 상징처럼 보려는 사람들은 영류왕의 외교책을 매우 몹쓸 것처럼 이야기합니다. 과연 영류왕은 자랑스런 고구려의 혼을 부정하는 역사적 악인이라도 되는 것인가. 도대체 어떤 정책을 폈기에 욕을 먹는가. 가장 두드러지는 기사를 중심으로 살펴보지요. 『삼국사기』에 실린 기사를 인용해 봅니다.

14년(631) 당에서 광주사마 장손사를 보내어 수나라 전사들의 유해를 추슬러 묻고 제를 지내게 하고, 당시에 세운 경관京觀을 허물게 하였다. 봄 2월 왕이 무리를 모아 장성長城을 쌓았는데 동북의 부여성으로부터 동남의 바다에 이르기까지 천여 리가 되었고, 무릇 16년이 걸려 일을 마쳤다.

－『삼국사기』권 20, 고구려본기 10, 영류왕 14년조

저 기사의 핵심 단어는 경관과 장성입니다. 전체 기사의 의미를 뚜렷하게 하기 위해 시간 순서와 달리 만리장성을 먼저 다루어 봅시다.

장성하면 만리장성과 같이 매우 긴 구간에 걸쳐 거대한 성벽을 쌓는 것이 일반적입니다. 그러나 처음부터 장성을 쌓기 어려울 때에는 여러 개의 시설을 구축하고 그를 잇는 작업을 하는 것이지요. 저 유명한 진시황의 만리장성도 전국시대에 북방 제후국들이 쌓은 방어시설과 장성들을 단일한 체계로 연결하는 작업이었습니다. 고구려에서 쌓았다는 장성은 일반적으로 천리장성이라 부르는데 과연 매우 긴 구간에 걸친 성곽시설이 있었느냐에 대해서는 연구자들마다 의견을 달리합니다.

개인적으로는 요동까지 이어진 중국의 장성은 그 실체가 분명하지만 고구려에선 그러한 시설을 발견할 수 없다는 점에서 만리장성 같은 대규모 토목공사는 아니라고 생각합니다. 다만 요동지역에 배치된 여러 성들을 유기적으로 조합한 방어 체계라고 봅니다. 현존하는 요동의 고구려 성곽분포를 보면 국내성이나 평양성으로 가는 길을 막는 성곽의 위치는 몇 단계의 방어선을 이루고 있습니다. 1선이 뚫리면 2선이 막고, 그 뒤에도 여러 겹의 방어선이 진출을 막거나 설령 뚫리더라도 희생을 강요하고 진군 속도를 늦추는 것이지요. 그러나 이미 이런 방어선은 예전부터 있었으니 계속된 전쟁으로 망가진 것을 재정비한 것이라 생각해도 무리는 아닐

것입니다.

수와의 큰 전쟁을 치른 상황에서 고구려가 장성을 구축할 여유가 있긴 하냐란 것도 고려해야 할 문제지요. 역사 지도에 그려진 면적이 넓은 것이 국력으로 연결되는 것은 아닙니다, 사실 고구려 땅이라는 것이 북방의 농업 한계선에 간당간당, 남쪽으로도 여러 작물들의 북방 한계선에 걸쳐있습니다. 아무리 이겼어도 고구려 영토 안에서 벌어진 전쟁이니 피해를 받았을 것이라 대대적인 토목건축을 할 여유는 없다고 봅니다. 보통 612년에 수와 엄청난 전쟁을 치른 것에만 주목하지만(598년의 침입은 싸우기도 전에 홍수와 태풍이 막아 줬으니 피해는 적었다 치지요), 사실 고구려의 초긴장 상태는 550년대 북제北齊와의 대립부터 시작됩니다. 우리가 1953년 휴전 후에도 그런 것처럼, 그때 사람들도 전쟁이 발발하지 않았거나 바로 끝났다고 곧바로 휴식모드로 바꿀 수 없습니다. 612년, 그리고 수나라가 망했다고 긴장을 풀 여유는 없습니다. 문제는 그것만으로도 많은 자원이 소모된다는 것입니다. 역시나 전쟁 이후의 남북한이 그런 것처럼요.

분명 방어 체계도 재편하였을 것이고, 16년이나 걸렸다는 기록을 보면 여유가 부족한 상황에서 짜낼 때까지 짜내며 새로운 방어선을 재편한 것이 아닌가 합니다. 그것이 정말 장성이던, 여러 방어시설의 연결고리 구축이거나 말입니다. 물론 중국에서 나오는 고고학 자료 중에는 보고자에 따라 무언가 있었다는 이야기도 있습니다만 현재의 자료로는 회의적이고 (물론 새로운 자료가 나오면 바뀔 결론입니다만) 아무리 융통성을 발휘해도 중국의 장성을 생각해서는 안 된다는 것입니다.

고구려의 북서 방어선은 면적에 비해 단순한 편에 가깝습니다. 요동지역을 지나는 강의 수계, 줄지어 늘어서 있는 산맥 사이의 고개 정도로 교통로가 제한됩니다. 안 가 보신 분들이 그저 "드넓은 만주 평야~"라는 노래를 부르시지만 실제 넓은 평야는 요하 유역과 송화강 유역 쪽만 그렇습니다. 한반도 이북의 고구려 영토 중 대부분이 산악지대입니다. 특히나 국내성으로 다가갈수록 교통로가 단순해집니다.

요동의 고구려 성은 제한된 교통로 상에 마치 페스츄리 빵의 속처럼 겹겹으로 쌓여 적의 침입을 막고, 설령 뚫리더라도 그 힘을 소모시켜 중심지까지 이르지 못하게 하거나 중앙군이 올 동안 시간을 버는 역할을 충실히 합니다. 완벽한 종심방어라고 할 수 있죠. 이는 현재 성곽 분포도만 봐도 뚜렷하게 보이는 현상입니다. 아마 16년간의 장성 수축은 방어 체계를 재정비하고, 중요 방어성들의 보수와 취약점을 보완하는 형태의 것으로 보입니다. 아마 현재의 농안인 부여성 부근에 현존한다는 20km 정도 크기의 장성 유지는 이른바 보완 패치, 서비스 팩인 셈이지요.

보통 영류왕의 대당유화책만 강조하는데 고구려 장성의 기사를 이야기하지 않고서는 매우 일방적인 이야기밖에 나올 수 없습니다. 유화책, 굴종외교를 했다면 이런 것을 만들 필요가 있는가. 수비시설의 구축 같은, 공격을 목적으로 하지 않는 군사적 조치를 가지고도 꼬투리를 잡는 일은 흔했습니다. 내가 공격할 때 방해가 되는 것도 나랑 싸우겠다는 뜻이냐! 이런 주장, 아니 억지를 부리면 끝입니다. 유화책에 대한 강대국의 속내는 '무기를 내려놓으면 (무기의) 목숨은 살려 주겠다'였습니다.

이번에는 경관이란 것이 뭐길래 외교 문제가 되는가를 살펴보지요. 경관은 일종의 국가 전승기념물입니다. 큰 전투에서 이기고 나서 적의 시체를 모아 매장한 큰 무덤입니다. 동양에서는 비석 정도를 제외하면 전쟁에 대한 기념물을 남기지 않는 것을 생각하면 참 특이한 것이긴 합니다. 다들 전쟁기념과, 국립묘지 같은 것을 생각하지만 처음에는 주술적 목적이 강했다 합니다. 죽인 적병이 악령으로 되돌아오는 것을 막기 위해서, 또는 패배한 쪽에서 할지 모를 저주를 막기 위해.

위의 원문을 그동안 당이 고구려의 국가 기념물을 훼손시키는 외교적 만행을 저지르자 허겁지겁 방어수단을 강구한 것으로 보아 왔습니다. 물론 저 영류왕 14년조의 기사만 읽으면 그리 생각하는 건 아주 합당합니다. 그러나 모든 것은 전후 사정이 있습니다.

먼저 영양왕에서 영류왕으로 넘어가는 동안에 수와 당이 교체를 합니다. 이 교체는 평화적인 교체가 아니라 수양제의 죽음 전후로 무수하게 벌어진 각종 반란과 세력 간 경쟁이 치열하게 진행된 후 당의 건국과 재통일로 정리가 되는 과정입니다. 당연히 당은 고구려를 신경 쓸 여유도 없고 오히려 돌궐의 힘을 빌려 적을 막던 시절입니다. 고조는 통일 이후에도 고구려를 건드리지 않습니다. 전 왕조의 실책이 워낙 큰지라 고구려의 고자만 나와도 구토하는 사람이 너무 많은 게 문제였습니다. 말끝마다 고구려 멸망을 부르짖는 강경파들이 없었던 것은 아니지만 그들의 목소리가 정책을 움직일 정도로 강하긴 힘들었습니다. 누가 전쟁하자고 하면 수양제의 실책을 잊었는가라는 말이 나올만합니다.

영류왕도 대결보다는 평화구도에 힘을 씁니다. 즉위 초부터 당과의 외교관계를 강화하고 졸본의 시조묘를 친히 참배하는 등 전후 처리에 힘을 씁니다. 당이 전쟁 포로를 송환하라고 하자 만여 명을 돌려보내고, 중국을 거스르지 않는다는 의미로 책력을 요청합니다. 이런 외교적 행사에 당은 왕 7년 624년에 상주국 요동군공 고구려왕으로 책봉하며 화답합니다.

조선시대 이후의 사람들이 보자면 이건 사댑니다. 그러나 당시의 고구려인의 뇌구조를 분석하면 사대란 단어는 1mg도 존재치 않을 겁니다. 그 위대하다는 장수왕도 1년에 3번 사신 보낸 적도 많은데 그도 사대주의자였나요? 그저 생존을 위한 외교였습니다. (어디 죽지 않으려고 허우적거리는 사람을 쳐다보며 수영기술과 예술점수 주는 짓 하지 맙시다)

중국이 상국도 아니고, 천조도 아닌 담에야 중국 사신만의 힘으로 고구려에서 국가기념물 따위 무너뜨리는 것은 쉬운 일이 아닙니다. 그리고 그 시점의 당이 그렇게 주변 국가들 자극할 만큼의 여유는 없습니다. 물론 당태종이 즉위한 지는 몇 해가 지났지만 가장 중요한 적인 북방의 돌궐도 급했으니까요. 당태종이 고구려에게 강경하게 나가는 것도 북방과 서역의 국가들을 제압한 후입니다. 그러니 당장 싸울 것도 아닌데 일부러 긴장시킬 일은 없습니다. 그렇다면 이것은 다른 해석을 필요로 합니다. 고구려 조정과 어느 정도 외교적 교감을 가진 후 양자 합의에 따라 벌인 일이라고 말이지요.

물론 이것이 마냥 좋아서 합의하는 것은 아닙니다. 아무리 영류왕이 우호관계에 힘썼다 하나, 고구려는 첫 시작부터 망하는 그날까지 중국 말은 안 들어 처먹는, 그야말로 싸가지 없는 불량국가, 악의 축이었으니 말입니다. (『삼국지』를 비롯한 초기 역사서에 실린 고구려와 부여에 대한 기록의 말투를 대조해 보면 재미있습니다. 항상 대결하는 고구려는 개자식, 우호적이었던 부여는 항상 착한 놈으로 기록됩니다) 다만 고구려는 우상화하는 사람들과 달리 경직된 사고방식에 빠지지는 않았습니다. 싸울 때는 싸우지만 '그까이꺼, 서쪽으로 고개 한 번 숙여 준다고 목뼈 부러지는 것도 아녀~'라고 생각하는 융통성을 갖춘 나랍니다.

대외적으로 소극적이었던 고조 시절과 달리 좀 더 강경한 태종대에 들면서 분위기가 달라짐을 느낄 수도 있습니다. 언제나 그렇듯 북방을 치면 우리 차례였고, 아니면 우리를 먼저 치고 북방을 칩니다. 서서히 평화는 저물어 가는 것이 아니라 잠시 휴식인 소강상태가 끝나는 것이지요.

외교적 접근을 계속 유지하면서도 천리장성을 준비한 것도 그러한 대비책의 하나로 봅니다. 정치가는 국민을 향해 강경책이나 온건책을 이야기하지만, 그대로 행동하진 않습니다. 전쟁을 향해 달려가는 와중에도 그것을 막기 위해 노력하고, 치열하게 싸움이 벌어지는 와중에도 어떻게 끝낼까를 고민해야 합니다. 2010년대 후반의 한반도만 놓고 봐도 늘 강경할 것 같은 미국의 대통령은 거친 말투 뒤에선 대화를 모색하고, 반대파들이 유화책만 쓸 거라고 비난했던 대한민국의 대통령은 대화를 이야기하면서도 힘을 보여 주는 데 인색하지 않습니다. 매번 북한에 나라를 팔아먹는다는 비난을 받았던 대통령들이 사실은 군국주의자 수준으로 전력 확충에 매우 힘썼다는 사실은 주의 주장과 현실 정책은 같지 않을 수 있다는 것을 보여 줍니다.

Si vis pacem, para bellum, 평화를 원한다면 전쟁을 준비하라. 이 말만큼 모순적이지만 현실적인 말도 드뭅니다. 그놈의 연개소문이 등장하는 소설과 영상물에서 영류왕은 나약하고 중국에 무릎을 꿇는 형편없는 왕으로 그려집니다. 연개소문의 쿠데타로 맞이한 왕의 최후는 비참했습니다, 과연 그가 비참하게 죽어 시체가 구렁텅이로 떨어지는 수모를 겪어야 마땅했는지 의문이 듭니다.

연개소문이 민족자주의 상징이라고 외치는 분들께 묻고 싶습니다. 612년, 평양성으로 쳐들어온 내호아의 수군을 궤멸시킨 용사는 누구였을까요? 평화를 추구했지만 말과 글만으로 해결할 수 없음을 이해한 사람은

174

누구였을까요? 치열한 전쟁을 겪은 국가는 천년 후의 후손들 보기 좋으라고 또 전쟁에 휘말려야 하는 걸까요? 어떻게든 국가를 위기에 빠뜨리는 것을 회피하려는 국왕의 행동이 저열한 것이었을까요?

결혼을 할 때 수의를 장만한다는 고구려 사람이 전쟁에 패해서 죽는 일은 고구려 역사 내내 이어졌지만, 적이 다가왔을 때 앞장서서 성문을 연 짓은 연개소문의 쿠데타 이후에나 벌어졌습니다.

III.

곡창지대의
백제

19

고대인은 신화와 역사를 어떻게 이해하는가
– 백제의 경우

계속 반복해서 이야기하는 것이지만 과거 사람들, 먼 과거에 살았던 사람들일수록 신비주의에 가깝습니다. 이 땅에서 살아가면서 자연스럽게 마주치는 자연현상을 이해할 수 있는 지식이 부족할 때, 자연스레 상상력에 의존한 해답을 찾는 것이지요. 과거 사람들이 결코 현재의 우리보다 바보라서 그런 것이 아닙니다. 게임으로 치자면 이제 막 게임을 시작하였으니 헝겊 모자와 얇은 옷, 나무칼을 들고 괴물과 싸워야 하는 쪼렙 용사였을 뿐입니다. 현란한 기술에, 멋들어진 장비를 갖춘 수천 년 후 고렙 유저에 비하면 우습게 보일 수 있지만 현대인들도 쪼렙부터 시작한 경험의 누적 위에서 살아가는 것일 뿐입니다. 그러니까 과거 사람들은 결코 우리보다 모자란 것이 아니라 지식의 레벨이 낮았다. 또는 지식의 축적, 게임으로 치면 경험치가 모자랐다고 할 수 있습니다. 오늘의 우리도 그들의 경험이 누적된 것일 뿐, 결코 과거 사람들을 비웃어서는 안 되는 것이지요.

고대의 신화도 그렇습니다. 자연현상만큼 이해하기 어려웠던 어떤 개인의 남들보다 뛰어난 능력이나 무리를 안정시킬 지도력, 많은 사람들의 생활을 지탱할 수 있는 재화라든가 오늘보다 더 나은 내일을 가져올 기술의 발전 같은 것을 자신과 타인을 납득시키기 위해 만든 것이죠. 그래서 사람들은 인간의 빼어남도 노력이나 개성이 아니라 하늘이나 지상의 영적 존재가 부여하는 것으로 이해했습니다. 그런 삶의 태도는 사실을 기억하고 이야기하는 방식까지 규정짓습니다. 신화는 그래서 그때 그 사람들과 눈높이를 맞추어 음미해야 하는 것이지요.

백제는 삼국, 부여와 가야까지 포함한 고대 국가의 신화와는 다릅니다. 고구려와 신라, 부여와 가야의 왕은 물론, 신라의 여섯 촌장들도 모두 하늘에서 내려왔다고 주장했습니다. 그런데 백제만은 하늘에서 내려와 알에서 깨어났다는 식으로 자신을 설명하지 않았습니다. 고구려의 건국자인 주몽의 아들로 자신을 표현합니다. 그러나 그뿐만이 아닙니다. 그런데 백제의 건국신화는 아예 계통이 다른 이야기도 존재합니다.

일반적으로 신화는 시대가 내려올수록 사람들에 의해 단일한 이야기 구조로 정리되는 특성을 가집니다. 입에서 입으로 정리되다 보니, 사람의 기억이나 언변, 상상력에 따라 날이 갈수록 처음 이야기와 조금씩 달라지거나 살이 붙습니다. 구비문학에서는 각편(version)이라고 하는데 처음에는 입에서 입으로 전해지니만큼 그 사람의 기억력이나 말솜씨에 따라 계속 변화하는데, 똑같은 이야기도 언변이 좋은 사람이 하면 더 그럴싸하게 들리듯 말입니다. 그러다가 어느 정도 시간이 지나면 그 이야기를 체계적으로 정리합니다. 『삼국유사』와 『제왕운기帝王韻紀』에 기록된 단군신화가 내용이 약간 다르지만 큰 내용의 줄기는 동일한 것과 마찬가지지요. 백제는 여전히 정리되지 않았고 심지어는 나라를 세운 사람들이 다른 모습도 보여 줍니다.

『삼국사기』에는 우리가 잘 아는 건국신화가 실렸습니다. 주몽의 아들인 비류와 온조가 한강유역으로 남하했는데 비류는 미추홀彌鄒忽(지금의 인천)로 가고, 온조는 현재의 서울에 남았는데, 바다에 적응 못한 비류는 실패하고, 온조는 성공하여 지금의 백제를 세웠다는 이야기죠. 이것이 공식견해였던 것 같은데 이뿐만 아닙니다. 『삼국사기』가 인용한 다른 기록에는 비류와 온조는 주몽의 친아들이 아닙니다. 과부였던 소서노召西奴가 주몽과 재혼하며 데리고 들어간 아들이라고 합니다. 여기에 따르면 비류와 온조가 미추홀에 정착하여 백제를 세웠는데 비류가 시조왕입니다.

아예 비류와 온조가 등장하지 않는 이야기도 존재합니다. 고구려가 아닌 부여扶餘 출신인 구태仇台라는 이가 세웠다는 것과 도모왕都慕王이란 인물이 세웠다는 전승도 전합니다. 이 도모라는 이는 고구려의 주몽이거나 부여를 세웠다고 하는 동명東明이라고도 합니다. 이 두 설에 따르면 백제는 고구려와 무관한 부여인, 혹은 부여나 고구려를 세운 그 사람이 세운 나랍니다.

왜 이런 다양한 이야기가 나왔을까요? 잠시 뒤에서 역사서를 이야기할 때도 다루겠지만, 국가가 어느 정도 자리를 잡으면 건국신화와 초기 역사를 소위 교통정리하는 것이 보통입니다.

"성스러운 이 나라를 세우신 건국자는 하늘에서 내려온 초월적 존재이고, 그분의 피를 이어받은 왕실은 나라를 연 첫날부터 오늘까지 '변함없이' 신성하고, 왕족 못지않게 고귀한 귀족들은 이 나라를 세울 때 주춧돌이 되었으며 나라에 위기가 닥쳤을 때 분연히 일어나 앞장서 파도를 막은 영웅입니다. 서울과 지방은 개국 이래 한 가족처럼 화목했습니다."

이게 고대국가가 자신의 역사를 '정리'한 내용입니다. 왕은 항성계의 중심이고 귀족과 평민들은 행성과 위성처럼 질서정연하게 존재하는 것이 그때의 생각입니다. 그런데 백제는 자칫 왕통의 정통성까지 무너뜨릴 수 있는 다른 신화가 존재합니다. 그런데 이게 정리되지 않았다는 것이 연구자들의 머리를 아프게 하는 일입니다.

그래서 한일관계사가 가장 관심을 받았던 1980년대에는 다양한 학설이 나왔습니다. 개중에는 아예 백제가 한강유역과 금강 유역에 나뉘어 존재했다는 설도 등장했습니다. 김성호가 『비류백제와 일본의 국가기원』에서 주장한 것인데, 개인적으로 사학사연구에서 반드시 빼놓아서는 안 되는 책이라고 생각합니다.

『비류백제와 일본의 국가기원』 초판 사진

이에 따르면 한강에 있었던 백제는 온조백제이고, 금강 유역의 백제는 비류백제로 광개토왕 남정에 의해 비류백제가 멸망하고 그 왕실과 주요 세력들이 일본으로 건너갔다는 내용을 담고 있습니다. 학계에선 비류와 온조의 신화도 아마 백제 초기 건국에 비류와 온조의 두 집단이 힘을 합치는 것을 형제로 설명했다고 보는 것이 일반적이었는데, 그보다 더 화끈한 주장이라고 할 수 있습니다. 또 고고학 자료가 폭발적으로 늘어나 백제 초기 건국이 삼국사기처럼 기원 전후일 수 있음이 드러나기 전에는 온조부터 이어져 온 역사는 가공이고 구태가 백제의 시조였다는 신화도 중요하게 보는 의견도 강했습니다. (이 주장은 구태를 고이왕古爾王으로 봅니

다) 이처럼 백제의 건국이 언제고 누가 주체였느냐는 지금도 꽤나 뜨거운 주제라는 것입니다.

여튼 건국을 다룬 이야기가 하나로 정해지지 않고 여럿이라는 것은 백제가 왕권이 늘 불안했다는 것을 의미합니다. 만약 왕권이 강했다면 전혀 다른 이야기가 살아남았을 리 없습니다. 다른 신화를 들고 와서 내가 진정한 이 나라의 왕이라고 주장한다면 어떤 일이 벌어질까요? 왕이 주몽의 뒤를 이은 온조왕에서 나라의 역사가 시작한다는 것을 주장하려 해도 누군가는 비류, 또는 구태, 아니면 주몽이 직접 나라를 세운 것으로 주장하며 왕의 정통성을 부정한다면 곤란하겠지요. 한쪽이 세기말 패왕의 힘을 가지고 있어서 한 방에 '너(의 신화)는 이미 죽어 있다'고 말하면 깨끗하게 해결되었겠지만, 왕실의 역사 바로 세우기가 다른 계열의 건국 신화를 구축하지 못할 만큼 말을 듣지 않는 이들이 존재했었다는 것이겠지요.

개인적으로는 백제는 늘 원심분리기 같은 상황이 아니었겠느냐고 생각합니다. 어떤 연구자는 지배층과 피지배층 사이에도 아예 종족이 다른 것 아니냐고 보기도 합니다. 적어도 백제가 단일한 방향으로 움직이는 나라가 아닌 것 같다는 추측은 해 볼 수 있습니다. 그리고 백제의 역사에서는 뭔가 왕권을 강화하려는 움직임이 일어나면 그에 대한 반작용이 반드시 일어는 것이 일상적인 풍경으로 보이기 합니다. 그래서 이따금 '내가 왕이다'라고 외치며 왕홀을 치켜 올린 임금님의 바지를 누군가 끄집어 내리는 모습을 상상하고 합니다. 어쩌면 삼국 중에서 가장 좋은 곳에 자리한 백제가 고구려와 신라를 아우르지 못한 이유 중 하나를 보는 것 같습니다.

백제의 건국신화의 특징은 왕실의 역사 바로 세우기가 성공하지 못했음을 드러냅니다. 물론 백제 왕실이 무작정 손을 놓은 것은 아닙니다. 이런 상황에서도 자신들의 우위를 주장할 방법들을 찾아냅니다. 다만 21세기의 현대인이 생각하지 않을 사고방식으로 대처했다는 것이 재미있습니다.

『삼국사기』에는 건국한 지 13년, 즉 기원전 6년에 백제의 영토가 어디까지 미치고 있었는가에 대한 기록이 나옵니다. 앞에서 나라를 처음 세웠을 때는 마을 한두 개 정도였다가 나중에야 역사지도에 나올 정도로 커진다고 이야기했는데, 그와 정 반대로 설명하는 것이지요. 먼저 기록을 한 번 볼까요?

> 8월, 사신을 마한에 보내어 천도함을 알리고 드디어 강역을 정하였다. 북으로는 패하浿河에 이르고, 남으로는 웅천熊川을 경계로 하고, 서로는 큰 바다大海에 막히고, 동으로는 주양走壤까지 미치었다.
>
> – 삼국사기 23, 백제본기 1, 온조왕 13년조

온조왕이 나라를 세우자마자 백제의 영토가 동서남북으로 광활하게 펼쳐졌다고 말하는 기록입니다. 일단 기록 속에 나타난 지명을 살펴보면 서쪽에 대해는 누가 봐도 황해입니다. 문제는 동·남·북 3곳인데 북의 패하는 지금의 예성강으로 보는 것이 일반적입니다. 패수라는 지명이야 언제는 압록강이기도 하고, 고구려 멸망 직전에는 대동강이 되지만 이때는 낙랑과의 경계를 고려하면 예성강 이북으론 올라가긴 힘듭니다.

남의 웅천, 이병도의 지적 이후 대개 이 웅천을 안성천으로 봅니다. 금강으로 볼 수 있다는 설도 나왔지만 고고학적 자료라던가 이래저래 증거들이 맞질 않습니다. 동의 주양을 춘천으로 해석해 왔는데 이 방면의 명확한 근거는 없습니다. 최근에 화천의 원천리라는 곳에서 초기 백제의 유적이 나옴에 따라 그럴 가능성이 높아졌습니다.

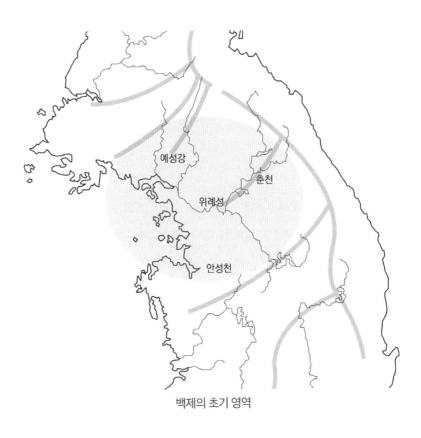

백제의 초기 영역

학계에선 어느 누구도 온조왕 13년, 나라를 세우자마자 저만한 영토를 손에 넣었다고 믿는 사람은 없습니다. 최근까지 백제 초기 유적이 서울과 경기도에서 폭발적으로 등장해서 이를 연구하는 분들도 '작년엔 이런 이야기를 했는데, 올해 @# 유적이 발견되었더니 작년에 쓴 논문도 고쳐야 한다'라고 말을 하는 지경입니다만, 백제가 저 영역을 확보하는 것은 대체로 3~4세기, 그러니까 고이왕에서 근초고왕 이전의 일로 생각하고 있습니다. 그런데 왜 이 기록은 건국시조인 온조왕의 연대 기록에 포함되었을까요?

현대인에게 내가 거둔 업적은 기본적으로 내 것입니다. 물론 키워 준 부모나, 가르쳐 준 스승, 같이 힘을 합친 동료들이 있지만 그 영광의 가장 큰 몫은 본인의 것입니다. 아무리 부모나 스승, 동료들이 있다 해도 자기 자신이 없다면 소용이 없다는 생각인 것이지요. 그러나 먼 과거는 다릅니다. 내가 왕인 것은 이 나라에서 가장 뛰어난 재능을 지녀서는 아니고, 전 국민의 지지를 얻어 그리된 것은 더더욱 아닙니다. 내가 그 신성한 핏줄로 태어났기 때문입니다. 재능보다 더 중요한 것이 피입니다. 그렇기 때문에 조상이 잘나면 더 잘날수록 내 권위가 커집니다. 머리나 건강은 빌릴 수 있어도 권위는 빌릴 수 없기 때문이죠.

왕정국가일수록 선왕의 행동이나 발언 등은 현대의 대법원 판례는 비교할 수 없을 정도로 매우 강력한 법적 효력을 갖습니다. 시조라면 그 힘은 제곱의 제곱이 됩니다. 어지간히 간이 큰 신하라 하여도 선왕의 법을 바꾸자고 말할 때는 유서를 쓰고 집을 나서야 합니다. 어제와 같은 오늘, 오늘과 같은 내일을 꿈꾸는 시대에 개혁이라거나 혁신, 혁명과 같은 말은 전혀 매력적이지 않습니다.

또 하나의 예를 들자면 고이왕 때에 16관등제를 완성하고 율령을 반포했다는 기록이 나옵니다. 연구자들은 한때 고이왕이 백제의 시조가 아니냐란 생각을 하기도 했습니다. 그만큼 백제의 건국과 성장에서 고이왕이 가지는 중요도는 큽니다. 그래서 고이왕 때에 율령이나 관등제도의 기초가 닦였을 가능성은 매우 큽니다. 그러나 16관등제는 적어도 사비시대의 일입니다. 그전까지는 좀 더 단순한 형태였다는 것이 기록에서, 또는 유물을 통해 드러납니다. 어쩌면 이런 제도를 확립한 왕이나 귀족들이 새로운 변화를 살리기 위해 과거의 제도라고 포장한 것이 아닐까요? 이런 식으로 말이죠.

> '여차저차해서 그동안 제대로 못하고 살았는데, 이제라도 고이대왕 때의 법도를 되살려 선왕의 위업을 계승해야 합니다. 이거 다 고이왕 때 만든 거 아시죠? 반대하는 사람들은 애국적인 삶을 살아오지 않은 종고구려분자들입니다. 여러분!'

그러니 땅을 빼앗아도 역사적 영유권을 주장할 수 있으면 더욱 좋습니다. 이제 처음 먹은 게 아니라 원래 우리 땅이었다. 이것은 대외적인 명분일 뿐만 아니라 내부의 의견을 모아 힘을 끌어올리는데 중요합니다. 기왕 쳐들어가는 거, 원래 우리 땅이었던 것을 되찾는다고 하면 공격력과 방어력, 마력의 위력을 더해 주는 아이템과 같습니다. 현대도 영토분쟁에 거긴 원래 우리 땅이었단 주장은 필수 요소입니다.

(이런 사고방식 덕분에 역사가들은 두통약을 먹어야 하지만) 그들은 나름 진지하게 역사적 사실의 연대를 끌어올렸습니다. 미래를 이야기할 때도 과거에서 명분을 끌어오는 방식은 당시 고대인들에겐 최적의 해결책이었습니다. 다만 이들에게 시공간적 정확성에 대한 중요성이 지금만큼 크지 않았을 뿐입니다. 후대의 역사가들이 내 말이 옳네, 네 말이 틀리네

하고 멱살을 잡고 싸울 줄 누가 예상이나 했겠습니까? 2천 년 후의 미래 걱정요? 그저 오늘, 나라는 평온하고 왕의 자리가 굳건하기만 하면 되는 겁니다.

20
475년, 아스라이 사라진 백제의 영광

지나가는 사람을 붙들고 백제사에서 최전성기가 언제냐고 묻는다면 보통은 근초고왕近肖古王(346~375) 때라고 말할 것입니다. 기록대로라면 백제의 영역은 경기도와 충청도, 전라도 전역과 강원도와 황해도 일부를 아우르며 최대 판도를 이룹니다. 서울과 경기도 일부에 머물던 백제를 그리키웠으니, 광개토왕과 장수왕만큼은 아니어도 근초고왕은 충분히 정복 군주라고 부를 수 있지요. 일본의 역사서 『일본서기日本書紀』에는 근초고왕 때에 백제가 지금의 전라도 남해안가에 자리한 마한馬韓의 잔여 국가를 정복하였다는 기록이 남아 있습니다. 기록만 본다면 일본이 이 지역을 점령한 후 우호국 백제를 위해 흔쾌히 선물로 준 것처럼 적어 놓았지만 그 내용을 그대로 믿는 사람은 없습니다. 더 나아가 이때 중국의 요서 지역으로 진출했다고까지 주장하는 사람들도 있지요. 백제사를 전체적으로 본다면 대단한 시대는 맞습니다.

개인적으로는 이 부분을 읽을 때마다 백제의 침략에 맞서 저항하는 마한의 소국들이 장렬하게 멸망하는 비장함을 연상하곤 했는데 고고학 발굴이 활발해지며 이 시대 이후에도 백제의 지배가 확고하지 않았다는 증거들이 나오고 있습니다. 특히나 영산강 유역은 웅진·사비시대로 가서야 백제의 영역이 되었고, 그 이전엔 독립적인 지역이었다고 주장하는 연구자들도 많습니다.

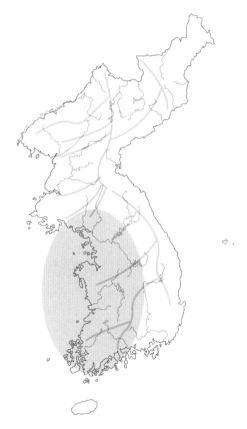

근초고왕 시대의 백제 영역

그런데 근초고왕의 시대를 더욱 돋보이게 하는 것은 고구려 고국원왕故國原王의 군대를 두 차례나 무찌른 것입니다. 당시 고구려는 북방 유목민족인 선비鮮卑가 세운 전연前燕과 요동을 두고 다투고 있었는데, 342년에 수도인 환도성丸都城을 점령당할 정도로 대타격을 입고 한동안 서쪽으로의 진출을 포기합니다. 그래서 서쪽 대신 남쪽으로 공격의 방향을 돌리는데 369년에 백제로 쳐들어갔다가 대패하고 371년엔 백제군이 평양平壤까지 쳐들어가서 방어하던 고국원왕을 전사시킵니다. 이때 고구려가 어떻게 위기를 극복하였는가에 대해선 소수림왕을 다룬 글에서 설명하였지요.

백제의 초기사를 본격적으로 연구한 것은 일제강점기부터인데 일본인들은 백제의 초기사가 조작된 것으로 보고, 중국 사서에 처음 등장하는 근초고왕이 진짜 백제의 시조라고 주장하였습니다. 해방 이후의 백제사 연구는 『삼국사기』 백제본기의 초기 기록을 어디까지 믿을 것이냐에 중점을 두고 진행되었습니다. 처음에 문헌 기록을 정밀하게 분석해 보니 적어도 고이왕古爾王 때까지 건국 기원이 올라간다고 보다가 고고학 자료의 등장으로 그보다 더 오래전에 시작한 것으로 발전했습니다. (어떤 사람들 주장처럼 식민사관에 빠져 백제 초기사를 축소하지 않았습니다)

앞에서 신화 이야기를 할 때 언급했지만 3~4세기 동아시아의 유목민족이 최전성기를 구가할 때, 부여에서 온 사람들이 세웠다는 건국 이야기도 존재합니다. 부여扶餘가 선비족鮮卑族의 전연前燕에게 격파당해 일시적으로 멸망에 이르렀다가 겨우 회복하는 일이 있었는데, 이때 부여의 일파인 구태라는 남자가 내려와 백제를 세웠다는 것입니다. 이 설을 따를 경우 보통은 고이왕으로 보는데, 근초고왕이 구태라는 주장도 있습니다. 처음에는 일본학자들이 주장하던 것이 호주의 역사학자에게 영향을 주었고, 이것이 나중에 수입되었습니다. 나름 흥미로운 이야기이고 한때는 학계에 파문을 던지기도 했지만 이제는 생명력을 잃은 학설입니다.

이 근초고왕의 시대에는 고구려보다 유리한 환경에 힘입어 번영하였으나 이후에는 고구려의 반격에 밀리는 모습을 보여 줍니다. 근초고왕의 증손자인 아신왕阿莘王 때는 상대가 광개토왕이라 연달아 패배를 거듭합니다. 「광개토왕릉비」에 따르면 396년에 고구려군이 수도인 한성漢城(아마지금의 풍납토성이라 여겨집니다)까지 육박하니 백제는 왕자와 대신 10명, 백성 1천여 명을 인질로 잡히고 세포細布 천 필을 바치며 복속을 맹세한 끝에야 겨우 위기에서 벗어날 수 있었습니다. 이뿐만 아니라 고구려에

『조선고적도보』에 실린 광개토대왕릉비 사진(지식e음)

게 빼앗긴 땅이 58성에 700촌이라 하니 백제가 입은 타격은 매우 심각하였음을 알 수 있습니다.

고구려의 진격이 한시적이었으면 백제는 금방 일어났을지 모릅니다. 한반도에서 가장 비옥한 지역을 차지하고 있으니 인구도 가장 많지 않았을까요? 농토와 인구는 고대국가가 가질 수 있는 가장 중요한 자원입니다. 인간도 생명체라 먹을 것이 풍부해야 자손을 늘리는데, 농토가 넓으면 그만큼 인구가 늘어날 수 있습니다. 농사는 노동집약 산업이니 사람이 많으면 농사짓기에 유리하고 더 많은 농토를 개간할 수 있지요. 또 그들에게 무기를 들려 주면 다른 땅을 차자할 수도 있습니다. 백제는 고구려나 신라에 비해 유리한 환경이니 조금 과하게 잃었어도 금세 복구할 수 있었습니다.

그런데 백제에게 닥친 비운은 줄줄이 비엔나소시지처럼 연달아 찾아왔지요. 광개토왕이 백제의 북방을 헤집고 다녀도 그다음 왕이 온건파였다면 좋았겠지만, 그 아들인 장수왕長壽王도 남진정책을 수행하였고, 이 두 명의 재위 기간이 무려 100년(광개토왕 391~412, 장수왕 413~491)에 이르렀다는 것은 백제에겐 재앙이었습니다. 아신왕 이후 백제의 왕은 전지왕腆支王(405~420), 구이신왕久爾辛王(420~427), 비유왕毗有王(427~455), 개로왕蓋鹵王(455~475) 등 왕이 딱히 금방 죽은 것도 아닌데 4명이 즉위하는데, 고구려는 장수왕이 계속 재위 중이거든요. (뭐, 장수왕의 태자는 즉위하지도 못하고 죽었으니 백제의 왕만 억울한 게 아닙니다) 두 왕의 재위 기간 중에 숙원이었던 요동 지역에 깃발을 꽂으면서도 남진도 포기하지 않았습니다. 거기에 고국원왕의 전사란 강한 원한이 중심에 자리 잡으니 백제는 소모를 회복할 여유를 갖기 어려운 것이 아닌가 합니다. 현재의 한반도에서 전쟁이 멈춘 지 65년이 지났지만 여전히 군사적 긴장이 유지되니 남북한의 군비 지출은 결코 적지 않습니다. 백제인들 안 그럴까요?

또 하나의 추가된 나쁜 것은 고구려는 한 명의 왕이 오랜 통치를 하는 와중에 백제에선 왕위 계승 분쟁이 끊이지 않았다는 것입니다. 침류왕枕流王이 죽었을 때 태자인 아신이 어리다는 이유로 삼촌인 진사왕辰斯王이 즉위하였다가 나중에 아신왕이 그를 죽이고 왕이 되었습니다. 아신왕이 죽은 당시에 태자인 전지가 일본에 파견되었는데 이때 막내아들이 왕위를 노리다 죽임을 당했습니다. 이후에는 딱히 두드러진 정쟁이 일어나지 않았지만 나중에 이야기할 고구려 승려 도림道琳이 선왕(비유왕)의 시신이 맨땅에 임시로 묻혀 있어 단장이 필요하다는 말을 합니다. 이를 들어 비유왕도 정변에 희생된 것 아니냐는 주장을 펴는 연구자도 있습니다. 고구려가 소수림왕 이후 국가를 신속하게 재편하고 힘을 기르는 것과 대조적으로 백제는 상당 기간 혼란스러웠다는 것을 알 수 있습니다.

물론 백제도 아무런 대책 없이 손을 놓고 허송세월하진 않았습니다. 진眞씨와 해解씨가 서로 경쟁하는 사이 왕실도 강력한 왕권 강화를 추진합니다. 중국에서는 군주인 황제가 왕실이나 공을 세운 신하들을 제후로 봉하거나 장군의 작위를 하사하는데 백제도 왕족이나 귀족에게 작위를 줍니다. 다만 먼저 임명하고서 남조인 송宋(조광윤이 세운 후대의 통일왕조와 구별하기 위해 유송劉宋이라는 이름으로 부르기도 하지요)에 작위를 인정해 달라고 청하는 형태로 진행됩니다. 그런데 개로왕 3년(458)년에 11명에게 작위를 주었다고 하는데 그중 8명이 왕족입니다. 이것을 두고 개로왕이 왕족 중심으로 정국을 운영한 것이라 보는 이들도 많습니다.

그리고 『일본서기』 인덕천황仁德天皇 41년조에 이런 기록이 있습니다.

> 41년 봄 3월에 기각숙녜紀角宿禰를 백제에 파견하여 처음으로 국군國郡의
> 경계를 나누고, 각 지역에서 나는 것을 상세히 기록하게 하였다.

일본에서 사람을 보내어 백제에 지방제도를 만들게 했다는 내용은 후대의 가공임이 너무 분명한데, 백제가 지방제도를 만들었다는 내용으로 바꾸면 적절할 것 같습니다. 인덕 41년은 353년으로 백제는 근초고왕 8년입니다. 그래서 근초고왕 때 지방제도가 정해졌다고 볼 수 있습니다. 그런데 웅략천황 이전의 『일본서기』 초기 기록은 2주갑周甲, 그러니까 120년 끌어올려졌다는 이른바 2주갑인상론을 적용하면 473년, 그러니까 개로왕 19년의 일이 됩니다. 사실 120년 끌어올려 적었다는 설은 매우 오래전에 나온 것이라 최근에는 예전보다 강력하게 주장하는 건 아닌 듯합니다. 다만 개로왕 때 뭔가 한 일이 흘러 흘러 각색을 거쳐 일본 기록에 남았다고 볼 수 있겠지요. 최근 고고학의 조사 결과가 풍부해지며 경기도 화성에서 지방 행정중심지로 보이는 유적도 발견되고 있으니까, 뭔가 지방을 관리하는 제도는 존재했다고 생각해도 될 것 같습니다.

마지막으로 고구려의 압박을 피하기 위해 외교적으로도 다양한 노력을 취합니다. 전통적으로 우호국이었던 송이나 왜(당시의 일본)뿐만 아니라 신라와 북위北魏에도 사신을 보내어 국제적인 연결고리를 만들려고 합니다. 신라와는 후일 고구려군이 쳐들어 왔을 때 원병을 청해 신라군이 도우러 올 정도로 긴밀한 관계를 구축하지요. 신라는 광개토왕 시절에는 고구려의 편에 선 입장이었으나, 장수왕의 시대에는 고구려의 남진에 위기

감을 느끼고 있었습니다. 「중원고구려비中原高句麗碑」나 『일본서기』에는 신라 영토 안에 고구려 군대가 주둔한 정황이 포착됩니다. 내물왕의 왕자 복호卜好는 고구려의 인질로 끌려갔다가 박제상朴堤上의 활약으로 돌아올 수 있었고, 눌지왕訥祇王도 전왕인 실성왕實聖王의 음모로(실성왕도 즉위 전에 내물왕에 의해 고구려의 인질이 된 적이 있습니다. 눌지를 보내려고 한 것은 그 복수였지요) 고구려로 끌려갈 뻔했다가 이를 역이용하여 정변을 일으켜 왕위를 차지했습니다. 이 시점의 신라는 고구려에게 큰 부담을 느끼고 있었으니 백제와 손을 잡을 수 있었던 것이지요.

개로왕의 외교에서 가장 두드러진 것은 중국 북부의 주인이 된 북위에게 사신을 보낸 것이었습니다. 472년에 처음으로 사신을 보냈는데, 기존의 백제의 대중국외교가 남조에 집중되었던 것을 생각하면 매우 이례적인 일이었습니다. 이는 북위와 고구려의 연결고리를 끊고 대고구려 포위망을 완성하려는 의도였습니다. 당시 고구려와 북위는 표면적으로는 우호관계였습니다. 그러나 436년 북위가 북연北燕을 멸망시킬 때 고구려는 군사를 파견해서 북위를 견제하며 북연의 왕 풍홍馮弘을 보호하기도 하는 등 자국의 이익이 침해받지 않는 선에서 북위와 친교를 맺으려는 태도를 분명히 했습니다. 나중에 북위에서는 표면적으로는 내 신하라고 하는데 내 말을 듣지도 않는다고 할 정도였습니다. 백제는 이 틈을 파고들려고 한 것이지요.

국서의 내용은 지금도 전해지는데, 내용은 크게 세 가지로 나눌 수 있습니다. 먼저 고구려와 백제의 관계를 언급하며 두 나라는 뿌리가 같지만 고구려가 먼저 침략하여 근초고왕이 고국원왕을 전사시킨 적도 있다고 적고 있습니다. 그다음에 장수왕이 얼마나 폭군인지를 설명합니다. 장수왕이 자기 신하도 함부로 죽여 국내에 불만이 쌓여 있고, 예전에 낙랑과 대방군 사람들이 고국을 그리워한다는 점을 언급합니다. 마지막으로 고구려가 북위를 언제나 배신할 수 있는 나라임을 주장합니다. 그 증거로 말로는 북위에 복속한다고 하지만 실은 송이나 북방의 유연과도 손을 잡아 호시탐탐 북위를 노린다고 하며, 440년에 바다에서 중국인의 시신과 물건을 수습하였을 때 찾은 말안장을 보낸다고 하였는데, 이는 고구려가 북위의 사신을 죽인 결정적인 증거라 주장합니다. 한문제가 위만조선을 멸망시킬 때도 그러하였지만 전쟁의 명분으로 조선이 한과 한반도 남쪽의 여러 나라의 소통을 막는다는 게 있었지요. 이는 중국 입장에서는 천자와의 소통을 막았으니 매우 심각한 범죄로 치부되는 것이었습니다.

여기까지 쓴 국서의 내용을 누가 읽더라도 더 말하지 않은 개로왕의 속마음을 알 수 있지요. '우리 손잡고 고구려를 손봅시다. 이러저러한 이유가 있으니 정의는 우리 편입니다.' 북위도 고구려가 사랑스러운 것은 아니었습니다. 그런 일은 일어나지 않았지만 남쪽의 송이나 북쪽의 유연과 전쟁을 벌일 때, 북위의 뒤통수를 후려갈길 나라로 여기고 있었으니까요. 백제도 주변 정세를 세심하게 고려하여 약한 지점으로 파고들려고 한 것입니다. 그러나 북위는 고구려가 여전히 충성을 바치고 있고, 증거물로 보낸 것은 중국 것이 아니라고 하며 백제의 요구에 응할 뜻이 없음을 밝힙니다. 당시에도 고구려와 북위의 관계가 원활한 것은 아니었습니다. 하지만 북위는 고구려를 적으로 돌릴 생각이 없었습니다. 남조와 유연, 토욕혼土谷渾과 적대적인 상황에서 굳이 적을 늘릴 이유가 없었으니까요. 이 시점에 오히려 고구려와의 외교를 강화하는 모습도 보여 줍니다.

분명히 북위와의 연결 시도는 매우 탁월한 방안이었습니다. 북위가 백제와 손을 잡는다면 고구려는 남북으로 고립되고, 남진을 쉽게 억누를 수 있었습니다. 그것만 이루어져도 수세에 몰려있던 백제에겐 충분한 탈출구가 되겠지요. 착오가 있었다면 북위에겐 고구려와 적이 될 생각이 없었고, 백제가 고구려를 대체할 만큼 충분한 매력 덩어리가 아니었다는 것입니다. 백제 말을 들어서 무슨 이득이 있지요? 이 외교 행위는 백제에 독이 되어 돌아왔습니다. 고구려가 보기에 북위를 자기편으로 만들려는 백제의 행위는 매우 자극적이었습니다.

475년 9월, 고구려의 3만 군대가 쳐들어옵니다. 수도인 한성이 포위되는 와중에 왕제인 문주文周(『삼국사기』에는 왕자로 기록되었으나 다른 기록들을 검토해 보면 왕의 동생인 것 같습니다)를 신라로 보내어 파병을 청하게 합니다. 왕 자신도 포위망을 뚫고 탈출하려고 하다가 사로잡혀 죽임을 당합니다. 그 밖에도 왕비와 왕자들이 죽고 8천 명이 포로로 잡혀 고구려로 끌려갑니다. 이 8천 명이 그냥 평민이 아니라 백제의 지배층이었음을 생각하면, 신라로 간 문주, 지방이나 일본에 머무르던 사람들을 제외하면 백제의 지배층이 깡그리 쓸려 나갔다는 것은 충분히 상상할 수 있습니다. 잡혀간 사람이 8천이면 죽은 사람은 몇 곱절이었을 것입니다.

그런데 여기서 개로왕대의 정치를 살펴볼 수 있는 부분이 있는데, 고구려군을 이끌었던 장수 중에 그를 목 베어 죽인 재증걸루再曾桀婁와 고이만년古尒萬年은 본디 백제인이었는데 죄를 짓고 도망간 사람이라 합니다. 그런데 단순한 범죄자였다면 고구려군의 장군이 될 리 없습니다. 병사도 아니고 지휘관이었으니 본래 신분도 높았을 것입니다. 백제의 고급 정보를 많이 알고 있어 활용의 여지가 많고, 또 이런 사람들이 백제의 저항 의욕을 꺾을 수도 있겠지요. 그래서 학계에선 이들을 단순한 죄인이 아니라 개로왕의 반대파로 보고 있습니다. 사로잡힌 개로왕을 죽일 때 얼굴에 침을 뱉었다는 기록은 그 두 사람이 고구려군에 몸담은 이유가 단순 범죄가 아니었고, 또 개로왕에 대한 증오가 매우 컸다는 것을 보여 줍니다.

　전통적으로 개로왕은 고구려의 첩자 도림에게 속아 사치 방종하였다거나 아름답기로 소문난 도미都彌의 처를 탐내어 남편의 눈을 뽑아 쫓아내려 한 탐욕스러운 왕으로 생각되어 왔습니다. 그러나 왕권 강화를 시도한 백제왕의 말로가 그리 좋지 않았던 사례를 보면 개로왕의 과오를 단순히 부도덕함으로 단정 짓는 것은 문제를 지나치게 단순하게 보는 것 같습니다. 개로왕이 실시하려고 한 여러 정책을 살펴보면 475년의 대파국은 매우 복잡한 이유들로 인한 결과라는 것이죠.

21
춘천에 맥국은 없다

이번 글은 고대사 글이기도 하지만 몇 년 전에 일어난 사건에 대한 이야기를 다루고 있습니다. 과거의 역사가 현재에 어떻게 이용되고 있는가를 너무 명확히 보여 주는 사례이기도 합니다.

강원도 춘천에 있는 국립춘천박물관이 2017년 봄부터 전시장 개편 공사에 들어갔다가 10월에 재개장합니다. 선사와 고대 전시관도 크게 바뀌었는데 그중에 한 곳이 문제가 되었습니다. 춘천에 있는 대표적인 선사유적, 중도의 유물에 대해 설명하면서 '예족濊族의 문화'라는 표현을 사용한 것이 문제가 되었습니다. 강원도의 지역을 크게 나눌 때 가운데를 관통하는 태백산맥을 경계로 서쪽을 영서, 동쪽을 영동이라고 부르지요. 사실 같은 강원도라고 하여도 지리적 환경이 매우 다르고, 문화도 많이 다르지요. 통일신라에서 9주를 만들 때도 영서는 삭주朔州, 영동은 명주溟洲로 나누는 것이 더 자연스러웠습니다. 고려 때도 영서는 교주도交州道에 속하였고, 영동은 동계東界에 속하였습니다. 그러다 하나의 지역구로 묶이게 된 것은 고려와 조선이 교체하던 때의 일입니다.

언제부터인지 영서의 춘천에는 맥국貊國이 있었고, 영동의 강릉에는 예국滅國이 있었다는 인식이 지역사회에 뿌리를 내리고 있었습니다. 이 맥국과 예국이 삼국시대의 고대국가에 합병될 때까지 이 땅에 존재한 독자적인 나라라는 내용이지요. 그러니까 맥과 예는 각각 영서와 영동의 역사적 정체성을 상징하는 단어라고 해도 과언이 아닙니다. 그런데 춘천의 선사문화를 '예'족의 문화라고 부르는 것이 지역사회의 신경을 거스른 것이지요. 어떤 사람들이 보기에는 학자들이 예족의 문화라는 표현을 쓴 것은 영서의 전통을 부정하는 악행이라 여겨진 모양새가 된 것입니다.

사실 이 문제를 제대로 따지기 위해서는 책 한 권은 필요로 합니다. 일단은 예와 맥의 개념부터 바로잡아야 합니다. 거기에 한민족의 종족 기원 문제까지 이야기하면 대하소설전집이 되어 버립니다. 여기서는 간략하게 건너뛰겠습니다.

지금은 예는 한반도 동해안 북부에 사는 사람들이고, 맥은 고구려 사람들을 뜻하는 것으로 알려져 있지만 원래는 중국의 북쪽, 정확히 말하자면 서주西周와 춘추전국春秋戰國시대에 지금의 산서성 북부(삼국지 게임으로 예를 들자면 진양과 상당이 있는 곳입니다)에 살던 종족을 부르는 명칭이었습니다. 중국의 개념이 점점 확대되고 많은 종족이 점차 중국인화하면서 이민족의 개념은 더욱 먼 곳으로 이동하는데, 이를테면 @@아파트 101동에 살던 사람이 원래 102동, 103동에 사는 사람들을 비하하여 가난뱅이라고 부르고, 애들에게 저 동 애들 하고 놀지 말라고 하였습니다. 나중에 다른 동의 사람들도 우리 단지 사람이란 인식이 생겨서, 원래의 비난하던 단어를 단지 밖에 사는 사람들에게 사용하기 시작한 것과 같다고 하면 이해되실까요?

공자가 춘추시대의 제후국인 진陳을 방문하였을 적에 보물의 감정을 의

뢰받습니다. 주나라는 제후국을 만들 때 보물을 하사하곤 하였는데, 진나라가 만들어질 때, 주왕은 진의 제후에게 숙신肅愼이라는 종족이 바친 돌화살촉을 선물로 줍니다. 아마 그때의 숙신족, 그러니까 지금 중국 땅에 살았던 숙신은 한참 후에 중국인으로 흡수되었겠지요. 그런데 나중에 삼국시대(위촉오의 삼국입니다)에 중국 사람들이 만주에 가 보니 돌화살촉을 쓰는 종족이 있는 거지요. 그때 옛 기록을 아는 중국 사람들이 '아하! 그때 주나라에 돌화살촉을 바친 게 바로 너희로구나'라고 착각을 하게 됩니다. 중국의 천하관이 여기에 화학작용을 일으키면, '서주시대란 먼 과거에 중국에 복속했던 이 야만족이 중국의 혼란에 발을 끊었다가 태평성세를 만나 다시 연결되는구나!'라고 생각하게 되는 거지요.

중국의 동이관이 꼬이게 되는 것을 440년경에 지어진 범엽范曄의 『후한서後漢書』라고 하지만(동이열전의 서문을 보면 서주와 춘추전국시대의 동이와 그 이후의 동이를 혼동하고 있습니다) 사실 후한서보다 먼저 쓰인 진수陳壽의 『三國志』부터 그 현상이 발견되고 있습니다. (시대는 후한이 삼국보다 먼저지만 역사서로는 『삼국지』가 『후한서』보다 빨리 만들어졌습니다) 그것을 제대로 인식하지 못하고 지금까지 내려왔던 것이 마치 상고시대의 한민족이 중국까지 뻗어 있다가 서서히 한반도로 밀려났다는 인식을 낳은 것입니다. 그 문제를 나름 합리적으로 풀어 보려고 한 것이 동빈 김상기(1901~1977)의 동이족이동설이지요.

춘천의 맥국이 있었다는 주장을 하기 위해 사용되는 서주 및 춘추전국시대(학계에서는 통일제국 진의 성립 이전이라 하여 선진先秦시대라고도 부릅니다)의 맥은 거의 중국 북방의 맥이라고 보는 게 맞습니다. 그것도 한반도와 연결된 발해만 연안이나 요동이 아니라 태행산맥 서편의 산

신북읍 발산리의(전)맥국왕궁터와 기념비

서성에 자리한 민족입니다. 잠시 여담이지만 한참 인터넷을 시끄럽게 만든 불고기 논쟁에서 맥적이 나오는데 이를 들어 불고기는 고구려 유래라고 주장하는 이들도 있습니다. 그러나 그 근거인 사료를 자세하게 들여다보면 고구려와는 하등 관련 없는 북방 민족을 가리키는 말입니다. 아마 산서성 위쪽의 유목민족을 뜻할 것입니다. 같은 사료를 읽어도 그 단어가 사용되는 의미까지 짚어 내지 못하면 백날 읽어도 전혀 다른 소리를 할 수밖에 없습니다. 위진남북조 시대에 살던 사람들은 예전 고전에 나오는 중국북방의 동이·예맥, 당대에 만났던 만주와 한반도 북부의 동이·예맥은 구별하지 않은 경우가 종종 보입니다.

『삼국사기』 신라본기에 어디에 존재하는지 알 수 없는 맥국이라는 단어가 나오긴 합니다. 그러나 신라 초에 이미 춘천의 정치체와 관계를 가지긴 힘든 일입니다. 그러나 춘천맥국설의 근원이 되는 가장 기본적인 사료는 8세기에 당나라 사람 가탐賈耽이 쓴 『고금군국현도사이술古今郡國縣道四 夷述』(줄여서 고금군국지古今郡國志라 합니다)인데, 여기에 발해와 신라를 연이어 방문한 사신의 견문을 인용하였습니다. 현재 『고금군국지』는 남아 있지 않고 일부가 여러 서적에 인용된 것만 남았는데, 이 대목은 『삼국사 기』 지리지에 인용된 것입니다.

> 삭주는 가탐의 『고금군국지』에 이르기를, "고구려의 동남쪽, 예의 서쪽 은 옛 **맥의 땅**이며, 대개 지금 신라의 북쪽인 삭주이다."라고 하였다.

재미난 것은 강릉의 명주에서는 예국이라고 하는데, 여기서는 맥족의 땅이라고 구분한다는 것입니다. 그런데 가탐의 언급도 삼국시대의 역사 적 상황을 지적하는 것이 아닐 수 있다는 것을 대부분 간과하고 있습니 다. 가탐(730~805)은 당의 재상을 역임한 사람인데, 중국 전역에 대한 지 리 정보를 수집하면서 동시에 주변 국가의 교통로에 대한 부분도 같이 기 록하였습니다. 저 맥족 언급보다 중요한 것은 발해와 신라 사이의 교통로 에 대한 언급인데, 801년에 이 책을 지었습니다. 『신당서新唐書』에 실린 가 탐의 열전에는 그가 지리에 관심이 많아서 사신들에게 다녀온 곳의 지리 정보를 묻기를 좋아하였다는 대목이 실려 있습니다. 가탐이 가 본 적도 없는 춘천의 연혁을 기록할 수 있던 것은 그곳을 다녀온 사신들에게서 들 은 것입니다. 그런데 그가 듣고 기록한 사신의 정보도 사실은 신라 사람 들에게 제공받은 것이지요.

통일 후 신라의 지방제도에 대해 공부하다 보면 나오는 것이 9주를 나 누며 이것을 각각 고구려, 백제, 신라의 옛 영역이라는 주장을 폅니다. 한

주·삭주·명주는 고구려 땅, 웅주·전주·무주는 백제 땅, 상주·양주·강주는 신라의 땅이었다는 것입니다. 충청도와 전라도에 자리한 웅주·전주·무주가 백제의 땅이었던 것은 맞습니다. 그런데 명주는 상당 부분이 일찍부터 신라의 영역이었으며 한주는 백제의 것이었다가 고구려를 거쳐 신라가 6세기부터 차지한 땅입니다. 이는 신라가 9주를 설치하면서 여기에 삼국통일을 했다는 것을 강조하는 하나의 선전이었다는 뜻이지요. 문제의 삭주도 선덕여왕 때인 637년에 우수주가 설치되었습니다만 이미 551년에 신라가 한강유역 상류를 차지할 적에 영역 안에 들어간 것으로 보입니다. 그러므로 가탐이 기록한 맥의 땅이라는 것도 유리왕 때 신라와 우호를 맺었다는 맥국이 아니라 후대에 만들어진 맥족, 고구려인의 땅이라는 선전용 문구일 가능성도 무시할 수 없는 것입니다.

현재 맥국설을 주장하는 이들은 이후에 나오는 사료들을 끌어모아 맥국에 대한 과거 기록이 많다고 이야기하고 있지만 고려나 조선시대의 맥국 언급은 다 가탐의 글에서 유래한 것이며(인용의 인용, 또는 인용의 인용이 되므로 가탐의 글보다 더 가치가 높을 수 없습니다) 그 사료조차도 맥국이 아니라 맥족의 땅이라고 말하고 있는 것입니다. 어떤 분은 역사지리 연구의 획을 그은 정약용도 맥국설을 주장하였다고 하지만 정작 정약용도 『경세유표經世遺表』에서

"생각건대, 춘주란 옛적에 낙랑국樂浪國이었다. 한漢나라에서 처음에 평양에다 낙랑을 설치했는데 그 후 고구려에게 빼앗기자, 낙랑 사람들이 우수주牛首州에 와서 차지하고, 백제와 연결해서 읍루挹婁에 항거하며 고구려와 대항하였다. (아울러 『강역고疆域考』에 밝혔다) 지금 사람들은

우수주를 맥국으로 잘못 알고 있는데, 이것은 대개 가탐이 지지地志를 지으면서부터 잘못 전해진 것이다."

라고 하여 이는 잘못 전해진 것이라고 못을 박고 있다는 점입니다. (물론 정약용이 낙랑이라 한 것은 모른 척 넘어가는 것은 유리한 것만 눈에 들어온다는 현대인의 기본 소양을 사용해 봅니다)

사실 사료에 있는 내용 그대로 'Ctrl + C', 'Ctrl + V' 하면 간단합니다. 머리 아플 일이 없습니다. 그러나 편하다는 것은 본인만 그렇다는 것이고 그것을 읽는 사람들에게는 해를 끼치는 일입니다. 이를테면 1980년 5월에 일어난 '광주민주화운동'을 과거에는 '광주사태'라고 불렀습니다. 나중에 이것이 민주화운동으로 재평가되는 와중에도 일각에서는 '광주폭동'이라고 부르는 일도 벌어졌습니다. 그나마 사태란 것이 좋은 표현은 아니지만 그래도 폭동에 비해서는 악의가 덜 들어갔으며 그렇게 부르도록 강요받은 표현입니다. 22세기쯤 한국 현대사를 공부하며 리포트를 제출해야 하는 학생이 있다고 가정해 보지요. 대한민국의 군사독재에 대한 지식이나, 속한 진영에 따라 부르는 것이 다른 맥락을 잘 모르는 상태라고 가정해 보지요. 그가 도서관에서 고르거나 웹에서 찾은 자료나, 조언해 준 사람의 성향에 따라 구한 자료가 폭동이라 부르는 계열의 것이었다고 합시다. 20세기는 먼 과거니까 잘 모를 수 있지요. 그 친구가 보고 읽은 다음 발표하거나 제출한 자료에서 군사독재에 항거한 사람들은 전부 북한의 사주를 받고 반역 행위를 한 악인들이 되는 겁니다. 20세기와 21세기 초반에는 사람들이 알면서 일부로 그렇게 부르지만 22세기, 23세기만 되어도 정말 맥락을 몰라서 실수하는 일도 생길 수 있습니다.

다시 문제가 된 예족이라는 단어로 돌아가지요. 사실 학계에서는 교과서와는 달리 예의 범위를 크게 잡습니다. 초기 정치체인 동해안 북부의 동예東濊만 말하는 것이 아니라 강원도 영서와 영동의 고대 종족을 크게 예족으로 봅니다. 그리고 영동이냐 영서냐에 따라 영동예, 영서예라고 구분하는 것입니다. 연구자에 따라서는 강원도의 영서와 영동, 함경도 해안지대, 더 올라가 현재 러시아 연해주 일대까지 하나의 문화권으로 보기도 합니다. 그러니까 옥저, 동예, 강원도에 존재하였을 지역 정치체가 어느 정도 연결되어 있다고 보는 것이지요.

그런데 영서예, 영동예라고 할 때 지역의 고고학 연구자들은 강원도 영서와 영동의 예족을 설정하면서 그 근거로 『삼국지』 위서 동이전에 영동과 영서의 예를 구별하는 대목을 꼽는데 사실 그 문장의 예는 강원도의 종족이 아니라 함경남도와 평안남도에 자리한 예족을 말하는 것이라 그 근거는 잘못된 것입니다. 만약 거기서 따오려면 강원도 영서의 예는 좀 더 북쪽의 종족과 문화가 같아야 하는데, 주장자들은 종종 영서예가 원산쪽의 동예와 연결된다고 하는 경우도 있으니 좀 자기 편한 것을 끌어온 것이라 할 수 있습니다. 사실 이 문제가 명확해지려면 제대로 사료의 특성을 이해하고, 또 고고학 자료의 발견이 많아져야겠지요. 적어도 영서예를 주장하려면 북쪽과 그 문화가 일치해야 할 테니까요.

조선시대를 전후로 지방의 역사에 대한 관심이 늘어나면서 이름이 유사하다던가 하면 가져다 붙이는 일이 벌어졌지요. 과거에도 'Ctrl + C', 'Ctrl + V' 안 했을 리가요. 그러다 보니 역사서에 언급된 유명 인사가 마치 자기 동네 출신인 것처럼 쓰는 경우도 생겨납니다. 이를테면 장량과 함께 진시황의 수레에 철추를 던진 창해역사滄海力士가 강릉 사람이라는 이야기가 백과사전에도 실려 있습니다. 분명 발해만 연안에 있었을 창해군이 언제 강릉에 설치되었는지는 아무도 모를 일입니다. 그리고 1990년대에 지방자치제도가 부활하면서 지역 역사 부풀리기가 유행하다 보니 근거가 빈약한 이야기가 진실로 둔갑하고 있습니다.

홍부와 같은 고전소설의 주인공이 어디 출신이냐를 두고 싸우는 것은 아예 허구니까 외부인은 소위 팝콘만 준비하면 됩니다. 그러나 아마 백제의 수도인 한성漢城에 살았을 것이 분명한 도미와 그의 부인이 충남 보령시의 역사 인물로 언급된다거나, (그 주장에 따르면 부인은 경남 양산 사람이라 합니다) 한때 강원도 원주시와 경기도 가평군이 후삼국시대 원주에서 일어난 세력가인 양길을 두고 다투던 것을 보면(양길이 궁예와 싸우다 죽은 곳이 가평이라고 말하던 때도 있었습니다) 머리가 어지럽다 못해 트럭에 치여 이세계로 전이한 것 같은 느낌도 줍니다.

자기 지역의 역사를 소중히 여기고 또 어떤 이야기든 믿는 것은 지역사랑이지만 그것이 과해질 때 얼마나 비정상적인 일이 벌어지는가를 보여주는 것이 딱 춘천의 맥국 문제입니다. 맥국설을 주장하는 학위논문도 있고(비록 결론이나 방법론에서 동의하지 않지만 그것을 학문적으로 입증하려고 한 시도 자체는 긍정적으로 봅니다), 여러 차례 이 문제를 다룬 학술대회도 개최된 바 있었습니다. 그러나 딱 2017년에 촉발된 문제는 매우 비학문적으로 전개되었습니다. 연구자들은 지역 정체성을 말살하는 악인으로 묘사되었으며, 그 이후 개최된 학술대회에서도 나름 자기주장을 체계화하려는 노력 대신 감정적으로 접근하려는 모습은 분노를 넘어 허탈하고 창피한 마음을 가지게 하였지요.

* 여담이지만 춘천의 옛 지명 중에 수춘壽春이 있는데, 삼국시대의 원술
袁術이 황제를 칭한 곳이니 맥국보다 황제의 땅을 주장함이 어떻겠냐라든
가, 또한 신라 때 지명인 삭주는 산서성 북부에 삭주시가 있고(앞에서 말
했지요. 이쪽에 맥이 있었다고!) 함경북도에도 삭주군이 있으니 혹시 이
것이 과연 우연인가…라는 주장을 펴는 게 좀 더 재미있지 않겠냐고 비아
냥거릴 기회를 노리고 있었으나 뜻을 이루지 못하고 있었습니다.

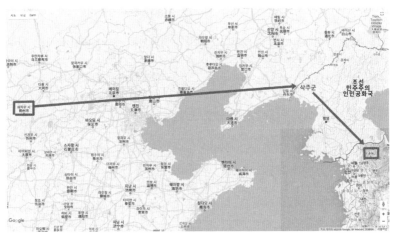

필자의 평소 지론(물론 농담)인 삭주이동설(구글지도를 편집)

연운십육주 지도를 보고 있자니 산서성 삭주朔州 옆에 환주桓州가 있다.

평북 삭주 출신의 이유립은 『환단고기桓檀古記』를 '창작'했다.

삭주(춘천)에 살고 있는 나는 환장할 지경이다.

과연 이것은 우연인가!

22
고대의 역사서가 가지는 의미

　현재 고대사에 대한 가장 오래된 문헌 기록은 고려시대에 만들어진『삼국사기』입니다. 1145년에 완성되었으니 백제가 망한 지 480여 년 후에 나왔고, 가장 늦게 망한 신라를 기준으로 해도 210여 년 뒤에 나온 책입니다. 물론 이것이 지금 현재 남은 것으로 가장 오래된 것이지 정말 처음 만든 역사책은 아닐 것입니다. 실제『삼국사기』에도 삼국이 오래전부터 역사를 정리했다는 기록이 나옵니다. 먼저 어떤 책이 나왔나, 어떤 형태의 책이냐에 대한 것부터 이야기한 후에 고대의 역사서는 어떤 의미를 가졌는지 이야기해 보도록 하지요.

　고구려에는 국초에 이미『유기留記』백여 권이 있었다고 전해집니다. 국초라는 것이 언제인지는 알 수 없으나 연구자들은 4세기 후반, 그러니까 소수림왕 즈음이 되지 않을까 생각하고 있습니다. 고구려 사람들이 남긴 금석문인「광개토왕릉비」나「모두루묘지명」에 나오는 건국신화를 보면, 신화가 체계를 갖추고, 왕실 계보가 정리된 것을 소수림왕 시기에 정리된 결과로 보고 있기 때문이죠. 그러나 현재로는『유기』가 어떤 특징을 가진 책인지 알 수 없습니다. 단순한 사건을 나열한 연대기, 혹은 '누가 누구를 낳고, 그 누가 누구를 낳았는데 그분은 정말 끝내 주셨다……', 이런 식의 서사시 형태일지, 혹은 잡다한 이야기를 잔뜩 모은 것인지, 또는 중국의 역사서의 형식을 모방한 것인지 전혀 알 수 없습니다. 위에 말한 두 금석문부터 시조 주몽으로부터 광개토왕에 이르는 고구려 왕계가 깔끔하게 정리되던 모습을 잘 보여 주는데, 연구자들은『유기』역시 그러한 목적을 위하여 만든 것은 아닐까 생각하고 있지요.

그 후에 고구려 후기인 600년(영양왕 11)에 태학박사 이문진이 이『유기』를 줄여『신집新集』5권을 만들었다는 기록이 있습니다. 적어도『신집』은 우리가 알고 있는 고구려에 대한 역사 기록에 가까운 이야기가 담겨 있을 것으로 보입니다.『유기』가 어떤 책인지는 잘 모르지만, 적어도 이 책은 유교 사관이 가미되었다거나 체계가 정교한 역사책의 모습을 띠게 된 것으로 볼 수 있을 것입니다. 김부식이 살던 시대까지 이 책이 남지 않았다고 해도 다른 책에 인용되면서 후대에 고구려 역사 기록을 정리하는 데 기본 자료가 되었을 것입니다.『삼국사기』에는 중국 사서에 실린 것도 많이 인용하고 있지만 거기에는 나오지 않거나 절대 실릴 수 없는 성격의 기록도 많이 존재합니다. 이것은 고유의 자료라고 생각되는데 어떻게든 고구려 독자 기록이 삼국통일 이후에도 살아남아 신라나 발해, 어느 경로를 통해서라도 고려까지 전해졌다고 할 수 있습니다.

백제는 근초고왕 때, 역사책이 만들어집니다. 백제본기 근초고왕 사망 기록 말미에 역사서가 없다가 이때 박사 고흥高興을 얻어『서기書記』를 갖게 되었다고 적혀 있습니다. 일단 이 글에서는 서기를 독립된 책의 명칭으로 적고 있지만 이것이 책의 제목인지, 문자 기록을 만들었다는 뜻인지는 아직 논란거리입니다. 개인적으로는 일단 책의 제목으로 보는 쪽입니다. 역사 기록이 존재하지 않다가 고흥이 처음으로 만들었다는 의미가 더 강하기 때문입니다. 또한 근초고왕의 시대라면 왕실 계보를 정리하고 각 세력들과의 관계나 서열을 재조정하는 일이 필요해지는 시기이긴 하였습니다. 그러니 역사책을 만들어도 자연스럽지요.

그 외에도 일본의 역사책인 『일본서기日本書紀』에는 소위 백제 3서(『백제기百濟記』·『백제신찬百濟新撰』·『백제본기百濟本記』)라 하여 고구려나 백제의 사정을 담은 기록이 인용되고 있습니다. 앞서 온달을 이야기할 때 말한 고구려의 정변 기록은 이 백제 3서를 인용한 것입니다. 다만 책의 서지 정보는 이름뿐이라 이것이 백제에서 건너간 책인지, 백제 후손들이 일본에서 지은 책인지는 불분명하다고 봅니다. 다만 고구려나 백제의 일을 상세히 담은 것을 보면 책이 건너갔을 가능성도 크다고 할 수 있습니다. 고구려와 마찬가지로 『삼국사기』, 『백제본기』에도 중국 사서와는 다른 독자적인 기록이 보이는데, 이런 책들이 남았거나 어떤 형태로든 정리되어 고려 때까지 전해진 것으로 보입니다. (또 『일본서기』에는 고구려 승려 도현道顯의 『일본세기日本世記』라는 사서가 인용되었습니다. 제목으로 보아 일본의 역사를 다루었지만 고구려의 경험이 녹아 있는 것으로 보아도 무리는 없겠지요)

신라는 고구려나 백제보다 늦은 645년(진흥왕 6)에야 이사부의 건의로 거칠부가 『국사國史』를 편찬하였습니다. 백제의 『서기』처럼 신라의 역사서 역시 『국사』라는 고유명사냐, 나라의 역사를 뜻하는 보통명사냐로 의견이 갈리지만 역시 제목을 가리키는 것으로 봐도 좋을 것 같습니다. 소백산맥에 갇혀 있어, 신라는 상대적으로 고구려나 백제에 비해 선진문물을 받아들이는 것이 어려웠습니다. 역사서의 편찬은 물론 그것이 필요할 정도의 국가 성장도 상당히 늦었는데, 마침 지증왕에서 법흥왕, 진흥왕으로 이어지는 시대는 신라가 급속도로 성장하던 시기였습니다. 고구려나 백제와 마찬가지로 왕권의 강화와 여러 세력의 관계 정리를 위해 건국신화와 역사 기록의 정리가 행해진 것이 아니겠는가, 그런 생각을 해 볼 수 있겠지요.

부여나 가야, 발해의 역사서는 전하지 않습니다. 부여와 가야는 아직 국가체제가 탄탄히 다져지지 않은 상태에서 멸망한 것으로 보면 그러려니 할 수도 있겠지만 발해가 역사서를 남기지 않은 것은 매우 아쉬운 일이지요. 특히나 발해왕실의 고구려 계승을 정당화하기 위해서라도 역사서의 편찬, 또는 기록 작성이 필수적이었을 텐데 남아 있는 기록이 없음은 매우 안타깝지요. 지금 발해에 대한 문자로 남은 것의 대부분은 중국과 일본의 역사서에 적힌 것이 대부분입니다.

삼국을 통일한 후 신라에서 국가 차원의 역사서 편찬이 이루어졌을 것 같은데, 현재로는 그 흔적도 찾을 수 없습니다. 그러나 고구려와 백제를 쓰러뜨린 후, (비록 발해가 고구려 멸망 30년 후 건국되었지만) 자기가 삼국을 통일한 명실상부한 통일국가란 의식이 강했을 텐데, 두 나라의 역사를 정리한 후 (논조는 '이래저래서 이 두 나라는 우리에게 망한 것이다!'였을 것입니다) 승리한 위업을 강조하고픈 마음이 없었을까요? 특히, 신라가 중국의 문물을 적극적으로 받아들이기 시작하는 7세기 전반, 당에서 남북국시대의 역사서가 대대적으로 편찬되고 있었습니다. 648년에 당나라에 사신으로 간 김춘추도 태종에게 갓 완성한 『진서』를 선물받습니다. 역사편찬이 정통성 확립에 필요한 것임을 모르지는 않았을 것입니다.

재미난 것은 이 시대에 들어 개인 편찬 역사서가 대량으로 만들어진다는 것이지요. 김부식이『삼국사기』를 쓰면서 김대문金大問의『계림잡전鷄林雜傳』·『고승전高僧傳』·『화랑세기花郎世記』·『악본樂本』·『한산기漢山記』, 김장청金長淸의『김유신행록金庾信行錄』, 최치원崔致遠의『제왕연대력帝王年代曆』등 다양한 기록을 인용하고 있습니다. 그 외에도『고기古記』라고 불리는 기록이 언급되지요. 김대문의 경우는 신라의 문화사를 정리하려고 한 것 같습니다. 신라의 옛이야기, 화랑이나 고승과 같은 인물의 활약, 지역사 등 다양한 내용을 다룬 것으로 보입니다. 특히『화랑세기』는 지난 세기말에 필사본이 발견되었다고 하여 한때 학계의 큰 논쟁의 대상이 되었습니다. 그러나 이것은 20세기에 만들어진 창작이라고 봅니다.

그리고 열전의 30%를 차지하는 김유신 열전의 자료로 김장청의『행록』이 인용되는데, 이는 조선시대에 많이 지어지는 전기와 행장의 먼 조상이라 할 수 있습니다. 이런 기록은 귀족 가문의 역사, 또는 그 가문을 빛낸 위인의 업적을 기록하여 자기 가문의 뛰어남을 강조하는 특성을 가집니다. 이 기록을 통해 현실 정치에서 다른 가문보다 우위를 점하거나, 약해지는 입지를 다시 강화하려는 목적이 크지요. 김유신의 가문은 증손자대에 이르러 같은 진골인 왕실 귀족들에게 밀려났고, 이후에 이런저런 정치적 탁류에 발을 담그다 몰락의 길을 걸은 것으로 보입니다. 김유신의 혼령이 자손들이 쫄딱 망하는 것에 화가 나서 "이러려고 삼국을 통일하는 일에 인생을 다 바쳤나 자괴감 들고 괴로워. 치사하고 더러우니 이 나라 떠날랍니다."라고 불만을 털어놓았다는 전설이 전해집니다. 이 불평을 들은 미추왕의 혼이 김유신을 달래었고, 이를 전해들은 왕이 묘에 가서 빌었다고 하지요. 또 저자인 김장청이 집사부의 말단관리였다는 것을 보면 확실히 저술 목적이 보입니다. 김유신의 집안은 왕실에 준하는 위치에서

서서히 몰락의 길을 걸었으니, 이를 다시 되돌리기 위한 노력이 아닐까요? '거, 우리 선조어르신 아니었으면 느그들이 밥이나 제대로 먹겠냐. 더는 우리를 괄시하지 마라.' 이런 뜻이지요.

요즘 말로 하자면 해외파라고 할 수 있는 최치원도 역사를 다룬 기록을 남겼습니다. 『삼국사기』만 보자면 고구려와 백제의 초기왕도 동명왕, 대무신왕, 온조왕, 근초고왕 하듯 뒤에 중국식 왕호가 붙었습니다. 그러나 어떤 연구자도 고구려와 백제 모두 처음부터 중국식 왕호를 사용하였다고 생각하지 않습니다. 아마 나중에 역사를 쓰며 먼 과거까지 중국식 왕호로 고치고, 또 한편으로는 원래의 독자적 왕호도 각주로 남겨 놓았을 것인데 요즘 말로 치면 편집자의 선택으로 원문에서 지워지고, 또 나라가 망하며 자연스레 잊혀지고, 또 신라인도 굳이 망한 나라의 옛 고유왕호까지 알아야 할 필요는 느끼지 못했겠지요. 그러나 승자인 신라의 지증왕 이전 고유왕호는 살아남았습니다. 거서간, 차차웅, 이사금, 마립간 같은 이름입니다.

최치원은『제왕연대력』을 지으면서 자기 나라의 고유왕호도 전부 왕으로 고쳤습니다. 다행히 최치원의 책과 고유왕호가 적힌 기록을 모두 읽은 김부식은 최치원이 잘못했다고 비판합니다. 보통 김부식이 민족문화를 말살했다는 비난을 하는데, 정작 신라의 고유색을 살리려고 한 김부식은 조선시대에 유학자답지 못하다는 비난을 받습니다. (그가 소위 답없는 사대주의 유자였다면 후대 사람들이 비난하는 신라의 근친혼을 예는 아니지만 그 나라만의 고유함이라고 감싸 주었을까요?) 여튼 어린 시절 중국에서 교육받고, 성인이 되고서도 관리생활을 한 영향인지, 최치원은 중국식에 매우 가까운 역사서를 만든 것이 아닌가 싶습니다. 만약 김부식이 자료를 모을 적에 최치원의 기록만 살아남았다면, 『삼국사기』에도 전부 중국식 왕호로만 적혔을 것입니다. 후대의 연구자들은 「중원고구려비」에 '매금', '매금왕'이란 표현을 발견하고도 그것이 왕의 호칭이 아니라 왕의 이름이라고 생각하였겠지요.

그 외에도 몇몇 책이 제목이라도 남아 있지만 더 이상의 정보는 얻을 수 없습니다. 이름만 남은 것 중 하나라도 발견되면 어떨까? 부여나, 가야, 발해의 역사서가 발견되면 얼마나 좋을까? 그런 상상도 해 보지만 아무래도 과거로 거슬러 올라가는 장치를 발명한 후, 디카와 캠코더, 복사기나 스캐너 하나씩 챙겨 다녀오는 미래가 더 빨리 이루어질 겁니다.

이제 역사서에 대한 개괄을 했으니 대체 이걸 만든다는 게 무슨 의미를 가지고 있느냐에 대해서 알아볼 차례입니다. 『삼국사기』보다도 더 먼저 존재했던 『신집』, 『서기』, 『국사』 같은 역사서가 당시에 어떤 가치를 지녔었는지를 생각해 보면 이해하기 쉽겠지요.

고구려, 백제, 신라가 세워졌다 해도 처음부터 광활한 영역, 정비된 제도를 가진 것은 아니었습니다. 지도의 점 하나에 불과한 마을이 다른 마을과 합쳐지고 그렇게 커진 마을이 지역을 아우르고, 또 다른 지역과 경쟁하여 더욱 커지는 매우 긴 과정입니다. 이 고대국가의 왕실은 주변의 여러 세력을 포섭, 흡수하며 이들을 귀족으로 편입시키지요. 왕실도 그렇지만 각 세력도 처음에는 자기만의 신화를 가지고 지역에 군림했습니다. 이때 이들의 생명을 모두 말살할 수 없었던 것처럼, 그들의 신화도 없애지 못합니다. 설령 그리하고 유일한 지고의 존재로 군림하고 싶었어도 당시의 정치 수준으로는 불가능한 일이었습니다. 대신 자기 신화의 체계 속에 그들의 신화도 편입하여 현실의 영속 관계를 정당화시켰습니다. 단 한 명의 영웅담이 모두가 힘을 합쳐 국가를 세운 거대한 이야기로 바뀌는 것입니다.

무슨 소리냐 하면 왕실의 조상이 하늘에서 내려올 때 귀족들의 조상도 주요 조연으로 참여시키는 것이지요. 마치 풍백, 운사, 우사처럼 하늘에서 지상으로 같이 내려왔거나, 오이, 마리, 협부처럼 건국을 위한 여정에 나섰을 때 같이 따라온 최고참 개국공신이었다거나, 또는 건국 직후 성스런 시조왕의 향기에 취해 모든 것을 바치며 복속할 것을 선언한 오랜 창업 동지였다는 식으로 이야기를 재구성하지요. 고구려 초기엔 날개가 달렸다거나 신기한 그릇을 가진 사람이 복속해서 성씨를 하사했다는 기록이 있고, 백제를 세운 온조의 형인 비류도 원래는 형제가 아니었을 수도 있습니다. 사실 신라 건국의 중요 조연인 6촌장도 사실은 각각 하늘에서 내려왔다는 독자적인 신화를 가지고 있었지요. 그러다 신라의 건국 집단에 포섭되면서 시조를 맞이해 왕국을 세운 창업공신의 자리를 꿰찬 것입니다.

처음에 문자로 전해지지 않은 역사적 사실이나 계보가 대대로 전해지면서 변형되며 살이 붙고, 이것이 문자로 정착될 즘에는 왕실을 중심으로 한 이야기로 정돈됩니다. 처음에는 몇 마디를 하다가, 혹은 칼 두어 번 부딪혀 보고 복속되었다 수준의 이야기가, 어려운 고난을 겪은 시조 앞에 극적으로 나타나 돕는다거나, 온갖 신비한 힘으로 겨루다 우위를 인정한다거나 하는 식으로 재창작되는 거죠. 왕실은 정통성을 역사를 통해 내세우며, 귀족이 된 세력들은 이 나라 역사 속에서 얼마나 큰 지분을 가지고 있는가를 인정받고, 각 가문의 서열을 정립합니다. 뒤늦게 왕실에 복속했더라도 선대의 신화 속에 집어넣음으로써 왕실은 지배의 정당성을 세울

216

수 있고, 방금 복속한 쪽도 자신의 지위 안정을 보장받을 수 있게 됩니다. 그리고 이 역사는 국가의 발전과 영역의 확대, 지배세력의 개편에 따라 필요하다 생각되면 소위 개정판을 만들지요. 『유기』에서 『신집』으로 나아가는 과정이라고 생각합니다.

이런 개정이 어떤 모습이었나를 알아보는데 고대 일본의 사례가 도움이 될 수 있습니다. 712년에 만들어진 일본의 첫 역사서인 『고사기古事記』는 고대국가에서 역사가 정리되는 과정을 엿볼 수 있다고 합니다. 전대의 사실을 암기하여 제의 때 낭송을 하거나 자문에 응하는 역할을 하던 히에다노 아레稗田阿礼라는 사람이 있었는데, 그의 구술을 오노 야스마로太安万侶가 기록해서 만든 것입니다. 오노 야스마로는 한때 『일본서기』의 찬자로도 알려지기도 했는데, 20세기에는 그가 실존 인물이었느냐에 대해선 논란이 있었습니다. 그러다 1970년대 말에 그의 화장 묘가 발견되어 실존 인물임이 확실해졌지요. 『고사기』는 우리나라의 『삼국유사』, 베트남의 『영남척괴열전嶺南拓怪列傳』과 같은 이야기체에 가깝습니다. 중국식의 역사서가 만들어지기 전의 신화는 어떻게 유통되었나를 이해하는데 중요한 자료지요.

불과 10년도 되지 않아 일본에서는 (여전히 신비주의에 가깝지만) 중국식의 역사서에 가까운 책이 만들어집니다. 한국고대사, 특히 한일고대사에 대해 관심이 많은 분들이라면 한 번이라도 들어봤을 『일본서기』입니다. 700년대 초반, 일본에서는 중국의 제도와 문화를 자기네 나라에 이식하려는 노력을 기울이는데, 『회풍조懷風藻』같은 중국풍의 시문집이나 『풍토기風土記』같은 지역사 책이 연달아 나옵니다. 이런 편찬 작업을 하는 사람들이 보기에 『고사기』는 부족한 면이 많아 보였던 것 같습니다. 720년,

황족인 도네리친왕舍人親王의 주도로 만들어진『일본서기』는 중국식 사서 편찬 방식으로 진행되는데, 여전히 신화적인 내용이 많기는 해도, 좀 더 국가가 원하는 것을 정교하게 구성하기 위한 형태로 바뀝니다. 일본의 이런 사례는 고구려에서『유기』가 어떻게『신집』으로 새로워지는가를 복원할 수 있는 단초를 제공해 준다고 할 수 있습니다.

고대국가가 만들어지는 시기의 역사서는 물론 역사적 사실을 많이 담고 있는 엄연한 역사서입니다. 그러나 거기에 담겨진 것은 아직 확고하지 않은 왕실의 지배력을 어떻게 확고히 할 것인가, 여전히 세력 기반을 가진 귀족들과의 관계를 어떻게 조율하느냐 등, 각 세력 간의 다른 욕구를 조정하고, 하나의 왕국으로서 통일을 추구하는 복잡다기한 정치적 조율의 산물입니다. 또한, 율령이나 중앙과 지방의 지배체제를 정비하여 새로워진 국가의 자부심을 상징합니다. 이들 역사책은 사실관계보다 더 중요한 메시지를 전달하는 듯합니다.

우리는 유구한 역사를 갖고 만백성이 단합하여 만든 국가다. 시조왕은 위대하시고 그 뒤를 이으신 왕들도 빼어났다. 신하들은 충성하고 대지의 오곡은 하늘의 은혜를 받아 풍성하도다. 우리는 역사를 갖지 못한 나라들과 다르다! 그런 나라들과는!

23

무령왕의 중흥과 성왕의 짧은 승리에 숨은 이야기

한성을 상실한 후 백제의 역사는 '빼앗긴 한강유역을 되찾자'(551년 이전)와 '원쑤 썬라의 각을 뜨자!'(554년 이후)라는 구호로 요약할 수 있을 것 같습니다. 문주왕文周王, 삼근왕三斤王, 동성왕東城王, 무령왕武寧王, 성왕 聖王까지의 역사가 한강유역을 되찾기 위한 몸부림이었다면 위덕왕威德王, 혜왕惠王, 법왕法王, 무왕武王, 의자왕義慈王의 시대는 철천지원수 신라를 타도하기 위한 투쟁의 역사랄까요. 이 역사를 이야기하기 위해서는 475년 한성 함락까지 거슬러 올라갑니다.

한성 함락과 개로왕의 죽음은 단지 왕경을 빼앗기고 왕이 죽은 정도의 사건이 아닙니다. 한성 함락 이후의 백제 역사 속 행보는 이 사건의 영향에서 벗어나지 못한 결과라고 해도 과언이 아닙니다. 일단 왕족과 귀족들이 몰살당하거나 고구려로 끌려간 것은 큰 타격입니다. 현대의 대한민국이 가진 중요한 사회적 문제로 수도권 집중화를 이야기하는데, 고대에 비하면 아무것도 아닌 수준입니다. 수도와 지방의 비중을 나누자면 고대국가는 머리가 9, 몸이 1에 가까울 정도로 수도에 모든 것이 몰려 있다고 해도 과장이 아닙니다. 조선시대 이전까지는 (기약 없이) 지방에 내려가 있으란 말은 지옥으로 가란 말과 동의어였습니다. 일정한 임기가 있는 지방 관이나 전방 군단의 장교로 부임하는 일이 아닌 이상 사회의 지배층이 거의 모여 있는 수도를 벗어난다는 것은 사회적 매장이나 마찬가지입니다. (그 임기가 제대로 지켜지지 않을 때, 변방의 서울 사람은 매우 무서워집니다)

그러니 475년 당시 백제의 지배층 중 절대다수가 한성에 있었다고 생각하면 무리 없을 것입니다. 얼마나 죽었는지는 알 수 없지만 끌려간 사람이 8천 명이라 하였으니 말 그대로 칼로 도려내었다는 표현 말고 알맞은 건 없을 것입니다. 일반 평민이라면 고구려가 끌고 갈 이유가 없습니다. 그냥 그 자리에서 일하게 하고 세금을 걷는 것이 더 유리하고, 평민이라면 고구려도 많이 있습니다. 그러니 475년 9월, 신라 원병을 이끌고 돌아온 왕의 동생 문주文周가 발견한 것은 그야말로 뇌를 적출당한 백제의 시신이었습니다. 새로운 사람들을 받아들여 채우지 않으면 국가 통치조차 제대로 이루어지지 않을 정도였습니다.

물론 영토의 상실, 지배층의 궤멸도 심각한 피해지만 진짜 백제가 직면한 큰 문제는 왕실의 정통성이 무너졌다는 데 있습니다. 고대의 왕은 단순하게 정치적인 지배자에 머무는 것이 아닙니다. 전 지구를 한눈에 담아야 할 때가 있는 현대와 달리 고대의 시야는 매우 국지적입니다. 물론 한반도에서 일본이나 중국의 존재는 잘 알지만 현대의 배낭여행 수준으로 그 나라를 접해 본 사람은 손에 꼽을 정도고 대개의 사람들은 산 너머엔 뭐가 있기에 궁금해하지도 않을 정도로 고립되어 살고 있었습니다. 그러니 자기가 사는 지역이나 나라를 하나의 우주로 생각해도 이상하지 않습니다. 왕은 그 좁은 세상 속 사람들에겐 우주의 중심입니다. 대다수의 사람들과는 피도 다른 존재입니다. 아랫것의 피가 김칫 국물이라면 높으신 분의 피는 황금물입니다. 아랫것이 땅에 뿌리를 두며 그 위를 기어다니는 것이라면 왕은 하늘에 뿌리를 둔 초월적인 존재입니다. 이건 한국고대사에서만 나타나는 현상이 아닙니다.

하와이의 지배자는 왕궁 밖의 땅은 밟지 못하고 귀여운 아이가 있다고 머리를 쓰다듬지도 못했습니다. 그랬다간 그 땅이나 아이가 지배자의 소유물이 됩니다. 중세 프랑스 사람들은 자기네 왕이 연두창이란 질병을 치료하는 기적을 가졌다고 믿었다지요. 점점 사회가 발전할수록 왕은 정치적 지배자의 역할이 더욱 강해지지만 왕정의 최후기까지도 세계의 중심이라는 생각은 남아 있습니다. 백제의 왕이 스스로 하늘에서 내려왔다고 주장하지 않아도 그 누구보다 성스러운 존재인 것입니다. 그리고 그 신성함을 재확인하고 통치의 정당성을 대내외적으로 선언하는 것이 바로 의례입니다. 그딴 거 쓸데없는 허례허식 아니냐는 대다수 사람들의 생각과 달리 의례는 현실의 복잡한 일들을 재정의하는 역할을 맡고 있습니다. 백제의 의례도 그들만의 우주 질서가 신성한 백제왕을 통해 유지된다는 것을 재확인하고 사회 각 구성원이 승인하는 과정입니다. 그리고 이것이 또 다른 정치였습니다.

백제사를 연구하는 사람들에게 이 시대의 왕권은 취약함을 전제로 놓고 연구를 하고 있습니다. 실제로 문주왕, 삼근왕, 동성왕이 연달아 신하들에게 살해당합니다. 특히 두 명의 왕은 3년을 못 넘깁니다. 한 명의 왕도 쉽게 범하기 힘든 것이 고대 왕의 존엄성인데 세 명이 연달아 죽임을 당한다는 것은 심상치 않지요. 그러나 현대적인 시각만으로 이 문제를 접근한다는 것은 많은 부분을 놓치는 것입니다.

수도인 한성은 백제의 국가의례 중심, 아니 성지라고 해도 과언이 아닙니다. 시조 온조왕부터 개로왕에 이르기까지 백제의 역사의 모든 것이 담긴 곳입니다. 임진왜란 초반에 선조가 북으로 몽진할 적에 종묘의 위폐를 챙긴 것처럼, 현대의 우리가 이사 간 집에서 새로 제사를 지내듯 다른 곳에서 제의를 치를 수 있을 것이라고 현대인은 유연하게 생각할 것입니다. 그러나 고대인들은 그렇게 생각하지 않았다에 5백 원을 걸겠습니다. 고구려처럼 수도를 졸본에서 국내성으로, 다시 평양성으로 옮길 수 있습니다. 여전히 거긴 왕의 땅이니까요.

종묘 같은 것은 새 왕경에 새로 짓고 일상적인 의례를 수행할 수 있지만, 예전 왕경은 성지로 남습니다. 꽤 먼 곳이니까 매번 평양에서 졸본으로 왕이 방문하지 않았지만 기록을 보면 고구려가 망하는 그날까지 여전히 졸본은 시조묘가 있었던 것으로 보입니다. 이런 사정으로 천도를 했어도 왕의 위상이 떨어질 위험은 없습니다. 필요하니 이사를 갔지만 여전히 성지는 나라 안에 있으니까요. 다만 통치행위의 공백을 피하기 위해(평양에서 졸본까지 왕복하는 것도 일입니다) 왕이 치러야 하는 제의를 새로운 곳에서 지낼 뿐이죠.

그러나 백제의 경우는 이와 다릅니다. 고구려에게 그것을 빼앗겼습니다. 왕이 죽어도 다른 왕이 이으면 되고, 부족한 귀족은 새로 중심이 된 공주와 부여의 세력가들로 보충하면 됩니다. 힘을 다시 키우면 영토도 벌충할 수 있습니다. 그래서 개로왕이 죽자 왕제 문주가 왕위에 올랐고, 백제 후기에 나오는 사沙씨(사택沙宅씨)나 연燕씨도 웅진과 사비에 연고를 두고 있다가 새롭게 백제의 중요 지배층이 됩니다. 한강유역을 잃었으면 금강과 영산강으로 내려가면 됩니다. 그런데 백제 왕실의 정통성 기반인 한성을 빼앗긴 것은 그 무엇으로도 보충할 수 없습니다. 왕이 명령을 내릴 때, 혹여 신하들의 실책을 지적하는 상황이 와도 '네까짓 게 뭔데'라고 비웃음 당할 상황인 것입니다. 더는 왕의 신성성을 증명할 것이 없습니다.

왕은 제의를 통해 자신이 신성한 피를 이었음을 재확인하고, 수도 주변에 존재했을 선왕들의 무덤을 증거로 왕권의 정당성을 주장할 텐데 그 모든 것을 잃어버렸다? 한성 함락 후 백제왕의 권위는 바닥을 뚫고 내려간 것입니다. 문주왕과 삼근왕의 죽음도 그렇지만 특히 동성왕의 죽음도 이것과 밀접한 관련이 있습니다. 동성왕은 왕권 강화를 강력하게 추진한 것으로 알려져 있는데 그 반발로 죽임을 당한 것으로 보입니다. 왕의 말빨이 먹히지 않은 겁니다.

연구자들에 따라서는 동성왕부터 무령왕 때에 한강유역을 일부 회복했다고 보기도 합니다. 심지어는 한강을 넘어 예전 국경선에 이르렀다는 견

무령왕릉 지석(e뮤지엄)

해도 있는데, 좀 더 연구가 이루어져야 하겠지만 확실히 백제가 반격을 시도한 것 자체는 맞습니다. 마침 고구려도 장수왕의 뒤를 이은 문자명왕文咨明王 이후로는 백제와 신라를 공격하는 빈도가 줄어들고 도리어 공격받는 경우도 늘어납니다. 아무리 보수적으로 보아도 백제가 반격을 시작한 것은 사실 같습니다. 하지만 역부족이었습니다.

무령왕의 아들 성왕 때의 한강유역 회복에 이르기까지 백제가 보여 준 모습을 영토로써의 '수도' 회복에 한정한다면 이해할 수 없는 면이 많습니다. 앞에서 한성 시절의 백제가 충청도와 전라도 지역을 완전히 장악한 것은 아니란 이야기를 했는데, 백제가 남쪽지역을 완전히 자기 것으로 만드는 것이 이 시대의 일이기 때문입니다. 475년 이전과 이후 백제의 경제지표, 국토개발 수준에 대한 자료는 없지만. 동성왕과 무령왕 이후로는 백제의 성장 그래프는 바닥에서 치고 올라왔다고 해도 무리는 아닐 것입니다. 한강유역을 잃었지만 그만큼 남쪽의 평야지대에서 회복할 수 있는 것이지요.

현실적으로 고구려가 강했다면 굳이 무리해서 수복하지 않을 수도 있습니다. '그냥' 옛 땅을 잃었으니 되찾아야 한다는 것은 현실 정치를 모르는 이의 주장입니다. 백제의 귀족들이 모두 한성에서 살아남아 내려온 것이라 향수가 강했으면 모를까, 공주나 부여 기반의 귀족들은 굳이 피를 흘리며 옛 땅을 되찾아야 한다는 생각이 없었지요. 또다시 돌아가 한성이 왕경이 되면 원래 그곳에 기반을 두었다가 발언권이 약해진 귀족들이 다시 강해지고 자기들의 위상이 다시 지방 세력으로 내려갈 수도 있었습니다. 조금만 맘에 안 든다고 눈치를 주면 움츠리던 왕이 다시 전지전능함을 되찾아 자신들의 권력을 깎을 수도 있었습니다. 거기서 얻을 것이 확실하지 않다면 적극적으로 나설까요? 비슷한 시기 중국에서도 영가의 난 이후 강남으로 밀려난 중국 왕조의 지배층들은 수차례 북벌을 시도하지만 나중에 가면 점차 강남에 안주하게 됩니다.

어쨌든 권위를 되찾으려는 백제 왕실의 노력은 성왕의 시대에 결실을 맺습니다. 신라, 가야와 연합하여 551년 한강유역을 되찾은 것입니다. 신라는 상류의 10군을 가지고 백제는 하류의 6군을 차지했습니다. 76년 만에 되찾은 것이니 이는 백제역사의 큰 쾌거라고 할 수 있습니다. 이제 왕실은 더욱 강한 힘을 가질 수 있었습니다. 옛 땅을 되찾은 성왕은 앞으로 백제의 역사에서 시조인 온조왕, 전성기의 근초고왕에 버금가는 위대한 군주로 기록될 수 있었습니다.

그러나 성왕의 꿈은 오래가지 않았습니다. 553년 신라는 한강하류의 백제 영토를 기습적으로 차지하고 여기에 신주新州를 설치했습니다. 사실 100여 년 가깝게 친밀하게 지낸 상황에서 신라가 어떤 이유로 백제와 등을 돌리게 되었는지 알 수 없습니다. 그래서 이 시점에 고구려와 신라가 밀약을 맺었다고 주장하는 학설도 나옵니다. 『삼국유사三國遺事』에 따르면 신라 진흥왕眞興王이 백제의 고구려 공격 제의를 거부하고, 오히려 고구려와 친교를 맺었다는 기록이 나옵니다. 고구려도 서쪽의 북제北齊와 매우 험악한 관계에 놓여 있었고, 북쪽에서는 가까웠던 유연柔然의 유목제국이 돌궐突厥에게 멸망당하였습니다. 곧이어 돌궐이 고구려로 쳐들어왔다는 기록이 있는데 사실과 다른 면이 있어 이 기록이 맞느냐 틀리느냐 의견이 분분합니다. (해당 시점에 돌궐과 고구려는 아직 접촉할 수 없었다는 의견도 있습니다) 돌궐이 외교상 어떤 변수로 나올지 모르니까 남쪽의 안정을 필요로 하는 고구려와 한강하류를 갖고 싶은 신라가 손잡았을 가능성

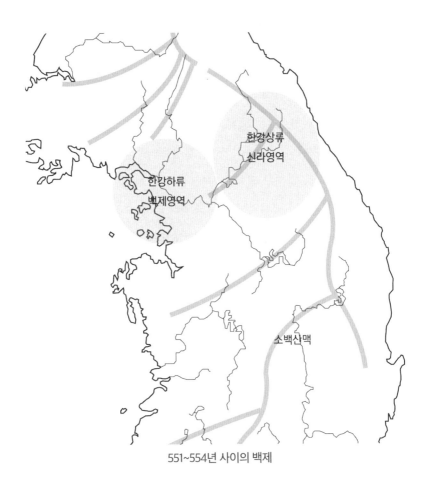

551~554년 사이의 백제

은 큽니다.

신라는 주변 정세를 냉정하게 검토한 뒤, 고구려가 개입하긴 어렵다는 상황을 이용해서 한강하류의 백제 땅을 자기가 차지해 버립니다. 백제에게는 매우 화가 나는 상황입니다. 겨우 찾은 땅을 이번엔 뒤통수를 맞아 빼앗겼으니까 분노는 더욱 강했겠지요. 554년 성왕은 대군을 동원하여 지금의 충북 옥천에 자리한 관산성管山城을 공격합니다. 처음에는 한강하류를

한국고대사의 뒷골목

잃었는데 관산성을 공격한 것을 이해할 수 없었습니다. 그런데 일이 있어 경부고속도로를 타고 이곳을 지나는데 그때 어렴풋이 이유를 짐작할 수 있겠더군요. 소백산맥이 경상도를 둘러싸고 있는데 군사 교통로로 이용할 수 있는 곳은 제한적입니다. 백제 입장에서 관산성은 상주, 김천, 선산(지금의 구미시) 방면에서 추풍령을 타고 넘어오는 신라군을 막을 수 있는 위치에 있었습니다. 그러니까 백제는 이곳에서 신라의 원병을 저지한 후, 남한강을 따라 한강하류로 밀고 나가려는 곳이 아니었나 생각됩니다.

처음에는 백제가 승리하는 듯 보였습니다. 아예 관산성을 점령하였을 것으로 보는 연구자도 있습니다. 그런데 전세는 생각하지도 못한 곳에서 뒤집어집니다. 성왕이 전선에서 지휘하던 태자 창昌(위덕왕威德王)을 위문하기 위해 이동하다 신주의 군주軍主 김무력金武力(금관가야金官加耶의 왕자이자 김유신金庾信의 할아버지입니다)이 이끄는 구원군에게 죽임을 당합니다. 50여 명의 호위 병력만 이끌고 전선으로 이동하고 있었다고 했는데, 그게 사실이라면 지나친 자만으로 인한 과오라는 것을 인정하지 않을 수 없지요. 승세를 타고 있었다 해도 왕과 같은 중요 인물이 사로잡히거나 죽임을 당하는데 사기가 유지될 리 없습니다. 사령관인 태자는 목숨을 부지했지만 백제의 최고 관등인 좌평佐平 4인과 군사 2만 9천여 명을 잃어버리게 됩니다.

드디어 이루나 싶었던 백제 중흥의 꿈은 한순간의 꿈이 됩니다. 『일본서기』에 따르면 태자 창은 전쟁에 반대하는 사람들을 겁쟁이라고 비난했는데 국왕이 죽고, 대군이 궤멸당하는 참패를 당하자 도리어 비난을 당하는 입장이 됩니다. 다 잡은 상태에서 놓쳐 버린 것은 첫 상실보다 더 타격이 클 수도 있습니다. 475년이야 개로왕의 실책 탓을 할 수도 있고, 적이 너무 강했다고 핑계 댈 수도 있습니다. (물론 이는 현대인의 시각입니다) 그런데 이번엔 성공했는데 신라의 배신이 있어 실패한 것이니 상황이 달라집니다.

무령왕과 성왕의 시대에 백제는 대대적인 제도 정비에 나섭니다. 대외적으로는 대고구려전에서 약한 모습을 떨쳐냅니다. '다시 일어나는 백제!'라는 표어라도 썼을 것 같은 모습이지요. 고생 끝에 회복된 자존심이 관산성에서 무너집니다. 신라군에 의해 죽은 성왕은 사신도 온전히 할 수 없어, 그 목은 경주로 가져가 관청 계단에 묻었다는 이야기가 있습니다. 그곳을 오를 때마다 우리 왕의 머리를 밟는다. 백제 사람들에게 이보다 더한 모욕은 없을 것입니다. 속된 말로 뚜껑이 열리고, 눈이 뒤집히는 일이 아니겠습니까.

강의 중에 성왕의 죽음과 관산성 전투의 결과를 이야기할 적에 이렇게 설명하곤 합니다.

백제인의 맹세
첫째, 신라를 무찌른다!
둘째, 신라를 무찌른다!
셋째, 신라를 무찌른다!
넷째, 죽어도 신라를 무찌른다!
다섯째, 귀신이 되어서도 신라를 무찌른다!

약간 어거지인 것 같지요? (실제로 대다수의 학생들은 웃습니다) 그런데 의자왕 말년까지 보여 주는 집요함을 설명하는데 이보다 더 확실한 표현 수단을 생각해 내지 못하였습니다. 그리고 백제인의 집념은 신라 측 기록에서 더 뚜렷하게 그려지지요. 553년과 554년의 승리로 신라인은 국가 발전의 꽃길만을 걸은 것 같지만 백제가 망하는 그날까지 서쪽으로는 하루도 편하게 발을 뻗지 못합니다. 한곳을 막으면 다른 곳으로 찌르고 들어옵니다. 『삼국사기』

창왕명석조사리감(e뮤지엄)

열전에 실린 신라 군인의 희생담은 고구려와 백제 두 나라를 적으로 만든 대가인데, 백제의 원한이 훨씬 더 컸습니다.

※ 이 이야기에서 보통은 언급하지 않지만 여기에 소개해야 할 작은 비극도 있습니다. 553년 7월에 한강유역을 빼앗겼는데 11월에 성왕은 진흥왕에게 딸을 시집보냅니다. 자신의 의도를 감추려고 한 연막전술이었는데, 아무리 생각해 보아도 그녀에게 행복한 결말은 오지 않았을 것 같습니다,

※ 『일본서기』에 따르면 위덕왕은 관산성 전투의 패배 후 반대파들의 비판에 괴로워하다 출가하려고 하여, 3년 후에야 즉위하였다고 합니다. 그런데 사비시대의 왕릉이 모여 있는 능산리에서 「창왕명석조사리감昌王銘石造舍利龕」이라는 유물이 1995년에 발굴되었지요. 위덕왕은 부왕인 성왕의 넋을 기리기 위해 능사陵寺를 지었는데, (백제 최고의 보물이라 할 백제금동대향로가 발견된 곳이기도 합니다) 여기에 세운 목탑 자리에서 사리함을 넣었던 유물이 발견된 것입니다. 여기에 창왕, 그러니까 위덕왕 13년에 공주가 아버지의 명복을 빌기 위해 만들었다는 내용이 있지요. 이 연대를 역으로 계산한다면 위덕왕은 『삼국사기』 기록대로 성왕이 죽은 다음 즉위한 것입니다.

24
일본의 천황가는 백제의 후손인가?

　지난 세기부터 내려온 고대사 관련 가장 큰 대중적 논란(이라 적고 떡밥이라 부르죠)의 하나로 일본 천황은 백제 후손이란 것을 들 수 있습니다. 전임 헤이세이 천황이 2001년의 인터뷰에서 자기의 핏속에 백제인의 피가 흐르고 있다고 발언한 것도 주목받았지요. 이는 단순히 한일 우호를 강조하는 수사를 넘어서 상당한 역사적인 힘을 가진 말로 여겨지기도 했습니다. (헤이세이 천황과 레이와 천황은 자국의 정치권과는 달리 일본의 전쟁책임론에 대해 진지하게 생각하고 있지요) 이 말의 의미를 제대로 이해하기 위해선 몇 번 과거로 거슬러 올라가야 합니다. 일단 1980년대로 가 보지요.

　최근에 1980년대를 주름잡은 재야역사학을 회고할 때, 다들『환단고기』를 기반으로 한 상고사만 이야기하고 고대의 한일관계사를 건너뛰기도 하지만 이는 그 시대의 흐름을 제대로 살피지 않은 것입니다. 오히려 한국사회에 미친 영향을 생각하자면 고대 한일관계사의 파괴력이 더욱 강력했다고 할 수도 있을 것입니다. 국회 청문회까지 치를 정도로 상고사 논쟁이 성행한 것처럼 보였지만 아른바 확장성에는 한계가 있었습니다.

그들의 주장과 달리 역사학계는 1980년대 전반부에 일제강점기 식민사학의 잔재를 제거했다고 자부할 수 있을 만큼 성장했었고, 문헌 기록에만 의존하던 과거와 달리 고고학이나 유물 분석을 위한 자연과학도 이용할 정도로 성장했으니까요. 그들의 억지 주장은 자기들 무리 속에서는 강력했지만 일반 대중을 끌어들이기엔 역부족이었습니다.

그에 비해 고대한일관계사는 대중을 설득할 수 있는 요소가 더 많았습니다. 역사학계뿐만 아니라 한국사회 자체가 일본의 영향력에서 어떻게 벗어나고, 추월할 수 있느냐를 골몰했던 시기였지요. 당시의 일본은 선진국으로 한참 앞서 있었고, 가장 가까운 위치였기 때문에 영향을 안 받을 수 없었습니다. 1980년대까지도 대도시가 아니면 그나마 몇 개 되지 않은 방송도 다 볼 수가 없는 곳이 많았습니다. 부산 같은 곳은 대마도가 가까운 탓에 한때 일본 방송을 우리나라 방송보다 더 선명하게 볼 수 있었습니다. (팀 성적과 관계없이 부산이 야구의 도시가 되었던 원인 중 하나로 일본 방송에서 나오는 프로야구를 일찍부터 접했다는 것을 꼽는 이도 있습니다) 어떻게든 일본을 따라잡아야 한다는 전 국가적 열망에 일본의 역사 교과서 왜곡이나 독도 영유권 문제는 정기적으로 연료를 보급했습니다. 이런 분위기에 지금은 우리보다 앞서 있지만 고대의 일본은 우리나라보다 뒤떨어졌으며, 거기에 문회의 싹을 심은 것은 우리였다는 이야기는 1만 년 전의 초제국 이야기보다는 더 호소력을 가지는 주제입니다.

20세기 초의 일본은 한반도 지배를 역사적으로 합리화하기 위해 크게 두 가지에 주목했는데 하나는 조선의 사회를 분석해 보니 너무 낙후되어 일본의 보살핌이 아니면 자립갱생이 어렵다는 경제사적 접근, 그리고 일본은 이미 한반도 남부 지방을 지배한 적이 있다는 고대사 쪽으로의 접근입니다. 지난 세기에 나온 소위 '임나일본부任那日本部'설이 가장 대표적인 주장입니다. 해방 이후 지난 세기의 남한은 물론 북한 역사학계도 식민사학의 분쇄를 위해 싸웠다고 해도 과언이 아닙니다. 특히나 일방적이었던 고대한일관계사 연구의 방향을 틀어 버린 연구가 1960년대 북한에서 나와 일본까지 뒤흔들어 버립니다.

경성제대를 졸업하고 뒤에 월북한 역사학자 김석형이 1963년, 『력사과학』에 「삼한, 삼국의 일본열도내 분국에 대하여」란 논문을 발표하였습니다. 이후 1966년에 『고대조일관계사』에도 실린 이 글은 일본이 한반도 내를 지배한 것이 아니라 오히려 삼국이 각각 자국의 힘을 투사하여 일본에 자신들의 분국을 세우고, 일본 고대국가 형성에 큰 영향을 끼쳤다는 주장을 담고 있습니다. 그 학문적인 타당성을 별개로 치더라도, 이 주장은 기존의 학문적 논의를 전부 재검토하게 만들어 버릴 만큼 파격적이었습니다.

사실 남한의 고대한일관계사도 이 주장에 어느 정도는 빚을 지고 있다고 생각합니다. 게다가 일본에서도 그동안 고수하던 학설의 재검토가 일어나고, 거기에 바다 건너에서 찾아온 사람들, 도래인이 가지는 중요성을 크게 인식하기도 했고, 경제개발에 따라 고고학 발굴이 늘어나면서 한반도 유래의 증거가 늘어났습니다. 또 우리도 일본을 방문하는 기회가 늘어남에 따라 대마도 같은 곳의 공동 연구가 이루어지거나 개인적으로 한일교류의 현장을 찾는 일이 빈번해졌지요.

거기에 재일 역사학자인 김달수의 글, 『일본속의 조선문화』가 소개되거나, 충청지역 언론인이었던 송형섭이 일본 각지를 돌며 취재한 『일본속의 백제문화』가 연재되기도 하고, 당대의 베스트셀러 작가였던 최인호가 『잃어버린 왕국』을 발표하고 이것이 후일 다큐드라마로 만들어지기도 합니다. 앞서 백제의 첫 글에서 언급한 김성호의 『비류백제와 일본의 국가 기원』도 백제 초기사에 대해 많은 부분을 할애하고 있지만 본질적으로는 일본의 고대국가 형성에 끼친 한국의 영향이 주제인 글입니다. 그 외에도 민간에서 규슈와 오사카, 나라, 교토에 위치한 고대 유적에서 한반도의 흔적을 찾는 여행 상품들이 개발되거나, 여러 단체에서 답사단을 조직하는 등 과거의 일본은 한국의 도움이 있어서 개화된 꽃이라는 인식이 굳어집니다. 거기에 일본 천황의 발언은 일본의 역사적 패배를 인정하는 것으로 받아들여지는 것이겠지요.

일단 장황하게 배경을 이야기했으니 일본 천황가에 백제의 피가 흐른다는 말의 진위에 대해 이야기해 보지요. 일본에서 한반도 연원의 혈통을 찾는 것은 그리 어려운 일이 아닙니다. 백제 멸망기에 건너간 왕자 선광善光(의자왕의 아들이라고 합니다)이 백제왕百濟王이라는 성을 받아 활동하기도 합니다. 나중에 선광의 손자 경복敬福이 동대사東大寺의 대불을 만들 적에 황금 900량을 바치기도 하였지요. 차츰 백제 왕족의 위상이 떨어지자 三松씨로 바꾸는데 그의 직계는 메이지 시대 초반까지 이어졌다고 합니다. 그 외에도 무로마치 시대에 사카이堺(지금의 오사카시의 일부)를 지배하고 조선과의 무역을 장악한 오우치大內씨는 성왕聖王 혹은 위덕왕威德王의 후손으로 알려져 있기도 합니다. 『신찬성씨록新撰姓氏錄』같은 고대 일본의 책에서 한반도에서 건너간 사람들의 후손에 대한 기록은 차고 넘칩니다. 어느 동네는 8할이 한반도에서 건너온 사람이란 말까지 있었을 정도입니다.

일본의 천황가는 흔히들 만세일계로 한 번도 대가 끊이지 않고 건국 이래 그대로 계승되었다고 칭하지만, 실제로 건국자인 신무 천황 이래 상당수의 천황이 가공 인물이라 하고, 상당수의 초기 왕계도 실제로는 여러 번 대체되었다고 하지요. 중세 이후 근대에 이르기까지 실권은 없이 권위만을 가지고 있었다고 하는데, 가끔은 그 권위도 인정받지 못하는 경우도 있었습니다. 그래서 천황 중에서 대제라고 불리는 경우는 극히 드물지요. 그만큼 현실 정치에 참여한 경우가 많지 않다는 것입니다.

가깝게는 유신의 중심 인물로 일본제국의 상징이 된 메이지 천황明治天皇이 있을 것이고, 그보다 더 과거로 올라가면 일본 고대 헤이안 시대의 전성기를 이룬 칸무천황桓武天皇(781~806)이 있습니다. 칸무는 수도를 지금의 교토인 헤이안쿄平安京로 옮겼으며 각종 제도를 정비합니다. 그리고 이때 지금의 이와테, 아키타, 미야기, 야마가타, 후쿠시마현 등 일본 혼슈의 동북부까지 영역을 확대합니다.

천황가의 피 속에 백제인의 피가 흐르고 있다는 말은 이 칸무와 관계가 있는 것입니다. 칸무의 어머니는 다카노 니이가사高野新笠라고 하는데 그녀가 무령왕武寧王의 후손이라는 것입니다. 일부에선 그보다 훨씬 앞선 천황 중에 백제계가 있다는 주장을 폅니다. 더 과격한 사람들은 천황가가 백제에서 왔다는 주장을 하기도 합니다. 그러나 일본 사람이 천황가의 백제인을 이야기할 때, 또 앞서 이야기한 현 천황의 인터뷰에서 말하는 것은 바로 이 사람을 의미하는 것입니다.

그 인터뷰 속의 담긴 뜻은 지금 한일관계가 매우 매끄럽지 못한데, 사실 우리 피 속에도 니네 피가 좀 섞여 있다. 그러니 아주 먼 관계도 아니다. 앞으로는 서로 얼굴 붉히는 일 없이 평화롭게 지냈으면 좋겠다는 뜻이지요. 그것을 너무 과도하게 해석하고 혼자 좋아하는 건 아닌지 돌아볼 때라고 생각합니다. 물론 고대의 한국이 일본보다 여러 부분에서 발전한 것은 사실이고, 또 많은 이들이 건너가 많은 영향을 준 것은 사실입니다. 그러나 그것만을 강조하는 것은 과거 서구 열강이 아시아나 아프리카를 정복하면서 내세우고, 또 일본이 우리를 식민지로 만들며 주장한 이론을 지금 우리가 쓰는 것입니다. 주는 것만 강조하고 받아들이는 쪽의 입장은 고려하지 않습니다. 외부에서 새로운 문화를 가져오면 그게 우리에게 필요한지, 적합한지 따지지 않고 엎드려 받듭니다. 그렇다면 우리도 중국에서 문화가 들어왔을 때 공손히 엎드려 받아서 무비판적으로 받아들였던가요?

거기 왕실에 우리 피가 좀 섞이는 게 그렇게 신기한 일일까요? 아니 그렇게 가까운 거리에 있는 나라인데 피가 섞이지 않았다면 그게 더욱 거짓말 같은 이야기입니다. 우리도 중국이나 북방 민족과도 피를 섞었지요. 고구려와 백제가 멸망한 후 당에는 두 나라의 지배층이 대다수 끌려갔지요. 중국에서 발견되는 묘지명墓誌銘(죽은 후에 석판에 생전 행적이나 집안 내력을 적어 무덤에 같이 넣은 것입니다)을 보면 처음엔 동족과 결혼하다가 나중에는 중국인과 결혼하는 것을 발견할 수 있습니다. 그 외에도 서역에서 활동한 고선지나 산동반도를 일시 영유한 이정기라든가. 먼 후대의 일이지만 임진왜란 때 명의 구원병을 이끈 이여송도 그의 아버지인가 그 앞 대인가 명으로 건너간 조선인이지요. 원에 항복한 이후 고려 왕실은 아예 몽골의 황금 씨족의 일원이 됩니다. 화산 이씨였던가요? 그 가문은 베트남의 이씨 왕조가 멸망할 때 마지막 왕의 숙부가 탈출해서 고려로 온 것에 기원합니다. 일본에도 위에 말한 것 이상으로 많이 갔지요. 반면에 백제에서는 일본계 관리들이 활동했습니다.

이런 이주/귀화의 역사를 두고 현재의 국경에, 현재와 가까운 역사에 대입하는 것은 매우 위험한 이야기입니다. 거기에 대단한 의미를 부여하려는 분들을 보면 하고 싶은 말이 있습니다.

그래서 어쩌라구.

일본에 영유권이라도 주장하시려나. 아니 우리가 식민지가 될 때, 일본 사람들이 병합을 주장하며 이걸 내세우기도 했습니다. 그걸 욕하면서 우리가 똑같은 짓을 합니까? 천몇 백 년 전에 피가 섞였던들 지금 그 사람들 피 속에 백제의 피는 얼마나 남아 있겠습니까? 칸무의 할머니도 백제계라는 설이 있는데 그렇다 한들 그들이 일본 사람이지 한국 사람일 리는 없지 않겠습니까.

아직은 갈 길이 더 남았지만 이젠 일본에 대해 열등감을 가질 시기도 지났지요. 한때 일본의 전기밥솥을 구하지 못해 안달이거나, '일본의 @#회사와 기술제휴~' 이런 문구를 붙이지 않으면 팔리지 않을 것 같던 시대도 아닙니다. 어떤 부분은 따라잡다 못해 앞지르는 것도 생겼으니 이젠 역사를 가지고 위안 받을 때는 지나지 않았나 생각됩니다. 천 년 전에 있었던 어느 결혼에 대해 ㅎㅇㅎㅇ거리기보다는 현재 우리나라 기업들이 일본 기업들과 경쟁해서 이기고 있다는 뉴스에 ㅎㅇㅎㅇ거리는 게 더 낫다고 생각합니다.

※ 지금의 한국에서는 일본의 군주를 천황이라 부르는 것에 대해 많은 반감이 있고, 그 영향으로 언론에서 일왕이라고 부르는 경우도 많습니다. 그래서 천황 호칭을 쓰는 경우, 인터넷 세계에선 친일파로 불리는 경우도 종종 봅니다. 천황은 천 년 넘게 사용된 역사용어라는 점을 감안하고 씁니다. 현재 대한민국 정부도 천황을 공식 호칭으로 사용하고 있지요.

25

생활고여, 돌아보니 결국은 내 슬픔이다

현대 중국의 대학자, 곽말약郭沫若(1892~1978)은 자신의 책『이백李白과 두보杜甫』에서 역사를 적은 시인, 시성이라고 불리는 두보의 시를 혹평합니다. 그의 시의 대다수는 자리를 구하기 위해 높은 사람들에게 바친 시인데, 어떻게 그를 시성이라 부를 수 있느냐는 것이었습니다. 책에서는 이백에 치우친 면이 많아 상대적으로 두보에 대한 평은 박할 수 있음은 이해할 수 있으나, 그가 그 시대 귀족 사회에 대한 지식이 전혀 없었던 것인가 하는 의구심이 들었습니다. 개인적으로는 두보를 좋아하기에 더더욱 그 이야기가 맘에 안 들었을지 모릅니다.

현대와는 달리 동아시아의 왕조국가는 작은 정부를 넘어 극단적으로 미세한 정부를 지향했습니다. 그때 관리들을 데려와 현대의 대다수 국가들에서 전체 인구 중 공무원이 차지하는 비율에 대해 들려주면 거품을 물고 쓰러질 것입니다. 가족까지 합치면 관리와 관련된 사람들이 50%에 육박한다는 스웨덴 이야기를 들으면 거짓말을 하지 말라고 화를 낼 것입니다.

『삼국사기』에 실린 통일신라의 관리 숫자를 보면, 군 장교들까지 포함해서 관리라고 할 수 있는 사람이 3,600여 명입니다. 실상은 한 사람이 여러 직책을 소화하니(이를테면 환경부 장관 겸 국사편찬위원회 위원장, 소방청장, 강원도청 예산국장, 춘천교육지원청 장학사, %$중학교 교감, @#사단 !&연대장 김개똥~ 하는 식입니다) 실제 관리 수는 3천 명도 안 될 것입니다. 다른 나라도 사정은 이와 다르지 않아 명 만력제 때의 일을 다룬 책이었던가 청 옹정제에 대한 책이었던가 북경에서 일하는 관리가 5만 명이 안 된다는 대목을 읽은 기억이 납니다. (3,600명에 비하면 5만 명이 많아 보이겠지만 영토와 인구를 생각하면 오히려 터무니 없을 정도로 적은 숫자입니다)

사극에서 영의정, 좌의정, 우의정, 판서들만 봐서 그렇지, 그냥 지나가는 말직이라도 사회 전체로 보면 매우 희소한 특권층이었습니다. 그런데 특권층에 비해 관리의 수는 늘 부족하니 그것도 매우 치열한 다툼의 대상입니다. 그래서 종종 당파가 생겨나고, 때론 딸을 후궁으로 보내어 정권을 잡는 일면에는 안정적인 자리를 확보해야 특권층의 지위에서 살아남는다는 사정도 있습니다. 그 치열한 투쟁 과정에서 몇 대가 관리에 오르지 못하는 일이 벌어지면 그 집안은 영영 회복할 수 없을 정도로 아래쪽으로 밀려나는 것입니다. 조선시대 후기식으로 말하자면 잔반이 되는 거죠.

물론 완전히 신분제의 계단에서 밀려나는 경우도 있지만 다른 사람들에 비해 '상대적으로' 출세를 못하니 우울해지는 경우도 있습니다. 도연명陶淵明의 귀거래사歸去來辭, 귀원전거歸田園居를 보면 시의 화자는 미관말직을 전전하는 신분으로 보입니다. 그러나 그가 귀향했을 때 맞이하는 마을 사람들이 그냥 이웃이 아니라 일종의 소작인이었습니다. 도연명도 고향에 가면 대지주였습니다. 무신정권의 영향으로 출세길이 막힌 이규보李奎報도 젊은 날에 무척 곤궁한 것처럼 말하지만 별장에 쉬러 갈 재력은 있었습니다. 물론 출세를 계속 못하면 슬슬 집안의 격이 떨어지겠지만, 당시 고려 사람들 전체에서 소수점 단위로 셀 수 있는 사람입니다.

인구 전체, 그리고 영유아 사망률을 고려할 때 고려시대나 조선시대 평균 수명은 30, 40대에 머뭅니다만, (산업 혁명기 영국의 26세에 비하면 높은 수준입니다) 높은 신분일수록 덜 위험한 작업환경, 풍부한 영양분, 위생관리, 약학의 보조 등 유리한 혜택을 받을 확률이 높으므로 오래 살 가능성이 높지요. 높으신 분들이 오래 살 수 있다면 그 신분의 총인원은 늘어날 수밖에 없습니다. 그리고 새롭게 공을 세우거나 하여 출세하는 사람들도 있을 것이니 이 또한 경쟁률 상승의 요인이 됩니다. 반역에 가담한다거나 사고가 터져 한 집안이 쓸려 가면 그만큼 인적 적체도 해소되겠지만 보통은 소위 여당과 야당에 모두 한 발씩 걸쳐 놓습니다. 무슨 일은 있어도 집안 자체는 살아남을 수 있게.

사람이 늘어난다고 관원의 수를 늘린다거나 관청을 만드는 일은 힘듭니다. 지금도 그럴 경우 해당 법을 만들어 확대에 대한 법적 근거를 만들고, 공무원 조직과 인원을 규정한 법을 고쳐야 합니다. 그 과정에서 다른 정당이나 관련 관청과의 조율은 지난하지요. 때론 선거를 위한 꼼수란 비난을 받을 수 있습니다. 그러나 그것이 필요하다는 국민 여론이나, 혹은 국회의 동의를 얻는 게 불가능하진 않습니다. 그러나 왕조국가는 다릅니다. 선대의 규정, 행위는 종교 이상으로 강력한 강제력을 가집니다. 어느 누가 '선대의 법을 함부로 고칠 수 없나이다' 하면 끝나는 것입니다. 물론 필요가 있으면 만드는 것이지만 그것을 인정하고 동의하는 과정이 현대에 비해 몇 배에서 몇십 배는 어렵습니다.

앞에서 말한 두보만 그런 것은 아닙니다. 당대의 권신인 고력사에게 내

신발을 벗기라고 한 이백이 특이한 것이지,(따라 하지 맙시다. 그러다 죽습니다!) 안정적으로 침 발라 놓을 수 없는 사람들, 그러니까 아빠가 총리거나 삼촌이 장관이 아닌 사람들은 가능한 한 여기저기로 글을 '날려 보냈'습니다. 그러니까 우리가 아는 많은 시문은 완전히 순수한 예술작품이 아닙니다. 요즘 식으로 하자면 면접할 때 자신의 역량을 드러내 보이는 일종의 프레젠테이션, 자기소개서인 것입니다. 현대야 인문학과 문학이 원심분리기를 거친 듯 분리되었습니다. 하지만 과거의 문학은 자신의 학문과 실무 역량을 보여 주는 수단으로 사용되었으니 단순히 글 잘 지어 출세하는 게 아니라 **문장을 통해 능력의 총합을 헤아릴 수 있는 수단**인 것입니다.

이런 미묘한 차이를 이해하기 어려운 현대인들은 종종 과거제나 문장으로 사람을 추천하는 것을 보고 백일장 당선자를 뽑는 제도 아니냐고 비난하지만 사실은 이렇습니다. 그러니 앞에서 '말약 형, 거 너무 편파적인 거 아니요'란 항의를 할 수 있는 건 제가 두보빠라서 그런 것은 아닐 것입니다. 적어도 왕조시대의 말미에 태어나 그것이 어떤 것인지 아는 고전학자가 마치 21세기에 태어나 그런 거 이해 못하는 사람과 같은 소리를 할 수는 없는 것이죠. 그래서 곽말약의 평이 공정함에서 벗어났다고 봅니다.

왜 한국고대사의 글인데 두보가 나오고 곽말약이 나온 것일까요? 자리를 얻는다는 것이 그렇게 힘들다는 것을 말하기 위해서였습니다. 신라로 치면 진골이라고 모두 고관이 되는 건 아니라는 것이지요. 그래서 검교니 동정이니 하여 '이사대우과장' 같은의 꼼수로 이른바 임용고시를 통과한 후 정식 발령 전에 이름만 있는 허직을 주는 경우도 생깁니다. 하지만 거기에 만족하는 것이 사람 맘대로 되는 건 아닙니다. 이사대우과장보다는 이사가, 명예경찰서장보다는 경찰서장이 좋은 법입니다.

2010년 충청남도 부여군 구아리의 교회 자리에서 목간 여러 개가 발견됩니다. 그중에서 편지가 적힌 목간 하나가 큰 관심을 끌었습니다.

부여 구아리에서 출토된 목간 편지(지식e음)

길이 25㎝, 폭 3.5㎝의 나무토막 양면에 흘려 쓴 문장이 있었습니다. 이른바 442번 목간이라고 불리는 이 나무토막에는 문맥을 완전히 파악할 수 있는 중요한 정보가 실려 있었습니다.

　발견자들이 판독한 문장과 그 번역문은 다음과 같습니다. (원문과 번역은 다음의 논문에서 인용하였음을 밝힙니다. 심상육·김영문, 「부여 구아리 319유적 출토 편지목간의 이해」, 『목간과 문자』 15, 2015)

　　원문

　　所遣信來, 以敬辱之, 於此貧薄,

　　一無所有, 不得仕也. 莫瞋好邪, 荷陰之後, 永日不忘.

　　해석

　　보내 주신 편지를 받자오니, 삼가 과분하옵니다. 이곳에 있는 이 몸은 빈궁하여 하나도 가진 게 없어 벼슬도 얻지 못하고 있나이다. 좋고 나쁨에 대해서 화는 내지 말아 주옵소서. 음덕을 입은 후 영원히 잊지 않겠나이다.

　발견자들의 견해에 따르면 매우 정제된 한문이라고 합니다. 위의 한문 문장을 보면 아시겠지만 네 글자씩 문장을 만들었습니다. 한문은 몇 글자를 쓰느냐, 또 매 구절마다 어떤 글자를 넣느냐(의미와 발음 모두 염두에 두어야 합니다)에 따라 사용자의 역량이 확연히 드러나는 특성을 가지고 있습니다. 적어도 이 편지글을 쓴 사람은 매우 정제되고 정교한 문장을 쓸 수 있는 사람이라는 것입니다. 앞에서도 말했지만 과거의 문장은 그 자체로 예술을 추구하는 것이 아니라 능력과 지식을 드러내기 위한 수단으로 사용되었기에, 적어도 이 사람의 머릿속에는 현실에 적용 가능한 데이터가 잔뜩 있다는 것을 알 수 있습니다. 그럼에도 그의 문장은 일단 자리를 얻어 우울한 환경에서 벗어나는 데 쓰이고 있었습니다.

이 목간은 적어도 사비천도(538) 이후의 글일 것입니다. 이 시대를 전후로 백제는 22부라 하여 다양한 업무를 가진 관청을 새로 설치합니다. 왕실 업무를 관장하는 내관이 12부, 국가 업무를 담당하는 외관이 10부로 나뉘어졌다고 합니다. 현대 우리나라의 제도를 살피자면 대통령 관련 업무는 대통령실이 맡습니다. 그리고 우리가 알고 있는 'ㅇㅇ부'는 분야별로 국가 업무를 담당합니다. 그러나 과거에는 왕실 업무가 국가운영보다 더 중시되었고, 이른바 예산도 전자가 압도적으로 많았습니다. 내관은 왕의 비서업무부터 고기와 곡식 같은 식료품 관리, 말이나 복장, 무기 관리 등 왕과 왕실의 생활에 필요한 업무를 맡고, 외관은 국방, 교육, 토목건축, 세금, 외교, 인사 등 우리가 익히 알만한 업무를 하는 관청으로 구성되었습니다.

이렇게 제도가 확충되니, 일할 수 있는 자리는 더욱 늘어난 것 같지요. 어지간히 바보가 아니라면, 적어도 저 정도의 문장을 구사할 수 있는 학문 수준이라면 굳이 애걸하는 편지 없이도 뽑히지 않았을까요? 그러나 앞서 말한 것처럼 과거에는 관리의 수가 매우 적었습니다.

신라의 예를 들자면 국방을 담당하는 병부의 총원이 27명입니다. 교과서에도 자주 보이는 집사부가 말단 관리까지 긁어 봐야 역시 27명, 지금의 감사원 역할을 하는 사정부가 23명, 인사업무를 담당하는 위화부가 16명입니다. 거기에 신분이 높고 낮음에 따라 지급에 따른 인원 배정이 있으니 무조건 높은 사람이 하급관직까지 다 할 수는 없습니다. 신라로 치면 6두품도 몇 자리 줘야 하고, 진골이 잡일을 할 수는 없으니, 5~4두품도 하위직이라도 분배해야 합니다. 가뜩이나 없는 자리에, 신분에 따른 정원도 있으니 역시나 경쟁이 치열하겠지요.

아버지, 할아버지가 현직의 실세라면 걱정을 안 해도 됩니다. 본인이 노력 안 하고, 가족들이 압력을 넣지 않아도 주변에서 다 알아서 해 줄 겁니다. 문제는 그게 안 되는 편지의 주인공 같은 사람이겠지요. 편지 말미의 음덕은 이른바 주변에서 밀어주는 것을 말하니, 이른바 '아빠찬스'를 쓸수 없다면 다른 사람들에게 인정받는 수밖에 없습니다. 곽말약이 아무리 그의 시를 비루하다 욕해도, 그 시대를 살았던 사람들은 누구라도 그 행위 자체를 더럽다고 여기지는 않았을 것입니다. 비열하게 누굴 모함한다거나 돈을 뿌린다거나 하지 않는다면 말이지요.

이 사람은 결국 자리를 얻었을까요? 그 시대로 돌아가지 않는 한 알 수 없습니다. 결국 원하는 것을 이루었다 하여도 이 사람의 기반이 재빨리 다져지지 않았다면 순간의 봄으로 끝났을 것입니다. 재화나 욕망처럼 욕망하는 자는 자리보다 늘 많으니까요. 아마 높은 자리의 어느 누군가 '어이, 김 과장 잘 지냈나? 마침 우리 손자가 학교를 졸업했는데 말야'라고 하면 책상은 순식간에 사라집니다.

개인적으로 두보의 시 중 가장 좋아하는 시는 「높은 곳에 올라登高」라는 작품입니다. 말년에 사천과 장강유역을 떠돌던 두보가 음력 9월 9일에 높은 곳에 올라 풍경을 바라보며 읊은 시입니다. 청년기의 두보는 과거에 떨어진 후 태산에 올라, 언젠가는 이처럼 큰 산이 되어 작은 산들을 내려다보련다고 소리쳤습니다만, 거듭된 좌절로 끈 떨어진 말년을 보내던 끝에 인생 여정을 돌아보며 토해 내는 시지요.

본디 이 시는 '나는 늙어 술도 끊었다' 구절로 끝맺습니다. 그는 가난한데다 병에 걸렸으니까요. 그런데 어느 역자는 여기에 한 구절을 덧붙입니다. 원래는 절대 해서는 안 될 짓입니다. 번역도 직역만이 정답이냐 의역도 허용될 수 있느냐로 싸우는 마당에 없는 구절을 만들어 붙이다니요. 그런데 이 시에 한해서만은 그 잣대를 적용할 수 없게 되더군요, 마치 두보가 덧붙인 것 같은 절절함을 드러냅니다. 끝내 말할 수 없었던 마음이 드러납니다.

"모든 것을 바라보니 결국은 내 슬픔이다."

이따금 원래 시에 이 구절을 덧붙여 읽을 때마다 울컥 올라오는 것이 있습니다. 적어도 두보의 파란만장한 인생을 알고 읽으면 그렇습니다. 산다는 것이 자기의 맘처럼 되지 못할 때, 어깨에 짊어진 것이 견딜 수 없을 정도로 힘겨워졌을 때, 어떤 표정을 짓고 살아야 할까요? 제겐 구아리 목간의 주인공 역시 그런 심정이 아니었을까 생각합니다.

26
왜 백제는 강국이 되지 못하였나

개인적으로 백제가 고구려, 신라, 가야, 부여 등 한반도와 만주에 존재한 여러 국가 중에서 가장 발전하기 좋은 환경을 가졌다고 생각합니다. 그런데 백제의 역사는 그렇게 흘러가지 않았죠. 문화는 발전한 것 같은데 고구려의 웅장함이라거나 신라의 통일같이 뭔가 확 다가오는 것이 없다. 그것이 많은 사람들이 백제에 대해 가지는 인상입니다. 멸망하던 순간까지도 화려하게 번영한 것을 두고, 어떤 이들은 백제가 사치에 눈이 멀어 끝내 허무하게 망했다는 이야기를 하기도 했습니다. 그게 과연 맞는 말이었을까요? 이번엔 백제에 대한 오해를 풀어 보지요.

우선 이 지도를 봅시다. 중학교 1학년만 되어도 동고서저東高西低라고 해서 동쪽은 높고 서쪽은 낮다는 것을 한반도의 지형적 특색이라고 배웁니다. 두만강이나 형산강 등의 몇몇 예외를 제외하면 거의 모든 강이 동쪽에서 서쪽으로 흘러갑니다. 한반도의 중부지방을 봐도 경기도에는 평야가 많고 강원도에는 산이 많죠. 그런데 초등학교 사회 시간에 지도 보는 법을 배울 때, 지도가 녹색에 가까울수록 평평한 땅이고, 적갈색이 짙어질수록 높은 지대라고 배우지요. 위의 지도를 보면 북쪽으로 갈수록 산

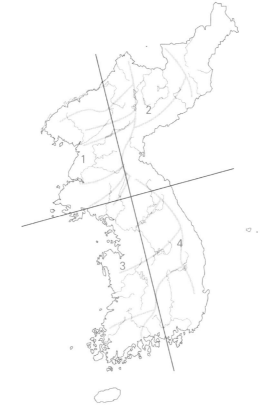

한반도 지도(국토지리원)

이 많고 남쪽으로 갈수록 평야가 많습니다. 그러니 엄밀히 말하자면 동고
서저 북고남저北高南低라고 해야겠지요.

한반도를 피자나 케이크 자르듯 4등분 하여 Z자 순으로 숫자를 붙여 보
면, 한반도에서 산지가 가장 많은 곳은 동쪽과 북쪽에 걸친 2번입니다. 반
면 평야가 넓게 자리한 곳은 서쪽과 남쪽에 걸친 3번이지요. 초등학교 사
회 시간식으로 말하자면 2번엔 산촌이 많고, 3번엔 농촌이 많습니다. 사

실 이 동고서저 북고남저를 이해한다면 한국 지리의 반절을 먹고 들어가는 것이고 한국사에서 백제·신라의 발전 속도 문제와 조선 이후 호남과 영남의 문화적 차이라든가(서원 분포라든가 사상의 경향이라든가, 중앙과의 관계라든가 말할 수 있는 것이 너무 많지요) 다양한 문제를 이해하는 데 도움이 됩니다. 역사책을 읽을 때 옆에 지도를 펼쳐 놓으면 정말 많은 정보를 이해할 수 있습니다.

앞에서 말한 것처럼 삼국 중에서 장래성이 가장 컸던 나라는 3번 땅을 차지한 백제였습니다. 고구려, 신라가 건국된 환인과 경주분지를 생각하면 한강하류의 경제적 여건이 나았다고 보는 것이 당연합니다. 그냥 초등학교 사회과 수준으로 봐도 명확하지요. 한강유역에는 교통이 편리하고 많은 인구를 품을 수 있는 큰 강과 넓은 평지가 존재합니다. 물론 환인에도 혼강이 흐르고, 경주에도 형산강이 흐르지만 한강하류보다 유역이 넓다고 할 수 없고 또 강의 수량이 적습니다. 거기에 산지로 갇혀진 두 곳과 달리 한강하류는 사방팔방으로 뚫린 교통로가 발달했지요. 접근성이 편하다는 것은 지역이나 국가가 발전하는 데 정말 중요한 요소였습니다. 이동하는데 피로도가 적다는 것은 그만큼 유리합니다. 이 부분을 설명할 때마다 이렇게 설명하면 학생들이 쉽게 이해하더군요. 교실의 반대편으로 이동하는데 책상과 책상 사이의 통로로 이동하는 것과 책상에 올라갔다가 의자를 밟고 내려와 다시 오르기를 반복해서 이동하는 것을 비교해 보라고요. 길이 편하면 사람들이 많이 찾고, 떡을 만졌을 때 묻는 고물의 양도 많습니다. 그리고 늘 새로운 것을 받아들이기 쉽고요. (물론 먹을 것을 빼앗으러 오는 방문객도 많아집니다)

백제가 한강유역에 터를 잡을 때 좋았던 점이 이 평야지대가 지금으로

부터 2천 년 전에는 북의 한군현과 남의 마한세력의 사이에 존재한 힘의 공백지였다는 점이지요. 예전에는 두 나라가 국경선을 그어 놓고 상대와 얼굴을 맞대고 있던 것이 아닙니다. 개인적으로 초기 국가 형성과정을 설명해야 할 때 태양계 형성과정에 빗대어 설명하는데요. 태양이 있다고 해서 태양만 다른 천체에 힘을 뿌리는 것이 아닙니다. 태양 주위를 도는 지구도 태양에 영향을 주고 달도 지구에 영향을 미칩니다. 그리고 두 개의 천체가 같이 중력을 주고받을 때 중화된다고 할까, 서로의 힘이 압도적으로 강하지 않은 중간 지대가 나타나기도 하는데, 그곳에 위성이나 우주정거장을 놓으면 안정적으로 자리를 유지한다고 합니다. 한국고대사에서는

로마 건국당시의 이탈리아(국토지리원 지도 편집)

한강유역이 바로 그런 곳이었지요. 잘못하면 고래싸움에 새우 등 터지는 일도 있지만 노력과 행운이 합쳐지면 어느 정도 자생력을 갖출 때까지 압박을 받지 않고 성장할 수 있습니다. 백제의 건국자들에게는 운도 잘 따라 준 것이죠.

백제만 그랬을까요? 초창기의 공백지의 사례로 로마를 들 수 있습니다. 로마가 세워지던 시절에 이탈리아반도에선 북방의 에트루리아와 남방의 마그나 그라키아(그리스인 식민지) 세력이 가장 강성했습니다. 그런데 중앙에 위치한 로마는 두 세력 사이의 공백지에 위치하고 있었지요. 만약 둘 중 하나가 세력권을 확대를 노렸다면 일찌감치 블랙홀에 빨려 들어가는 것처럼 흡수되었겠지만 그전에 몸을 키워 살아남은 것이지요. 백제도 낙랑·대방과 마한 사이에서 살아남은 것입니다.

만약 2천 년 전쯤 개구리 외계인들이 '퍼렁별'을 침략하기 위해 한반도와 만주의 소국가군들을 유심히 관찰했다고 상상해 보지요. 아마 한반도 중부의 큰 강 하류의 세력들이 제일 커질 거라고 결론 내렸을 겁니다. 많은 분들이 고구려가 가장 먼저 강대국이 되었다고 생각하지만 그보다 더 앞서 나선 것은 백제입니다. 처음에 주어진 환경부터 고구려와 신라보다 유리합니다. 일단 공간이 넓고 평평하니 많은 사람들이 살만한 공간이 나오고 강의 하류를 끼고 있으니 먹을 것이 풍부합니다. 많은 인구가 가능하니 그만큼 농사도 많이 지을 수 있고, 또 사람이 많으니 군인도 많이 뽑을 수 있습니다. 돈과 주먹, 복리로 이자 붙듯이 국력이 늘어날 수 있는 요건이 넘쳐 났습니다. 그런데 백제는 로마제국이 되기는커녕 한반도의 통일국가로 성장하지 못했을까요?

인류 역사 전체를 봐도 모든 조건을 균일하게 주었다고 해도 결과가 늘 같지 않습니다. 어떤 이에게 장점이라 할지라도 다른 이에겐 단점이 되는 것도 있습니다. 한반도의 가장 풍족한 지역 중 하나에서 성장해 (고이왕 이후) 점유하게 되는 다른 지역도 모두 한반도에서 가장 생산력 높은 지역이란 것은 장점입니다. 그러나 현재처럼 농업기술이 발전하지 않은 상태에서 그 자원의 잠재력을 충분히 뽑아 내었을까요? 물론 산악지대보다는 유리했을 것입니다. 그러나 이 시대는 아마 전 국토를 입체적으로 활용하진 못했습니다. 당시의 인구 분포와 토지 이용에 대한 지도가 있다면 사람이 사는 곳은 섬과 같은 점으로 표시되었을 것이고, 그 점과 점 사이를 마치 해로처럼 가는 선이 이어지고 있었을 것입니다. 그 외엔 전부 숲의 바다, 그것도 수목원이 아니라 한 치 앞도 잘 안 보이는 원시림이라 생각하면 됩니다. 지금 3번 땅의 개활지, 드넓은 평야지대는 수천 년에 걸쳐 나무를 베고 뿌리를 뽑으며 돌덩어리를 골라낸 결과입니다. 그러니까 지금처럼 개활지가 많은 게 아니라 원시림 속에 사람이 개척한 부분만 이용한 것이지요. 물론 고구려나 신라보다는 훨씬 유리했겠지만 당시의 기술력으로 얼마나 우위를 확보했을까는 연구가 필요한 부분입니다.

그리고 이 지역은 2·4번 땅과 비교하면 국가의 방어라는 면에서 불리한 점도 많았지요. 발달된 교통로는 생산력의 효과적 배분과 교역의 이익을 보장해 주지만 유지할 힘이 모자라는 경우 방어에 소모되는 자원을 감당하지 못할 수도 있습니다. 이른바 국방비의 문제지요. 즉, 리아스식 해안으로 긴 해안선, 그리고 낮은 산에 세운 작은 성곽들은 이 땅을 지키기 어렵다는 것입니다. 세계사 시간 초반에 메소포타미아 문명에 대해 배울 때 아카드니 수메르니 아시리아니 바빌로니아니하는 여러 종족이 나오는데, 메소포타미아가 번영할 수 있는 땅이긴 하지만 외부의 공격에 약한 입지라 수시로 지배세력이 바뀐 결과이지요. 백제가 위치한 땅도 자연의 방벽이란 혜택을 그다지 보지 못하는 지역입니다. 인구야 많지만 그만큼 국방비도 많이 써야 합니다. 군사력과 경제력의 상관관계에 대한 수치를 제시할 수 없지만 백제의 경우 상당히 많은 노력을 들여야 했을 것입니다.

이제 백제가 자리한 자연적인 환경에 대해 이야기했으니 이번에는 인문적인 환경에 대해 이야기해 보지요. 인문적인 환경이라는 거창한 말은 그러니까 거기에 사는 사람을 뜻하는 것입니다.

백제의 사회 구성은 뭔가 양분되었다는 느낌을 받습니다. 어떤 이는 지배층은 남하하여 정복한 부여족扶餘族이라 하고, 피지배자를 한족韓族이라 부르기도 합니다. 물론 고구려나 백제도 영역을 확대하면서 처음부터 완벽하게 통일을 이룬 것은 아닙니다만, 백제는 유달리 그 간격이 깊고도 넓습니다. 중국 기록인『주서周書』백제전에 '왕을 부를 때 어라하於羅瑕라고 부르는데 백성들은 건길지鞬吉支라고 불렀다'고 적혀 있습니다. 이를 두고 백제 사람들이 쓰는 언어도 다른 것이 아니겠느냐고 보는 이도 있을 정도입니다. 기록만 보면 근초고왕 때 전라도 남해안 지역까지 영토를 넓혔다고 하지만 고고학 자료는 다른 상황을 보여 줍니다. 백제와는 따로 움직이고, 문화가 백제화되는 것도 한참 후에 일어나지요. 이런 것도 백제의 인문적인 약점이랄까요.

백제가 끝내 한반도의 주인이 되지 못한 점은 마치 중국 삼국시대의 오나라를 보는 것 같아요. 물론 양자강 이남의 힘이 북방에 버금가거나 넘어서는 것은 당 후반부의 일입니다. 삼국지 게임을 해 보면 행정 구역의 면적은 매우 넓지만 거기에 사는 인구는 매우 적어서 병력을 뽑는데 북쪽보다 어려워요. 습지가 많고, 풍토병이 많은 곳이라 개발이 늦어졌거든요. 그런 점은 백제와 다르지만 이원적인 주민 구성에 중원 진출을 앞두고 발목을 잡히는 부분이 유사해 보입니다. 겉으로야 손견-손책(실제론 여기부터가 시조)-손권으로 이어지는 손씨 왕조가 굳건히 유지된 것 같지만 실제론 강남호족들의 연합체에 불과했지요. (또 조합장으로 폄하하기엔 말년의 손권의 힘이 강했지만) 주유니 노숙이니 육손이니 하는 이들이 이끌고 다닌 군대는 오나라의 국군이라기보다는 주씨나 육씨의 사병에 가까웠습니다. 그리고 오나라 땅은 중국인만 사는 곳이 아니라 오랜 기간 월족도 많이 사는 곳이었습니다. 그중에도 산악지대에 의존해 사는 산월족이 오의 복속을 거부하며 상당 기간 뒤통수를 아프게 하는 존재였습니다. 오나라가 위나 촉의 위기를 이용해 치고 올라가지 못한 이유를 호족과의 관계, 그리고 산월족의 존재에서 찾기도 하지요.

백제도 그런 모습을 많이 보여 줍니다. 고구려나 신라보다는 중앙으로 힘이 모이지 않고 분산되는 면이 많이 보입니다. 특히 백제는 두 나라에 비해서 비명횡사한 왕의 비율이 높은데 그중 상당수가 왕권 강화책을 펴다 그 반작용으로 죽임을 당하는 것을 보여 줍니다. 앞에서 들었던 개로왕이나 동성왕, 성왕 등의 왕이 그렇습니다. 권력의 분산은 민주주의 체제 유지를 위해 가장 중요한 수단이지만, 왕정국가에서는 왕권이 강한 것이 더 효율적입니다. 분산된 권력이 많을수록 지금처럼 발달하지 않은 제도와 기술로는 안정적으로 유지하기 힘들어요. 그런데 백제의 권력분산은 왕권의 집중화를 통한 국가 역량의 집중, 재조정 등을 막아 결과적으론 다른 나라에 뒤처지는 결과를 낳았다고 생각합니다.

한때 자연환경이 인간의 모든 현재를 결정하고 구속한다는 사상은 서구 유럽인들이 타 대륙의 여러 사회/국가를 지배하기 위해, 또 스스로의 행동을 정당화하기 위해 만들어졌습니다. 그것이 논파되었고 극소수의 얼간이들을 제외하면 신봉하지 않아요. 현재는 자연환경을 어떤 의미로 보급품, 게임을 시작할 때 무작위로 부여받은 아이템 정도로 보고 있습니다. 전자의 경우 인간의 개선 의지와 환경적응을 생각하지 않았던 반면 후자의 경우 자기에게 주어진 환경에 적응하고 능동적으로 개선/발전시키려는 노력을 인정하지요.

그러니까 '너는 사막에 사니까 원래 궁핍한 존재'라는 것이 아니라 너는 사막에 사니까 이런 자연환경을 극복하기 위해 이런저런 노력을 했고 이런 환경의 사회/문화를 구축했구나 하는 것이죠. 과거 유럽 사람들이 적도 지방 사람들을 게으른 하등민으로 봤다면 지금은 그들이 무더운 자연환경을 극복하기 위해 어떤 노력을 했고, 그것이 어떤 문화를 만들어 내는가에 주목합니다.

아무리 좁고 좁은 한반도라지만 각기 다른 자연환경에서 사람들이 어떤 국가/사회를 만들어 내고 또 그것을 발전하기 위해 어떤 노력을 했는가를 살피는 것은 중요합니다.

IV.

산맥 너머의
신라와 가야

27
신라의 왕을 부르는 여러 가지 방법

흔히 말하기를 신라의 역사를 천 년이라 합니다. 정확히는 992년입니다 만 8년 부족하다고 누가 뭐라 하겠습니까. 이웃인 중국의 역사를 봐도 하나의 나라가 천 년 가까이 유지되는 건 참으로 희귀한 일입니다. 그런데 한 국가가 천 년의 역사를 가졌다는 기록을 정말 믿을 것이냐에 대해서는 그동안 연구자들의 의견이 많이 갈렸습니다. 고려 때 역사서인 『삼국사기』와 동시대 저술이긴 하지만 중국인이 쓴 『삼국지三國志』 위서魏書 동이전東夷傳의 서술이 충돌하고 있었거든요. 『삼국사기』에서는 삼국이 기원 전후부터 굳건한 체제를 구축한 것처럼 그리고 있지만 『삼국지』에서는 북방의 고구려와 부여를 제외하면 남쪽에는 작은 나라들이 산포되어 있고 백제나 신라는 그중 한 나라로 적고 있기 때문이죠. 이 논쟁을 제대로 이해하려면 지난 세기 초반까지 거슬러 올라가야 합니다.

20세기 초반의 동아시아 역사학계는 서구 열강에게 밀려난 충격으로 과거의 전통과 결별하려는 방향으로 움직였습니다. 청나라 고증학, 조선 후기의 실학, 에도시대의 국학의 기조를 이어받으면서 여기에 서구역사학의 사료 비판이라는 방법론을 접목하였지요. 그래서 과거 기록을 전면적으로 재검토해야 한다는 흐름이 생겨났습니다. 중국 사학사에서는 그 사람들을 의고파擬古派라고 부릅니다. 우리도 조선 후기의 실학파들이 기록들을 비판하고 과거의 잘못된 인식을 바로잡는 연구를 했지요. (사실 현대 한국사학에서 많은 부분은 이 실학자의 역사연구에 뿌리를 두고 있습니다. 자칭 애국자들이 주장하는 것과 달리)

20세기의 다사다난한 역사 속에서 권력이 역사를 '악용'하려고 하고 일부는 거기에 부화뇌동했습니다만, 동북아시아의 역사학계는 사료 비판의 수준을 매우 정교하게 높이는 것으로 대응했습니다. 우리는 일본의 역사학을 이야기할 때, 20세기 전반의 식민사학만을 연상합니다. 그런데 20세기 후반에 한국의 학자가 일본 학자들에게 너무 지나치게 회의적으로 보는 게 아니냐고 지적하는 일도 일어났습니다. 아마 일본 제국주의 시절 역사관의 횡포 탓에 스스로도 엄격해질 수밖에 없었겠지요.

중국에서는 갑골문이 재검토되고 은허에서 무덤이 발굴되기 전에는 하夏·상商의 역사는 조작이라 생각하였고, 한국에서는 경제개발과 도시화로 고고학 발굴이 활발해지기 전에는 삼국의 초기사를 그대로 믿지 않았습니다. (『삼국사기』 초기 기록을 대하는 관점으로 전면적으로 믿자는 긍정론과 조작이라고 보는 부정론, 그리고 사료 비판을 한 후 보자는 수정론이 있는데, 현대 한국 학계는 거의 다 수정론자라고 보면 됩니다. 다만 학계 외부의 애/국/지/사들은 수정론을 부정론이라고 주장하는데 그것은 잘못된 이야기입니다. 역사가가 사료 비판을 안 하는 것은 소가 다시는 풀을 뜯지 않겠다는 말과 같습니다)

그래서 신라의 역사를 관용적으로 천 년의 역사라고 하지만 엄밀하게 학계가 그것을 긍정하느냐는 또 다른 문제였습니다. 신라의 건국이 고구려나 백제보다 앞서는 것, 그 건국 연대인 기원전 57년이 모든 것의 출발점인 갑자甲子년인 것도 의심의 이유였습니다. 결국 살아남은 신라인의 주장이 아니겠느냐는 것이지요. 두 나라보다 더 앞서는 것으로 고쳐(이미 '죽은' 두 나라는 말이 없으므로!) 자기들이 우월하다고 주장하려 하였다는 것이지요. 일제강점기 일본 학자들은 한국의 고대사를 깎아내리는 기조에서 신라 역사의 진짜 출발은 내물왕이고, 그 이전의 기록은 후대의 조작이라고 주장하였습니다. 해방 후 한국 역사학계도 거기에서 크게 벗어나지 않았지만 논점은 달랐습니다. 일본 학자들이 깎아내리려 했다면 한국 학자들은 더 올려 볼 수 있는 근거를 찾았습니다. 어떤 사람들이 보기에는 결론이 같으니까 그게 그거, 그러니까 한국의 역사학자들은 전부 매국노라고 주장해도 그럴싸하게 보인 거죠. 다시 말하자면 일본 학자의 주장이 악의적인 전면 부정이라면 한국 학자들의 주장은 사료 비판을 거친 연구결과였습니다. 1980년대 이후 고고학의 연구성과가 축적되면서 경주에서 서력 전후의 제철유적들이 발견된 것은 연구의 방향을 바꾸었습니다. 매우 느리게 발전하였지만 신라의 기원을 삼국사기와 비슷한 연대의 일로 볼 수 있게 되었습니다.

어떤 이들은 기록이 있는데 그것을 부정하는 것은 역사와 민족에 대한 배반이라고 주장합니다. 그 사람들이 말하는 역사는 정말 명쾌합니다. 대학원생들이 다음 주의 수업을 위해 발표문을 쓰느라, 또는 졸업논문을 위해 고민하지 않아도 됩니다. 그냥 믿고 외치면 됩니다. 신라 초기사를 이야기한다 해 놓고 의고파니 식민사학이니 『삼국사기』 초기 기록과 『삼국지』와의 비교 같은 이야기만 늘어놓는 '거지 같은 글'을 읽는 것보다 더 편합니다. 정말로요!

그런데 말이죠. 역사학은 현실 세계에서 범죄수사와 같습니다. 범인은 형사의 천재적인 영감으로 잡는 것이 아닙니다. 아무리 심증이 간다 해도 증거가 있어야 체포할 수 있는 것처럼 역사학자도 정확한 증거, 또는 당시의 연구성과에 맞게 가장 합리적인 논리가 있어야 말을 할 수 있습니다. 정말 확실하지 않다면 '모른다'고 하거나 '현재까지의 연구결과에 의거해'라는 전제를 깔고 이야기해야 합니다. 또 정확한 증거라고 하는 것도 연구의 축적에 따라 달리 해석되거나 기존의 오류를 발견하면 그전과 다르게 이야기할 수 있는 것도 많이 나옵니다. 역사학자들이 100여 년, 짧게는 60, 70여 년 동안 민족과 역사를 팔아먹기 위해 암약한 것이 아니라 해석을 새롭게 하기 위해 노력하고 있었던 것입니다.

신라 천 년의 역사를 이야기하는 연구자들의 글은 대략 이런 흐름 속에서 만들어졌습니다. 아직도 가야 할 길은 멀지만 차츰 신라 초기사의 윤곽도 이전보다 더 선명해지는 중이지요.

신라가 위치한 영남 지역은 기원 전후 고조선계 유민의 대대적인 남하로 철기문화가 발전하게 됩니다. 신라인들의 전승에 의하면 진시황이 장성을 쌓는다고 대대적으로 사람들을 부리자 견디지 못한 사람들이 도망쳐 여기에 이른 것이라고 합니다만, 경춘선을 복선전철화 할 적에 가평역 건축 예정지에서 고조선 사람들의 것으로 보이는 물건들과 무덤이 발견되었습니다. 청동기문화가 상대적으로 뒤떨어졌던 곳에 철기문화가 전해지면서 영남 지역에 정치체의 발달이 이루어진 것으로 보입니다. 그런데 그동안은 대동강유역에서 어디를 거쳐 경주로 갔는지 알 수 없었습니다. 가평의 유적은 그 힌트를 하나 제공한 것입니다. (물론 낙랑계열이라는 의견도 있습니다)

이때 등장한 여러 정치체들 중에서 경주 지역의 정치체가 주변에 세력을 확장한 것이 신라 초기사의 기본 흐름이라고 할 수 있습니다. 신라는 차츰 다른 지역의 정치체들을 흡수하면서 포항과 울산을 시작으로 나중에는 대구를 비롯한 낙동강 동안 지역의 중심국가가 되었습니다. 그런데 이 과정이 왕호의 변천을 통해 명확하게 드러나는 것은 신라만의 특징입니다. 고구려나 백제의 경우 일찍부터 중국문화의 영향을 받아 일찌감치 사라진 것인지 왕호의 변천과정이 드러나지 않습니다. 반면에 신라는 국가의 성장과 왕호의 변천과정이 대체적으로 겹칩니다.

탈해와 김알지의 전설이 있는 계림

최초의 왕으로 전해지는 왕호는 거서간居西干입니다. 기록에 따르면 이를 사용한 이는 시조인 혁거세赫居世(박씨의 시조이지요)뿐입니다만 실제로는 더 오래 사용했을 가능성이 큽니다. 정확한 뜻은 알 수 없으나 어쩌면 작은 마을의 우두머리, 작은 정치체의 수장을 뜻하는 것일지도 모릅니다. 그다음으로 나오는 것이 차차웅次次雄인데, 거서간처럼 기록상으로는 혁거세의 아들인 남해南解만 사용하였습니다. 8세기 사람인 김대문金大問은 이를 무당, 제사장의 의미를 가진다고 주장했습니다. 이때의 정치적 지배자들은 자신을 하늘과 연결된 사람이라고 주장하였는데 발전의 흐름을 좇다 보면 꽤 일리 있는 말입니다. 남해도 거서간이라 칭했다고 하니 거서간과 차차웅은 동시에 썼거나 사용 기간이 일정 기간 겹쳤을 가능성도 있습니다.

그다음으로 나오는 것이 이사금尼師수이란 왕호입니다. 이 호칭에는 전해지는 유래가 있습니다. 남해차차웅이 죽으면서 유언으로 아들인 유리儒理 대신 사위인 탈해脫解를 차기 왕으로 지목했는데, 탈해는 이를 피하기 위해 꾀를 냅니다. 덕이 높은 자는 이빨의 개수가 많다 하니 우리 둘이 수를 헤아려 많은 이가 왕이 되자고 합니다. 입을 벌려 세는 것도 어렵고(입이 작은 사람은 치과에 갈 때마다 고생하지요) 작은 거울이 달린 도구나 X선 촬영기도 없으니까 떡을 물어 자국을 세 보니 유리가 더 많아 왕이 되었다는 것입니다. 여기서 이사금이란 왕호가 유래되었다고 하는데 꼭 그런 것만은 아닌듯합니다.

『삼국사기』에 따르면 신라에서만 3명의 시조가 있으며 이들의 후손이 각각 박朴·석昔·김金씨가 되었다고 합니다. 기록에 따르면 이들이 교대로 왕위에 올랐다고 하지요. 시조도 각각 박씨, 석씨, 김씨 순으로 알에서 태어났다고 하고 처음 왕이 되는 순서도 그대로 갑니다. 이 기록은 신라 건국 이래로 여러 세력이 순차적으로 합류하며 지배층이 되는 과정을 묘사한 것 같습니다. 박씨가 세운 나라에 일찍부터 석씨의 조상들이 합류하고 나중에 김씨가 여기에 더해지는 과정이죠. 처음에는 박씨가 왕위를 잇다가 나중에 석씨가 왕위를 이어받는데 중간중간 왕의 사위로 다른 성씨가 왕이 되는 모습을 보입니다. 이를 일종의 장로제의 변형으로 보기도 합니다. 고정된 왕실이 이어 가는 것이 아니라 자격을 갖춘 이들 중에서 연장자라거나 능력이 특출난 사람이 왕이 되는 형태가 아닌가 합니다. 그러니까 이사금이란 말에는 '정당하게' 왕위를 '이은' 자란 뜻이 담긴 것은 아닐까요? 사실 저 이빨 이야기와도 뜻이 통합니다. 모두가 인정할 만큼 정당성을 갖추었다는 말이지요. 이사금의 다른 말은 잇금이라고 하는데 어쩌면 왕을 부르는 고유어인 임금의 어원이 여기에 있는지도 모르겠습니다.

신라가 소백산맥 너머로 본격적으로 이름을 드러내는 시기에 왕호는 마립간麻立干으로 바뀝니다. 이 마립간이란 이름은 왕 중의 왕을 의미하는데, 신라 금석문을 보면 휘하의 세력 대표들을 모두 왕에 준하는 이름(간干)으로 부릅니다. 나중에는 여러 왕이라는 표현이 등장합니다. 모두 왕이니 그중 최고인 신라의 왕은 왕 중의 왕, 대왕大王이 되는 겁니다. 마립간을 신라 사람들은 매금寐錦이라고도 불렀는데 종종 매금 뒤에 왕이란 단어를 붙이기도 하였으니 왕이라는 호칭을 모르진 않았던 것 같습니다.

마립간이라고 부르는 시대에 신라의 왕은 처음에는 여러 왕과 같이 토의하고 결정을 내리는 수석 의장의 모습을 하였지만, 여러 왕들에게 명령을 하달하는 '더 쎈' 왕으로 변해 갑니다. 해방 전에 발굴된 금관총金冠塚을 재조사하는 과정에서 출토된 칼에 '이사지왕尒斯智王'이란 이름이 새겨진 것을 확인하였습니다. 이사지왕이란 왕은 없으므로 여러 대귀족 중 한 명의 이름이라고 볼 수 있습니다. 마립간이 왕중의 왕이란 연구자들의 시각이 틀리지 않았음을 재확인시켜 준 증거라 할 수 있습니다.

지증왕智證王이 국왕의 호칭을 왕으로 선언한 것은 매우 상징적인 사건입니다. 뒤에 자세하게 언급하겠지만 흔히 알려진 것처럼 내물마립간柰勿麻立干 시대도 중요하지만 신라가 본격적으로 나라의 틀을 갖추게 되는 것은 지증왕의 시대입니다. 마립간이라는 호칭을 버리고 중국식으로 왕을 칭하게 되는 것은 중대한 시대의 변화를 보여 주는 것이지요.

왕호	의미	왕
거서간	마을의 지배자?	혁거세거서간
차차웅	제사장	남해차차웅
이사금	정당한 계승자	유리이사금~흘해이사금
마립간	여러 왕 중의 왕	내물마립간~소지마립간
왕	군주	지증왕~경순왕

28
부도, 국가행정의 시작

 한국고대사에서 국가행정과 관리가 언제 어떤 모습으로 등장했는가에 대해선 알려진 자료가 그리 많지 않습니다. 고구려의 경우 『삼국지』 위서 동이전에 왕과 각각의 세력들이 가진 관리들에 대한 언급이 있습니다. 그래서 고구려의 상황은 미루어 짐작할 수 있지만 백제는 알 수 없습니다. 워낙 줄어들었고, 또 기묘하게 초창기의 모습이 많이 사라졌습니다. 처음부터 아주 정제된 것처럼 그려진 달까. 백제인의 윤색이 가미된 것인지, 그래도 살아 있는 자료들이 『삼국사기』가 편찬되기 전에 사라진 것인지 알 수 없습니다. 신라도 3대 유리왕 시절에 이미 17관등이 만들어졌다고 적혀 있지만 그래도 역사적인 실상을 알 수 있는 기록이 있습니다.

 첨해이사금沾解尼師今, 서기 3세기에 살았던 왕입니다. 왕 5년, 그러니까 251년에 관리 한 명을 임명하는 일이 있었습니다. 『삼국사기』에 이르면 다음과 같은 기록입니다.

 5년 …… 한기부漢岐部 사람 부도夫道가 집은 비록 가난하나 부정을 저지르지 않고, 글과 셈을 잘하여 이름이 널리 알려졌다. 왕은 그를 불러 아찬阿湌으로 삼고 창고의 일을 맡겼다.

그냥 사료를 읽으면 왕이 착하고 능력 있는 자를 얻어 창고 일을 시켰다… 정도로 지나칠만한 기사입니다. 이게 뭐 대단한 기사겠냐는 반응을 보이실 수도 있겠지요. 그런데 사료라는 것이 개가 사람을 문 것보다는 사람이 개를 물거나, 평소에는 그러지 않았는데 빈번히 일어난다던가, 그때는 큰 의미가 없었겠지만 나중에 지나고 나면 꽤 큰일이었다는 것만 올라가지요. 그냥 이웃집 철수가 화장실에서 소변을 보았다, 앞집 영이가 학원에 갔다는 정도로는 실리거나, 혹은 실려도 오래 남아 전하기 어렵습니다. 적어도 철수가 치마를 입고 마법 소녀로 활동했다거나 영이가 알고보니 외계인이었다 정도는 되어야 합니다. 아니면 산부인과에서 철수와 영이가 '두 번' 뒤바뀌었다든가.

그런데 이 간략한 기록은 신라에서 전문적인 관리가 어떻게 생겨나고, 국가가 행정을 언제부터 시작하였나를 보여 주는 중요한 자료라고 할 수 있습니다. 그런데 여기까지 이야기하면 당연히 일을 하는 부하들은 아주 오래전부터 있었을 것인데 창고지기 한 명 임명한 것으로 무슨 호들갑이냐고 하실 분도 계실 것입니다. 그것을 부하라고 부르던 혹은 가신이나 심지어는 똘마니라고 부를 만한 존재들은 늘 있었습니다. 왕이나 지배자가 모든 일을 다 할 수 없을 테니까요. 그런데 그들은 군이 관직을 주지 않아도 일은 합니다. 시키면 다 할 것입니다.

그런데 이 부도라는 사람에 대해 주목할 것은 그가 원래 왕의 소속이 아니라는 점입니다. 대세력가를 왕 아래 귀족으로 끌어들이는 것도 아니고 그 아래 속한 사람을 자신의 관리로 임명하고 일을 맡겼단 말입니다. 물론 그가 고구려인이나 백제인, 가야인은 아닙니다. 신라인에 속하지만 직접적인 명령권자는 신라왕이 아니라 신라를 이룬 큰 집단 중 하나인 한기부 사람이고, 원래 그에게 '일해라 절해라'하는 것은 한기부의 장입니다. 그런데 왕이 그를 자기 부하로 끌어간 것입니다.

어느 시대도 그랬다고들 하지만 삼국시대의 왕들은 초월적인 권력을 소유하지 못했습니다. 신화를 앞세워 우월한 혈통을 과시하거나 전쟁에서 능력을 보여 줘야 말귀를 알아듣는 경우도 많습니다. 후기로 가며 왕권이 강화되긴 하지만 초기로 올라갈수록 삼국시대의 왕은 절대왕정 이전 프랑스의 왕 같다고나 할까요. 각 지방에 웅거하던 세력들을 완전히 제어하지 못하고, 국가의 중추 내에도 여러 세력이 존재해 왕의 권력을 제한합니다.

쉽게 이야기하자면 그 시대의 왕은 협동조합의 조합장입니다. 지분은 가장 큰데 모두를 위압할 정도는 아니고, (현행 협동조합 기본법에는 한 사람이 압도적인 지분을 행사하지 못하게 하는 장치가 있습니다. 소유지분의 30%의 제한과 함께 1인 1표제가 그것이지요) 그저 다른 이들보다 발언권이 세다는 정도? 그런 상황이니 왕권은 제한적입니다. 동맹과 영고와 같은 제천행사를 통해 왕의 대표성을 인정하며 단합을 재확인하는 의식을 통해 정치적 관계를 갱신해야 하고, 공통의 이해관계를 조정하는 행사를 매년 치러야 했지요. 여기서 맘에 들지 않으면 지역 통째로 이탈하고, 더 나아가서는 고구려처럼 소노부에서 비류부로 바뀌듯 왕실이 교체되기도 합니다.

물론 현실 정치에서는 10:0이나 0:10 같은 극단적인 비율은 존재하지 않습니다. 정치란 케이크를 가장 효과적으로 나누는 기술이란 비유를 보여 주듯 5:5거나 6:4, 좀 심해야 7:3이랄까요. 왕은 10을 가지지 못하는 대신 종주권을 인정받고 여타 세력은 해야 할 일을 한다면 10의 지배를 받지 않고 최소한의 권력을 보장받지요. 어떤 분은 이것을 분권국가라고 보았는데 정말 '사전적 의미'의 절대왕정은 존재하지 않습니다.

다시 부도라는 사람으로 돌아가면 이 사람과 창고 일, 그리고 분권국가적인 상황이 무슨 관계냐인데, 앞서 말한 왕의 권한이 낮아도 결국 왕은 왕입니다. 압도하지 않아도 가장 센 사람이란 사실은 변하지 않죠. 그냥 보기엔 100미터 경주에서 고작 5미터 앞선 상황 같아 보입니다만 그게 수십 번, 수백 번, 수천 번 계속 누적되다 보면 5미터 분의 앞섬도 큰 차이를 만들죠. 이런 왕과 귀족들의 격차는 권력을 향한 장기 레이스에서 서서히 드러나게 되지요. 전쟁에 나가는 것도 처음엔 참모총장같이 작전 지휘권만 갖고 전리품을 배분하는데 그치지만 점차 국방부장관이 행사하는 전반적인 지휘권까지 획득하고 전쟁에 참여할 기회조차 좌지우지하게 됩니다.

일본 나라의 도쇼다이지唐招提寺 고대 창고

원래 왕을 비롯한 여러 세력은 자기만의 관리조직을 갖춥니다. 그러던 것이 점차 왕이 각 세력 휘하의 인재들 명단을 확보하고 중앙으로 끌어올려 자기의 세력에 포함시키고 더 나아가서는 왕의 관리와 여러 세력의 관리의 차별이 생깁니다. 같은 등급이라도 왕에게 속한 자의 끗발이 더 좋은 거지요. (이를테면 각 경찰서의 과장은 무궁화 셋의 경정입니다. 그런데 지방청의 과장은 경찰서 서장과 동급인 무궁화 넷의 총경입니다. 같은 과장이라도 계급이 다르고 권한도 차이나죠) 이 와중에 동등하게 분리되던 전리품 배분도 왕의 입김이 더욱 강하게 작용합니다. 점점 왕의 권한이 강화되면서 왕국을 구성하던 여러 세력들도 각자 자기 지역 기반을 떠나 왕경에 모여 사는 귀족으로 바뀌게 됩니다.

그런 의미에서 부도의 임용은 먼 훗날 큰 변화를 가져올 나비의 펄럭임입니다. 한기부는 왕의 직속이 아니었는데도 부도는 왕의 창고를 관장하는 중요한 관리가 됩니다. 이 창고지기는 말이 창고지기지 경제부서의 총책임자와 같습니다. 왕의 재산을 관리하고 전리품을 분배하는 일이 곧 경제의 큰 부분이었던 시절이니까요. 부도야 미래를 알 수 없었지만 그의 일은 시간이 지나며 품주稟主라는 관직이 만들어졌습니다. 그리고 그 일이 복잡해지니까 세금을 관리하는 조부調府와 창고를 담당하는 창부倉部로 나뉘고 그의 정치적 중요도는 왕의 의사를 가장 가까이서 수행하는 집사부執事部로 발전하게 됩니다. 그런 의미에서 단 한 줄의 기록이지만 신라를 비롯한 고대국가의 발전사를 보여 준다는 면에서 그의 기록은 매우 중요합니다.

만약에 말이죠. 아직도 우리가 신라왕국에 살고 있다고 가정할 경우, 집사부에서『집사부 1700년사』같은 책을 펴낸다면 맨 첫 장에 부도가 나오겠지요.

29
신라의 발전에 소백산맥이 끼친 영향

신라사에서 소백산맥이 차지하고 있는 비중은 매우 큽니다. 우선 지도를 펴 놓고 보면 딱 경상도 지역을 빙 둘러 감싸는 형세임을 알 수 있지요. 신라 천 년의 역사를 생각해 볼 때 이 산맥은 그야말로 요람이자 족쇄였습니다.

기원 전후로부터 3세기 무렵까지 한반도와 요동 지역에는 마치 가루를 뿌려 놓은 듯한 모습으로 작은 정치체들이 난립하고 있었습니다. 70여 개 있었다는 삼한의 소국들은 그런 정치체의 일부였습니다. 후대의 왕조들과 달리 이 작은 정치체는 늘 불안정했습니다. 워낙 탄탄치 못한 영세한 바탕 위에 세워지다 보니 한번

소백산맥과 영남

삐끗하면 바로 사라지고 다른 것이 대체합니다. 70여 개의 소국은 그야 말로 그 시점의 스냅사진이지, 늘 그렇게 존재했다는 뜻은 아닙니다. 그 소국들의 홍망성쇠는 그야말로 정글과도 같은 약육강식의 혼란이었습 니다.

아랍의 역사가 이븐 할둔Ibn Khaldun(1332~1406)의 역사이론서 『역사서 설』에 재미난 이야기가 있습니다. 나라 하나 세워지면 4대 120년 정도 유 지되는 사이클이 존재한다는 것입니다. 1대가 건국하느라 고생하고 2대 가 나라를 다지고 3대에서 4대에 이르는 동안 선대의 성과를 갉아먹다 나 라가 망하고 새 나라가 들어선다는 것인데, 이는 당시 그 지역 정치체의 특성이겠지만 중국이나 우리나라의 왕조들이 가진 수준의 기반을 다지지 못하면 작은 역경에도 무너질 수 있다는 교훈으로 받아들이면 좋을 것 같 습니다. 흔히들 말하는 마한馬韓 54국, 진한辰韓·변한弁韓 각각 12국도 오 랜 기간 존재한 나라의 전체 숫자가 아니라, 『삼국지三國志』의 기초자료가 만들어지던 시점에 중국인이 파악한 나라의 숫자입니다.

일찍부터 성장한 북방의 고구려와 부여는 별개로 하더라도, 한반도 남 부에서도 3세기를 전후해서 어느 정도 교통정리가 이루어집니다. 한강유 역의 백제, 경주분지의 신라, 낙동강 하류유역과 경상 서부 지역의 가야 국가군이 그렇지요. 이런 마치 태양계 형성과정 중 행성의 탄생과도 같은 작용은 한반도 곳곳에서 벌어지는데요. 수십억 년 전 태양계의 행성은 먼 지들이 뭉쳐서 만들어지지요. 어느 시점에는 행성이 20여 개까지 좁혀지 는데 이것들이 서로 부딪쳐 합쳐지거나(지구도 화성만한 크기의 테이아 Theia와 충돌했다가 튕겨 나간 파편들이 또 뭉쳐서 지금의 달이 되지요) 또는 중력으로 밀어내기 싸움에서 밀려나 태양계 밖으로 날아가 버리는 일이 벌어지는데, 초기 국가 형성과정에서도 이와 유사한 과정을 발견할 수 있는 것은 흥미롭습니다. 현재 태양계를 구성하는 8개의 행성(세일러 머큐리 다음으로 플루토를 좋아했기에 명왕성의 탈락은 마음이 아픕니다), 역사서에 언급되는 국가들도 다 이런 혼돈에서 능력과 행운으로 살아남은 승리자입니다.

그중 신라가 살아남은 요인으로 소백산맥을 들 수 있을 것입니다. 외부의 풍파를 막아 주는 방파제였습니다. 그러나 역사가 흥미로운 것이 좋은 것을 주면 그만큼 나쁜 것도 같이 준다는 것입니다. 일단 소백산맥이 가져다준 좋은 것과 나쁜 것을 알아보지요. 먼저 나쁜 것부터 이야기해 보지요. 이는 앞서 백제의 성장요인에서 잠시 언급하기도 했습니다.

소백산맥이 가진 최대의 난점은 교통의 장벽이란 것입니다. 물론 걸어서 가볍게 넘을 수 있는 고개도 있습니다. 그러나 이 산맥을 넘을 수 있는 길목은 극히 제한적으로 존재합니다. 계립령鷄立嶺처럼 낮은 고개도 있지만 추풍령秋風嶺과 같이 구름이 발아래로 깔리는 험준한 통로도 존재합니다. 아무리 낮은 고개가 편하더라도 평지를 걷는 것과 비교할 수는 없습니다. 그래서 교통로로 이용 가능한 길이 너무 적습니다. 조선시대 영남으로 이주하거나 외부로 이주한 집안의 수를 비교하는데, 들어가는 집은 있어도 나오는 집은 매우 적었다고 하더군요. 딱히 그곳이 지상낙원이어서가 아니라 한 번 들어가면 나오기 힘든 곳이었다는 이야기지요.

이 부분을 강의할 때마다 쓰는 비유인데, 교실 뒤에 앉아 있는 친구를 지목한 다음, 저 친구가 떡볶이를 했다고 초대했는데 친구네 집에 가기 위해 책상과 의자를 넘으며 지나치는 옹달샘에서 물 한 잔 마시고 도착하면 이미 먹을 수 없을 정도로 불어 버리니 난 안 갈 거야라고 말합니다. 신라가 성장하던 시기에 앞을 가로막은 산맥은 교류의 의욕을 꺾는 존재였습니다. 그래서 신라 사람들은 외부에서 다양하게 벌어지는 기술적 발전을 흡수할 기회를 적게 받았습니다. 자동차와 기차, 비행기 등 현대적 교통수단을 이용 가능한 현대인은 지형이 고전적 교통수단에 어떠한 영향을 주었는지 간과합니다. 마치 지금처럼 직선으로 늘어진 도로망이 그때도 있었다고 생각하거나 자연적 교통 장벽을 쉽게 넘을 수 있다고 생각합니다. 그런 현대적 '착각'이 가져오는 문제지요.

이제 그와 반대로 소백산맥이 신라의 성장에 준 긍정적인 영향도 살펴볼까요? 소백산맥은 신라에게, 아니 영남 지역의 정치체들에게 외부의 충격을 막아 주는 인큐베이터였습니다. 고구려가 남하하고, 백제가 마한의 소국들을 차지하고 있었던 시절에 이 거대한 장벽이 없었으면 어떤 일이 일어났을까요? 아마 우리는 지금 고구려와 백제만 존재한 이국시대라고 배우고 있었을지도 모릅니다. 400년 신라의 요청으로 파견된 5만의 고구려군은 도리어 신라와 가야를 멸망시켰을지도 모릅니다.

고구려나 백제가 뿌리를 내린 곳은 멀리는 중국이라는 초거대 항성 또는 블랙홀, 가까이는 요동군遼東郡과 낙랑樂浪·대방군帶方郡과 같은 적당히 큰 행성의 중력권과 접하고 있었습니다. 조금만 어긋나면 끌려 들어갈 수 있는 위험에서 살아남기 위해, 이른 시기부터 처절한 사투를 치러야 했다면, 신라는 그런 외부의 위험에서 안전한 곳에 위치했던 것이죠. 그러니까 소백산맥은 치어가 성어가 될 때까지 살아남을 수 있는 방패막이기도 했습니다.

※ 앞에서 말한 소국들의 실제 규모나 흥망의 모습을 찬찬히 살펴볼 자료는 많지 않습니다. 그런데 게임이 원작이었던 일본 애니 「칭송받는 자」를 보면 딱 삼한 정도의 시간적 공간에 소국들이 어떤 모습으로 존재하는가를 상상해 보는 데 도움이 되었습니다. 원작은 현생 인류가 사라진 미래가 무대지만 전반적인 세계관은 서력기원 전후의 일본 열도의 상황과 매우 흡사합니다.

30
503년, 중요한 일만 있었던 해

지증왕智證王은 신라의 국가형성사에 있어서 그 어떤 왕 이상으로 중요한 왕입니다. 지금까지 통용되는 신라사의 시대구분에서 지증왕은 한 시대의 끝을 맺는 위치에 있지만 실제로는 다가올 새 시대를 열었던 왕입니다. 지증왕 이전의 신라는 소백산맥 안에서만 자기보다 작은 나라에게 강한 척하는 약소국 두목에 불과하였습니다. 지증왕의 업적은 아들인 법흥왕의 여러 정치적 변화나 손자인 진흥왕의 활발한 정복활동만큼 화려하지는 않습니다. 그러나 이 지증왕이 없었으면… 하는 말은 그저 가정이 아닙니다.

시대의 변화상을 몸소 깨닫고 그쪽으로 과감히 방향을 전환을 한 이 사람이 없었다면 아들과 손자의 위업도 존재할 수 없기 때문입니다. 개인적으로 광개토왕, 장수왕보다 소수림왕을 더 중요시하는데 이 지증왕이란 임금 역시 그만큼의 대접을 받아야 한다고 생각합니다. 그런 딱딱한 이야기 말고도 지증왕은 재미난 면이 많습니다. 그의 선왕인 소지마립간炤智麻立干은 그의 조카였습니다. 조카의 뒤를 삼촌이 물려받은 것입니다. 그가 왕위를 물려받은 이유를 『삼국사기』에서는 소지왕에게 자식이 없어서 왕위를 이었다고 합니다. 그런데 소지왕은 죽기 직전 지금의 경북 영주인 날이군捺己郡의 세력가의 딸을 후궁으로 삼아 아들을 낳은 직후에 죽습니다. 젖먹이라도 왕자는 왕자입니다. 설령 엄마의 신분이 좀 낮다는 등 결격사유가 있어 삼촌이 이어받았다고 해야 정상이지, '아들 업뜸~' 이러고 없던 걸로 해 줄 수는 없는 것입니다. 어쩌면 왕위 계승에 이런저런 일이 있었을 것을 상상해도 지나치지 않을 것 같습니다.

또 『삼국유사』에는 지증왕이 너무 큰 사람이라 아내를 얻을 수 없었다고 합니다. 걸맞은 여인을 찾아 신하들에게 전국을 뒤지라 하였는데 우연히 한 신하가 똥을 산더미처럼 싸 버릴 만큼 큰 여인을 찾아 왕비로 천거했다는 이야기가 있습니다. 지증왕은 상당히 나이가 들어 즉위하였으므로 즉위할 때까지 독신이지는 않았을 것입니다. 당시 기준으로 봐도 거구였기에 그런 전설이 생겨난 것이겠지요.

오늘 이야기할 내용은 503년, 그가 즉위한 지 3년이 되던 해의 일입니다. 중국 사학자인 레이황의 책 중에 『1587년, 아무 일도 없었던 해』란 책이 있습니다. 임진왜란 때 원병을 보낸 명의 만력제萬曆帝와 주변 신하들에 대한 이야기인데 매우 재미난 책입니다. 1587년은 후대 사람들이 보기에 사실은 엄청난 일들이 연달아 일어났는데 당시 사람들에게는 아무 일도 없었던 것처럼 조용하게 지나갔다는 뜻입니다. 그런데 여기서 이야기할 해는 누가 봐도 대단한 일이 연달아 일어난 해였습니다.

2월에 지증왕은 매우 중요한 정책을 하나 발표합니다. 바로 순장 제도를 폐지하는 것입니다. 이 시대의 여러 사유방식 중에서 현대인이 어떤 것은 납득할 수 있지만 또 이해할 수 없는 것 중 하나가 신분에 대한 개념인데요. 한 번 신분이 정해지면 그것은 결코 바꿀 수도 없고, 당장 생물학적 죽음이 찾아와도 영원히 이어질 영혼의 세상에도 바뀌지 않는다고 보았습니다. 그러니까 한번 귀족은 죽어서도 귀족인 것입니다.

무용총에 그려진 고구려인의 일상(지식e음)

그래서 어느 나라에선 집처럼 묘를 꾸미고 또 어느 나라에선 묘실 벽에 진짜 집처럼 느낄 수 있게 그림을 그려 놓았습니다. 다른 나라, 다른 민족들은 죽어서도 모시라고 부하들이나 시중들을 묻고, 심지어는 성욕도 해소하시라고 젊은 처자들을 같이 묻기도 하지요. 바이킹처럼 타던 배를 묻거나 유목민들처럼 말을 묻는 일도 흔한 일입니다. 중국의 상나라에서는 왕의 무덤에 수백 명의 사람이 순장당하기도 합니다. 사후세계를 믿으니까 지금의 삶을 그대로 누려야 하는데 귀하신 분이 저세상에서 빨래나 청소를 직접 하고, 밥상을 자기가 차릴 수는 없다고 생각한 것이지요. 그래서 같이 묻는 일이 벌어지는 것입니다.

이 순장의 관습은 고구려나 백제 무덤에서는 찾아볼 수 없습니다. 한참 광개토왕이나 장수왕의 무덤으로 불리다가 요즘은 소수림왕小獸林王이나 고국양왕故國壤王의 무덤으로 불리는 장군총 주변에도 배총陪冢이라 하여 작은 무덤이 있지만 이것을 순장의 흔적이라 보긴 어렵습니다. 나중에 신하가 죽었을 때 그 옆에 묻은 것이라 봐야 합니다. 후대에 왕의 사당에 그를 섬긴 명신들의 위폐를 같이 모시는 것과 유사한 겁니다.

고구려의 동천왕東川王이 죽었을 때 많은 신하들이 따라 죽으려고 합니다. 신왕인 중천왕中川王이 그러지 말라고 하는데도 하도 자결을 하는 바람에 시신이 장작처럼 쌓였다는 기록이 있기는 합니다. 고구려 기록에 나오는 이 기록이 유일합니다. 그마저도 무덤에 같이 묻히는 것이 아니라 너님 죽었으니 나도 따라갑니다…라는 '순사'이지 '순장'은 아닙니다. 고구려나 백제에서 실제로 순장의 흔적이 보이지 않음은 일찍부터 중국과 교류를 하며 영향을 받은 것 아닐까요? 상대적으로 외곽에 치우쳐 중국과의 접촉이 제한적이었던 신라나 가야의 경우 오랜 기간 순장을 해 온 것을 생각하면 그렇게 틀린 가설은 아닐 것입니다.

아주 차갑게 장부의 숫자로만 보아도 사람이 가진 가치를 무의미하게 소비한다는 점에서 순장은 비효율적인 제도입니다. 춘추시대 진秦의 목공穆公이 죽으며 그 나라의 용사들을 순장했습니다. 그러자 사람들이 나라를 위해 긴요히 쓰일 재목들을 낭비했다고 비난했습니다. 그 후로 순장이 완전히 사라진 것은 아니지만 사람 대신 인형을 묻는 것으로 대체됩니다. 아직도 그 규모를 헤아리기 어렵다는 진시황의 병마 인형 군단도 그런 것이지요. 아무리 진시황이라도 조상인 목공처럼 진짜 군대를 묻으면 손해라는 것을 알았겠지요.

진시황 병마용

　그런 인식이 나오게 된 것은 시대의 변화, 인식의 변화를 반영하는 것이
겠죠. 권력자의 사후세계마저 중요하다고 믿는 사회에서 사람을 죽여 묻
으면 황금보다도 더한 낭비라는 생각을 가진 것은 사람들의 생각이 한 발
짝 앞서 나가기 시작하고 사회제도가 그만큼 정교해졌다는 이야기입니
다. 춘추전국시대에 국가 간의 경쟁이 치열해지면서 순장이란 제도가 없
어졌음을 생각한다면 신라와 가야 역시 그런 시대적 변화가 따라야 가능

한 것 아니겠냐는 생각도 듭니다. 전쟁에 참여하는 것도 이제 권리에서 의무로 바뀌고, 국가의 관리가 점점 정교해지는 시대를 맞이하여 일반 백성들의 삶은 피할 곳이 없어지며 시대의 쓴맛을 경험하겠지만요.

그것뿐만이 아닙니다. 지증왕 3년은 또 다른 의미에서도 매우 중요한 해였습니다. 한 달 후인 3월에는 우경牛耕을 시작합니다. 그때까지 농사는 순수하게 사람의 힘만으로 했는데 이젠 가축의 힘을 빌려 효율을 높였습니다.

이 글을 읽는 분들의 상당수는 농사의 경험이 전혀 없을 테니 가축을 부려 농사짓는 것이 뭐 그리 대단하냐는 질문을 던지실 수도 있습니다. 하지만 과거로 올라갈수록 유목지대나 섬이 아닌 이상 대다수 인류에게 농업은 생존의 길, 그 자체이므로 농업기술의 발전은 그야말로 거대한 변화입니다. 한때 사람들은 IT기술을 다루는 글에서 혁신을 이야기하지 않으면 화장실에서 휴지를 쓰지 않고 옷을 입는 것처럼 여겼는데, 그렇게 혁신이라고 떠들었던 스마트폰의 등장 따위는 감히 나댈 상대가 아니라고까지 할 수 있습니다. 감히 네가 뭔데 그딴 소리를 지껄이느냐란 말도 하실 듯한데 언제나 그렇듯 정작 중요한 이야기는 맨 나중에 나옵니다. 이제 풀어놓을 이야기는 그를 위한 장작 쌓기라고 해 두죠.

우선 먼저 이야기할 것은 농업생산력의 문젭니다. 요즘이야 워낙 농업기술이 발달하여 올해와 같은 가뭄에도 기아 걱정은 안 합니다. 적어도 2020년대의 한국 사회에선 사회경제적인 문제로 굶는 이가 나올 수 있어도, 식량 자체가 부족해 굶는 사람은 없습니다. 많이 생산하기도 하고, 또 외국에서 사 올 수 있는 시대니까요. 하지만 불과 수십 년 전만 해도 우리는 극심한 식량부족을 겪었습니다. 한국전쟁을 겪은 세대들의 회고담에

공산당에 대한 이야기를 할 때마다 '왜놈도 낱알 개수를 세지는 않았는데 빨갱이들은 그걸 세어서 뜯어 갔다'는 빠지지 않더군요. 아니, 논의 수많은 벼 이삭의 낱알을 셀 수 있다고요?

지금과 달리 당시의 곡식은 낱알 개수를 세는 게 가능할 정도로 적게 달렸습니다. 어딘가에서 오래전 국사 교과서에 통일벼 보급 이전의 벼 이삭 사진이 실린 걸 봤는데, 장님이 아닌 이상 이 논에서 거둘 수 있는 낱알의 총량을 셀 수 있을 정도로 적게 달렸습니다. 천 년 전으로 거슬러 올라간다면 어떨까요? 천 년 전의 생산기술이나 품종이 지금보다 떨어지는 것은 당연합니다.

곡식은 물만 먹고 자라는 게 아닙니다. 뿌리에서 땅속의 영양분도 흡수해야 제대로 이삭을 맺을 수 있습니다. 그런데 여러 해 동안 계속해서 농사를 짓다 보면 영양분을 소모하는 속도가 회복되는 속도를 앞지릅니다. 이것을 그대로 방치하면 황폐화되는 것은 피할 수 없지요. 이것을 지력의 고갈이라 부릅니다. 그

선사시대의 농사(e뮤지엄)

러니까 땅의 영양분은 스마트폰의 배터리와 같습니다. 충전 속도보다 방전 속도가 빨라지면 배터리를 바꿔야 하는 것이지요. 비료나 퇴비는 안 쓰냐고요? 그때는 그 단계에 미치지 못했습니다. 그 방법을 찾아내기까지 오랜 시간이 걸렸습니다.

인류는 농업 초반부터 지력의 감소를 피하려고 여러 가지 방법을 연구

하는데 화전농법은 농업 초창기의 해결안이었죠. 숲을 태우면 재가 남는데 그것이 땅의 영양분이 됩니다. 재의 '약빨'이 떨어지면 거기를 버리고 다른 곳으로 갑니다. 좁은 면적을 태우려다 큰불을 내지 않는 한 지력의 고갈은 제한적이고 금세 풀이나 나무가 자라며 회복됩니다.

화전은 간편하지만 땅속의 돌이나 나무의 뿌리를 제거하지 못하므로 농사를 짓는 데 제약이 많습니다. 인구가 늘어나면서 땅속의 장애물까지 제거하는 수준에 이르면 화전으로는 부족하지요. 그래서 나오는 것이 휴한과 갈이농법입니다. 휴한은 말 그대로 쉴 시간을 주는 것입니다. 이른바 교대근무라고 생각하면 편합니다. 농사지을 땅을 나누어 농사지을 땅과 지력을 '충전'할 땅으로 나눕니다. 세계사 시간에 서양 중세의 삼포제라는 이름을 들어 보셨을 겁니다. 그것은 휴한 농법의 가장 발달한 방식입니다. 땅을 크게 세 가지로 나누어 주식을 경작하는 땅, 보조적인데 지력 소모가 크지 않은 것만 경작하는 곳, 아예 농사를 쉬고 휴식을 주는 곳으로 구분하지요. 마치 야구에서, 일시적으로 감이나 체력이 떨어진 선수는 2군으로, 심한 부상자들은 재활군/3군으로 보낸다던가 하는 식으로요. 무리해서 1군에서 계속 뛰게 하면 본인에게도 좋지 않지만 팀도 더 잘할 수 있는 선수를 제대로 쓰지 못하니 손해지요.

휴한농법과 함께 중요한 것은 땅을 갈아서 식물이 영양분을 빼먹은 흙과 뿌리가 미치지 못한 흙을 바꿔주는 갈이농법입니다. 그런데 이는 사람의 근육으로는 매우 힘든 일이었습니다. 땅의 위아래를 뒤집는 일입니다. 애초에는 이것을 사람이 했습니다. 굴봉이나 유구석부라는 돌도끼의 일종으로 구멍을 파고 거기에 곡물을 심습니다. 나중에는 따비라고 부르는 농구를 개발하여 땅을 팝니다. 현재 우리가 아는 고랑이나 이랑을 만들고는 거기에 작은 구멍을 파서 심습니다. 사람의 힘이나 그 도구만으로는 땅의 일부만, 또는 얕게 팔 수밖에 없으므로 한계는 어쩔 수 없지요.

도구의 성능도 성능이려니와 당시의 농토는 요즘처럼 말랑말랑하지 않았습니다. 산에서 참호 파 보셨거나 발굴장, 건설 현장에서 일해 보신 분들은 아실 겁니다. 땅속에 돌과 식물뿌리가 있으면 사람이 금세 지치고, 도구도 빨리 닳습니다. 가래와 같이 여럿이 힘을 합쳐 장애물을 제거하는 도구도 만들어집니다만, 애초 자연계에서 인간은 어딜 가도 힘자랑할 수준이 아니

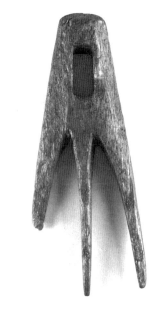

광주 신창동에서 발굴된 목제 괭이(e뮤지엄)

죠. 그래서 덜 힘을 사용하면서 더 많이 수확할 방법을 찾아냅니다.

어떻게든 해답을 찾아내는 인간이 주목한 것은 가축의 힘을 비는 것이었습니다. 처음의 가축은 고기나 털, 가죽을 제공하였습니다. 그러다 인간보다 월등한 힘을 이용하자는 생각을 하게 됩니다. 사실 이것은 대단한 발상의 전환이었습니다. 그야말로 음식을 도구로 쓰는 것입니다. 이를테면 2020년에 햄버거로 발전을 하거나 콜라 한 잔으로 하늘을 날 수 있다고 상상해 보세요. 천하장사 소시지를 터치펜 대용으로 사용한다는 것 따위는 장난입니다.

여러 동물이 인간의 면접을 보았을 것이고, 유라시아의 농업지대에선

소가 간택됩니다. 농사 수단으로서의 소는 여러 장점을 가지고 있습니다. 사람과 가까운 동물 중 사람과 먹이를 경쟁할 일이 없습니다. 소는 초식 동물이라 고기를 먹지 않지요. 세상에 널린 게 풀이고, 소는 워낙 거칠어 인간이 잘 못 먹는 풀도 잘 먹습니다. 힘은 천하장사인데 거대 포유류치곤 온순한 편입니다. 그리고 매우 똑똑합니다. 개인적 경험을 들자면 매우 어렸을 때 소를 몰고 4㎞ 정도의 거리를 이동한 적이 있습니다. 그때는 '내가 소를 몰았다'고 의기양양했는데 한참 지나 생각해 보니 사실 소가 저를 끌고 간 것이었지요. 자기의 고삐를 잡은 게 가족 중 하나란 걸 이해하고, 더 나아가 아이 걸음에 맞춰 천천히 걸어 준 것이었던 것입니다. 이 소를 부려 땅을 갈면 더 깊게 갈 수 있고 찔끔찔끔 구멍을 파는 것이 아니라 땅 자체를 갈아엎을 수 있습니다. 제대로 적용만 된다면 농업생산력이 그 이전과는 확연하게 차이가 났을 것입니다.

물론 우경의 실시란 것이 순식간에 이루어지지 않았을 것입니다. 보통 국가의 정책이나 기술의 채용을 마치 군대의 제식훈련처럼 '좌향좌! 우향우!' 하면 순식간에 모든 군인들이 일제히 방향을 바꾸는 것으로 생각하는 경우를 종종 보는데, 그때보다 국가제도가 훨씬 정교해진 지금도 모든 일이 스위치 켜듯 이루어지는 않잖습니까. 지증왕 3년에 처음 이루어진 것이 아니라 드디어 그것의 효용성을 이해하고 적극 장려한 게 아닐까 싶습니다.

고구려야 중국의 영향을 받아 일찌감치 우경을 실시합니다. 국내성 지역에서는 기원 전후로 중국계 농기구가 나타나고 5세기경 아차산에 세운 군사기지 유적에서도 보습이 나옵니다. 백제도 빨리 보급된 것 같습니다. 신라는? 신라는 두 나라와는 달리 매우 늦었습니다. 그래서 수백 년이나 늦게 우경 실시의 기록이 나타나는 것이지요. 물론 고구려군이 신라 영토에 주둔하기도 했고, 나제동맹으로 백제와도 연을 맺었으니 지증왕 이전에 새로운 기술을 접했을 것입니다. 처음부터 그 효용성을 인정한 것은 아닐 겁니다.

농업에 종사하는 사람들이 가장 보수적이라고 하는데, 어느 정도는 농업 자체의 특성과도 관계를 맺고 있을 것입니다. 농사란 것은 한번 실수하면 그야말로 한 해를 망치는 것이라 아무리 최신 기술이라도 어지간히 성과를 보여 주지 않으면 농부는 채용하지 않습니다. 얼리어답터? geek? 농업의 세계에 그딴 거 없습니다. 지금이야 어떻게든 구제하는 제도가 있다지만 농업이 시작된 이래로 실험의 실패는 굶주림을 의미했습니다. 이 책에서 가끔 이야기하는 '어제와 같은 오늘, 오늘과 같은 내일'이란 고대인의 삶을 대하는 방식은 여기에서 유래합니다. 혁신, 혁명 이런 것을 그렇게 좋아하지 않습니다. 실험을 한다고 누가 식량을 대 주는 것도 아니니까요. 그냥 나라에서 하란다고 곱게 듣는 농민들이 아닙니다. 그러나 한번 방향이 정해지면 또 가장 우직하게 전진합니다. 마치 소처럼.

소백산맥을 넘자마자 바로 만나는 상주, 김천과 선산(현 구미) 같은 곳이 새로운 변화의 출발점이었을 가능성이 큽니다. 혹은 동해안의 어느 곳이었을지도 모르지요. 또는 경주나 인근의 왕실 직속의 농촌에서 시험적으로 실시한 후 장려했을 가능성도 큽니다. 실적이 입증되어 새로운 것을 적용하는 데 두려움을 가진 사람들을 설득해 받아들이게 하는 것, 이것이야말로 사회적 기반을 크게 바꾸는 일련의 혁신들 중 하나라고 단언할 수 있는 사건입니다.

31
화랑은 등에 상처를 입지 않는다

3세기 무렵, 장사 혹은 공무로 한반도를 방문한 중국 사람들은 마한에서 특이한 모습을 발견합니다.

> 그 나라 안에 무슨 일이 있거나 관가에서 성곽을 쌓게 되면, 용감하고 건장한 젊은이는 모두 등의 가죽을 뚫고, 큰 밧줄로 그곳에 한 발[丈]쯤 되는 나무막대를 매달고 온종일 소리를 지르며 일을 하는데, [이를] 아프게 여기지 않는다. 그렇게 작업하기를 권하며, 또 이를 강건한 것으로 여긴다.
>
> ─『삼국지』위서 동이전 한

어떤 사람들은 여기서 인류학 조사에서 발견될 법한 몸에 상처를 내어 성인의례를 치르는 장면을 상상하기도 했습니다. 번지점프라는 것도 남태평양 어느 섬의 성인의례에서 유래한 것이지요. 몸에 상처를 내고 거기에 나무막대를 매달아 종일 일하는 과정을 거치면 한 사람의 어엿한 전사로 인정받는다? 꽤나 설득력이 있습니다. 하지만 다른 의견도 있었지요.

진짜로 등에 구멍을 내는 것이 아니라 한국의 전통적인 기구인 지게를 말한다는 겁니다. 현재 상당수의 연구자들은 지게라고 보는 쪽입니다. 여담이지만 한국전쟁 때, 지게는 탄약과 식량을 수송하거나 부상병을 후송하는 중요한 수단으로 활용되었습니다. 미군은 이것을 A Frame이라 불렀다고 하지요. 산이 많고, 도로가 발달하지 않은 상황에서 매우 효율적인 도구였습니다. 다가가서 유심히 보지 않으면 뭐 등가죽을 뚫어 나무 기둥을 박아 넣은 것처럼 보일 수 있지요. 아프리카나 태평양의 섬에서 몸을 뚫어 뭘 넣는 관습이 존재하니까 그걸 연상할 만하지만 애초에 인간의 살가죽이 무거운 짐을 버틸 수 있는가란 의문에 답이 되진 않습니다.

지게 사진(국립민속박물관)

갑자기 지게 이야기를 하는 것은 저 기록과 화랑花郞 사이에 많은 관계가 있다고 생각하기 때문입니다. 근대적인 학교교육이 실시되기 전, 특히 고대에서 청소년의 교육이 어떻게 이루어졌나를 연구하다 보면 국학·태학이나 경당에 앞서 반드시 한 번은 화랑을 만날 것이고, 조금만 더 나아가면 저 기록과 마주하게 됩니다. 이들을 만나는 길을 걷다 보면 신라라는 나라가 제도를 만드는 과정도 엿볼 수 있습니다.

『삼국사기』에 따르면 화랑은 진흥왕 37년(576)에 처음 나왔다고 하는데, 그전에는 원화源花라고 하여 두 명의 여인, 남모南毛와 준정俊貞을 대장으로 삼아 300여 명의 청년을 모았다고 합니다. 이 무리들이 어울리는 모습을 보고 인재를 발탁하려 하였는데, 두 여인 사이에 질투로 인한 살인이 벌어져 원화를 폐지하고 대신 남자를 뽑고 이를 화랑이라 부르게 되었다는 것이죠.

화랑이 있으면 그를 따르는 낭도郎徒가 있습니다. 화랑을 중심으로 무리를 이루어 산천을 유람하며 훈련을 한 것 같습니다. 화랑은 아무래도 고위 귀족의 아들이 맡는 경우가 많을 것이므로 미래의 간부 실습입니다. 낭도를 지휘하면서 경험을 쌓고, 그를 따르는 낭도 중에서 탁월한 자는 눈여겨보았다가 자기 부하로 채용하는 구조일 것입니다. 김유신金庾信도 산천을 돌아다니며 수련을 한 기록이 있고, 비령자丕寧子나 열기裂起와 같은 그의 부하들은 화랑 시절의 낭도였던 것 같습니다.

또, 강원도의 명승 중 최고라 할 관동팔경關東八景 중에 화랑이 관련된 것이 무려 통천의 총석정, 고성의 삼일포, 경상북도 울진(원래 강원도에 속했으나 1963년에 경상북도에 편입)의 월송정 등 네 곳입니다. 유람을 왔다고 하지만 실제로는 화랑과 낭도들이 수련을 하던 것이 아닌가 생각되지요. 여기에는 군사훈련도 있을 것이고 승려가 같이 하는 날은 관리가 되기 위한 인문교육도 했을 것입니다.

진평왕眞平王 때 사람인 검군劍君은 화랑 근랑近郎의 낭도 출신으로 사량 궁沙梁宮에서 일하고 있었습니다. 진평왕 44년(627)의 가뭄이 이듬해까지 이어져 백성들은 자식을 팔아 연명할 정도였는데 사량궁의 관리들이 창고의 곡식을 훔치려고 모의하는데 혼자 참여하지 않습니다. 신고할까 봐 겁을 낸 동료들이 검군을 독살합니다. 왜 신고도 안 하고 홀로 죽을 거냐는 질문에 화랑 낭도 시절에 배운 대로 한다는 이야기를 남깁니다.

그래서 김대문이란 신라의 역사가는 지금은 전해지지 않는 『화랑세기花郎世記』란 책에서 "어진 보필자와 충신은 이로부터 나왔고, 훌륭한 장수와 용감한 병졸은 이로부터 생겼다."라고 하기도 한 것은 화랑이라는 제도가 무슨 의도로 만든 것인지를 말해 줍니다.

근대적인 학교교육이 실시되기 전에 교육은 어떤 모습이었을까요? 고려 광종 때 과거제를 처음 도입하기 전에는 관리를 어떻게 뽑았을까요? 화랑은 이런 궁금증을 해결해 주는 중요한 단서입니다. 과거의 교육은, 적어도 현재 중·고등학생 연령대에 해당하는 시점에는 보기에 따라 직업교육이 전부라고 해도 과언이 아닙니다. 농부의 자식들이 받는 가르침은 태반이 농사와 관련된 것이겠지요. 수렵이나 어업, 상공업에 종사하는 이의 자식도 부모의 일을 물려받기 위해 배워야 하는 것입니다. 귀족들이 받는 유교 경전이나 역사에 대한 교육도 교양이라기보다는 '사회 주도세력'으로서 살아가기 위한 기능 교육입니다.

그보다 어린 나이는 어떨까요? 부모들은 일하기 바쁘고, 현재처럼 어린이집이나 유치원, 초등학교가 아이들을 보호해 주는 것도 아닙니다. 아주 갓난아이라면 업거나, 일하는 곳 주위 그늘에 놓고 수시로 쳐다보며 일을 할 수 있지만 한 사람의 일꾼 몫을 할 수 있기 전엔 마냥 붙어 있을 수도 없습니다. 그럴 때 아이들은 또래끼리 모아 놓는 게 안전하겠죠. 이런 모임은 인류사회 초창기부터 존재했을 것입니다. 지금도 원시적인 사회조직에 기반을 둔 곳에는 남아 있는데, 인류학에서는 수단에 사는 누어Nuer족의 동년배 모임을 주로 이야기합니다. 이 조직은 마치 텔레토비의 모임과 같습니다.

「꼬꼬마 텔레토비」로 잘 알려진 유아교육용 프로그램에서 보라돌이, 뚜비, 나나, 뽀라는 안테나와 화면을 가진 아이들이 같이 놀며 이것저것 배우지요. 동네 놀이터에서 같은 나이대 아이들이 하는 행동과 매우 흡사한 모습입니다. 거기에는 고정된 학교나 교사가 존재하지 않아요. 대신 자기들끼리 대화하고 배에 달린 화면의 영상을 보고 같이 깨우쳐 나갑니다. 화랑도, 그 기원이 되었을 원시적인 동년배 모임도 그런 식이었을 것입니다. 안테나와 화면이 없으니 아이들은 조금 나이 많은 형, 누나를 따라다니며 어른들이 일하는 것을 따라 하며 앞으로 필요한 기술과 상식을 자연스레 몸에 익히기도 하고, 자기들끼리 직접 여러 행위를 시도하며 체득합니다. 그 모임에서 후일 마을 공동체를 이끌어 갈 새 지도부가 만들어지지요. 차세대 지도자와 참모, 부분별 관리자가 자연스레 정해지고, 앞 세대의 은퇴 후엔 그들이 자연스럽게 공동체의 중추가 되는 것입니다. 근대 이후의 학교교육과는 멀지만 그땐 이게 교육이라 할 수 있습니다.

국립경주박물관에 「임신서기석壬申誓記石」이라는 작은 비석이 전시되고 있습니다. 여기에 이름을 알 수 없는 두 명의 젊은이가 3년이란 기한을 정해 두고 『시경詩經』, 『서경書經』, 『예기禮記』, 『춘추春秋』를 습득하겠다고 다짐하는 글이 새겨져 있습니다. 임신년이 언제냐를 두고 552년이냐, 612년이냐, 또는 732년이냐로 설이 갈리지만 적어도 국학國學 설치 이전으로 보

는 의견이 많습니다. 스승이야 필요하
겠지만 적어도 어느 기관에 속해 공부
한다는 내용이 아니기 때문이죠. 요즘
말로 풀자면 자기주도학습에 가깝습니
다. 역시 화랑이라는 이름은 안 나오지
만 화랑이거나 그에 소속된 낭도가 쓴
것으로 보는 것이 맞을 듯합니다.

임신서기석(e뮤지엄)

그런 각도에서 보자면 화랑은 국가
가 지배체제를 구축하는 시점에 원시
적 수평 사회의 동년배 조직을 흡수하
여 재편한 청년조직이라고 할 수 있습
니다. 보통 우리가 전근대사회, 삼국시
대나 고려시대, 조선시대를 생각할 때
왕과 귀족(양반), 평민과 천민으로 짜여진 수직적인 것만을 생각하게 됩
니다. 삼국시대도 틀리지 않습니다. 현재 우리가 사는 시대에 비하면 매
우 수직적인 사회입니다. 그러나 역사의 흐름이란 거대한 구조에서 보자
면 고대, 그중에서 삼국시대는 아직 엉성한 사회입니다. 청동기시대부터
계급이 분화되기 시작하고, 수백 년 전부터 작은 나라들이 서로 집어삼키
며 큰 나라가 되고, 또 여러 대장 중에 약간 셀 것 같았던 왕이 점점 국왕
에 걸맞은 힘을 가지기 시작했지만 여전히 '옛날물'은 빠지지 않았습니다.
여러 지역이 큰 나라의 한 지방이 되었지만 여전히 독자적이었을 때의 관
성도 가지고 있습니다. 그야말로 수천 년 된 질서와 새로 짜이는 질서가
복잡하게 얽히고설킨 미궁과도 같은 시대입니다.

290

국가, 왕실에서도 무리하게 익숙하지 않은 신질서를 강요해 반발을 사기보다는 사람들에게 익숙한 제도를 받아들여 서서히 변화를 꾀하는 것도 하나의 방법입니다. 기존의 질서 속에서 새로운 것을 슬그머니 익숙하게 만드는 것이지요. 그 과정을 상징하는 것은 화랑의 규율로 잘 알려진 세속오계世俗五戒입니다. 『삼국사기』에 따르면 귀산貴山과 추항箒項이라는 두 명의 젊은이가 당시 중국에서 유학하고 돌아온 승려 원광圓光(555~638)을 찾아가 받들어야 할 것을 청합니다. 그때 불교 승려는 사회 최고의 지식인이라고 해도 과언이 아닙니다. 수련과정에서 배우는 교육의 질은 당시 기준으로 매우 높은 것이라 외교와 국정의 자문역이 될 수 있었지요. 원광이 불교의 계율과 사회의 윤리를 고려해 만든 계율은 다음과 같습니다.

첫째 사군이충事君以忠, 임금을 섬기길 충성으로 하라.

둘째 사친이효事親以孝, 부모를 섬기길 효로 하라.

셋째 교우이신交友以信, 친구를 사귐에 믿음을 다하라.

넷째 임전무퇴臨戰無退, 전장에 나섬에 물러서지 말라.

다섯째 살생유택殺生有擇, 살아 있는 것을 죽이되 가려서 하라.

『삼국사기』에서는 귀산과 추항이 화랑이란 말은 없습니다. 원광도 화랑에게 준다는 말은 하지 않습니다. 그런데 다른 기록에서도 나타나는 화랑은 이 규율을 우직하게 지켜 나가려 합니다. 잘 알려진 관창官昌도 물러서지 않고 죽었고, 김유신의 아들 원술元述은 전장에서 물러났다고 집에서 쫓겨납니다. 그런데 처음 이 계율을 받은 귀산과 추항이 602년(진평왕 19)에 백제와의 싸움에서 목숨을 던져 실천하니 그 누구도 감히 바꿀 수 없는 굳건한 규칙이 되어 버린 것이지요. 그래서 화랑의 계율이라 하여도 무리가 없다고 많은 연구자들은 생각하고 있습니다. 두 사람이 화랑이었을 수 있고, 그들의 극적인 모습에 감동한 화랑들이 그것을 자신들의 규율로 삼았을 수도 있습니다. 특히 네 번째 임전무퇴는 목숨보다 더 중요한 것으로 간주됩니다. 동서양을 막론하고 고대의 전사들은 등에 상처를 입고 죽는 것을 엄청난 수치로 여겼습니다.

앞선 3가지, 사군이충, 사친이효, 교우이신은 유교적 색채가 강합니다. (물론 나라에 충성해라, 효도해라, 친구와 친해라는 꼭 유교에서만 강조하는 것은 아닙니다만) 그리고 살생유택은 불교의 교리와 현실의 절충선에서 나온 것입니다. 이 임전무퇴만은 고대국가 초반부부터 내려온 것으로 생각됩니다. 고구려의 법에 전쟁에 패한 자를 처벌하는 것을 떠올리면 됩니다. 매우 가혹했던 규율의 잔재로 보입니다. 흔히들 이기고 지는 것은 전쟁에서 늘상 있다고 말하는데, 시대가 올라갈수록 다음이 없을 정도로 가혹합니다. 물론 자신이 초래한 패배는 처벌하지만 어느 정도 불가항력에 의한 패배는 용납하던 후대와는 다릅니다. 물론 한 번 지면 완전히 휘청거릴 취약한 시대에는 패배는 곧 집단 전체의 죽음일 테니까요.

신라에게 있어 당장 국가체제는 구축해야겠고, 고구려와 백제가 달려드는 것도 버겁습니다. 거기에서 화랑은 부여받은 역할을 제대로 수행해 냅니다. 화랑은 전장에 나아가면 선두에서 혈로를 뚫었고, 물러나서는 국가를 움직이는 인재로 자라났습니다. 앞에서 인용한 김대문의 말은, 특히 삼국통일 과정을 본다면, 이보다 더 들어맞는 표현은 찾기 어려울 것입니다. 그런데 국가는, 신라 왕실은 화랑으로 만족할까요?

보통은 화랑과는 별개의 것으로 생각되지만 사실 하나의 흐름, 앞뒤에 놓고 보아야 할 것은 국학입니다. 국학은 고구려의 태학太學처럼 귀족들의 교육기관이었습니다. 신라도 일찍부터 고구려나 백제를 모방하여 박사博士를 둔 것을 보면 일찍부터 유교적 소양을 키우는 것을 염두에 둔 것 같습니다. 「울진봉평비蔚珍鳳坪碑」나 「진흥왕순수비眞興王巡狩碑」에도 유교 경전의 이해가 없으면 어려운 내용도 보입니다. 다만 삼국통일 전쟁 이전 단계에서 그것이 사회 전반적으로, 그러니까 지배층에게 널리 퍼진 것이냐, 또는 고대 이집트나 메소포타미아처럼 서기라는 엘리트 계층의 전유물로 한정된 것이냐는 좀 더 들여다볼 필요가 있습니다.

국학이 설치된 것은 신문왕 2년(682)의 일입니다. 그런데 신라의 관청은 장관에 해당하는 령숙이 있고 차관에 해당하는 경卿, 실무의 책임자 대사大舍, 실무담당자인 사지舍知, 그리고 하급관리격인 사史가 있었는데 국학은 경이 책임자고 그 아래 대사와 사가 있습니다. 박사와 조교도 보이는데 이들은 이른바 교원이고, 앞의 대사와 사는 행정직원에 해당한다고 보면 될 것 같습니다. 그런데 실무 책임자 격인 대사는 30년 전인 진덕왕 5년(651)에 설치됩니다. 신라의 관부 설치는 한 번에 이루어지는 경우가 적어 총책임자를 먼저 뽑고 뒤이어 실무자를 보충해 가는 것이 일반적인데, 이렇게 실무자를 먼저 뽑고 30년에 걸쳐 완성하는 경우는 매우 독특한 사례입니다. 물론 이 시기는 삼국의 치열한 항쟁기였고, 뒤이어 고구려와 백제를 멸망시키고 당과 싸우는 시대라 한가히 중국식의 교육기관을 세울 여력이 없는 상황은 당연합니다. 그럼에도 이를 화랑과 연결시켜 보면 서서히 공동체적 질서보다는 수직적인 상하관계를 필요로 하였던 신라 왕실의 진득한 정책 추진이 엿보입니다.

32
골품제적 신분제란 무엇인가?

현대인들에게 고대사회의 여러 가지 모습에서 가장 이해할 수 없는 것을 꼽으라면 아마 신분제가 될 것입니다. 애초에 인간은 국가, 인종, 성별 등에 관계없이 모두 평등하다는 것을 교육받은 사람에겐 태어나자마자 등급이 정해졌다는 사실을 이해하는 것은 사실 어려운 일입니다. 아니 그렇게 낮은 신분에 처해 있고, 각종의 불평등한 일을 당하고 있다면 당연히 그것에 대해 불만을 가지고 행동에 옮기지 않을까? 지난 세기 후반의 연구자들은 조금이라도 현실에 반대하는 움직임이나 약간 새로운 흐름이 나오는 것들에 대해 근대성을 부여하고 인권을 위한 저항이라 생각하고 접근했습니다. 농민반란은 모두 신분제 타파를 위한 장엄한 투쟁이었고, 기녀들의 문학은 억압받는 성차별을 이기려는 움직임이었습니다. 후대인들의 인식이 오히려 사실의 본질을 가린 사례입니다.

그 이해할 수 없는 고대의 신분제를 이해하는 첫 번째 단어는 '아버지의 피'입니다. 아버지가 어떤 피를 갖고 있었느냐에 따라 나의 신분이 달라집니다. 늘 하는 비유를 여기서도 써 보지요. 지금 이 글을 쓰는 저와 읽는 당신을 두고 예를 들어볼까요?

당신은 매우 똑똑합니다. 세상의 모든 일에 대해 모르는 것이 없습니다. 당신이 풀었던 문제, 받았던 질문 중에서 답이 아닌 것이 없습니다. 반대로 저는 답이 없을 정도로 멍청합니다. 누가 "네 이름은 뭐냐?"라고 물으면 "난데요."라고 대답할 것입니다. 아버지가 누구시냐라고 물으면 "아빠데요.", 집이 어디냐고 물으면 "우리 집이요."라고 대답할 정도입니다. 그런데 당신의 아버지는 농부입니다. 제 아버지는 장관입니다. 누가 출세할까요? 도장을 찍는 건 누구고, 그분의 생활을 지탱하기 위해 열심히 농사를 지어야 하는 사람은 누구일까요?

(공평하게) 반대로 가정해 보지요. 당신의 무력은 백하팔인급 아래입니다. (코에이사의 게임, 삼국지 시리즈에서 모든 수치를 다 합쳐도 100을 넘지 못하는 장수를 말하지요. 늘 즐겨 하는 10을 기준으로 놓으면 마막, 유선, 손호, 양송, 한현, 하후무, 황호, 잠혼 등 8인을 말합니다) 이웃 유치원생 아이에게 맞고 엉엉 울며 집에 갑니다. 개만 봐도 닭살이 돋고, 말 위에 앉혀 놓으면 바지가 축축해집니다. 반면에 저는 17:1도 아니고 170:1로 붙어도 이깁니다. 저와 싸운 사람들은 모두 중환자실로 실려 갔습니다. 몽둥이 하나만 들고 산에 들어가면 모든 맹수들이 옆 산으로 도망을 칩니다. 그런데 당신은 장군의 아들이고 저는 화장실 청소부의 아들입니다. 과연 전쟁이 났을 때 누가 장군이 되어 지휘봉을 휘두르고, 또 누가 371번 올빼미가 되어 창을 들고 함성을 지르며 뛰어갈까요?

위의 예시는 학생들에게 쉽게 신분제의 속성을 이해시키기 위해 쓰곤 하는 예시입니다. 그래서 매우 극단적인 비유입니다만 이게 그 시대의 현실입니다. 동시대 이웃인 중국 남조에선 고위 귀족의 아들로 편지를 쓸 수 있으면 비서랑秘書郎, 말 위에 올라 떨어지지 않으면 저작랑著作郎에 갈

수 있다는 이야기도 있습니다. 저 관직들은 큰 사고만 저지르지 않으면 재상까지 올라가는 청요직이라는 출세의 한 과정입니다. 보통은 아무리 신분이 높아도 너무 무능한 자는 배제하지만(나라가 망할 때는 그걸 못한 것입니다만) 적어도 기본만 하면 높은 신분이 유리한 제도입니다.

결혼도 그렇습니다. 신분이 다른데 사랑에 빠지면 어떨까요? 아마 두 사람의 목이 몸이랑 분리가 되겠지요. 인도에서는 지금도 종종 일어나는 일입니다만. 사람의 감정도 막을 정도로 무서운 제도입니다. 드라마에선 지금도 신분(현대사회는 계급이 되겠군요. 신분이 아니라 경제력으로 등급이 나누어지니까요)을 넘은 사랑이란 주제를 한 작품들이 끊임없이 나옵니다. 꼭 여성 취향 멜로드라마뿐만 아니라 용사가 마왕이나 용을 물리치고 공주를 구해 내 결혼을 한다는 식의 이야기도 그렇습니다. 영화, 드라마, 소설, 만화와 만화영화 같은 다양한 매체에 마치 전 세계에서 몇 초마다 한 병씩 팔린다는 청량음료와 같지요.

그런데 그게 가능할 것이냐? 현대의 계급은 당대성을 가집니다. 적어도 내가 잘나서 부를 얻었거나 덕을 봐야 아버지와 할아버지 세대의 노력입니다. 또 그것은 안정적이지 않아 내가 모자라면, 또는 절제 없는 생활을 하면 유지할 수 없습니다. 그러나 특히 고대의 신분은 원초적입니다. 내가 잘나서 이 신분이 아니라 내 핏줄의 뿌리가 잘나서 얻은 것입니다. 물론 다른 이의 반론을 원천봉쇄할 정도로 신성하거나 위대한 능력자의 핏줄이어야 하는 것입니다. 지금 내가 누리는 것은 모두 위대한 선조의 피를 물려받았기 때문입니다. 성스러운 선조의 피를 고이고이 간직한 내 피는 황금물이고, 허허벌판에서 눈이 맞아 생긴 네놈의 피는 김칫 국물 이하인 것입니다. (야합野合이라는 단어의 기원입니다)

그러니까 신분이 다른 두 사람의 피를 섞는 것은 고대인에게 절대 불멸의 신성함을 오염시키는 일입니다. 내 가족뿐만 아니라 집안 친족, 나와 관련된 모두가 회복 불가능할 정도의 오염물질을 뒤집어쓴 겁니다. 왜 우리의 사랑은 허락받을 수 없는 건가요? 그냥 조용히 먼 곳으로 떠나서 살게요! 이런 말도 통하지 않습니다. 일족의 신성한 피를 지켜야겠다는 사람들이 선택하는 길은 하나입니다. 한 명(+ 천한 피)만 희생하면 되는 일이다. 이따금 인도에서 다른 카스트인데 연인이 된 사람들에 대한 기사가 올라오는데 결말이 죄다 그런 것은 다 이유가 있는 것입니다. (물론 이를 합리화하자는 건 아니란 걸 여러분들은 아실 것입니다)

지금까지 나온 신분제에 대한 글 중에서 가장 평이하고 본질을 잘 설명한 글은 『한국고대사론』(한길사, 1988)에 실린 이기백의 「삼국시대의 사회구조와 신분제도」라는 글입니다. 여기서 신분제의 결혼에 대한 재미난 이야기가 실려 있지요. 한국의 대표적인 사랑 이야기하면 춘향전을 꼽습니다만, 이 글에서 춘향전의 후일을 이야기한 대목이 나옵니다. 춘향전을 읽은 사람들은 변학도의 손아귀에서 구해진 춘향이와 이몽룡이 백년해로 했을 것이라고 생각하는데 실제로는 그렇지 않았을 것이란 겁니다. 이몽룡은 남원부사의 아들로 양반이고 춘향이는 기녀의 자식이니 천민이거나 잘 봐줘도 평민입니다. 그래서 춘향이는 잘해야 첩 이상으로 올라가지 못합니다. 그나마 고대보다는 좀 융통성(?)도 생긴 조선시대라 저 정도지 고대에서는 꿈조차 꾸지 못할 이야기입니다.

결혼과 출셋길, 이것 말고도 신분제의 중요한 특성이 있습니다. 바로 희소성입니다. 사실 고대를 다룬 사극에서 대개의 경우 비단옷에 금붙이를 덕지덕지 달고 다니는 귀족들만 잔뜩 등장하니 매우 흔한 존재처럼 착각하기도 합니다. 1980년대만 해도 일간지나 잡지에 과거로 돌아간다면 어느 시대로 가고 싶은가라는 설문이 종종 실렸습니다. 일부 '용감한' 시민들이 고대를 선택하는데 그 이유가 귀족들의 삶을 누릴 수 있다는 것이었습니다. 그런 이야기를 볼 때마다 머리가 아픕니다. 귀족이 흔하면 그게 귀한 족속인가?

개인적으로 고대 신분제를 이해하는 데 가장 큰 도움을 준 것은 두 장의 그림이었습니다. 타케미쓰 마코토의 『3일 만에 읽는 일본사』에 실린 헤이안시대의 신분표, 우리나라 아동 역사책에 실린 골품제의 삽화입니다. 전자의 책은 일본에 처음 갔을 때 오사카의 중고서점에서 구입하고선 나랏말쌈이 통하지 않아 삽화만을 보았는데 이 그림 하나로 읽지도 못할 책을 산 돈은 아깝지 않더란 생각을 했지요. (물론 귀국한 다음, 한참 전에 그 책의 번역본이 나왔음을 알고는 복통을 앓았습니다) 저작권이 있어서 그 삽화는 설명으로 대신합니다.

이 책에 따르면 900만 명의 일본인 중, 황족과 귀족은 약 200명입니다. 그 아래 중하급 관리들이 1만 3천 명입니다. 보통 사극에서는 이들이 매우 낮은 신분의 일꾼 같지만 사실 이들도 전체 신분 구조에서는 매우 높은 사람들입니다. 백제의 목간 이야기할 때 다루긴 했지만 통일 이후 신라의 공무원은 3천6백 명입니다. 그 외엔 한국 고대국가의 신분제의 규모는 알 수 없습니다. 다만 일본이나 중국이나 한반도의 여러 국가들이나 이런 신분이 매우 적은 숫자라는 것만은 공통적입니다. 한때 어느 자동차 회사에서 5%만이 탈 수 있는 차라고 자기 차를 선전한 적이 있는데 고대 사회의 감각에선 그 차를 탈 수 있는 건 소수점 이하의 사람들이지요. 5%나 탈 수 있는 차는 결코 귀한 물건이 아닙니다. 그 시대의 진짜 높은 분들이 보기엔 개나 소나 타는 수레입니다.

　원래 신분제라고 하면 책 한 권을 써도 될 정도로 많은 이야기를 담고 있지만, 이 책에서는 수십 개의 항목 중 하나이므로 과연 고대인들은 신분제에 대해 어떤 생각을 가졌는가에 대해서만 이야기해 볼까 합니다.

　앞에서 잠깐 언급했지만 지난 세기의 신분제 연구는 많은 부분이 평민들을 염두에 두고 이루어졌습니다. 문제는 고대의 기록이라는 것이 귀족 신분에 중점을 두었다는 것입니다. 이를테면 주거라든가 농경지 같은 고고학 증거가 풍부했으면 모르겠는데, 마침 그것이 풍부하게 드러난 시기가 오기 전에 이루어진 연구입니다. 그래서 여러 결과를 보고 결론을 도출한다기보다는 먼저 의식의 단계에서 정해진 상태에서 연구가 이루어졌습니다. 그래서 고대와 중세에서 근대성을 애써 발견하려는 일이 비일비재했습니다.

　모든 민중이 사태의 본질을 깨닫고 그것에 대한 울분을 가지고 있다는 서사는 잘 팔리는 창작의 영역에서는 어떨지 몰라도 실제 일어난 일을 이해하고 해석하는 역사라는 학문 영역에는 도움이 되었던가란 의문이 듭니다. 아니 본질이 무언가를 알고 있었을까란 첫 단계부터 무리수였습니다. 지금과 같은 전 국민을 상대로 한 의무교육이 존재하지 않았고, 학교가 아니더라도 세상의 정보를 얻는 수단이 될 교통과 통신도 매우 열악한 시대였습니다. 매우 발달된 상업교역망이 있다지만 그 일에 참여해 결실을 얻는 사람은 전체 인구에서 극히 일부였습니다. 대다수는 전쟁이나 대규모의 노역이 아니면 평생 고향 근처를 떠날 일도 없는 상태였습니다. 피부로 와닿는 뭔가 나쁘다는 건 알아도 그게 어떤 구조의 산물인가를 이해하는 건 현대에도 흔한 일이 아닙니다. 역사의 판단은 나를 기준으로 할 수 있어도 지금의 기준으로 하네, 못 하네를 말할 수는 없는 것입니다.

이런 신분제 사회의 사유를 가장 쉽게 이해한 사람 중에 올더스 헉슬리란 작가가 있습니다. 그는 『멋진 신세계』라는 SF의 걸작을 남겼는데, 그 사회의 사람들은 모두 인공수정을 통해 태어납니다. 아예 탄생 전에 앞으로의 신분이 정해집니다. 최고의 신분, 사무직, 노동자 등으로 갈라집니다. 아예 인공적으로 생산을 하니 태어날 때부터 자기 신분에 대한 자부심을 주입받습니다. 사무직은 최고위층을 보며 유복하지만 그들의 업무는 너무 가혹하다고 생각하고 아래 노동자층을 보며 더럽고 냄새나는 근육파라고 생각합니다. 반면 노동자들은 육체의 건강미를 자랑하며 비실비실한 상류층들로 안 태어난 게 다행이라 생각합니다. 읽은 지 너무 오래되어 정확한 표현인가는 자신이 없지만 다른 신분에 대해 대략 '내가 저런 곳에 안 태어나서 다행이다'라는 태도를 갖는 건 공통점입니다. 연구자들은 가끔 뭔가 특이한 존재에 초점을 두고 새로운 시대의 맹아라고 주장하길 좋아하지만 그래서 기록에 남은 건 사람이 개를 무는 것과 같이 극히 희소한 것임을 잊어버립니다.

아마 한때 민중의 역동적 힘을 보여 준다고 믿었던 신라 하대의 농민반란도 신분제의 모순 따위는 생각지도 않았을 가능성이 큽니다. 고려 무인정권기의 만적이 왕후장상의 씨가 따로 있느냐는 말을 했다지만, 그가 『사기』 진섭세가를 읽고 한 말인지, 후대의 역사가가 가필한 것인지 알 수 없습니다.

고대 사람들이 생각한 자신들의 신분제에 대한 인식을 잘 보여 주는 그림이 하나 있습니다. 평안남도 강서군(현재 북한의 남포직할시)에 있는 수산리 고분의 벽화 중 무덤의 주인과 가족의 행렬 그림이 있습니다.

수산리 고분벽화의 행렬도(지식e음)

이 그림에서 한눈에 들어오는 것은 줄지어 선 사람들의 키가 매우 다르다는 것입니다. 주인과 가족으로 보이는 사람은 크고, 그들을 보필하는 듯한 사람들의 키는 약간 작습니다. 그러나 매우 낮은 일을 하는 것으로 보이는 사람은 더 작습니다. 실제로 무덤 주인과 가족들은 키다리고 나머지는 평균치, 그리고 난쟁이가 허드렛일을 하는 모습은 결코 아닐 것입니다. 어쩌면 그림을 주문하거나, 모델이 되었거나 제작한 사람까지 다 이런 관점을 가진 것은 아니었을까요? 현실에서는 모두 고만고만한 키지만 신분에 대한 사유가 이들의 키를 달리 여기도록 뇌에 주입한 것은 아니냐는 것이죠. 마치 평면 그림이나 사진을 보고도 인간의 뇌는 자연스레 원근법을 인식하는 것처럼 말이지요.

헉슬리의 소설처럼 내가 저렇게 태어나지 않아 다행이란 의식은 가지지 않았어도(모두 자연분만으로 태어났으니까요!) 적어도 태어날 때부터 이런 신분 질서를 주입받고, 그것이 마치 우주적 법칙인 양 믿고 감히 거스를 생각이 없는 사람들이 99.9999999%였다는 것은 인정해야 고대의 신분제를 이해하는 첫걸음을 내딛는 것이라 생각합니다.

33
가야는 하나가 되지 못했나

한때 고대사 연구자들은 가야사를 독립적인 존재로 보는 대신, 백제나 신라에 부속된 것으로 보는 경향이 강했습니다. 사실 학계에서 가야사를 가야加耶의 입장에서 보려는 시도가 왜 없겠습니까만은, 가야인의 직접적인 목소리보다는 이웃의 기록에 실린 것만 살아남았기에 연구의 관점을 설정하기엔 부족했지요. 『일본서기』에 가야 관련 자료가 많았지만, 고대 일본이 한반도의 남부를 지배했다는 임나일본부任那日本府설의 근거로 활용되는 것이라 적극적으로 이용하기 어려웠습니다. 그래서 초기 가야의 연구는 백제와 신라의 성장과정에서 언급되는 것에 불과했습니다. 한동안 가야는 삼국이 주인공인 역사에서 동료, 혹은 경쟁자, 적대자로 등장하는 단역이었습니다.

가야가 주체가 된 문자 기록은 없지만 김해, 고령과 함안, 이른바 소백산맥 너머 장수에서 가야의 유적이 대량으로 발견되고서야 가야가 주체인 가야사 연구가 비로소 뿌리를 내렸다고 할 수 있지요. 최근에는 삼국이 아니라 사국시대여야 한다는 주장이 나올 정도로 가야사의 지위는 날로 튼튼해지고 있습니다. 가야사의 가려진 면은 앞으로 더 많이 드러날 것이라 생각됩니다.

개인적으로 가야사를 백제와 신라 역사의 보조 출연자로 단정 짓는 것은 잘못된 것이며 가야도 한국고대사 속에서 중요한 지분을 가진 나라라고 봅니다. 그러나 가야가 삼국과 대등하였냐는 다른 문제입니다. 사국시대? 그렇다면 부여는 자격이 없는 것일까요? 가야보다 더 오래전부터 존재해 왔으며 상당 기간 동북아시아 국제정치의 한 축을 담당해 왔습니다. 부여사가 가야사보다 부족한 것은 고고학 발굴의 접근이 용이하지 않다는 것과 박사학위 소지자의 숫자 정도뿐이라고 생각합니다. (2018년에 국내 첫 박사학위가 나왔습니다. 그전에 미국에서 한 명이 배출되었구요) 가야사는 그동안 삼국사에 눌려 있었다고 주장했었다면 이번엔 부여사가 가야사에 눌렸다고 외칠 차례인가요?

가야가 번성한 것은 사실이지만 동 시기 삼국과 같은 수준의 국가였냐고 묻는다면 어떨까요? 물론 그렇게 주장하는 분들도 계십니다. 유적의 규모나 유물의 양을 보아 그렇다는 의견이지요. 전북 장수군의 가야 고분은 고령의 대가야 고분보다 더 크다고 합니다. 그렇다면 가야 후반부의 중심지는 고령이 아니라 장수였을까요? 그것만을 나라가 발달한 척도로 보는 것은 무리한 생각이 아닐까요? 유물의 양으로 볼 때 고구려가 신라를 뛰어넘은 적은 단 1초도 없습니다. 그게 고구려보다 신라가 더 발전했다고 볼 연구자는 없습니다. (고구려 풍속에 장례식에서 고인의 물건을 내놓아 다른 사람들이 가져가게 했으니 유물 자체가 적습니다)

가야는 망하는 그날까지 소규모의 소국들이 산포된 형태로 남아 있었습니다. 물론 지금도 연합이라거나 연방제를 택하는 나라도 있습니다. 그런 정체를 택했다고 특별히 국제사회에서 차별을 받는 것은 없습니다. 단

일정부 국가보다 꼭 약한 것도 아니지요. 하지만 가야의 여러 작은 나라들이 단일한 의사구조를 갖춘 국가집합으로 보긴 어렵습니다. (물론 현대 국가의 수준을 고대국가에 요구하는 것은 잘못된 것입니다만, 최소한의 자격요건을 말하는 겁니다)

한국고대사 속 가야의 지분구성이 어떠냐를 이야기하기 전에 왜 가야만 삼국+부여와 달리 하나가 되지 못했나를 이야기해 보는 것이 먼저일 것 같습니다. 그전에 일단 가야의 역사적 흐름을 살펴보아야겠지요.

소백산맥 이남에 철기문화가 도래한 것은 고조선이 멸망한 이후의 일입니다. 낙동강 서안을 중심으로 한 변한弁韓 12개국에서 성장한 가야의 여러 소국, 특히 김해의 구야국狗倻國(금관가야)에서 생산하는 철은 한군현과 왜를 잇는 무역망의 중요한 상품이었습니다. 가야의 철은 한군현과 왜에 수출되었지요. 이런 교역은 이 지역에 많은 부를 가져다준 것으로 보입니다.

지금도 포항이나 울산 인근에서는 거대한 도넛 모양의 쇳덩이를 실은 화물차를 종종 보는데요. 기다란 판재를 둘둘 만 형태입니다. 이 철덩어리가 제철소에서 자동차 공장으로 옮겨지면 그것을 펴서 자르고 구부리며 차의 몸체를 만듭니다. 삼국시대에도 제철소에서 일정한 크기의 철 덩이를 만들어 내놓으면 각지의 대장간으로 옮겨져 달구고 두

가야의 덩이쇠(e뮤지엄)

들겨 무기나 농기구를 만들지요. 이 덩이쇠를 철정鐵鋌이라 불리는데 이 것이 가야의 고분에서 많이 발견됩니다. 어떤 고분엔 관이 들어가는 바닥에 장판을 깔 듯 철정을 바닥에 늘어놓았지요. 결코 재고를 부모님 무덤에 넣은 것이 아닙니다. 철을 다루는 사람으로서의 정체성이나 자부심의 표형이며, 귀한 상품을 바닥 마감재로 사용할 정도로 번영을 누린다는 것의 증거입니다. 지난 세기까지 국가의 강성함을 보여 주는 지표로 제철 능력이 있었을 만큼 철의 생산은 오랜 기간 국력의 상징이었습니다. 우리는 철에 살고 철에 죽는다는 가야인의 목소리가 들려오는 듯한 기분이 들지요.

신라에서도 이른 시기부터 철을 생산했지만 낙동강의 본류에 가깝고 바다에 가까운 가야 소국이 신라에 비해 매우 유리했습니다. 당시 가야의 중심은 김해의 구야국이었는데 앞에서 이야기한 것처럼 철의 교역으로 번영을 누렸습니다. 그러다 400년, 고구려 광개토왕의 공격으로 급격히 쇠약의 길을 걷게 된 것 같습니다. 여기에 덧붙여 한군현이 쫓겨나면서 큰 시장이 사라지고 고구려와 백제, 신라에 의해 무역의 독점력을 상실하게 된 것도 구야국의 약화에 영향을 준 것 같습니다.

이후에는 비교적 내륙에 위치한 고령의 반파국伴跛國(대가야)과 함안의 안라국安羅國(아라가야)이 가야국가군의 중심에 섭니다. 그 외에도 가야국가군은 소백산맥을 넘어 무주, 진안, 장수까지 다양한 나라들이 웅거하는 상황이었습니다. 그러나 고구려, 백제, 신라가 주변의 소국들을 병합하여 거대 정치체로 성장하는 것과 달리 가야국가군은 하나의 나라로 통합되기보다는 여전히 소국들로 나뉜 상태로 남습니다. 6세기 초부터 백제와 신라는 이 지역을 차지하기 위해 서서히 손을 뻗쳐 오고 가야의 여러 소국들도 살아남기 위한 노력을 하였으나 529년, 창녕의 탁기탄국喙己 呑國을 시작으로 탁순국卓淳國을 비롯한 소국들이 백제와 신라에게 병합되기 시작합니다. 532년에는 김해의 금관국이 신라에 항복하고, 마지막까지 강성했던 고령의 대가야는 562년에 멸망하지요.

지금까지 이 가야 소국들의 모임을 가야연맹이라하였는데, 개인적으로는 '가야국가군'으로 보는 것이 더 합당할 듯싶습니다. 연맹이라고 하기엔 그저 공존할 뿐 하나의 단일한 목소리도 낼 줄 아는 국가연합으로 보긴 어렵다고 생각합니다. 현대국가에서 유사한 사례를 찾자면 미합중국이나 아랍에미리트같이 내정과 외교에서 단일 행동을 보여 주는 국가보다는 구소련의 해체 후 등장했던 독립국가연합CIS 같은 모습에 더 가까울 것 같습니다. 구야국이나 반파국 주도의 연맹의 연결고리보다는 각기 독립적인 면이 더 강해 보이기 때문이죠. 종종 단일 사안에 대해 한목소리를 낼 때도 있지만 기본적으로 각기 따로 행동하는 모습이 더 강합니다.

가야국가군의 역사는 사실 삼국시대와 같이 합니다. 작은 정치체로 출발해서 인근의 정치체를 꿀꺽 삼켜 몸집을 불리는 것은 당시 한반도에서 흔한 일이었습니다. 고구려와 백제, 신라도 그렇게 성장합니다. 그런데 유독 가야국가군만 그런 과정이 없이 시종 작은 나라들의 모임으로만 존재하다 소멸했는지 아무도 합리적인 설명을 내놓지 못합니다.

어떤 이는 나뭇잎 뒷면의 잎맥처럼 땅을 갈라놓은 산줄기가 작은 나라를 낳았다고 합니다. 땅이 좁고 사는 인구가 적으니 다른 정치체를 영구적으로 궤멸시킬 수도 없어 통일국가를 만들지 못했다는 것이지요. 이런 모습을 보고 고대 그리스의 도시국가를 떠올릴 수 있겠습니다. 그리스는 한반도만큼이나 산지의 비율이 높고, 산세는 더 험준합니다. 산과 산 사이의 평

백제

신라

<table>
<tr><td>거열</td></tr>
<tr><td>거창</td></tr>
</table>

대가야
고령

졸마
함양

다라
합천

신반하

사이기

추봉
밀양

마차해
삼량진

걸손
산청

탁기탄
창녕

상기문
장수

임례
의령

안라
함안

탁순
창원

금관
김해

하기문
남원

진주

자타

대사
하동

사물
사천

고성

고차

모루
광양

사타
순천

상다리
여수

하다리
돌산

후기 가야의 여러 나라들

지가 부양할 수 있는 인구는 적어서 일찍부터 교역에 의존한 면이 가야와 유사하지요. 이런 나라들의 전쟁 형태는 총력전보다는 그때그때의 갈등을 단판 결투로 해결하는 것에 가깝습니다. 가야도 그랬던 걸까요?

일단은 자연환경의 영향은 중요하게 작용했을 것입니다. 산과 산에 의해 고립된 소국은 다른 나라를 병합할 만큼 몸을 키우기 어려운 건 사실이죠. 그러나 고구려는 여기보다 더 험악한 산악지대에 위치했는데도 대국으로 성장하였습니다. 자연환경만으로는 가야의 상황을 설명하지 못합니다. 또 산에 의해 평야가 좁거나 해안선이 복잡한 경우 작은 규모의 해양국가가 발전하기 유리한 면도 있습니다. 고대 근동의 페니키아나 중세 이탈리아의 아말피 같은 도시국가가 그렇습니다. 바다에서 어업이나 상업으로 번영을 누리며 영토에 대한 욕구가 상대적으로 적었지요. 물론 김해나 몇몇 소국들은 중국과 일본을 연결하는 교통로 상에 위치하고 있었습니다만, 대가야를 비롯한 가야의 소국들은 내륙에도 많이 존재했습니다.

무엇이 가야의 성장을 막았을까? 왜 하나로 합쳐 다른 국가들의 공세에 대응하지 못하고 각개격파 당했는가? 사실 우리는 그것을 설명해 줄 자료를 손에 쥐고 있지 못합니다. 고고학의 발굴로 가야 소국들의 번성함은 알 수 있지만 그들의 생각과 역사적 행로를 알 수 있는 자료는 보기 어려울지도 모릅니다. 다만 우리는 어쩌면 통합에 성공하지 못한 고구려·백제·신라의 "가지 않은 길"을 가야에서 보고 있는 것인지도 모릅니다.

V.

통일 이후부터
고대의 종언까지

유연제국의 멸망과 돌궐의 대두

남북조시대 북방의 강자였던 유연은 552년에 그들의 지배를 받던 돌궐에 의해 패망하였다. 초원의 패자 돌궐은 요서의 영유권을 두고 북제-수와 고구려 등의 국가들과 마찰을 빚게 되는데 유연과 우호관계였던 고구려나 요서의 지배권을 재확립하려는 중원국가들에게 반가운 일은 아니었다.

토번의 흥기

티베트 고원의 토번은 630년 송첸캄포가 즉위하고 라싸에 수도를 두면서 동아시아 역사의 무대에 등장한다. 641년 당의 문성공주를 왕비로 맞아들이며 당과의 관계를 이어갔으나 669년 실크로드에 세워진 안서 4진을 토번이 차지하면서 무력대결의 길로 들어선다. 나당전쟁의 전개도 당과 토번과의 전쟁이 큰 영향을 끼쳤다.

수의 중국 재통일과 당의 건국

수백년간 남북조로 갈라져있던 중국은 6세기 후반에 들어서며 통일의 흐름으로 나아갔다. 575년 장안에 근거를 둔 북주가 동쪽의 북제를 멸망시키며 장강 이북을 통일하고, 581년에 양견이 북주 정제의 선양을 받아 수를 건국하고 589년에 장강을 넘어 진을 멸망시키며 남북을 통일하였다.

수백년의 분열기가 종식되고 난 후엔 희미해진 중원의 천하 의식이 다시 싹트게 되었다. 사방을 아우르며 천하의 종주국으로 인정받으려 한 것이다. 이는 특히 수·당의 중추를 이룬 북주계와 북제계가 내세운 전쟁을 통한 대외 강경책으로 이어졌다.

수는 잦은 대공사와 무리한 원정으로 30년만에 멸망하고 618년에 당이 들어섰음에도 그 기조는 유지되었다. 국호와 군주의 성만 바뀌었을 뿐, 정책담당자는 그대로였던 것이다. 오히려 당태종이라는 군주의 치세에 들어서 주변 국가로의 파도는 더욱 거세졌다.

북쪽의 돌궐, 서쪽의 토욕혼과 고창에 이어 전쟁의 불길은 동쪽으로 향하고 있었다.

연개소문의 정변 / 642

왕의 친위정변 / 641

비담의 난 / 647

다이카개신

645년 나카노오에 황자, 나카토미노 가마타리 등이 일으킨 정변으로 100여 년에 걸친 소가씨의 정권이 막을 내렸다.

7세기 동아시아의 정세

34
7세기 동아시아 국제전의 흐름

한반도와 만주에서 고구려, 백제, 신라가 고대국가로 성장하는데 여러 요인이 있겠지만 대외관계에 한정해서 본다면 중국이 분열기에 있었다는 것을 들 수 있습니다. 삼국의 새싹들이 자라나고 있었을 당시 동아시아의 최강국이었던 후한後漢은 220년에 마지막 황제인 헌제獻帝가 조비曹丕에게 선양하며 망했다고 기록에 적혀 있지요. 하지만 184년에 황건적黃巾賊의 난이 일어나면서 사실상 국가로서의 통제권이 사라지지요. 낙랑군을 통해 여러 지역에 미치던 영향력도 이때 사그라지기 시작합니다.

그 뒤로 조조曹操의 위魏, 유비劉備의 촉蜀, 손권孫權의 오吳로 대표되는 삼국시대가 이어지고, 280년 위를 이은 진晉에 의해 잠시 통일되었다가 내분과 유목민족의 침입으로 분열의 시기를 맞습니다. 황하 북쪽은 흉노匈奴, 선비鮮卑, 저氐, 갈羯, 강羌 등 유목민족이 세운 16개의 나라가, 남쪽은 진의 피난민들이 세운 동진東晉이 들어섭니다. 이후 여러 종족이 난립했던 북쪽은 선비족의 북위北魏가 통일했다가 북주北周와 북제北齊로 나뉘집니다. 남쪽은 동진, 송宋, 제齊, 양梁, 진陳의 단명왕조가 교대하지요.

이 분열은 589년, 북주를 이어 일어난 수隋가 남쪽의 진을 무력으로 통일하면서 끝납니다. 수백 년에 걸친 대혼란이 멈추었으니 중국에게는 좋은 일입니다. 그러나 이제 주변 국가들에게는 악몽의 밤이 찾아오게 되었습니다. 그동안은 편했습니다. 자기들끼리 치고 박고 싸우느라 통일제국일 때보다 주변에 대한 관심이 적었으니 간섭도 덜 받고 공격당할 위험도도 그만큼 낮았습니다. 또 중국이 자기 힘을 믿고 일방적으로 실력행사를 하지 못하니 문제가 생길 때 작은 나라라도 외교적 해결이 가능했습니다. 적의 적은 친구라고, 어느 나라가 위협하면 그 나라와 경쟁관계에 있는 나라 편을 들면 되는 것입니다. 조조가 자꾸 우리나라를 노리는데, 그렇다면 손권과 친해지자. 이런 식으로 말이지요.

그러나 수의 통일은 다시 중국이 압도적인 힘으로 동아시아를 좌지우지하는 시대로 바뀐다는 것을 의미했습니다. 통일 이듬해인 590년에 고구려에 보낸 국서는 시대의 변화를 예고합니다. 내용은 간단합니다. 속된말로 "기어!"였지요. 그 국서엔 요하遼河가 넓다 한들 장강長江(양자강)보다 넓겠으며, 고구려의 사람이 많다 한들 진보다 많겠느냐는 문구가 있습니다. 장강을 넘어 진도 멸망시켰는데 그깟 요하 건너 고구려 하나 못 없애겠느냐는 뜻이지요. 이 국서를 받은 평원왕平原王은 그해 말에 죽습니다. 확실하지 않아도 이 국서로 인한 스트레스도 원인 중 하나가 아니겠느냐 생각해 봅니다.

수의 이런 태도는 고구려에 국한된 것이 아닙니다. 북제와 북주가 서로 으르렁거릴 때만 해도 북방의 돌궐突厥은 남쪽의 두 자식이 내 말을 잘 듣는다고 말할 정도였습니다. 그러나 수가 통일하자 오히려 수세에 몰리게된 건 돌궐이었습니다. 중국의 통일왕조의 등장은 이렇게 주변국의 정세도 뒤흔들 정도의 파괴력을 가진 것이지요. 수는 30년을 채우지 못하고 단명하게 되는데, 이대로 다시 분열하는 곳이 아니라 더욱 강력한 존재가 뒤를 이어 나타나는데 그것이 당唐입니다.

수의 재통일도 큰 충격이었지만 당의 등장도 엄청난 파급효과를 가져옵니다. 특히 당의 위협은 2대 황제인 태종太宗 이세민李世民이 즉위하면서 매우 커졌습니다. 중국의 역대 황제 중에서 전쟁을 잘한 황제는 많습니다. 그런데 태종은 누가 뽑아도 세 손가락 안에는 반드시 들어갈 정도의 인물입니다. 어느 정도 과장은 있겠지만 아버지인 고조高祖 이연李淵을 도와 왕조를 세울 때 전장에서 화려한 활약을 보였습니다. 그것도 뒤에서 지시를 내린 것이 아니라 전선 맨 앞에서 싸운 것입니다. 한 번은 전선에서 아파서 누웠을 때 그의 지휘를 받지 못한 군대가 패할 위기에 놓였는데 병석에서 일어나 지휘를 하니 이겼다는 이야기가 전해질 정도입니다. 그나마 그게 그가 유일하게 패전할 뻔한 일이라고 합니다. 거기에 630년에는 북쪽의 동돌궐까지 물리치며 유목민족들에게 천가한天可汗이란 칭호를 얻습니다. 중국에서 황제이고 초원에선 하늘처럼 위대한 칸. 역사상 유목민과 농경민의 세계를 모두 아우른 패자들은 있지만 대개는 유목민족이 농경사회를 정복한 것인데 태종은 그 반대를 이룬 것이지요. 당이 640년 지금의 투루판에 자리했던 고창국高昌國을 멸망시키고 서역의 지배권을 공고히 하자 정 반대편에 위치한 고구려가 긴장할 정도였습니다. 그 다음 당태종의 칼날은 어디로 향하게 될까요?

당제국이 동아시아의 패자로 부상하는 시점에 동아시아의 다른 나라들은 어떠했나를 살펴보면 흥미로운 사실을 찾을 수 있습니다. 기묘하게도 고구려, 백제, 신라, 일본에서 거의 동시에 정변이 발생하게 됩니다. 641년 백제에서 의자왕義慈王이 즉위하자마자 대규모의 숙청이 일어납니다.

『일본서기』에 따르면 왕제의 아들(또는 왕자라고도 합니다) 교기翹岐와 4명의 자매, 좌평을 비롯해 40명의 귀족을 섬으로 보냈다는 기록이 있습니다. 그런데 섬이 어디를 말하는 것이냐 곧바로 교기가 일본에서 활동하는 기록이 나타납니다. 이를 두고 추방을 당한 것이다, 아니다 외교사절로 간 것이라고 의견이 분분하지만 정상적인 상황에서 왕족과 수십 명의 귀족을 먼 나라로 보내지는 않을 것입니다. 백제에서 어떤 형태로든 정변이 일어나 자의 반 타의 반 교기가 일본으로 건너가 피를 보지 않고 일단락 된 것으로 보는 선에서 이해하면 될 것 같습니다.

이듬해인 642년 고구려에서는 연개소문淵蓋蘇文의 정변이 일어납니다. 동부대인東部大人이었던 연개소문이 천리장성千里長城의 공사감독으로 임명되자 정변을 일으켜 영류왕榮留王과 180여 명의 대신들을 죽이고 정권을 장악했습니다. 이 사건의 원인에 대해서 많은 연구자들이 다양한 의견을 내놓았습니다. 어떤 이는 대당외교의 노선 때문이라고도 하고, 어떤 이는 귀족세력의 분열에서 원인을 찾기도 합니다. 하나 분명한 것은 천리장성 공사감독으로 발령 낸 것이 연개소문의 정치적 입지를 약화시키려는 것이란 것은 분명해 보입니다. 흔히들 연개소문을 대당강경론자로 보는데, 그도 일관되게 강경하진 않았습니다. 계속 사신을 보내어 당과 우호관계를 구축하려는 모습을 꾸준히 보입니다. 여튼, 이 정변은 후일 당 태종의 침입의 명분이 됩니다.

그렇다면 신라는 조용하였느냐, 그곳도 소란스럽기는 마찬가지였습니다. 진평왕眞平王과 선덕왕善德王의 시대에 진지왕眞智王의 손자 김춘추金春秋, 금관가야 마지막 왕의 증손이자 빼어난 무장 김유신金庾信이 새로운 세력으로 대두하고 있었습니다. 이들을 가리켜 신김씨라고도 하지요. 647

년 선덕여왕의 죽음 전후로 상대등上大等의 지위에 있던 비담毗曇이 반란을 일으킵니다. 아마 신김씨와 반대편에 서있었던 것 같습니다. 한때 반란군이 승승장구했지만 김춘추와 김유신이 이 반란을 진압하며 정권을 장악합니다. 이 와중에 선덕왕이 죽고 또다시 여왕인 진덕왕眞德王이 즉위하지만 실제로는 신김씨가 이른바 바지 사장으로 세운 것 아니냐고 봅니다. 진덕왕의 사후에는 김춘추가 즉위하지요.

여기에 또 일본도 만만치 않은 큰 사건이 일어납니다. 645년까지 백제계로 추정되는 소가蘇我씨가 실권을 장악하고 있었습니다. 특히 소가씨의 우두머리로 정권을 잡았던 소가 이루카蘇我入鹿는 쇼토쿠태자聖德太子의 아들을 죽이는 등 전횡을 일삼았습니다. 당시 여왕이었던 황극皇極천황(이 사건 직후 퇴위하였다가 나중에 다시 즉위하여 백제가 멸망할 때 구원군을 보냅니다)의 아들이었던 나카노오에中大兄왕자, 후일 명문 후지와라藤原 씨의 시조가 되는 나카토미 가마타리中臣鎌足 등이 주도해 이루카를 죽이고 소가씨를 멸망시킵니다. 이를 다이카개신大化改新이라고 부르지요. 그동안은 이때 대대적인 개혁이 벌어지고, 율령국가가 성립되는 등 역사상 커다란 분기라고 가르쳐 왔는데, 최근 연구자들은 대대적인 개혁은 후대에 꾸며진 것이라고 합니다. 그 의의야 어떻든 간에 매우 큰 정변이었음은 분명합니다. 적어도 개신이 과장이라 하더라도 왕권이 실질적으로 발휘되고 중국의 제도를 적극적으로 받아들이는 등, 이전과는 다른 정치가 시도되는 것만은 사실이니까요.

이렇듯 동아시아에서는 마치 각본이라도 쓴 것처럼 정변이 연달아 일어납니다. 사실 이렇게 권력이 집중된 체제에서 정변은 낯선 것은 아닙니다. 성공하면 모두 가져가는 매우 큰 도박이지요. 권력의 욕심을 가진 사람이야 늘 있는 것이니 정변은 언제라도 발생할 수 있는 것입니다. 하지만 주변의 여러 나라에서 동 시기에 연달아 발생하는 일은 예사로운 일은 아닙니다. 그리고 공교롭게도 모두 정권이 교체되는 결과를 낳습니다. 일본의 어떤 연구자는 이 정변을 당이 주도하는 동아시아 정세변화에 대한 각국의 대응이라고 해석하기도 합니다.

당의 서역 진출은 정반대 편의 고구려를 긴장시킬 정도였습니다. 당시 병부兵部의 부서로 지도제작, 성곽보수 등을 담당하는 직방職方의 부서장인 진대덕陳大德을 사신으로 파견하였는데, 직방은 정보수집도 담당하는 곳이었습니다. 그가 고구려를 방문해 후일을 위해 정보를 모아『봉사고려기奉使高麗記』라는 책을 남겼는데 그중 일부가『한원翰苑』이라는 책에 인용되어 당이 세밀하게 정보수집을 하고 있었음을 보여 줍니다. 고구려도 그냥 바라만 보지 않았습니다. 고구려에서도 수상 격인 대대로大對盧가 세 번이나 진대덕을 찾아와 고창 복속을 축하하였다고 하는데 세 번은 과합니다. 아마 역으로 정세를 탐문하기 위한 것이라 생각됩니다.

지금의 우즈베키스탄 사마르칸트에 위치한 아프라시압 궁전 벽화에 깃털 달린 관을 쓴 사람의 모습이 그려져 있는데 이 사람들이 한반도계 사람인 것은 분명한데 고구려냐 통일 후의 신라냐를 두고 의견이 갈렸는데 궁전 주인이 고구려 멸망 전의 사람이란 것을 생각하면 고구려일 가능성이 높습니다. 고구려에서 그 먼 곳까지 사신을 보낸 것은 어떻게든 생생한 정보를 얻고 당을 견제할 수 있는 외교적 동지를 구하기 위한 것이라 생각됩니다. 645년 당태종이 공격하자 고구려는 황금을 풀어 북방 유목민족인 설연타薛延陀를 끌어들여 당의 후방을 공격케 합니다.

당의 고구려에 대한 집착은 생각보다 강력했습니다. 중국 고대 병법서의 대표라고 할 수 있는 무경칠서武經七書에 『이위공문대李衛公問對』라는 책이 있습니다. 당태종 휘하의 무수한 장수들 중에서도 최고의 지략가라고 할 이정李靖이란 장군이 있습니다. 당이 건국되는 시점에서 각지의 군웅을 무찌르는데 큰 활약을 하였고, 특히 630년 돌궐을 궤멸시키는 전쟁에서 명성을 날렸지요. 이 책에서 이정이 태종과 전략에 대해 대화하는 것이 주 내용입니다. 그런데 이 책 첫 대목이 '고구려를 어떻게 할까'입니다.

> 태종이 이정에게 말하였다. "고구려가 여러 차례 신라를 침범하므로, 내가 사신을 보내어 타일렀으나 듣지 않소, 이에 나는 군사를 출동시켜 고구려를 정벌하려고 하는데, 경의 뜻은 어떻소?"

당시 돌궐을 무찌른 후 당은 고구려를 다음 처리할 대상으로 찍어 놓고 있었음이 분명합니다. 이때부터 잠시 소강상태였던 고구려와 중원왕조의 대결이 재개됩니다. 645년에 직접 고구려 공격에 나선 당태종은 안시성安市城을 넘지 못하고 물러납니다. 이후에도 계속 고구려 공격을 시도하지만 중원 방향에서만 공격하는 것은 무의미하다는 것을 깨닫고 고구려의 후방을 교란한 나라를 찾습니다. 그 조건에 맞는 것이 백제와 신라였으나 결국 당과 손을 잡은 것은 신라였습니다.

신라에겐 절박한 사유도 있었는데, 554년 한강유역을 차지하게 됨에 따라 고구려와 백제 양쪽의 적이 되고 마는데, 특히 백제의 원한은 앞에서 언급한 것처럼 매우 깊었습니다. 의자왕이 즉위하자마자 642년. 신라에 대규모 공격을 감행해 무려 40여 곳의 성을 빼앗깁니다. 거기에 지금의 합천에 위치한 대야성大耶城을 빼앗기는데 여기를 지키던 김춘추의 사위인 품석品釋과 가족이 몰살당합니다. 대야성은 낙동강 서쪽의 옛 가야지역을 지배하는 중요한 곳이었으니 김춘추는 절체절명의 위기에 빠진 것이지요. 그래서 이 위기를 벗어나기 위해 고구려와 연결을 시도하는데 고구려는 이를 거부합니다. 자칫 잘못하면 외교적 고립될 위기에서 당이 동지를 찾자 여기에 응한 것이지요.

그 이후의 결과는 모두 아시는 것과 같습니다. 660년에 백제가 멸망합니다. 668년엔 고구려도 멸망합니다. 중국 기록에는 언급되지 않지만 『삼국사기』에는 당과 신라가 두 나라를 멸망시키면 대동강과 원산만을 잇는 선 남쪽은 신라에게 준다는 밀약이 언급됩니다. 중국의 기록이 없으니 단정 지을 수 없지만, 신라는 일관되게 이 선을 넘지 않는 모습을 보여 줍니다. 그런데 당은 백제와 고구려의 옛 땅에 웅진도독부熊津都督府와 안동도호부安東都護府를 세우고 신라의 몫을 인정하지 않으려는 모습을 보여 줍니다. 또 당태종이 649년 고구려 공격 직전에 죽자 무덤을 만드는데 주위에 복속시키거나 항복한 군주들을 묘사한 석상을 세웁니다. 그런데 거기에 진덕여왕도 있었습니다. 살아야 하니 손은 잡았지만 갈등은 오래전에 씨를 뿌렸던 것이지요. 이 갈등은 고구려가 멸망한 직후부터 드러나는데 이를 나당전쟁羅唐戰爭이라고 합니다.

처음에는 신라군이 고구려의 부흥군과 압록강에서 당군과 싸우고, 한편으로는 백제의 땅에서 당군을 몰아내는 등 성과를 거두었지만 당이 유목민 기병을 활용하자 밀리기 시작합니다. 672년에 벌어진 석문전투에서는 크게 패하고 신라의 군대가 궤멸당할 정도였습니다. 신라도 재빨리 전열을 재정비하며 당을 둘러싼 대외환경의 변화에도 집중합니다. 때마침 당과 티벳의 토번吐蕃이 충돌하게 되면서 당이 신라에 집중할 수 없는 상황을 교묘하게 이용합니다. 매소성(675)과 기벌포(676)에서 결정적인 승리를 거두고, 외교적으로는 전쟁을 확대할 의사가 없음을 강조하며 신라에게 유리한 상황을 만드는 데 성공합니다.

중국의 재통일 이후 무려 백여 년에 가까운 시간에 걸쳐 한반도에서는 중국의 수·당제국, 한반도의 고구려·백제·신라, 거기에 바다 건너 일본까지 참여하는 대규모의 전쟁이 연달아 일어났습니다. 그 결과 고구려와 백제가 과거로 사라졌습니다. 결국 살아남은 것은 신라뿐이었지요. 그때 사람들은 처음엔 이렇게 길고 긴 전쟁의 시대가 도래할지 몰랐고, 그중 신라가 살아남을 것이라는 것은 예상하지 못했을 것입니다.

35
전쟁에 휩쓸린 한 여인의 삶

두보杜甫와 같은 시대를 살았던 왕창령王昌齡이란 시인이 있었습니다. 이 글을 써야 하는데 문득 생각이 나서 당시 책을 뒤적거리다 찾아낸 시입니다.

閨怨 규방의 설움 - 왕창령

閨中少婦不曾愁	안방의 새악씨 근심이란 것을 몰랐다
春日凝妝上翠樓	봄날에 화창한 차림으로 단청한 이층 누에 올랐다
忽見陌頭楊柳色	무심코 거리의 버들 빛을 보고는,
悔敎夫婿覓封侯	남편에게 출세하라고 권했던 것을 후회한다

– 임창순, 『당시정해』, 소나무, 1999, 128쪽에서 인용

어린 아내가 남편을 보내 놓았더니 문득 자신 혼자 있음을 깨닫고 화사한 봄날 풍경에도 슬픔에 젖는다는 내용입니다. 봄은 봄이로되 봄이 아닙니다. 그녀가 남편을 다시 만났는지, 죽었다는 소식만 전해 들었는지는

알 수 없습니다. 이기고 돌아오면 기쁜 일인데, 이겨도 전사했다거나, 졌으니 책임을 져야 한다면 그만큼 비극도 없겠지요. 여기서 새댁은 자기가 공연히 공을 세우라 졸랐다고 후회하지만, 사실 전쟁은 그녀의 의사와는 전혀 상관없는 곳에서 결정됩니다. 아무리 보내고 싶어도 높으신 분들에게 전쟁할 뜻이 없으면 못 나가는 것이고, 아무리 가지 말라 잡으려 해도 전쟁이 벌어지면 가야 하는 것입니다. 트로츠키가 그랬던가요? 당신은 전쟁에 흥미가 없어도, 전쟁은 당신에게 관심이 있다고요. 평온하고픈 개인의 소망도 전쟁의 폭풍 앞에서는 약한 촛불입니다.

전쟁을 다루는 역사책에서는 전사들의 이야기가 넘쳐 납니다. 그런데 그들 뒤에 남겨진 사람들의 이야기는 매우 적게 들려옵니다. 물론 옛날의 역사 기록은 그런 사람들의 목소리에 귀 기울이는 데 무심했고, 또 사람들도 그런 이야기를 더 좋아합니다. 『삼국사기』 열전7에 실린 6~7세기 신라 전사들의 기록들은 치열하다 못해 이란·이라크 전쟁 당시 이란 국립묘지 한복판에 있던 피의 분수를 떠올리게 합니다. 적에게 포위된 상황에서 당당히 서서 죽고, 아버지가 죽으면 아들이 같이 죽고, 주인이 죽으면 부하들도 길을 따릅니다. 한국사에 매우 비판적이었던 일제강점기의 학자들도 일본 전국시대의 무사이야기보다 더 뛰어나다고 할 만큼 비장미로 넘쳐 납니다. 『논어論語』의 한 구절을 인용하며(가장 좋아하는 대목입니다. 날이 추워진 후에야 소나무, 잣나무가 뒤늦게 시듦을 안다歲寒然後知 松柏之後彫也) 최후를 맞는 눌최訥催라든가, 아들 관창官昌의 목을 들고 흐느끼는 품일品日의 이야기를 읽을 때마다 전율을 느낍니다. 이런 피로 범벅이 된 이야기를 적는 것이 훨씬 쉬운 길이겠으나 책의 제목이 뒷골목이므로, 볕이 들지 않은 곳의 이야기를 해 볼까 합니다.

오늘의 주인공은 진평왕眞平王 때의 사람인 설씨 아가씨입니다. 흔히들 설씨녀薛氏女라고 하지요. 그녀의 아버지가 늙고 병들었는데 군역에 징발 됩니다. 정곡正谷에서 수자리를 서야 했습니다. (정곡은 지금의 전남 남원, 경남 산청으로 보기도 합니다) 설마 시집갈 나이의 딸을 낳았을 때까지 군역을 치루지 못한 것은 아니겠지요? 아마 그녀의 아버지는 이런 일이 몇 번 있었을 것입니다. 진흥왕에서 진평왕에 이르기까지의 세월에 한 사람의 남자가 딸이 시집갈 나이가 될 때까지 군대를 안 갔을 리 없습니다. 고구려와 백제 양국을 적으로 돌린 상황에서 신라가 치러야 하는 대가는 매우 컸습니다. 개인적으로 수업할 때 종종 고구려와 백제랑 순번 정해서 홀숫날은 고구려가 치고, 짝숫날은 백제가 공격하기로 했다고 농담으로 이야기했는데, 요즘식이라면 '제발 쳐들어올 때는 순서대로 입구의 번호표를 받고 오세요. 그리고 주말에는 좀 쉽시다'라고 했을 것입니다. 그러니 아예 한번 군역은 영원한 군역이 되는 것이지요. 지난 세기 한국전에서 학병으로 참전했었는데 서류에 잡히지 않아 다시 군대를 다녀온 사람이 있었지요.

문제는 이 사람이 늙고 병들었다는 것입니다. 요즘에는 60 넘은 사람은 노인이라 할 수 없습니다. 70살이 되어도 노인정에 가면 심부름 대상이라 꺼린다고 하지요. 그런데 과거에는 60살까지 살아 있는 것도 대단한 일이었습니다. 국민의 대다수가 1차 산업에 종사하는 상황에서 야외에서의 노동은 고되고, 현대 의학의 혜택이나 영양 섭취나 충분한 휴식이 보장되지 않은 상황은 인간의 노화를 빠르게 하였습니다. 20세기 이후 사람들이 나이 들어서 얻는 질환의 상당수는 없다가 새로 생긴 것이 아니라 그 병을 얻을 때까지 사는 것도 힘들고, 초기 증상에도 쉬이 죽어 버렸기 때문에 과거에는 큰 문제가 되지 않았던 것들입니다. (현재 가장 소급할 수 있는 고려시대 기록들을 봐도 물론 노동을 하지 않은 귀족들은 상대적으로 오래 삽니다. 성인이 될 때까지 살아남으면)

　현대의 대한민국에서는 군 입대 관련 문제를 일으키지 않는 한, 두 번 군대에 가는 일은 없습니다. 그리고 갈 수 없는 상황이 있을 때 여러 절차를 거쳐 면제를 받거나 부담이 적은 곳으로 배치하는 방법을 쓸 수 있습니다. 그런데 고대국가에서 현대국가에서 하는 일을 할 수 있을 것이라 생각하는 것은 어렵겠지요. 이때는 비상시국입니다. 늙고 병들었어도 움직일 수 있으면 써야 합니다. 두보의 「석호의 관리石壕吏」라는 시에선 안록산安祿山의 난(755~763) 때, 아들 모두 징집해 간 후 남아 있는 할아버지를 끌고 가려다 대신 할머니를 데리고 가는 장면을 묘사합니다. 대를 이을 자식까지 모두 죽거나 소식을 알 수 없는 가운데, 노인도 데려가려고 하고, 결국 밥이라도 지을 수 있는 노파까지 뽑아 갑니다. (누군가 야구의 조정타율, 조정방어율 같은 것을 적용하면 안록산의 난이야말로 인류 역사상 인구 대비 가장 큰 희생자를 본 사건이라 하더군요. 물론 절대 수치는 2차 세계대전일 것입니다만)

　신라 역시 특히 독이 오를 대로 오른 백제의 공격이 치열한 때였으므로 전선의 인력 소모가 극심했으니 잡히는 대로 끌고 가는 상황이 온 것이지요. 지금까지는 운 좋게 살아 돌아왔지만 이번에는 '돌아오지 않는 해병'이 될 가능성이 큽니다. 그때 그녀를 흠모하던 가실嘉實이라는 청년이 대신 가겠다고 지원합니다. 무사히 다녀오면 딸과 결혼시키겠다는 약속을 얻고, 설씨녀와는 정표로 거울을 쪼개어 나누어 가집니다.

　다시 돌아올 수 있었을까요? 어떤 연구자는 가실이 투입된 곳이 백제와 치열하게 다투던 곳이었다고 주장합니다. 그런데 3년이 지나도 그 남자가 안 돌아옵니다. 이런저런 상황은 그 시절 사람들도 잘 알고 있겠으니 전사통지서만 오지 않으면 곧 돌아오겠지 하고, 또 3년을 보냅니다. 지금이야 결혼을 늦게 하다못해 40대에 초혼인 경우도 많지만, 과거에는 20살만 넘겨도 문제가 있는 것 아니냐고 주위에서 수군거리는 일이 많았지요. 6년을 기다린 것도 대단한 의리입니다. 설령 그전에 다른 남자에게 시집을 간다 한들 무슨 법적인 문제가 있겠습니까. 그래서 아버지도 포기하고 다른 사람에게 시집을 보내려던 차에 가실이 돌아옵니다. 왜 6년이나 걸렸을까요? 당시 사람들이 보기에 3년을 채웠으니 집에 돌아가도 좋겠다고 생각하면 철이 없는 것입니다. 3년은 설씨녀 아버지의 것이지, 가실의 것이 아닙니다. 3년이 되어 더블백에 짐을 싸는 말년 병장 가실에게 행보관은 딱 한마디를 했을 것입니다. '어제까지는 네 예비 장인의 것이고, 오늘부터는 네 군역의 시간이다.'

설씨녀 이야기를 읽을 때마다 미국 애니메이션 An American Tail의 주제가인 「Somewhere out there」가 머릿속에 울려 퍼집니다. 멀리 떨어져버린 주인공과 가족들이 이런저런 곤경을 극복하며 다시 만나게 되는 이야기라 연상이 되는 것 같습니다. 만나고 싶어도 다시 만날 수 없는 일은 흔하다 못해 저 밤하늘의 별들만큼이나 넘쳤습니다. 한국전쟁 때만 해도 입대 전 허겁지겁 결혼시켜 첫날밤만 치르고 떠난 남편이 돌아오지 않아 시부모를 모시고 아이를 키우며 살아간 과부들의 이야기도 흔했던 이야기였습니다. 이 평범한 남녀의 이야기는 격전지에서 누더기가 될 정도라도 살아남아 돌아왔으니 기적과도 같아 기록에 남은 것이죠. 많은 사람들은 가실이 살아 돌아왔으니 행복한 결말이라고 생각합니다. 두 사람이 맺어지게 되어 이야기는 끝났지만 두 사람을 둘러싼 역사는 멈추지 않았습니다. 영원한 사랑의 낭만을 찾으려는 분들께는 실례지만 이 행복은 스쳐 지나가는 것이라 생각합니다.

전쟁은, 사람들을 불구덩이로 줄 세워 빠뜨리는 일을 멈추지 않았습니다. 설씨녀의 아버지가 그러한 것처럼 가실도 또다시 끌려 나갔을 것입니다. 백제의 집념은 식지 않았고, 신라도 땅을 돌려주어 전쟁을 멈추고자 하는 생각은 털끝만큼도 없었으니까요. 아마 한강유역을 돌려주었다 한들, 그다음 전장은 소백산맥 안쪽에서 벌어졌을 것입니다. 그러니 병력의 소모는 끊이지 않고 계속 채워 넣어야 하는데 사람이 그리 쉽게 만들어지는 것이 아니죠.

고구려의 전설이라고 전해지는 것에 이런 이야기도 있습니다. 기나긴 전쟁에서 살아 돌아온 남자가 길가에서 군역을 치르러 나가는 젊은이를 만납니다. 이야기를 나누다 보니 태어나기 전에 전쟁에 나가 보지 못하던 아들이었다네요. 부자가 처음 만나는 자리가 곧 이별의 자리였던 것이죠. 아들은 살아서 아버지를 다시 만날 수 있었을까요? 그러지 않았으니 비극으로 전해집니다. (하인라인Robert A. Heinlein의 『스타쉽 트루퍼스Starship Troopers』에서 주인공 조니가 사관학교에 입학하기 위해 배에서 내리는데, 나중에 부사관으로 입대한 아버지가 그 배에 타는 것을 봅니다. 두 부자는 나중에 소대장과 선임하사로 다시 만납니다. 일단 소설 마지막까지는 살아 있습니다)

아마 가실은 여러 번 전장으로 끌려 나갔을 것입니다. 보통 고대국가의 남자가 국가를 위해 일하는 나이를 15세에서 60세로 봅니다. 일본의 정창원正倉院에서 발견된 「신라 촌락문서」에 제공除公/제모除母라는 단어가 보이는데 글자의 의미를 헤아린다면 의무가 면제되었거나 많이 줄었다는 뜻으로 읽힐 수 있겠지요. 그래서 제공, 제모를 완전 면제냐 일부 면제냐에 따라 50~59세, 또는 60~69세로 봅니다. (완전 면제라고 하기엔 또 노공老公/노모老母가 있어 의견이 좀 갈립니다) 60세에 면제를 시켜 주던, 50세부터는 동원이 면제되어 예비군 5~6년 차처럼 좀 널널하게 의무를 부과하든, 당시 수명으로 보면 거의 일생을 다 바쳐야 합니다. 설씨녀는 남편을 계속 떠나보내야 했을 것입니다. 그가 결혼 전에 최격전지에서 누더기가 되어서 돌아왔던 것처럼 전쟁의 신이 그의 생명을 지켜 준다 해도 말이지요. 또 중간중간 '짧은 휴가'로 태어난 아이들도 자라날 때가 되었을 때는 백제와 고구려를 멸망시키고, 또 당과 싸워야 하는 운명이 기다리고 있었습니다. 660년의 황산벌黃山野과 사비성泗沘城, 668년의 평양성平壤城, 672년의 석문石門, 675년의 매소성買肖城, 676년의 기벌포伎伐浦가 피를 바라며 입을 벌리고 있습니다. 아내의 행복은 찰나, 엄마의 눈물은 영원했을 것입니다.

'남자야 살인 기술을 배워 전쟁에 나가거나 말거나, 나는 끌려가지 않으니 다행이다~'라는 행복한 소리는 나올 수 없었습니다. 전쟁에 끌려가지 않는다고 해서 설씨녀가 편한 것은 하나도 없었습니다. 한때 유행했던 문구를 가져오지요.

소는 누가 키우나요?

남자가 전쟁에 나간다고, 세금을 내야 하는 의무는 사라지지 않았습니다. 그 남자가 입고 먹는 것, 싸울 때 필요한 무기와 방어구, 동원되는 말과 소의 사료는 이세계물의 치트키로 주어지는 허공창고에서 무제한 떨어지는 것이 아닙니다. 중국 춘추전국시대의 병법서『손자병법孫子兵法』에서는 무장한 10만 대군(여기에는 전차와 보급부대 포함입니다)을 하루 움직이는 데 1천금이 든다고 했지요. 그 시대에 천금은 대부호가 평생 모을 수 있는 금액입니다. 공자孔子의 제자 자공子貢, 월왕 구천句踐의 신하였던 범려范蠡가 모은 재산입니다. 요즘으로 치면 억만장자가 평생 모은(범려는 여러 번 모았다고 합니다) 재산이 10만 군대의 하루 운용비로 날아가는 것이죠.

당과 싸우기 전에는 신라군뿐만 아니라 당군도 먹여 살려야 했습니다. 당에 보낸 문무왕의 편지에 '우리는 굶어도 4년 동안 당나라 군대는 먹였다. 뼈와 가죽은 중국에서 온 것이나 피와 살은 이미 신라의 것'이라는 구절이 있을 정도입니다. 또 당과의 전쟁에서 초반에 여러 번 궤멸당해 전력 복구와 일시적으로 마비된 방어선을 되살리느라 고통은 더욱 늘어났습니다. 우리는 후대에 살고 있으므로 676년에 기벌포에서 당군이 패한 후 나당전쟁은 종결되었다고 배우지만, 사실 신라나 당이나 화끈하게 전쟁의 종결을 선포하지 않았으므로 676년의 신라인 누구도 전쟁이 끝났다고 생각하는 사람은 없었을 것입니다. 현대의 한반도 사람들이야 1953년의 휴전협정으로 총성은 멎었지만 끝난 것은 아닌 삶을 살고 있었지만 당시 신라 사람들은 총성이 잠시나마 멈추었다는 생각도 못 했습니다. 이른바 신라의 전시 경제는 문무왕이 죽는 681년, 변방의 방비와 세금 징수는 당장 필요한 것이 아니라면 폐지하라는 유언과 함께 끝납니다. 설씨녀가 그때까지도 살아 있다면 이미 백발이 된 후에야 고된 일상이 끝난 것입니다. 적어도 손자, 또는 증손자는 가실과 그 자식들의 운명을 잇지는 않겠지요.

언젠가 스탈린이 정권을 잡던 시대에 소녀 시절을 보내고, 독소전의 한가운데서 살아남아야 했던 여인의 회고담을 읽은 적이 있습니다. 전쟁이 나기 전, 병에 걸린 아버지를 치료하기 위해 머물렀던 흑해 연안에서 폭풍 속의 고요를 누리고 있었습니다. 그저 무서운 것이라면 비밀경찰이 문을 두드리면 이웃이 사라지고, 언제 우리 집을 방문할지 모른다는 두려움뿐, 나름 그녀의 일생에서 행복한 시간이었습니다. 어느 역에서 그녀는 어느 점쟁이 노파의 읊조림을 듣습니다. '눈물의 시대가 오고 있어.' 그리고 전쟁이 벌어지고 아버지는 영영 이별을 하게 됩니다. 다행히 그 러시아 아가씨는 여동생과 함께 어찌어찌 살아남아 미국으로 건너가 여생을 보낼 수 있게 되었습니다. 하지만 그녀는 회고록을 쓰는 날까지 잃어버린 아버지를 그리워합니다.

이따금 전쟁을 재미있다 생각하는 사람들을 봅니다. 게임에서 픽셀 덩어리를 죽이는 감각으로 이야기하는 사람들을 볼 때마다 처음에는 화가 났지만 점점 그런 감정도 일어나지 않더군요. 전쟁에서 죽거나 살아남거나 지옥을 맛보는 것은 바로 넙니다. You! 살아서 처음 보는 아들을 전장으로 떠나보내는 고구려의 '베테랑'이나, 신라의 설씨녀나 저 러시아 아가씨는 결코 '눈물의 시대'를 즐겁다고 생각하지 않았을 것입니다.

36
발해는 말갈이어야 한다

668년, 고구려가 멸망합니다. 그리고 30년 후인 698년, 고구려의 옛 땅에서 발해가 건국합니다. 이 역사적 사건에 대해서 당시 사람들이나 후대 사람들이 어떻게 평가했나는 21세기에도 중요한 연구과제입니다.

해방 이후 한동안 한국사 연구자들은 이 시기에 일어난 일을 '신라의 삼국통일과 발해의 건국'으로 불렀습니다. 그러다 신라의 통일과 (고구려의 계승 국가) 발해의 건국은 모순이란 의미에서 남북국시대라고 부르는 것이 주된 경향이 되었습니다. 남북국시대라는 말은 조선 후기 실학자 유득공(1748~1807)이 창안해 낸 개념이지만 20세기 후반에 와서야 주목을 받게 된 것입니다.

몇 해 전 한국 역사학계의 대표적인 학술지라고 할 수 있는 『역사비평』에서는 무려 6권 연속 특집으로 "삼국통일과 통일신라의 재조명"이라는 주제로 다양한 학자들의 논쟁을 다루었습니다. (최근에 단행본으로 출간되었습니다) 삼국통일론보다 남북국시대론이 더 지지를 받는 상황에서도 여전히 논쟁거리가 많음은 이 주제가 가진 파괴력을 보여 줍니다. 그 긴 이야기를 하려면 책 한 권으로도 모자랄 것이니 여기서는 딱 하나의 주제에 집중해서 보도록 하지요.

발해는 고구려인의 나라인가? 말갈족의 나라인가?

한국을 비롯한 여러 나라에서 발해 연구에 가장 많은 신경을 쓰는 부분이 이것입니다. 한국과 북한학계는 고구려계가 주축이 되어 세운 고구려의 후계국가라고 보고 있으며, 중국과 러시아는 인구의 상당수를 차지한 말갈족의 나라라고 보고 각각 자국사에 끼워 넣으려고 합니다. 이 문제에서 한 발 떨어진 서구학계에서는 아예 발해인, 혹은 발해족이란 종족을 설정하여 보는 의견도 존재합니다. 이 문제가 현재의 정치적 문제와 얽혀 있어 연구의 어려움을 더하고 있지요. 아무리 각각의 연구자가 학문의 순수성을 지향한다고 해도 자기가 살고 있는 시대와 장소의 영향을 안 받을 수는 없을 것입니다. 특히 체제에 따라 정치적으로 이용할 수 있는 여지가 큰 역사학의 경우 어느 정도는 피할 수 없는 운명이라 하겠습니다.

일단 현재의 논의의 뿌리가 되는 기록을 가져와 보겠습니다. 역사 연구자들이 논쟁에 뛰어들 때 가장 많이 사용하는 치트키가 있지요. "먼저 사료부터 읽고 와!"

발해말갈渤海靺鞨의 대조영大祚榮은 본래 고려高麗의 별종이다. 고려가 멸망하자 조영은 가속을 이끌고 영주營州로 옮겨와 살았다.
– 『구당서』북적열전 발해말갈조

발해는 본래 속말말갈粟末靺鞨로서 고려에 부속되어 있었으며, 성은 대

씨이다. 고려가 멸망하자, 무리를 이끌고 읍루挹婁의 동모산東牟山을 차지
하였다.
－『신당서』북적열전 발해조

당나라의 역사서인 당서는 두 종류가 있습니다. 『구당서』는 당 멸망 후
인 941년에 후진後晋에서 펴낸 200권의 역사서입니다. 『구당서』는 당 멸
망 후인 5대 10국의 동란기에 쓰여진 것이라 자료의 부족이라거나 서술
에 문제가 있다는 지적을 받았습니다. 1060년, 송의 구양수歐陽脩가 225권
의 『신당서』를 편찬하게 되지요. 이 두 사서는 같은 시대를 다루고 있지만
약간의 차이가 있습니다. 그래서 발해의 '족보'를 연구하는 학자들도 자기
주장에 따라 두 역사서를 마음대로 골라 썼습니다. 고구려에 비중을 두면
『구당서』, 말갈에 비중을 두면 『신당서』를 더 신뢰한다고 하던가요.

그런데 위의 기록을 다시 살펴보고 서지사항을 같이 읽으면 둘 다 별 차
이가 없다는 것을 알게 됩니다. 발해는 고려, 즉 고구려와 관계가 깊다고
적은 『구당서』는 발해말갈이라고 부르고, 아예 말갈이라고 못을 박은 『신
당서』는 발해라고 부릅니다. 표현의 차이가 있을 뿐 중국의 역사서는 모
두 발해를 말갈로 보고 있는 것입니다. 그것을 사람들은 고구려냐 말갈이
냐를 두고 싸울 때 근거로 사용한 것뿐입니다. 이렇게 적으면 성질이 급
하신 분은 그러면 발해는 말갈인 것이 사실이 되지 않느냐고 화를 내실
것입니다.

그런데 이것을 100% 순수한 사실관계의 서술이라고 본 20세기, 21세기
사람들의 착각일 뿐입니다. 정말 당시 중국인들은 후대 사람들이 혼란스
러워하는 것을 보며 즐기려고 그런 기록을 남겼을까요? 심지어는 역사연

구자들도 종종 당시의 역사 서술을 현대인의 관점에서 착각하고 판단을 내립니다. 국가에서 펴낸 역사서는 말 그대로 역사서이기도 하지만 국가의 공식 견해를 담은 선언이기도 합니다. 중국인의 발해 기록은 중국이 발해를 '이렇게 보겠다'는 공식 견해이기도 하다는 것입니다. 많은 부분 겹치는 구석도 있지만 상당 부분은 사실과 어긋나는 부분도 많이 있습니다.

이를테면 대한민국은 헌법상 한반도의 유일한 정부이며 대한민국임시정부의 법통을 계승한 정통국가입니다. 이 견해에서는 조선민주주의 인민공화국이 설 자리는 없습니다. 그냥 북쪽의 괴뢰 조직, 한반도 북부를 불법적으로 점거한 반국가 단체이지요. 그 반대도 있습니다. 북에서는 대한민국을 아직 인민의 힘으로 수복하지 못한 괴뢰의 땅으로 봅니다. 심지어 서울은 1970년대까지 헌법상 북한의 합법적 수도였지요. 만약 두 국가의 역사책이 후대에 전해졌다고 가정해 보지요. 한쪽의 주장만 보고 20~21세기 대한민국사를, 또는 인민공화국사를 쓴다고 한다면 이게 사실과 맞는 얘기겠냐는 것이지요.

신라와 당은 660년에 백제, 668년에 고구려를 멸망시킵니다. 당은 철천지원수인 고구려를 무너뜨렸으며, 신라는 두 나라를 무너뜨리고 한반도의 유일한 생존자가 되었습니다. 비록 영토 문제에 있어서는 어중간하게 갈라 버린 바람에 전쟁도 치러야 했지만, 어쨌거나 고구려와 백제에 대한 투쟁에서 승리하였다는 것은 둘 다 공통된 인식이고, 각자 자랑스러워야 할 업적입니다.

당은 고구려의 마지막 왕인 보장왕을 잡아가서 거대한 수레인 대당천자에게 대들다 박살 난 사마귀 역할을 맡겼습니다. 이런저런 우여곡절을 거쳐 복국운동의 싹을 잘라 버린 후, 대당 세계질서의 위대함을 드러내는 증거로 만들어 버렸습니다. 독립국가로서 고구려는 사라졌지만 소고구려국이라는 가공의 국가가 세워집니다. 고구려를 제후로서는 남겨 두어 때마다 조공을 바치며 영원한 복속을 상징하는 것으로 두지요.

신라는 그럼 무엇을 하고 있었느냐. 신라도 고구려 부흥운동의 대표적 인물이었던 안승을 포섭하여 자신만의 질서를 구축하려고 합니다. 안승安勝이 연개소문의 동생인 연정토의 아들이라고도 하고, 보장왕의 손자라고도 하는데 어쨌든 그를 보덕국報德國이라는 일종의 괴뢰 국가의 왕으로 삼은 다음 신라의 제후로 포장해 버린 것입니다. 그가 진짜 고구려 왕실의 적통이냐는 중요하지 않습니다. 신라는 영토가 완벽히 손에 들어온 백제처럼 고구려 역시 신라에게 완전히 무릎을 꿇었다는 증명사진이 필요한 것뿐이었습니다.

이따금 삼국통일 논쟁에서 현대의 연구자들이 대부분 착오를 일으키는 것이 영토라는 현대적 의미의 용어에 깊게 매몰되었다는 것입니다. 가끔 역적이나 외국의 침입에 의해 나라를 잃은 왕자가 피눈물 나는 노력 끝에 나라를 되찾는 이야기가 소설이나 영화로 나오는 것을 보셨을 것입니다. 이 논쟁에 따르면 이런 작품은 절대 나올 수 없습니다. 왜냐고요? 영토를 다 잃었으니까요. 영토를 다 잃었는데 왕도 아닌 왕자가 오두방정을 떤들 무슨 소용이 있을까요? 정통성이 없는데. 앞에서 백제의 한성 함락에 대한 이야기를 했지만, 웅진도읍 시절 백제왕실의 발언력이 약해진 것은 그냥 현대적 의미의 영토를 상실해서 비롯된 것이 아니라 왕실 정통성의 성지를 빼앗겨서였습니다. 비록 정통성에 타격을 입었지만 백제 왕실 자체가 부정당한 것은 아닙니다. 1592년 선조가 한양을 버리고 의주로 몽진했다고 조선이 부정당했을까요?

영토를 잃었으니 나라가 망했다. 고구려의 땅을 모두 가지지 못했으니 통일이 아니다. 그냥 백제를 정복하던 전쟁이다. 이렇게 보는 것은 20세기 이후의 사람들의 시각입니다. 그리고 삼한을 통일했다고 주장하는 신라인이나 고구려를 드디어 내 조공국으로 만들었다고 즐거워하던 당은 전혀 그렇게 생각하지 않았을 것입니다. 그들에게 정말 중요한 것은 고구려와 백제 왕실의 정통성을 끊어 버렸다는 것입니다. 설령 두 왕실의 후손들을 살려 둔 것은 그래도 나쁘지는 않은 조상들 제삿밥은 끊기지 않게 하여 승자의 관대함을 보여 주자는 것에 불과합니다.

실존하는 정치체로써의 고구려와 백제는 멸망한 것이 맞고, 당은 영원한 복속을 확인받고, 신라의 경우 고구려의 후손까지 내 것으로 만들었으니 삼국을 통일한 것이 맞습니다. 후대 사람들이 남북국시대니 뭐니 의견을 내는 것은 매우 자연스럽고, 아니 어떻게 보면 의무에 가까운 일이기도 하겠습니다. 그러나 신라인이 삼한을 통일했다는 의식을 한 것 자체가 맞네 틀리네~ 따지는 것은 번지수를 착각한 일입니다. 사료를 극히 건조한 사실 기록으로 맹신하지 않는 한 벌어질 수 없는 일입니다. 선전이 사실과 다르다 평가할 수 있지만 선전 자체가 있었네 없었네, 한참 후에야 나왔네라 말할 수 없다는 얘기입니다.

신라와 당, 이 두 나라의 입장에선 결코 남북국시대와 같은 개념은 존재할 수 없습니다. 먼저 가신 선대 군주가 저 악의 축을 무너뜨리고 세상을 평화롭게 만들었는데, 이를 부정하는 견해를 낸다는 것은 현 체제에 대한 반역과도 같은 일입니다. 그렇기에 신라의 입장에서 고구려와 백제는 내 배 속에 먹혀 소화된 것이지, 결코 되살아나서 꿈틀거려서는 안 되는 것입니다. 그러므로 대조영을 비롯한 발해의 지배층들이 고구려계든 말든,

대다수의 국민이 말갈이거나 말거나, 그들의 왕이 고구려왕을 자칭하는지 안 하는지 상관없이 무조건, 절대 절대, 0.0000000001%의 주저함도 없이 발해는 말갈이어야 합니다. 국가가, 왕조가 망하더라도 현 왕조의 정통성에 큰 위협이 되지 않는 한 전 왕조의 공식 견해는 계속 이어져 오는만큼 신라와 당을 이어 나타난 양국의 후대 왕조들도 이러한 견해를 무비판적으로 답습하였습니다. 그게 현재까지 우리가 볼 수 있는 자료들의 기본 특성입니다.

발해가 고구려의 후계국가냐 말갈계 신생국가냐를 연구하기에 앞서 가장 기본적인 자료에 대해 오해하기 시작하면 그 어떤 정교한 학문적 논리를 구축하더라도 제대로 된 논의를 할 수 없습니다. 그 자료를 무슨 생각을 갖고 썼는가, 이 당시의 사람들은 우리와 생각에 어떤 차이가 있느냐를 생각하지 않고 아무리 건축 기술이 좋다 한들, 모래밭이나 저습지에 100층 건물을 짓는다고 그게 버팁니까?

개인적으로 관심 있게 지켜보는 것이 조선왕조 후반의 사상적 변화입니다. 현대인들이 보기에 유득공의 남북국시대론은 그냥 실학사상의 역사연구의 하나라고 넘어갈 수 있는 부분입니다. 하지만 왕조의 공식 견해(그것도 여러 왕조를 거쳐 천 년 넘게 내려온)를 건드린다는 것은 굳이 엮으려고 하면 결국 현 왕의 정통성, 현 왕조 개창의 정당성을 부정하는 일로 번져 나갈 수 있기에 매우 위험한 일입니다. 이게 무슨 소리냐고 하실 분도 계시겠지만 전근대 왕조 같은 구조에서는 충분히 가능한 일입니다. 세조의 찬탈을 항우의 의제살해에 빗대어 논평한 조의제문弔義帝文이라는 글 하나로 많은 사람들이 굴비처럼 엮어 죽어 나가던 시댑니다. 그런데 조선왕조가 아직 망하지 않았는데, 이런 생각이 왕경의 학자에 의해 제창

되고 책으로 나올 수 있다는 것은 사실 무시무시한 일이라 생각합니다. 숙종의 치세에 단종을 비롯한 과거사 관련 인물들의 사면복권이 대대적으로 일어납니다. 국가 공식 견해와 다른 이야기를 해도 되는 건 사실 이런 분위기의 영향이 아닌가 하고 그 시대 연구자분들이 들으면 '알지도 못하면서!'라며 역정 내실지도 모를 상상을 해 봅니다. 조선왕조 역사상 가장 완벽한 정통성을 가진 숙종이니 망정이지 다른 후궁 소생의 왕이 이런 이야기를 했다간 엄청난 사상 투쟁을 가져올만한 일이었지요. 이런 것이 당시 역사관에 미세한 충격을 준 건 아니겠냐는 혼자만의 가설을 세우고 있지만, 조선시대는커녕 고대사도 다 모르는 입장에선 터무니없는 이야기기도 합니다.

37
고대의 기록은 어떻게 사라진 것일까?

고대사를 공부하는 연구자치고 지금 남아 있는 자료 외에 이름만 전해지는 자료들이 나오지 않기를 기도하는 사람은 없을 것입니다. 단연코!

어떤 분의 책 서문에 이런 이야기가 나옵니다. 조선시대를 주제로 석사 논문을 쓸 때는 봐야 할 자료가 너무 많았는데, 박사 논문을 고대사로 쓰려니 자료는 달랑 몇 장이었다고 합니다. 그나마 돌에 새긴 비석이라던가 나무에 글을 쓴 목간이 종종 튀어나와서 갈증을 채우고 있긴 하지만 여전히 목마르다 못해 탈수상태로 죽기 직전입니다. 이문진의 『신집』이라거나 고려 초의 『구삼국사』가 지금도 남아 있다면 얼마나 좋을까요? 김대문이나 최치원, 그 외에도 알려지지 않은 역사서들이 다 남아 있다면! 지금도 종종 판타지 소설에나 나올 것 같은 가상 세계의 도서관에 지금은 사라진 책들이 모두 보존된 꿈을 꿉니다. 그걸 하나씩 찾아내서 공개하면 얼마나 좋을까? 아마 모두 그러할 것입니다. 꿈의 내용은 다르겠지만.

어떤 사람들은 전쟁 통에 승자가 패자의 자료를 태웠다고 한다거나, 새로 역사서를 쓴 사람이 과거의 자료를 파기했다고 말하기도 합니다. 과연 그럴까요?

'헤헤~ 난 이겼어. 이런 패배자들의 역사 따윈 한 줌의 가치도 없어. 다 태워 버려!'

이런다거나

'내 역사책만이 남아 나만 영원히 칭송받아야 해~! 다 지워 버려!'

이런 걸 상상할 수 있습니다. 아마 고대 기록에 대한 대다수의 인식은 이럴 겁니다. 전쟁의 승리로 인한 흥분이 파괴를 불러일으킨다거나 명성을 독점하고픈 개인의 욕망은 늘 있을 수 있습니다. 실제로 페르세폴리스는 흥분한 그리스 병사들에 의해 파괴되었으며, 질투에 눈이 먼 사람은 너무 많아 누굴 꼽을까 고민하는 것도 힘든 일입니다. 그러나 동아시아의 역사책이라는 문제에 한해서는 해당되지 않은 문제라고 생각합니다.

우선 전쟁으로 인한 소실을 생각해 보죠. 단순히 말해서 전쟁으로 인해 사라진 것이 많다는 것은 맞습니다. 고대의 문서는 나뭇조각이나 대나무, 또는 비단이나 종이가 재료입니다. 불에 잘 탑니다. 이때의 건물은 죄다 목조 건물이니 보관 장소에 불을 붙이면 금세 타 버립니다. 그런데 굳이 전쟁이 벌어지지 않아도 목조건물은 늘 화재가 발생합니다. 그러니 꼭 전쟁이 아니어도 늘 책은 불쏘시개가 됩니다.

정작 중요한 것은 승리자가 일부러 말살시켰나가 주요 쟁점일 것입니다. 결론을 말하자면 일부러 태우는 경우는 거의 없다고 봐도 무방합니다. 분서갱유 이후 분서는 극악의 폭군의 상징이 되었습니다. 「양직공도梁職貢圖」로 유명한 남조 양의 원제元帝가 죽기 전 소장하던 책을 불태운 것은 매우 극단적인 사례입니다.

역사서는 정보의 창고입니다. 그냥 승자가 메뚜기처럼 다 갉아먹고 떠날 것이 아니라면 패자의 영토를 지배하게 됩니다. 지금도 정보가 중요하다지만 과거라고 정보가 중요하지 않았을까요? 이런 정보가 없다면 어떻게 지배를 할까요? 어떤 사람들이 사는지, 무슨 생각을 하는지, 뭐가 약점이고, 뭐가 호감도를 올릴 수 있는 것인지 알아야 쉽고 편리하게 다스리겠죠. 하다못해 몇 명이 살고, 또 무슨 자원이 나는가를 알아야 제대로 된 행정을 펴겠죠. 물고기만 나오는 곳에 벼를 세금으로 내라고 강압하면 반발이 심해지고 항구적인 지배가 어렵겠지요. 정보라는 것은 문을 따고 들어가는 순간부터 손에 넣어야 하는 것입니다.

또 두 번째로 개인의 질투란 문제를 검토해 보지요. 자료를 불태운다는 것은 동아시아 세계에선 군주조차 할 수 없는 일이었습니다. 진시황이 되지 않기 위해, 동아시아의 군주들은 왕조 정통성을 건드리지 않는 한 책에 대해 손대기를 꺼려 했습니다. 아니 왕조의 군주도 쉽게 하지 못할 일을 개개인이 어떻게 할 수 있을까요? 동아시아의 역사편찬 제도가 완성되던 시점인 당 초기에 태종 이세민이 사료를 들쳐 본 것은 후대 조선에서도 두고두고 씹을 정도로 욕을 먹는 일이었습니다. (물론 당태종 시기는 사관의 실록 편찬이 시작되는 시기라 그야말로 규칙이 명확하게 서지 않은 시대입니다) 당연히 후대의 황제들은 선대의 기록만 열람할 수 있을 뿐, 사관이 지금 무얼 쓰는지 알 수 없었습니다. 자기에 관한 것도 읽기 모드조차 허용 안 되는데 삭제 기능을 쓸 수 있다고요? 다른 저술에 대한 검열은 가혹했지만 역사 기록은 못 건드렸어요. 어떤 군주라도 성군 소리를 듣고 싶지 폭군 소리를 듣고 싶지 않았습니다. 군주도 그러한데 그 아랫사람이 할 수 있는 건 아니죠. 차라리 폼 나게 반란을 일으키는 것이 나았을지도 모르죠. (이기기만 하면 세상이 바뀝니다)

전쟁도 분서도 아니라면 대체 무슨 이유일까요?

거의 모든, 아니 상당수 기록이 사라진 데는 현실적인 문제가 있습니다. 인쇄술이 문제의 핵심이겠죠. 보통 역사서는 수십 권, 수백 권 분량인데, 손으로 써서 옮기는 일이 쉬운 일은 아닙니다. 저자가 직접 원고를 쓰고 책으로 묶어 내면 주변 사람들이 돌려 보는 형태입니다. 잘되면 여럿이 베껴서 많이 읽히는 거고, 그게 관청에 흘러가 역사 기록으로 공인받아 보존되기도 합니다. 지금은 아무리 소수가 보는 학술서라도 4, 5백 부는 인쇄되어 그중 일부는 전국 수백 곳의 도서관에 들어갑니다. 지금 쓰는 이 글도 천 부는 나올 것입니다.

이렇게 한 번에 많은 책이 찍혀 나온다면 후대에도 살아남을 확률이 조금이라도 커집니다. 더 좋은 책이 나와도 어딘가 누군가는 보관하고 있을 것입니다. 그러나 예전에 쓴 기록은 그러지 못합니다. 어떤 책은 딱 한 질뿐이었을 것입니다. 돌려 보다 잃어버리고, 또는 폭우에 지붕에 구멍이 나서 물에 젖는다거나, 화재라는 재액을 만날 수도 있습니다. 그것 이상으로 무서운 것은 독자의 무관심이겠지요.

현재 중국 후한의 역사를 기록한 것은 범엽范曄(398~446)의 『후한서』가 남아 있습니다. 범엽은 위진남북조의 송나라 사람인데, 범엽의 전후로 후한의 역사서가 나온 것으로 이름이 확인되는 것만 14종이 됩니다. 그중 범엽의 책과 원굉袁宏(328~376)의 『후한기後漢紀』만 남았습니다. (범엽은 이 책을 완성하기 전에 역모 연루로 죽어 버려 지志는 사마표司馬彪의 『속한서』의 것을 넣었으니 완벽하게 범엽의 의도가 담긴 것은 아니군요) 삼국을 재통일한 진晉의 역사서는 현존하는 『진서』 말고도 25가지나 있었다고 하지요. 이것은 누가 태운 것이 아닙니다. 요즘 말로 하면 시장의 선택을 받지 못한 상품과 같은 운명을 걸은 것이지요.

이런저런 일을 하다 조선시대 문집 편찬 사업에 대한 글을 읽게 되었는데, 아무나 글을 모아서 내고 싶다고 만들 수 없었다는군요. 그 지역 유림의 인정을 받은 사람의 문집이 만들어지는 것이고, 문집 작성을 하게 되면 지역 유지들의 기금으로 원고 정리, 편집, 인쇄까지 이루어집니다. 사서와 문집이 같은 것은 아니지만 혼자 쓴 일기장으로 남느냐, 정식 출판물로 인정되느냐의 갈림길에 선다는 것은 비슷합니다. 당 이후의 역사서는 국가가 처음부터 공식적으로 만들어 다른 사서의 등장을 막지만, 그이전에는 개인적으로 쓰는 것이었고, 다양한 책이 나왔는데 지금 남아 있지 않음은, 지금 남아 있는 책이 제일 나았다거나, 이런저런 이유로 '도태'된 것이 큽니다.

현재의 책도 이와 같아서 원고를 출판사에 보내는 단계에서 탈락할 수도 있고, 겨우 살아남아 서점까지 갔지만, 먼지만 먹다가 폐지공장으로 실려 가는 운명을 겪기도 합니다. 모든 글쟁이, 문사文士는 불멸의 걸작을 꿈꾸지만 허락되는 것은 극히 일부입니다. 그것은 예나 지금이나 똑같습니다.

※ 당나라 장수 이세적이 고구려 평양성을 점령하여 역사서를 불태웠다는 이야기는 규장각 검서관을 지낸 이규경李圭景(1788~1856)이 쓴 백과사전 『오주연문장전산고五洲衍文長箋散稿』에 나옵니다. 무엇을 근거로 한 것인지 모르겠으나 이덕무도 이런 이야기를 한 것으로 보아 조선 후기에 널리 퍼진 이야기인 것 같습니다. 다만 그 근거는 부족하다고 할 수 있습니다. 여담이지만 이 책의 제목을 오주연/문장……으로 끊어 읽는 경우가 많습니다만 오주/연문/장전/산고로 끊어 읽는 것이 맞는 독법입니다.

38
석굴암과 불국사로 본 귀족들의 경제력

불국사 전경

"일개 귀족이 이렇게 큰 절을 지었다는 말인가요?"

언젠가 경주에 갔을 때, 이런 질문을 받은 적이 있습니다. 불국사佛國寺
와 석굴암石窟庵(원래 이름은 석불사石佛寺)을 돌던 중이었습니다. 이렇게

크고 아름다운 절을 개인이 지을 수 있었겠느냐는 것이지요. 그날의 질문
과 답변을 떠올리며 신라 귀족의 경제력은 어떠하였을까 알아보지요.

오늘날 경주의 대표적인 관광지를 꼽자면 불국사와 석굴암은 반드시
다섯 손가락 안에 들어갈 것입니다. 신라의 불교유적하면 열이면 열, 이
두 곳을 먼저 떠올릴 것입니다. 그래서일까요? 사람들은 보통 이 두 곳을
국가가 세운 가장 중요한 사찰이라고 생각합니다. 설령 이것을 누가 지었
는지, 어떤 설화가 있는지 아는 사람도 당시 경주에서 가장 중요한 사찰,

『조선고적도보』에 실린 1917년경 석굴암 본존불(지식e음)

그것도 불교를 대표하는 본부 격인 사찰이라 생각하기도 합니다. 아마 질문자는 이 두 곳을 국가에서 세우고 관리하던 사찰이라고 착각한 것이겠지요. 경주에 오기 전, 『삼국유사』를 읽고 왔음에도 두 곳을 세웠다는 김대성을 왕명을 받아 지은 공사 책임자로 착각하지 않았을까요? 그러기에 나올 수 있는 질문입니다.

그 자리에서도 했던 대답을 여기에서 되풀이하자면, 개인이 지은 것 맞습니다. 지금 남아 있는 것이 불국사와 석굴암이라 이게 마치 원래부터 신라 불교의 대표 사원일 것이란 착각을 하지만 신라가 있었던 시기에 가장 중요한 절이라면 황룡사皇龍寺가 있을 것입니다. 황룡사는 진흥왕 때 왕궁을 짓다가 황룡이 나타나니 절로 바꾸었다는 사연이 있는 것으로 보아 태생부터 신라 왕실과 밀접한 관계를 갖고 있었음을 알 수 있습니다. 왕궁으로 쓰려고 했던 것도 그렇지만, 거기에 지어진 위치부터가 왕실과 매우 찐한 관계가 있습니다. 신라는 불교를 받아들이며, 석가모니 부처가 전생에 여러 차례 환생할 적에 한 번은 신라의 왕족으로 태어났었다고 주장했지요. 그러니 내 말은 곧 부처님 말씀이나 마찬가지라 이런 것인데, 경주에 일곱 곳의 옛 부처 시절의 절이 있었다고 믿었지요. 황룡사가 위치한 곳도 그중 하나였습니다. 왕궁을 지으려던 곳에 세워서인지 황룡사의 주지는 신라에서 불교 조직의 최고위의 자리인 국통國統도 겸임하였습니다. 딱 봐도 보통 절이 아니지요. 명동성당이나 조계사를 생각하시면 됩니다.

그 외에도 『삼국사기』의 관청 관련 기록을 모은 직관지職官志에는 왕실과 매우 가까운 사찰을 관리하는 관청인 성전成典이란 것이 보입니다. 그 기록을 보면 사천왕사四天王寺, 봉성사奉聖寺, 감은사感恩寺, 봉덕사奉德寺,

봉은사奉恩寺, 영묘사靈廟寺, 영흥사永興寺 등 일곱 곳에 성전이 설치되었다는 것을 알 수 있는데, 9층 목탑을 수리하며 그 일을 기록한「찰주본기刹柱本紀」라는 금동판이 발견되어서, 앞에서 말한 황룡사도 성전이 설치되었음을 알 수 있습니다. 여튼 그 어떤 절도 이 사찰들의 권위를 뛰어넘지는 못할 것이고, 황룡사는 그중 으뜸이었습니다.

황룡사 찰주본기(e뮤지엄)

좀 설명이 길어졌지만 다시 불국사와 석굴암으로 돌아올까요. 만약에 타임머신이 개발되어 현대인이 신라 때로 여행을 간다면 어떤 일이 벌어질까요? 현대인이 길에서 만난 신라 사람과 대화하며 서라벌(경주의 신라 때 이름, 금성金城이라고도 불렀습니다)의 대표적 사찰에 대해 이야기하면서 맨 앞에 불국사와 석굴암을 든다면 그 사람은 어떤 반응을 보일까요? 그냥 피식 웃으며 '이 자식, 거참 취향도 독특하네, 그런 작은 절을 좋아하다니'라고 할까요? 아니면 그 또는 그녀가 분황사芬皇寺, 또는 고선사高仙寺의 열혈 팬이라 '감히 우리 오빠절을 빼놓다니'라는 고성을 지르며 멱살을 잡을까요? 아니면 신라 물정을 모르는 것을 보니 당나라, 혹은 발해에서 남파한 간첩이라고 신고할까요? 여튼 현대인의 관광 상식은 전혀 도움이 되지 않고 그들로부터 이해받지 못할 것입니다. (어느 용자가 있어서 옛 어르신들의 추억마냥 대릉원이나 오릉에 가서 봉분 위에 올라 미끄럼을 탔다간 머리와 몸이 분리되는 체험을 하게 되겠지요)

물론 불국사와 석굴암이 형편없다는 것은 아닙니다. 두 곳은 그 자체로도 충분히 아름답습니다. 그러나 현재 경주를, 신라를 대표하는 유적이라 하여 그 시대에 그것보다 더 대단한 곳은 없었음은 아니란 것을 말하기 위함이지요. 오히려 후손들에게서 귀족들이 이 정도의 절을 지을 수 없지 않겠냐는 말을 듣는다면 매우 심각한 모욕을 받은 것처럼 반응할 것입니다.

경주하면 떠올릴 수 있는 대표적 유물 중에 에밀레종이라는 이름으로 더 유명한 성덕대왕신종聖德大王神鍾이 있지요. 성전이 세워진 절 중 하나인 봉덕사에 있던 것으로 경덕왕景德王이 아버지인 성덕왕聖德王을 기리기 위해 만든 종입니다. 이 종을 만드는 데 12만근의 구리가 필요했다고 합니다. 현재 한반도에 신라 종은 한국전쟁 때 불에 타서 녹아 버린 것까지 포함해서 세 개뿐입니다. 신종이 그중에서 가장 큽니다만 무수히 많았을 신라종(예전에 신라종을 다룬 어느 다큐에서 신라종이 일본으로 건너간 것만 72개였는데 현재 확인된 것만 40여 개라고 하더군요)에서 가장 큰 것은 아닙니다.

기록상으로는 황룡사에 있었다고 전해지는 종이 가장 컸다고 합니다. 다음 글의 주인공이기도 한 경덕왕은 왕비가 아들을 낳지 못하자 이혼을 하고 새 부인을 얻는데, 그 첫째 부인인 삼모부인三毛夫人이 이 종을 만들 때 거액의 재산을 시주합니다. 이 종을 만드는 데 필요한 비용 전부를 혼자 내지는 않았겠지만, 삼모부인이 상당 부분을 부담하였겠지요. 봉덕사의 신종은 12만근이었다고 하는데 이 황룡사의 종은 무려 49만근짜리라고 합니다. 신종도 갓난아기를 녹여 만들었다는 전설이 만들어질 만큼 힘들여 만든 것인데, 황룡사종을 만드는 것이 얼마나 어려웠을지는 상상하기 힘듭니다.

어떤 이는 이혼당한 전 부인이 전 남편에게 복수하기 위해 더 큰 종을 만든 것이라고 하는데 사실은 새 부인이 삼모부인의 조카입니다. 같은 집안에서 연속으로 아내를 맞은 것이니 알려진 것과 달리 이혼은 부드럽게 진행되었을 것입니다. 삼모부인 개인으로서는 유쾌하지 않았겠지만 그때는 여성의 인권 따위, 그리고 개인적인 기분보다는 가문의 건재함이 더 중시되던 때입니다. 그녀의 감정 따윈 무시당했거나 다른 기쁨으로 덮어쓰기 당했을 것입니다. 현대인들에겐 이해가 잘 안되는 게 정상입니다만 앞서 이야기한 고구려의 취수혼을 떠올리시면 이해하실 겁니다. 경덕왕을 비롯한 사람들의 생각으로는 아이를 낳지 못하니 아내를 자른 게 아니라 출산이 가능한 다른 여자로 선수 교체한 셈이죠. 전 부인들을 형장으로 보낸 영국의 헨리 8세와는 다릅니다. 헨리 8세와는!

여튼 이혼당한 전 부인이 왕보다 더 큰 종을 만드는 시대입니다. 그래도 지존인 왕보다는 작겠지만 귀족들의 경제력이 결코 떨어지지 않는다는 중요한 예가 될 것입니다. 현대 대한민국이 안고 있는 문제 중에 부의 격차가 있습니다. 이것은 이 사회가 끊임없이 고민하고 해결책을 찾아야 할 문제입니다만 고대 사람들이 보기엔 그다지 큰 문제도 아니라고, 아니 당연한 것을 왜 문제라고 생각하냐고 신기해할 일입니다.

일본까지 많은 팬을 가진 유명 배우가 결혼을 할 때 유행했던 농담이 떠오릅니다. 어느 재벌 부부가 하객으로 참석했는데, 부인이 남편에게 "어머, 이 부부는 정말 사랑해서 결혼한 것 같네. 남자가 돈 백억'밖'에 없다던데."라고 했다는 이야기입니다. 어쩌면 고대 사람들이 보기에 현대의 재산가를 보고 나서 '거 집안 형편이 좋지 않은데 밝게 사는구먼!'이라고 감탄할지도 모릅니다. 구체적인 수치는 알 수 없지만 고대사회의 부의 집중이 현대보다 결코 덜하지는 않을 것입니다. 지금 우리에겐 문제지만 과거에 비하면 확실히 좋아지고 있는 중입니다. 적어도 고대에는 왜 빈부의 격차가 존재하는가, 이건 나쁜 일 아닌가라고 의문을 제기할 사람조차 없었으니까요.

<신라의 신분별 의식주 제한 규정>

내용·신분	진골	6두품	5두품	4두품~백성
방의 폭과 넓이	24척 이내	21척 이내	18척 이내	15척 이내
기와	당와 금지			
지붕구조	비첨 금지	공포 금지		조정 금지
지붕장식	현어 금지		수두 금지	
건축재료	금·은·유·석 금지	백랍 금지	동·납 금지	
채색	단청 금지			
기단 및 계단	중계 및 이중계 금지			
계단의 석재	다듬은 돌 금지		산석 금지	
담장 구조 및 높이	양동·석회질 금지	높이 8척 이내	높이 7척 이내	높이 6척 이내
문	중문·사방문 금지		대문·사방문 금지	
발과 병풍장식	비단자수 금지			
침상재료	대모·침향 금지	자단·황양목 금지		
마굿간의 규모	제한 없음	5필 이내	3필 이내	2필 이내

국사편찬위원회, 『한국사』 9, 1998, p.262

지금 남아 있는 기록을 살펴보면 아무리 귀족이라도 그 등급에 따라 사는 집과 입는 옷, 타고 다니는 교통수단에도 차이가 있습니다. 내가 돈이 많아도 신분이 낮으면 남들보다 더 좋은 것을 가질 수 없습니다. 아니 신분에 따라 가진 것도 차이가 납니다. 그것도 두 배 세 배 많아지는 수준이 아니라 아마 제곱에 가까울 것입니다. 하나, 둘, 셋, 넷…이 아니라 하나, 둘, 넷, 열여섯… 이렇게 차이가 날 것입니다. 뭐 금지, 뭐 금지 이렇게만 설명하면 감이 오지 않을 것입니다. 사실『삼국사기』의 위 기록은 옷이나 실내 장식에 관심이 없으면 이해하기 어려운 단어로만 가득합니다. 페르시아산 무엇, 돈황산 무엇, 무슨 무슨 보석, 어떤 새의 깃털, 어느 동물의 털 등 난생처음 보는 내용이 가득하니까요.

여기에 일본의 역사책을 들쳐 보다 발견한 것을 보여 드리는 것이 이해하는 데 도움이 될 듯하군요. (사실은 그림만 보는 처지입니다) 이것과 저것이 똑같다고는 말할 수 없지만 적어도 신분에 따른 제한이라는 것을 실감하기 위한 참고자료입니다. 세부 항목은 차이가 있어도 이 제도를 운영하는 기본 원칙은 똑같습니다.

하나는 관리의 등급에 따른 집의 크기입니다. 등급은 결국 신분과 연결되므로 결국 신분에 따른 집의 크기가 됩니다. 개인적으로 각종 단위 중에서 유독 면적에 대한 감각이 없습니다. 몇 평, 몇 평방미터 이런 이야기를 들어도 그게 어느 만큼인지 감이 오지 않습니다. 저 규정을 글로만 설명했다면 이해하지 못했을 것입니다. 그림으로 보니 차이 정도는 실감할 수 있겠더군요. 당시 일본에서 주택가 크기의 기준 면적은 4~5위의 면적입니다. 고위 귀족은 1정町, 그러니까 요즘식으로 말하면 한 블록을 다 쓸 수 있었습니다. 그보다 아래 등급은 1정을 쪼개어 사는 것이고, 왕족이나 최고위 귀족들은 정 네 개를 합한 면적까지 집을 지을 수 있었던 것이지요. 고위 귀족일수록 집도 넓지만 그 공간에 사는 사람과 세간살림도 많아집니다. 그래서 높고 귀하신 분들의 집으로 갈수록 누가 봐도 알 수 있게 장식할 수 있는 것이 많아지겠지요.

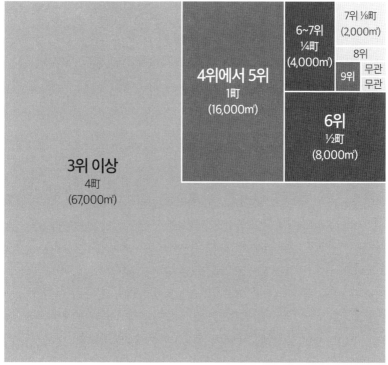

『飛鳥から平城京へ 平城遷都1300年ＣＧでよみがえる古の日本の京』
双葉社, 2009, 22쪽 표 재편집

　이런 큰 집을 소유할 수 있는 사람들의 경제력은 어디서 나오는 것이었을까요? 맨 처음 들 수 있는 것으로 토지 소유를 생각할 수 있겠군요. 대부분의 고위귀족들은 땅부자입니다. 과거 독자적인 세력을 유지하다 신라에게 정복, 또는 항복한 경우가 있는데, 신라 땅이 되었어도 그 지역이 개인적인 세력 기반이 될 수도 있고(요즘 식으로 이야기하자면 국회의원의 지역구라고 생각하면 될까요?), 또 계속되는 신라의 확장으로 승리한 측의 소유지가 확대된 것도 있습니다. 또 공을 세우거나 하면 상으로 식읍食邑 같은 것을 내려 땅이 늘어나는 것이지요.

신라 하대의 고승 지증대사智證大師(824~882)의 사적을 기록한 「봉암사 지증대사 적조탑비鳳巖寺智證大師寂照塔碑」에 따르면 대사가 머물고 있던 안락사安樂寺에 12개소의 장원莊園, 500결結의 밭을 내놓습니다. 그 이유는 물려받을 가족이 없으니 제자들이나 먹여 살리겠다는 것입니다. 속세를 떠났다고 하는 스님이라고 해도 서양 중세의 수도원에 사는 수도사랑은 다릅니다. 종교인이라 해도 현실과 매우 밀접한데다 본디 귀족이니 나름의 재산을 가질 수 있었던 것이지요. 결이라는 넓이 단위는 시대에 따라 다르지만 대략 1결을 15,000㎡로 보고, 이를 우리가 많이 쓰는 평으로 따지면 4,700평 정도로 잡으면 될 것 같습니다. 500결이면 7,500,000㎡, 2,268,750평에 달하는 면적입니다. 2.9㎢, 그러니까 87만 평에 달하는 여의도의 2.6배 정도겠지요. 일개인, 아니 왕이 아닌 귀족 개인도 이런 정도는 기증하고도 지갑에는 전혀 이상이 없습니다.

이것은 매우 특수한 예라서 일반화시키기는 어렵지만 669년(문무왕 9)에 목장 174개소를 나누어 줍니다. 당과의 싸움이 예고된 시점이라 군마를 양성하는 데 모두 힘쓰라는 것으로 해석하는데 이게 맞을 것 같습니다. 왕실과 관청에 우선 배분한 다음, 귀족들의 관등에 따라 차이가 나게 나누어 줍니다. 당시 가장 높았던 김유신은 6개소, 왕의 동생인 김인문은 5개소, 그 아래 일곱 명의 각간角干들에게는 각각 3개소씩. 군마양성이 주목적이긴 하나 전쟁이 끝난 후 이제 필요 없으니 다시 반납하란 말은 안

했을 것입니다. 그것도 각각 귀족들의 재산이 되었을 것입니다.

땅뿐만이 아닙니다. 땅에서 일하는 사람들도 있습니다. 이른바 노비나 땅에서 소작하는 사람들, 각종 일꾼들도 있습니다. 신라의 귀족들은 자기들만의 공방을 가지고 있었던 것으로 보이는데, 그들 소유의 공방에서 나온 물건을 일본에 파는 경우도 보입니다. 거기서 일하는 사람도 결국은 귀족의 경제적 기반이기도 하였을 것입니다.

중국의 역사서『신당서新唐書』신라전新羅傳을 보면 이런 대목이 나옵니다.

> 재상宰相의 집에는 녹祿이 끊어지지 않으며, 노비奴婢가 3천 명이나 되고, 갑병甲兵과 소·말·돼지도 이에 맞먹는다. 가축은 바다 가운데의 산에 방목을 하였다가 필요할 때에 활을 쏘아서 잡는다. 곡식을 남에게 빌려주어서 늘리는데, 기간 안에 다 갚지 못하면 노비로 삼아 일을 시킨다.

중국 역사서에 종종 귀족들이 하루에 엄청난 비용을 들여 식사를 한다는 기록이 나옵니다. 위진남북조 시대에는 사람 젖을 먹여 키운 돼지만 먹기도 하였고, 지금도 먹기 힘든 요리를 끼니마다 먹습니다. 어떤 이는 황금 장막을 집 주위에 치고 식사를 합니다. 엄청나게 비싼 것만 먹으니 금방 거지가 될 것 같지만 사실은 돈을 안 씁니다. 지위를 무기로 뺏었을까요? 아닙니다. 그저 산과 강을 경계로 펼쳐진 자신의 소유지에서 나는 것을 가져다가 먹을 뿐입니다. 내 영지는 산촌인데 해산물이 먹고 싶다. 이런 경우라면 모를까(아니, 어지간한 바보가 아닌 이상 바닷가에도 땅이 있고 섬도 가지고 있겠지요) 우리 땅에 다 있는데 돈 주고 사 먹을 리는 없습니다. 당이나 일본, 서역의 특산물이면 모를까. 노동력도 공짜입니다.

마지막으로 귀족들이 나라에선 얼마를 받았을까요? 아쉽게도 남아 있는 기록은 지급하던 방식이 바뀐 것만 알려 주지 각각 얼마를 받았는지 알려 주지 않습니다. 적어도 확실하게 알 수 있는 것은 고려시대의 전시과田柴科부터입니다. 처음에는 땅을 주었다가 689년(신문왕 9)에 연봉으로 곡식을 지급합니다. 나중에는 월급제로 바뀌었다가 757년(경덕왕 16)에 다시 땅으로 돌아갑니다.

그런데 옆 나라 일본의 사례를 참고하면 어떨까요? 나라奈良의 헤이죠쿄平城京 시절(710~784)에 관리들에게 녹을 지급한 것을 현대의 화폐 가치로 설명한 것이 있습니다. 가장 높은 태정대신太政大臣은 3억 7500만 '엔'을 받았다고 합니다. 현대의 일본 총리의 연봉도 2천만 엔을 약간 넘기니 엄청난 액수입니다. 하급관리들은 현대 공무원들과 대략 비슷하게 받는다고 하니 이 시대의 각 신분별 격차는 현대인들에겐 상상하기 어려울 정도입니다. 물론 이것을 신라에 적용할 수는 없습니다. 하지만 일본도 세상에 존재하지 않던 질서를 홀로 창조해 낸 것은 아니므로 어느 정도 경향성만은 짐작할 수 있지 않을까요? 구체적인 액수나 변동폭은 달라도 대개의 얼개는 그놈이 그놈이었다고 봅니다.

이런 경제력을 가진 신라의 귀족들에게 당신들은 불국사와 석굴암 같은 절을 지을 능력이 없다고 말한다면, '이런 모욕은 처음이야!'라고 외치며 칼을 뽑을 것입니다.

39
경덕왕은 과연 실패한 정치가였나?

역사적 사실의 결과는 때때로 아주 먼 훗날 보아야 선명해질 때가 종종 있습니다. 분명 좋은 판단이었는데 장기적으로 독이 되는 경우도 있으며 반대로 매우 많은 사람들이 들고일어나 반대를 하는데도 결과적으로 그것이 좋은 선택지인 경우도 있습니다, 그러니까 단기 처방으로 좋은 것이냐 장기적으로 좋은 것이냐 하는 차이가 있지요. 물론 가장 최악은 어떻게 보나 나쁜 경우를 맞는 것입니다만. 가까이서 보면 알 수 없으나 한참 뒤 역사란 강물이 한참 흘러간 후에 봐야 그 공과가 뚜렷해지는 사례를 이야기하기 위해 잠시 북아프리카로 이동하겠습니다.

고대 이집트 역사상 매우 독특한 파라오가 있었습니다. 보통은 그의 아들이 더 유명하지만, 인류 역사, 또는 사상사의 흐름에서 그가 가지는 위치는 그 어떤 파라오도 미치지 못할 수도 있습니다. 기원전 1352년에서 1336년까지 이집트 18왕조를 이끈 아멘호테프 4세, 아케나톤이라 불리는 파라오입니다.

지금이야 일신교인 이슬람교가 주를 이루고 토착 기독교인 콥트교가 자리한 이집트도 고대에는 다신교를 믿은 곳입니다. 오시리스, 아시스,

라, 누트, 호루스 등 다양한 신이 존재했습니다. 또 정치적 지배자인 파라오도 죽은 뒤에는 신이 되었습니다. 신왕국에 속하는 18왕조가 되면 수도였던 테베의 수호신이었던 아몬이 태양신과 같은 위치가 됩니다. 아케나톤은 아몬을 모시는 신전이 지나치게 강한 권력을 가졌다고 판단하고 새로운 신앙 체계를 세우려고 합니다.

태양을 상징하는 신으로 아톤을 내세우고, 유일한 신의 위치에 놓습니다. 기존의 다른 신의 권위를 없애기 위해 엘 아마르나라는 곳에 수도를 새로 만들어 옮길 정도였습니다. 이 아톤은 기존의 신처럼 사람이나 동물의 형상이 아닌 해, 그 자체로 표현되었습니다. 그리고 우주를 창조했으며 모두에게 공평하게 빛을 나누어 주는 존재로 묘사되었습니다. 그런데 아케나톤의 이 새로운 시도는 그가 죽으며 끝이 났습니다. 그가 죽은 후 어린 아들이 즉위하자 아몬신앙은 되살아나고 수도는 버려졌습니다. 그리고 그의 아들 역시 매우 이른 나이에 죽고, 다른 사람이 왕위에 오른 후 왕조도 바뀌게 됩니다. 아버지보다 훨씬 더 유명한 소년왕의 이름은 투탕카멘입니다.

과연 아케나톤의 종교 개혁은 성공한 것일까요? 그가 억누르고자 했던 기존의 종교 권력은 다시 강해졌고, 아들의 죽음조차 석연치 않습니다. (어떤 이들은 그의 죽음도 비정상적인 것으로 의심합니다) 아들의 죽음과 함께 날아가 버린 18왕조의 흥망만 놓고 본다면 실패라고 보는 것은 합당합니다. 정치가가(그가 군주거나 국민의 대표거나) 가고픈 정치적 지향에 이르지 못한 것은 분명한 실패입니다. 어쩌면 아케나톤은 너무 빨리 천상으로 온 아들을 부둥켜안고 땅을 쳤을지도 모릅니다.

그러나 그가 추구했던 일신교가 실패하였는가를 생각하면 결론은 또 달라집니다. 21세기 이집트는 전인구의 9할이 이슬람교도이고 1할이 콥트교와 같은 토착 기독교 종파를 믿습니다. 이슬람교나 기독교나 모두 일신교입니다. 아케나톤의 개혁을 무산시킨 아몬 신을 믿는 사람은 존재하기나 할까요? 아톤신앙으로만 보면 아케나톤의 시도는 실패지만 하나의 신만을 믿고 그 신이 인간에게 변덕스럽지 않고 규칙성이랄까, 나름의 원칙으로 대한다는 진보한 신앙을 생각한다면 '끝내 이기리라' 하며 성공한 것입니다.

메소포타미아의 군소 민족이었던 유태인이 유일신을 받아들인 것이 바로 이 시절에 이집트에 머물며 영향을 받은 것이라고 보는 사람도 있으니 이리저리 생각해 보면 참으로 재미난 일입니다. 이슬람교나 기독교 모두 그 뿌리는 유태교에 있지 않습니까. 비록 처음 시도한 정책 구상과는 매우 다른 결과가 나왔으나 다신교에서 초월적인 유일신교로 바뀐 결과만은 오롯이 뿌리내린 것입니다. 각각 종교를 일구고 뿌리내린 지역과 민족은 달랐지만 고대 이집트와 메소포타미아에서 번성했던 다신교라는 씨앗이 아케나톤이란 농부 또는 농학자에 의해 한 번 품종 개량을 받았고, 먼 훗날 그의 농지에 매우 강력하게 뿌리내린 것은 역사란 학문에서 볼 수 있는 재미 아닐까요?

다시 신라로 돌아오면, 의도는 좋았지만 당대에는 성공하지 못하고 정치적 실패를 거듭한 일이 여기에서도 일어납니다. 바로 신라 중대의 왕이었던 한화 정책을 폈던 경덕왕景德王이 주인공입니다. 현재 경주 국립박물관에 있는 성덕대왕 신종을 만들게 한 인물이기도 합니다.

경덕왕은 귀족세력 견제와 왕권 강화를 위해 한화정책漢化政策, 그러니까 중국식의 율령체제를 철저히 따르는 제도 개혁을 단행합니다. 크게 나

성덕대왕 신종

누어 정부 조직과 지방행정구역 개편이라는 것이라 할 수 있습니다. 757
년(왕 16)에는 9주·5소경·117군·293현의 고유 지명을 중국식으로 개명
합니다. 강원도의 영서 지역을 중심으로 한 광역지방행정기구를 우수주
牛首州, 수약주首若州라고 불렀는데, 이를 삭주朔州로 개명합니다. 그리고
각 군현의 이름은 고구려나 백제, 그리고 신라의 원래 고유어를 한자로
표기한 것을 그대로 계승하고 있었는데, 이때 중국식 지명으로 바꿉니다.
주청소재지 삭주에 직속한 현으로 지금의 홍천인 벌력천현伐力川縣과 횡

한국고대사의 뒷골목

성인 횡천현橫川縣이 있었는데 경덕왕은 이를 녹효현綠驍縣과 황천현潢川縣
으로 각각 바꿉니다. 지금의 한강 이북 서울에 해당하는 북한산군北漢山郡
은 이때 한양현漢陽縣이 됩니다.

신라와 발해의 행정구역

지방행정 제도 자체를 바꾼다던가 행정구역을 개편하는 것은 아니지만 이름을 바꾸는 것도 중요했습니다. 이름만 바꾼 것이 뭐가 중요하냐고 하실 분도 계십니다. 중앙정보부가 안기부로, 또 국가정보원이 되었다고 해서 달라졌던 건가요? 그들의 본연의 임무보다 정권의 입맛에 맞는 일만 하던 것이 불과 수년 전에도 일어난 일입니다. 그러니 그런 의심을 갖는 것은 당연합니다만 과거로 올라갈수록 말이 더욱 강한 힘을 가지는 시대입니다. 명칭의 변경만으로도 근본이 바뀐다고 믿었던 시대입니다.

우리도 현재 지방행정구역을 특별시·광역시·도-시·군·구-동·리의 3단계를 2단계로 바꾸자는 의견이 10년 정도 전부터 있어 왔는데(고종 시절에도 도-군-현제를 2부제로 바꾼 적이 있습니다. 1년 만에 돌아갔지만) 과거에는 강원도의 울진군이 경상북도로 넘어가는 것처럼 소속을 바꾸는 일은 종종 있었지만 지방제도 전반을 바꾸는 것은 나라의 건국과 같은 엄청난 사건이 아닌 이상 꿈도 꾸기 어려운 것입니다. 그러니 경덕왕의 개혁도 충분히 큰 충격이 되었습니다.

앞에서 말한 것처럼 각 지명은 고구려나 백제의 뿌리를 내세우는 것이 많았습니다. 신라의 옛 지명이야 정치적으로 크게 머리 아플 일은 없다고 해도 고구려와 백제 유래의 지명들은 그렇지 않습니다. 신라의 안정적 지배를 위해서도 지워져야 하지요. 과거로 갈수록 이런 이름이 가지는 힘(만화 영화나 소설 같은 창작물에서는 말에도 힘이 있다고 표현하기도 하지요)에 신경을 쓰는 일이 많습니다. 과거보다 그런 것에 상대적으로 무심한 현재에도 구체제, 혹은 잘못된 관행과 관련된 이름을 고쳐야 한다는 목소리가 높은데 그때는 오죽했을까요.

또 고유어를 발음대로 한자로 표기한 이름 중에서도 그리 좋지 않은 글자를 택했거나 발음하기 어려운 것, 그리고 이름이 긴 것을 좋은 의미를 가지거나 발음하기 좋은 두 글자의 이름으로 고치는 일이었습니다. 처음에는 한문에 서투르고 문서 중심의 행정업무에 서투르니까 뭐가 불편한지 모르고 그대로 썼다지만 어느 정도 익숙해져도 물리적·정신적 불편함이 발목을 잡습니다.

그리고 759년(왕 18)에는 관직명을 중국식으로 고치는 일에 들어갑니다. 아래 표에서 보는 것 같이, 신라도 꽤 오랜 시간에 걸쳐 정부 부서를 만들었습니다. 독자적인 이름을 갖고 있지만 대개 있어야 할 것은 다 갖추었다고 할 수 있습니다.

<신라와 고려·조선의 정부 관청 비교표>

통일신라	발해	고려	조선	담당업무
집사부	정당성	중서문하성	의정부+승정원	국가기밀·왕명출납
위화부	충부	이부	이조	인사
조부	인부	호부	호조	세금
창부				재정
예부	의부	예부	예조	의례·교육
영객부				외교
병부	지부	병부	병조	군사
좌·우리방부	예부	형부	형조	형사
예작부	신부	공부	공조	토목·건축
공장부				수공업
사정부	중정대	어사대	사헌부	관리감찰

이는 지방제도 개편보다도 더 복잡한 일입니다. 표면적으로는 관청의 이름이나 직책만 중국식으로 바꾼 것으로 보이지만 실제로는 국가운영 시스템을 중국식으로 바꾸겠다는 의사 표시였습니다. 여담이지만 한국고

대사를 규정하는 시대 구분에서 삼국통일 이후를 중세로 보는 경향이 강했습니다. (한때 그분들을 소장학자라고 불렀지만 이제는 그분들도 학계의 중진, 또는 원로입니다) 신라나 발해의 정부조직에서 중국의 율령제에 입각한 모습이 많이 보였거든요. 왕이나 귀족들의 주먹구구식 운영이 아니라 관료제를 적극적으로 수용한 것이니 삼국시대보다는 고려와 조선에 더 가까운 국가가 아니겠느냐는 의견입니다. 그래서 이 시대를 중세 1기라고 보는 이도 계십니다.

그러나 저는 이분들의 의견이 정부조직도의 표현에만 신경 쓴 것이 아닌가 하는 생각을 가지고 있습니다. 표면적으로는 당나라 제도를 따라간 것 같지만 실제 운영은 여전히 신라 고유의 질서에 의한 것이라고 보기 때문입니다. 발해의 정부조직도가 당나라 율령제의 카피판과 같은 것은 고구려가 망한 후, 당과 신라가 그 땅의 영향력 있는 사람들을 그야말로 '국물도 안 남기고' 싹 쓸어 갔기 때문에 정작 나라를 건국했는데 그야말로 허허벌판에 말뚝 하나 달랑 남겨진 형국이었던 상황과 연관되어 있습니다. 그러나 신라는 각 관청의 이름이나 형식은 따와도 실제 운영 원리는 여전히 신라 고유의 방식대로 했습니다. 발해나 일본과 같이 서열화된 정부조직을 구성한 적이 없습니다.

<발해 정부조직도>

신라에서 가장 권한이 강한 부서를 왕의 옆에서 보좌하는 역할을 하는 집사부執事部라고 생각하는 경우가 많은데(물론 정치적으로 중요한 곳이지만 가장 강력한 곳이라 할 수는 없습니다) 실제로는 군사를 담당하는 병부兵部였습니다. 그런데 재미난 것은 신라의 관청의 최고 책임자가 2명인 경우가 많은데 병부는 3명이나 된다는 점입니다. 이런 점이 관료제가 신라에 자리 잡았다고 보는 관점과 다른 현실입니다. 여튼 경덕왕은 집사부의 체제를 약간 손보며 기관의 역할을 강화하려고 했습니다. 집사부가 신라 행정조직의 사령탑은 아니지만 왕의 의사를 가장 잘 반영해 목소리를 내고 실행에 옮길 수 있는 관청이기 때문에 힘을 조금이라도 더 실어주는 것도 왕권 강화에 도움이 되는 것입니다.

한편 통일 이전인 진덕여왕의 시대에 준비되기 시작하여 신문왕 때 정식 출범한 국학國學을 강화시키려는 노력도 동시에 실시했습니다. 국학은 당을 오가던 김춘추가 주도적으로 제창하여 만들어진 기관이었습니다. 당의 국학을 견학하고 곧바로 실무진을 구성한 지 30여 년 걸려 출범시킨 고등 교육기관이었습니다. 이후 신라 왕실은 이 국학을 강화시키려는 노력을 끊지 않았는데 사실 관료제가 뿌리내렸다면 국학은 강화 노력이 필요 없는 기관입니다. 여기서 배우는 것보다 혈연이 출셋길에 도움이 되는 시대니 늘 뿌리내리지 못하고 계속 강화 주문만 거는 셈이지요. 학교 시험이나 고시공부를 하는 사람이면 반드시 외우게 되는 원성왕의 독서삼품과(788년)도 국학의 강화책입니다.

경덕왕은 국학의 교수진을 강화하고 교육과정을 세분화합니다. 자세한 내용은 알 수 없지만 그로부터 40여 년 후에 실시하는 독서삼품과, 그리고 국학의 원형이 된 당의 국학 제도를 살펴보면 가고자 하는 대략의 방향은 알 수 있습니다. 여기서 가르치는 것은 단순한 유교 소양이 아니라 유교적 충효관의 주입입니다. 귀족이니 자신과 가문의 영달에 관심을 가지는 것은 당연하지만 그만큼 나라의 운명에도 신경 써야 하고, 또 아버지의 신분도 중요하지만 그래도 최소한의 능력이나 자격은 갖출 것을 요구하는 것입니다. 물론 신라는 신분제 사회이니까 그야말로 아버지 전화한 통이면 되겠지만, 그래도 무작정 "내 아들이니까~"가 아니라, 그래도 국학은 나왔다는 말을 해야 청탁도 먹히게 하는 것이지요. 지금 시각에서 보면 말도 안 되는 것이지만 당시 시각에서는 이것도 혁명적인 한 걸음입니다.

삼국통일 후를 중대라고 보는 시각에서 중대의 왕권이 절대왕권이었느냐 아니냐는 이 부분의 핵심적인 논점이었습니다. 물론 삼국통일 이전보다는 왕권이 강력했던 것만은 사실인데 어느 정도로 강했느냐는 것이 문제였던 것이죠. 절대왕정이란 시각이 더 강했으므로 이 경덕왕의 정책은 절대왕정을 더욱 강화하는 것으로 보기도 하였습니다. 그러나 그렇게까지 왕권이 압도적인 것은 아니란 입장에서, 또 신라의 정치 시스템이 그렇게 중국식으로 가동되는 것은 아니란 관점에서 보자면 승리 후 굳히기가 아니라 우세이긴 하지만 연속으로 주자가 출루한 후 큰 거 한 방이면 역전될 8회 말 무사 1·3루 같은 상황 같다고 생각됩니다.

아들이 태어나지 않아 왕비를 출궁시킨 후, 그녀의 조카를 새 왕비로 맞이하고, 또 『삼국유사』에 따르면 아들이 태어날 팔자가 아니라 하자 고승 표훈表訓을 시켜 하늘에 나라가 위태해도 좋으니 아들을 얻게 해 달라고 빌었다고도 합니다. 정말 표훈이 하늘과 교섭을 했는지 알 수 없지만 적어도 왕권 강화라는 것에 경덕왕이 얼마나 애를 태우고 있었는가를 알 수 있습니다.

그러나 이 개혁은 단기적으로는 실패한 개혁이 되었습니다. 지방제도를 개편하던 757년에 녹읍祿邑이란 것을 부활시킵니다. 식읍이라고도 하는 것인데, 봉급 대신 땅을 주거나 땅에서 나오는 물건을 가질 권리, 또는 세금을 가져가거나 그곳의 인원을 동원할 수 있는 권리 같은 것을 줍니다. 고려나 조선 같으면 그 땅에서 관청이 세금을 걷어 전해 주는 것이지만 이때의 녹읍은 어디까지 주었는지 알 수 없습니다. 신문왕 7년(687)에 관료전官僚田이라는 것을 주는 것으로 바뀌는데 이는 직위에 따라 액수를 정해 매달 곡식으로 주는 것이었습니다. 녹읍에서 관료전으로 바뀐 이유는 아무래도 땅에 대한 관리권을 국가가 장악하려는 것으로 생각됩니다. 얼마나 주었는가, 현재 자료가 없습니다. 다만 일본에서 주는 곡식을 현대 가치로 환산한 자료를 보면 가장 높은 등급은 3억 7천만 엔 정도이고 가장 낮은 급은 230만 엔 정도를 받습니다. 신라와 일본의 제도가 완벽히 대응할 리는 없겠지만 그 정도를 가늠해 보는 실마리는 될 것입니다.

녹읍의 경우 구체적으로 어디까지 줄 수 있는지 불명확하고, 또 대대로 물려주는 일이라도 생기면 그것은 이미 국가의 땅이 아니라 그 사람의 땅이 되고 맙니다. 관료전의 의도는 귀족의 힘을 꺾을 수는 없어도 더 늘어나는 것만은 막겠다는 것인데 이것이 경덕왕 대에 폐지됩니다. 분명 왕권 강화 정책을 실행하는 동시에 국가의 통제력을 떨어뜨리는 일도 일어납니다. 매우 모순적인 일로 보이지만 오늘날에도 일어나는 일입니다. 바로 좁은 의미의 '정치'라는 것이지요. 이따금 지지자가 보기에 후퇴로 보이는 정책을 펼쳤다고 맹공을 받는 경우가 있지요. 매우 가혹하게 매도당한 정치지도자도 있었지요. 그런데 타협 없이 그 지지자의 생각을 100% 반영하는 방법은 오로지 기관총으로 반대자를 절멸시키는 방법밖에 없습니다.

그런 극/악/무/도/한 짓을 하지 않는 한 100% 압도하는 일은 있을 수도 없습니다. 어느 독재정권이라도 야당은 반드시 존재하고, 그 야당이 어용이었다 하더라도 심지어는 여당 안에서도 찬반이 갈립니다. 아무리 철혈 독재자로 보이는 경우라도 사실은 여러 정치적 세력을 품고 있으며 그들을 조율하며 권력을 유지합니다. 스탈린처럼 반대의 ㅂ 자만 적어도 숙청을 하는 사람이었다 하더라도 100% 찬성파만으로 둘러싸이진 않았습니다. 그걸 관철하려고 했으면 세력을 키울 수 없지요. 그러니 필요한 것은 타협과 조율입니다.

경덕왕도 왕권을 강화하려고 하면 그만큼의 대가를 지불해야 합니다. 왕권을 반대할 것 같은 귀족들을 모두 모아 학살하지 않는 한(100% 완벽한 말살이 어려우므로 역사상 그걸 시도한 사람이 매우 적은 것입니다)

결국은 상대를 달래야 합니다. 정말 왕권이 절대적이었다면 내놓는 양이 적겠지요. 그게 아니라면 꽤 큰 것을 내놓아야 합니다. 녹읍의 부활은 앞에서 이야기한 정책이 단순한 이름 바꾸기가 아니며, 또한 경덕왕의 힘도 생각보다는 강력하지 않았음을 의미합니다.

이 정도의 거대한 거래에도 불구하고 경덕왕의 정책은 실패로 끝납니다. 경덕왕 사후인 776년(혜공왕 12)에 후일 왕이 되는 김양상(선덕왕)·김경신(원성왕) 등에 의해 경덕왕의 개혁은 과거로 돌아갑니다. 그리고 780년(혜공왕 16)에는 아들인 혜공왕도 죽임을 당하고 김양상과 김경신이 차례로 왕위에 오르며 김춘추 직계의 중대 왕실은 역사 속으로 사라집니다. 아들 대에 정책이 되돌려지고, 좀 있다가 아들도 죽는다. 뭔가 저 먼 과거의 먼 나라에서 일어난 일과 비슷하지 않습니까? 어쩌면 780년의 저세상에서는 아케나톤과 경덕왕이 술 한 잔 나누며 슬픔을 토하고 있었을 지도 모릅니다. 내 정책이, 내 아들이 하면서 꺼이꺼이.

그렇다면 여기서 질문을 던져 봅시다. 과연 경덕왕의 개혁정치는 실패하였는가? 일단 정책은 망가지고 아들도 죽고 왕통도 끊겼으니 실패한 것은 맞습니다. 왕이 그렇게 왕비로도 모자라 후궁까지 들이는 것은 단순히 호색한이어서는 아닙니다. 물론 여자는 많으면 많을수록 좋다는 왕도 있었습니다. 대부분의 왕에게는 그것은 쾌락이 아니라 초과 근무였습니다. 생명의 가장 중요한 임무가 자기의 유전자를 후세에 전하는 것처럼 왕도 자신의 유전자를 계속 이어 가게 하는 것은 절대적으로 중요한 임무입니다. 자신의 혈통과 정책. 그 두 가지가 왕의 유전자기 때문에 경덕왕은 실패한 것 맞습니다, 단기적으로는.

그런데 중대는 왕권을 강화했고 원성왕 이후의 하대는 왕위 계승전이 치열해서 왕권이 약했다는 것은 정확한 것은 아닙니다. 그러나 중대 왕권을 붕괴시키고 정권을 잡은 하대의 원성왕계조차도 강화된 왕권과 체계적인 국가운영 시스템의 운영이라는 근본 취지마저 부정하지는 않았습니다. 지방군현의 명칭은 그대로 전합니다. 혜공왕 12년에 관직명을 복구했다고 하지만 정작 자기들이 왕이 되어선 왕권을 강화하기 위해 끊임없이 정부 조직을 건드립니다. 그리고 원성왕대에는 독서삼품과를 두어 국학을 강화하려고 합니다. 왕통이 바뀌는 상황에서도 왕권 강화 정책이 부정되는 것은 아니란 것입니다.

경덕왕의 꿈을 박살 내 가며 권좌를 차지한 하대 국왕들도 권력은 타인과 나눌 수 없었겠지요. 아무리 경덕왕 반대를 외쳐도, 자기들이 정권을 잡으니 생각이 바뀐 거지요. 결국 경덕왕의 생각은 시대와 동떨어졌거나 가서는 안 될 길이 아니었으며 어떤 의미에선 '미처 가지 못한 길'이었던 것입니다. 그리고 그 생각을 구현하는 것이 고려와 조선으로 이어지는 중요한 정치사적 흐름이라는 점을 생각하면 그의 생각이 전면적으로 틀린 것이라 부정당하고, 아들을 얻기 위해서 무슨 짓이라도 한 어리석은 왕으로 치부되는 것은 그 시대의 역사를 제대로 평가한 것일까요?

40
경주에서 천 년을 이어 간 이유

고구려와 백제는 수도를 두 번 옮겼습니다. (고구려의 경우는 약간 설이 분분합니다) 차이가 있다면 고구려는 정책적으로 이동했던 것이고, 백제는 웅진 천도(475)처럼 아예 수도를 빼앗긴 상황에서 새로운 곳에서 다시 일어나야 한 경험을 가진 점이 다릅니다. 그런데 신라는 천 년에 가까운 세월을 오로지 경주, 서라벌에서만 보냈습니다. 물론 천년을 버티는 국가 자체가 흔한 건 아닙니다만, 그 역사 내내 수도를 옮기지 않는 경우는 더욱 보기 힘듭니다. 거기에 더해서 삼국시대 후반의 항쟁이나 이민족과의 전쟁으로 수도가 점령당한 건 멸망 직전인 927년에 견훤의 공격으로 경애왕이 죽임을 당한 게 유일합니다. 그러니 방어상의 이유로 수도를 옮겨야 할 필요는 느끼지 않을 것입니다. 신라의 역사에서 초반부를 제외한 나머지 시절의 적은 소백산맥 너머에 있었고, 산맥 안에서도 동남쪽에 위치한 경주는 그만큼 안전한 곳이었습니다.

물론 서라벌에 웅크리고 있는 것이 가열찬 경쟁의 시대에는 유리한 점도 있었습니다. 고구려는 위의 관구검이나 전연의 모용황에게 국내성을 점령당하기도 하였으며, 백제도 장수왕의 공격으로 한성을 빼앗기고 왕의 목숨도 잃었습니다. 신라는 소백산맥이란 거대한 자연 장성의 보호를 받고, 또 멀리 떨어진 상황은 적어도 국가의 핵심을 안전히 보존할 여유를 주었습니다. 개인적으로 소백산맥이란 장벽이 인큐베이터 역할을 해 주었다고 생각합니다.

그러나 좋은 것에는 항상 나쁜 것이 따른다고 고구려와 백제를 다 아우른 시점에 서라벌이 가진 장점은 단점이 되었습니다. 아이를 키우는 것과 마찬가지지요. 처음에는 아이를 보호하는 장치들이 어느 정도 커버린 즈음엔 제약 장치가 되어 버리는 것과 같습니다. 서라벌의 위치는 소백산맥 안에서 대장 놀이를 하기엔 나쁘지 않지만, 영토가 고구려와 백제의 옛 땅으로 확대된 새로운 상황에는 되려 단점이 됩니다. 지금처럼 교통과 통신이 발달한 시대라면 서울에 앉아서 부산에서 지금 일어나는 일의 보고를 받고, 재빨리 대응하고 지원을 할 수 있으니까 위치라는 제약은 약해지지요. 하지만 빨리 가 봐야 말로 달리는 것이 최고 속도인 시대에는 빠른 대응을 하지 못합니다. 상황을 파악하고 대책을 세운 후, 움직이려 할 때는 이미 늦습니다. 아이가 물에 빠졌다는 소식을 듣고 헐레벌떡 뛰어가지만 이미 거센 물살에 한참 떠내려간 셈입니다.

신라도 딱 한 번 천도하려고 했습니다. 신문왕神文王 9년(689)에 도읍을 달구벌(지금의 대구)로 옮기려고 했다가 이루지 못했다는 기록이 있습니다. 기록이 단 한 줄뿐이고, 또 달성하지 못한 계획상의 문제기 때문에 연구가 활발한 주제는 아닙니다만, 이 사건은 해당 시대 연구자들에게 통일신라사의 매우 중요한 분기점 중 하나로 보는 것 같습니다.

왜 신라는 대구로 천도하지 못했을까요? 일단 가장 먼저 떠올릴 수 있는 이유론 기존 귀족들의 극렬한 반대를 들 수 있겠습니다. 일단 천도라는 것은 단순히 행정 중심지의 이전이 아닙니다. 과거로 올라갈수록 전 국토에서 차지하는 수도의 비중은 극단적으로 커집니다. 사람으로 치자 면 6~7등신도 아니고, 머리 큰 인형 옷 수준이 아닙니다. 머리가 8, 몸이 2 라고 해도 이상하지 않을 정도로 모든 기능과 부와 권력이 집중되어 있습 니다. (너무 극단적이라고요? 사실 9:1이라고 하고픈데 너무 과하게 보일 까 봐 나름 조정한 겁니다) 누군가의 말을 고대식으로 바꾸면 권력은 수 도에서 나온다고 해도 전혀 틀리지 않을 것입니다. 왕을 비롯하여 귀족들 의 힘은 이곳에 있다고 해야겠지요. 그런데 그 장소를 옮긴다?

어떤 이는 어딜 가도 잘 먹고 잘살 것입니다. 그런데 안 풀리는 이들이 더 많기 마련입니다. 갑자기 경주에서 대구로 옮긴다면 거기에 기반을 두 었거나 깊은 관계를 가진 이에겐 유리할 것이나 인연이 전무한 이에겐 지 금보다 더 높이 올라가기는커녕 밀려날 수도 있습니다. 그러니 모두가 찬 성한다거나 과반수를 넘긴다 하는 일은 일어나지 않을 것입니다. 백제처 럼 수도를 빼앗기는 일이 벌어지지 않는 한 말이죠.

그런데 삼국통일 전쟁기부터 이 시대까지 오는 기간을 돌아보면 왕권 이 그리 약한 것도 아닙니다. 일단 고구려와 백제라는 오랜 적국을 쓰러 뜨렸습니다. 그리고 당시 최강대국인 당과 싸워 목적을 달성했습니다. 심 지어는 전쟁 중에 왕과 대립한 것으로 보이는 귀족들을 숙청할 정도였습 니다. 그것도 사령관급의 인물이 최전선에 나가 싸우는 상황이었는데도.

신문왕은 즉위 초 장인이었던 흠돌欽突의 난을 진압하고, 지금의 국방부 장관 격인 군관軍官을 방조 혐의로 자결케 합니다. 9주의 행정구역과 전통 적인 6정군단과 다른 군사집단인 9서당誓幢을 완성합니다. 이런 왕이 힘 이 약할 리 없습니다. 본인도 고구려인의 신라 내 국가였던 보덕국報德國

의 반란을 진압했으니 군사적 업적도 있습니다. 그런데 천도에 실패했습니다.

왜였을까요? 반대는 늘 있을 것이고, 왕의 힘이 약한 것은 아닙니다. 다시 고구려와 백제의 사례를 들어서 신라의 일을 살펴보지요. 고구려의 평양 천도나 백제의 사비 천도는 어떤 이유이거나 장기간 준비한 대사업이라는 공통점을 가지고 있습니다. 고구려는 낙랑군을 몰아낸 직후부터 평양에 많은 관심을 두었습니다. 일단 고조선의 마지막 수도이자 낙랑군의 중심지였으니 인적·물적 자원은 풍부합니다. 낙랑군이 물러갔다고 모든 사람들이 떠난 건 아닙니다. 그들을 흡수하고, 위진남북조의 항쟁을 피해 도망 온 사람들을 배치했습니다. 전통적인 귀족세력과 관계가 없으니 왕실이 흡수하려는 의도였겠지요.

광개토왕은 즉위하자마자 9개소의 절을 평양에 창건하는데, 왕실에게 평양이 매우 중요한 장소였다는 것을 암시합니다. 불교는 국가에서 공인한 상태지, 고구려 전체가 믿고 따르는 상황이 아닙니다. 특히 초기 불교의 교단 조직과 행정 조직과 상호보완적 관계였으므로, 국가가 절을 세운다는 것은 왕실의 개인 사찰 수준이 아니라는 것입니다. 어느 정도 상상을 가미하자면 신도시 건설 계획의 준비단계가 아닌가 합니다. 뒤에도 이야기하겠지만 적어도 천도에 협조적인 사람들의 힘을 강화하기 위한 준비였다고 생각합니다.

이런저런 정황을 보면 구체적인 기록은 없지만 고구려는 천도를 늦어도 장수왕의 할아버지인 고국양왕부터 준비한 것은 아닐까 생각해 봅니다. 427년 평양으로 옮기기까지 차근차근 기반을 조성한 다음 실행에 옮겼다고 봐야겠지요.

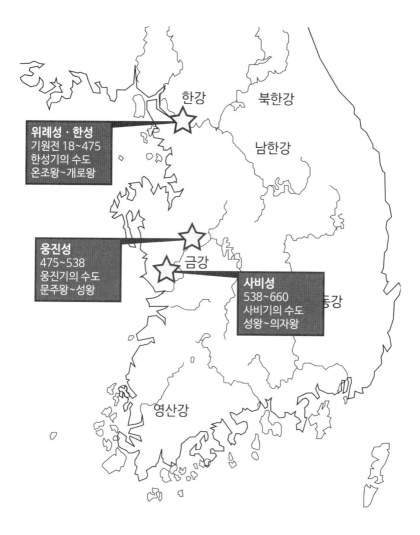

위례성 · 한성
기원전 18~475
한성기의 수도
온조왕~개로왕

웅진성
475~538
웅진기의 수도
문주왕~성왕

사비성
538~660
사비기의 수도
성왕~의자왕

한강

북한강

남한강

금강

영산강

백제의 수도 이전

　백제는 어떨까요? 475년 한성이 함락된 후 웅진으로 천도하였지만, 이
는 긴급상황이라 뭘 이리저리 따지고 고를 수는 없었습니다. 고구려'놈'들
이 여기까지 쫓아올까 봐 겁이 난 상황이었으니 좋고 나쁨을 가릴 여유는

없으니까 일단 튀어야지요. 신라와 비교해서 참고할 만한 사례는 538년의 사비(현재의 부여) 천도입니다. 공주는 더 성장하기엔 협소하다는 점도 있었지만 백제 왕실에게 무엇보다 웅진 시절의 기억이 너무 잔혹해서 오래 있고 싶지 않았을 것입니다. 웅진에 있던 기간(475~538) 중 천수를 다한 왕은 무령왕뿐입니다. 문주, 삼근, 동성왕이 연달아 신하들에게 목숨을 잃었고, 성왕은 전사했습니다.

성왕이 천도를 하였지만 동성왕 시절부터 사비를 염두에 둔 듯한 모습이 보입니다. 웅진에서 그리 멀지 않은 곳이라 말을 타면 금방 다녀올 수 있는 거립니다. 사냥이라거나 시찰이란 명분으로 꾸준히 탐색하고 준비한 듯 보입니다. 질서 정연하게 구획된 시가지는 임금님 명령 한 번에 순식간에 만들 수 없을 테니 여기쯤 왕궁을 세우고, 여기쯤 관청을 놓고, 어디 어디는 택지, 어디 어디는 제반 시설 등등의 구상과 검토가 이루어져야 나올 모습입니다. 기록에는 없지만 지금 읍내의 복판을 차지하는 정림사처럼 사찰도 군데군데 자리 잡았을 것입니다.

이처럼 천도는 몇 대에 걸쳐 장기적으로 계획하고 실행에 옮겨야 합니다. 무턱대고 '나, 이사 갈래'라고 해서 이룰 수 있는 것은 아닙니다. 지금도 전세나 월세살이를 하자면, 미리 집주인에게 이야기해야겠지요. 만약계약기간 만료 전이라면 할 일이 더 많아집니다. 보증금도 받아야 하고, 새 집도 찾아야 하고, 이사 준비도 해야 하지요. 사람 한두 명이나 가족이사는 집도 그러할 텐데 하물며 나라의 수도입니다. 그냥 목이 싫으니 배나 가슴에 붙여야겠다고 무턱대고 머리를 베어 낼 수는 없지 않습니까.

신라의 경우는 오랜 기간에 걸친 준비는 아니라고 봅니다. 아무리 빨라야 문무왕 말년이고 늦어도 신문왕 즉위 후인데, 마음이야 먹었다 한들이를 추진할 방도가 없습니다. 현재 연구자들은 경주 귀족들의 반대가 커서 무산되었다고 보고 있습니다. 일단 그건 가장 큰 이유 맞습니다. 그러나 모든 귀족들이 반대하는 것은 아니죠. 종종 역사 연구자들은 이런 집단들을 가정하고 일사불란하게 보는 것이 일반적이지만 늘 이런 정치적 모임은 강철의 단일대오가 아닙니다.

어떤 이가 천도 반대를 외칩니다. 그렇다면 그와 척을 지고 있거나 대구에 이해관계를 가진 사람은 당연히 찬성을 외칠 것입니다. 또 찬성을 외친 사람이 특정 가문의 수장이라면, 그의 자리를 노리는 일족 중 누군가는 그 자리를 노리고 반대파에게 대가를 제공하면 네 편을 들겠다고 할 수 있습니다. 특히 귀족 사회의 경우 같은 집안이라도 여기저기 다리를 걸쳐야 여차한 경우 일부라도 살아남는다는 생각을 하는 것은 거의 유전자 각인 수준으로 당연한 원칙이므로 한 집안, 어느 지방 기반이라 하더라도 동일한 흐름에 몸을 던지지 않습니다. 원성왕과 왕위 계승을 두고 밀려난 김주원의 아들 중 하나인 헌창憲昌은 9주 중 거의 절반에 가까운 지역을 이끈 반란의 주동자가 되었지만, 종기宗基는 경주의 거대 귀족으로 행동합니다. 왕이 되지 못한 안타까움이 집안에 전해진다고 해서 모두 손에 손잡고 벽을 넘지 않는다는 것입니다.

신라의 천도 시도 불발은 물론 귀족들의 반발도 크지만 근본적으로 준비 부족이라고 봅니다. 만약 이런 상황에서 왕이 할 일은 당장 가겠다는 소리를 하는 것이 아니라 '표를 더 많이' 얻어야지요. 만약 한 명이 반대한다면 그와 대척점의 있는 사람들을 포섭하고 회유하거나, 그가 적극적으로 반대하지 못할 약점을 쥐거나 설득을 하거나 하고, 그 와중에 미리미리 새 도읍지의 건설을 하기 위한 준비를 한다거나(앞서 고구려나 백제가 오래 걸린 이유에는 분명 단기간에 도시를 건설한다는 것은 큰 무리가 따른다는 점을 이해한 것도 있다고 생각합니다) 천도를 하면 모두에게 이런 혜택이 돌아간다는 것을 보여 주어야 하죠.

그런데 신문왕은 군사제도나 지방제도, 그리고 귀족들의 급여체계까지 손을 댈 정도로 강력한 개혁 드라이브를 걸었는데 천도는 실패합니다. 단순히 왕권이 미약하다거나 귀족들의 반대가 너무 극심하단 말로는 해결하지 못할 의문이 따릅니다. 그만큼 천도는 매우 큰일이거나 준비가 부족했다는 반증이겠지요.

이미 실패로 끝난 일이지만 그나마 신문왕이 성공할 수 있었던 방법이 있기는 했습니다. 북위北魏 효문제孝文帝가 한 번 써먹은 방법입니다. 남조인 제齊를 친다고 군사를 일으켜 낙양洛陽에 이동한 다음 거기에 주저앉아 천도를 기정사실화해 버리죠. 아직 전쟁은 끝나지 않은 것처럼 보이고(기벌포 해전 이후 나당전쟁이 끝난 것은 아닙니다. 서로 충돌을 피하다 보니 어느 순간 흐지부지된 것이지 당시는 언제 재발할지 모르는 상태였습니다), 새로운 정복지는 경주에서 너무 멀어 관리하기 힘드니 경주에서 너무 멀지 않으면서도 낙동강을 둘러싼 소백산맥 안쪽의 원신라땅을 효과적으로 관리할 수도 있으니 잠시라도 거기서 상황 안정을 노려야겠다고 선포하고 옮긴 후에 '이제 이불 깔고 디비 누워 보니 다시 일어나기 귀찮네. 방구들이 접착제여' 이랬다면 어물쩍 반대를 무릅쓰더라도 천도에 성공했을지 모릅니다.

그러나 이것은 어디까지 가정이므로 단 한 줄만 남은 천도 기사 너머에 무슨 고약한 사정이 있었을지는 상상할 수도 없습니다. 여기서 알 수 있는 것은 생각을 하고 선언만 한다고 모든 일이 이루어지지 않는다는 역사적 교훈뿐입니다.

41

신들은 태평성세의 춤을 춘다

과거 사람들은 해와 달이 뜨고 지고, 봄·여름이 가고 가을·겨울이 찾아오는 자연현상이 왜 일어나는지를 몰랐습니다. 지구는 태양 주변을 돌고, 달은 또 지구를 도는데 마침 지구가 자전하는 축이 23.5° 기울어져 있어 그렇다는 설명은 한참 후에야 알게 되는 일입니다. 그리고 왜 번개가 치는지, 갑자기 산이 불을 뿜고 땅이 흔들리는 이유를 궁금해했지만 알 길이 없었습니다. 그래도 답을 찾고 싶었던 사람들은 신화와 전설, 또는 종교라는 것을 만들어 궁금증을 해결하려고 했습니다. 반면 거창한 답을 찾을 수 없었던 사람들은 호랑이에게 죽임을 당할 뻔한 오누이를 생각했습니다. 이런 자연의 다양한 모습을 신비로운 존재의 작용으로 이해하는 것을 신비주의라고 합니다. 과거로 올라갈수록 그러한 경향은 강해지는데, 고대는 신비주의의 힘이 매우 강했던 시대입니다. 이제 이야기할 시대는 그 신비주의의 황혼기라고 할 수 있습니다.

한국고대사를 전반적으로 다루는 글에서 중대가 번영의 시대로 그려지는 반면에 하대는 늘 혼돈의 시대라고 불립니다. 정치사의 흐름만을 놓고 보면 그 말은 천 번, 만 번 지당한 말씀입니다. 민주주의 시대라면 모를까

왕이 존재하는 시대에는 왕권은 폭군이 되지 않을 정도로 강한 것이 좋습니다. 이때의 왕은 단순히 정치권력의 최종 결재자가 아닙니다. 또, 왕권신수설은 서유럽의 절대왕정에서만 쓰이는 것이 아닙니다. 왕은 세상이란 거대한 기계 속 수많은 톱니바퀴를 잘 돌아가게 하는 가장 중앙의 구동축입니다. 왕이 제 자리를 지키고 있으면 모든 톱니가 제 자리를 지킬 것이고, 그의 왕국이란 우주는 매끄럽게 돌아가는 것입니다. 그러니 왕의 자리가 군건했던 중대가 왕위쟁탈전으로 피칠갑이 된 하대보다 나아 보이는 것은 당연합니다. 그 싸움만 존재하였다면 보통 그 말이 맞습니다. 그러나 왕궁이 있는 수도와 지방의 사정이 완전히 달랐다는 것이 문제였습니다.

현대는 일반 시민들과 정치와의 거리가 가장 가까운 시대입니다. 직접민주주의는 아니지만 꽤나 다양하게 참여가능한 제도적 장치를 가지고 있습니다. 1960년, 1987년과 2017년의 우리는 잘못된 정치 관행을 시민들의 힘으로 바꾼 경험을 가지고 있습니다. 그러나 천수 백 년 전에도 그랬을까요?

대통령의 얼굴은 물론이고 오늘 뭐 하는지 곧바로 알 수 있는 현대와 달리, 고대는 물론 조선시대까지도 왕의 얼굴을 아는 사람조차 극소수였습니다. 정보의 유통은 제한적인 사람들 사이에서만 이루어졌고, 하루 종일 일만 해야 했던 사람들에겐 정치라는 것은 관심거리가 아니었습니다. 세금을 왕창 거두는 폭압을 하지 않는 한 수도에서 일어나는 일은 잡담거리밖에 되지 않았습니다. 당시 삭주의 '도청' 소재지였던 춘천의 어느 농촌 마을에서 '서울의 김 대감이란 높으신 양반이 임금님한테 불만이 많다며?'란 이야기가 농부들의 이야깃거리가 되었을 때쯤, 경주에선 이미 김 대감의 머리는 역적의 최후라며 몸과 분리되었을 가능성이 큽니다. 혹시라도 진압하는데 병사가 부족하여 삭주의 병사나 농부들까지 동원한다거나 김대감의 아들이나 조카가 그 동네까지 도망쳐 관군이 쫓아오는 일이 벌어지지 않는 한, 대다수 국민들에게 '권력 따윈 장식'이란 걸 모르는 왕경의 높으신 어른들이 자기들끼리 싸움을 하든 말든, 늘 세금은 과하게 뜯길 것이고 내일 아침도 해 뜰 녘에 일어나 질 녘에 잠이 드는 생활은 달라지지 않습니다.

그렇다면 그 시대의 대다수 사람들에게 권력 투쟁보다 더 두려운 것은 무엇이었을까요? 바로 무분별한 불량/불법 비디오보다 더 무서운 자연재해입니다. 정치사적으로 태평성세였다는 중대나 한참 어지러워 망국의 길로 간다는 하대나 신라 사람들에게 자연재해는 끊이지 않았습니다. 『삼국사기』의 기록을 봐도 가뭄과 홍수, 서리와 우박, 천둥과 돌풍 같은 자연재해는 끊임없이 일어났습니다. 어느 해는 굶주리다 못해 자식을 팔았고, 어느 해는 하도 굶주리다 못해 사람들이 바다를 건너 중국으로 건너간 사람이 170명이 되었습니다. 당시의 항해술이나 사람들의 상태를 감안하면 '무사히 바다를 건넌' 사람이 170명이라는 것입니다. 바람이 많이 불었다는 것의 기준으로 기와가 날아갔다고 하는데 가뭄이나 홍수보다 무해한 것처럼 보이지만 이 정도 바람이 불면 식물을 말려 버릴 정도로 건조하다는 것이죠.

이런 자연재해는 크게는 나라 전체거나 적어도 주 하나 정도를 굶길 정도의 위력을 보여 줍니다. 군 한두 개 정도 범위의 재해는 어지간히 처참하지 않는 한 역사 기록에 남지도 않을 것입니다. 한 지역만 어려우면 그나마 다행이라고요? 과학기술의 발달로 충분한 생산력을 갖추고, 또 국제

교역으로 벌충할 수단을 가진 현대의 대한민국과 달리 그 시절은 한 곳만 망가져도 고통을 겪어야 했습니다. 윗돌이 뚫리면 아랫돌 빼서 막고, 아랫돌이 헐거워지면 윗돌 빼서 막는 형국입니다. 농업생산력이 충분하지 않은 상황에서 한 지역만 피폐해져도 다른 지역이 감당해야 할 무게는 그만큼 무거워집니다. 즉 부족분을 다른 지역이 부담해야 했다는 점입니다.

이런 재해가 수십 년 만에 한 번 일어나도 좋은데 올림픽이나 월드컵도 아니고 전국체전 수준으로 빈번하게 일어났다는 게 이 시대의 큰 문제였습니다. 정말 꼼꼼히 기록을 살펴보면 거의 매년, 쉬어 가도 2~3년 정도만 쉬고 또 매년 일어나는 식입니다. (전국체전도 국가비상시나 대한체육회, 또는 개최 예정지의 사정에 따라 이따금 건너뛰곤 했습니다) 심지어는 중대의 왕권이 가장 강했다는 성덕왕이나 경덕왕의 시대에 자연재해가 가장 극심했습니다. 『삼국사기』의 기록만 봤을 때, 상부가 극히 평화로웠던 시대에도 그 하부는 치열한 생존투쟁을 해야 했던 것입니다. 물론 높으신 분들의 싸움이 없는 것이 있는 것보단 나았습니다. 최소한의 보호 조치라도 재빨리 이루어졌을 테니까요. 창고를 열어 비축 물자를 푼다든가, 세금 납부를 면제해 준다든가, 관리들의 대응이 잘 이루어지게 할 관리는 이루어졌을 것입니다. 그러나 그게 있으나 없으나 대다수의 사람들을 가장 힘들게 한 것이 자연재해라는 것은 변함이 없습니다.

그런데 천 년을 넘게 비웃음을 당한 왕이 있었습니다. 왕의 자리를 얻기 위해, 또는 더 강한 권력을 갖기 위해 친척끼리, 심지어는 가족끼리 치고받았던 그 시대에 이제는 태평스러워졌다고 기뻐한 왕이 있었습니다. 그의 호기로운 웃음 뒤에 불과 10년도 되지 않아서 나라는 흔들립니다만, 그냥 멍청한 군주라 비웃기에 앞서 대체 무슨 생각으로, 무슨 약을 먹었기에 그런 소릴 했냐고 물어보는 게 역사학이 해야 할 일이라고 생각합니다.

왕이 또 포석정鮑石亭에 갔을 때 남산의 신이 왕 앞에 나타나 춤을 추었는데 좌우의 사람에겐 그 신이 보이지 않고 왕만이 혼자서 보았다. 사람이 나타나 앞에서 춤을 추니 왕 자신도 춤을 추면서 형상을 보였다. 신의 이름을 혹 상심詳審이라고도 했으므로 지금까지 나라 사람들은 이 춤을 전해서 어무상심御舞詳審, 또는 어무산신御舞山神이라 한다. 혹은 말하기를, 신이 먼저 나와서 춤을 추자 그 모습을 살펴 공인에게 명해서 새기게 하여 후세 사람들에게 보이게 했기 때문에 상심象審이라고 했다 한다. 혹은 상염무霜髥舞라고도 하는데 이것은 그 형상에 따라서 이름 지은 것이다.

왕이 또 금강령金剛嶺에 갔을 때 북악北岳의 신이 나타나 춤을 추었는데, 이를 옥도검玉刀劍이라 했다. 또 동례전同禮殿에서 잔치를 할 때에는 지신地神이 나와서 춤을 추었으므로 지백급간地伯級干이라 했다.

『어법집語法集』에 말하기를, "그때 산신이 춤을 추고 노래 부르기를, '지리다도파도파智理多都波都波'라 했는데 '도파都波'라고 한 것은 대개 지혜로 나라를 다스리는 사람이 미리 사태를 알고 많이 도망하여 도읍이 장차 파괴된다는 뜻이다."라 했다. 즉 지신과 산신은 나라가 장차 멸망할 것을 알기 때문에 춤을 추어 이를 경계한 것이나 나라 사람들은 깨닫지 못하고 도리어 상서祥瑞가 나타났다 하여 술과 여색을 더욱 즐기다가 나라가 마침내 망하고 말았다.

– 『삼국유사』기이 2, 처용랑망해사조

위 기록은 이 헌강왕憲康王 대의 일입니다. 보통 이 기록을 볼 때, 이 부분 바로 앞에 실린 처용處容의 이야기를 주목합니다. 상대적으로 이 기록은 신라 하대를 비판할 때 인용하는 정도라고 생각하면 될까요? 왕이 방문한 곳은 단순히 놀고 즐기는 곳은 아닙니다. 조선시대 사극에서 보는 것처럼 왕의 업무는 서류에 도장 찍기와 '성은이 망극하여이다~'가 울려 퍼지는 회의가 중요 행사일 것 같지만 실제로는 제의가 더 중요한 행사였습니다. 고대로 올라갈수록 제의의 비중이 높고, 제의나 연회는 사실 매우 정치적인 결정을 하는 자리였습니다. 의식을 행사하면서 서로 다른 의견을 조율하고 결론을 이끌어 내는 식으로 일이 돌아간달까요. 특히나 포석정은 후백제 견훤이 쳐들어오는데도 왕이 술을 퍼마시며 놀다 나라를 망쳤다고 알려져 있지만 사실은 의식을 치르는 장소였습니다.

놀이터가 아니라 의례장소였던 포석정

한국고대사의 뒷골목

신성한 의식을 치르는 곳에서 신령스런 존재를 만납니다. 보통은 서로 말이 통하지 않으니까 무당이란 통역을 통해 대화가 이루어지는데 여기서는 신이 강림하였는데 그 뜻이 전해지지 않았습니다. 마치 팬터마임을 하는 것처럼 손짓, 발짓, 몸짓으로 경고를 하는데 미련한 왕과 신하들은 그 뜻을 알아차리지 못하고 얼싸 좋네~, 얼싸 좋네~ 하며 덩실덩실 춤이나 춥니다. 이게 말이 되는가? 개인적으로 신이 전하고자 하는 뜻이 전혀 전해지지 않았는데, 어떻게 사람들은 신이 '그러다 나라 망한다. 이놈들아'라는 뜻임을 알고 역사서에 적었을까요? 나중에 신이 대필 작가나 기자를 만나 회고록이라도 쓰면서 밝힌 것일까요?

6년(880) … … 9월 9일에 왕이 좌우의 신하들과 함께 월상루月上樓에 올라가 사방을 둘러보았는데, 서울 백성의 집들이 서로 이어져 있고 노래와 음악소리가 끊이지 않았다. 왕이 시중 민공敏恭을 돌아보고 말하였다. "내가 듣건대 지금 민간에서는 기와로 지붕을 덮고 짚으로 잇지 않으며, 숯으로 밥을 짓고 나무를 쓰지 않는다고 하니 사실인가?" 민공이 "신도 역시 일찍이 그와 같이 들었습니다." 하고는 아뢰었다. "임금께서 즉위하신 이래 음양이 조화롭고 비와 바람이 순조로와 해마다 풍년이 들어, 백성들은 먹을 것이 넉넉하고 변경은 평온하여 민간에서 즐거워하고 있습니다. 이것은 거룩하신 덕의 소치입니다." 왕이 기뻐하며 말하였다. "이는 경들이 도와준 결과이지 짐이 무슨 덕이 있겠는가?"

『삼국사기』에 실린 헌강왕의 행동 역시 신라 하대 왕과 귀족들의 어리석음을 강조하는 듯합니다. 지방에서는 백성들이 빈곤에 허덕이는데 왕은 경주의 화려함을 보고 마치 태평성대가 온 듯 즐거워하다니요. 중국 역사 속에서도 최악의 암군으로 꼽히는 진나라 혜제가 흉년이 들었다는 보고를 듣자 '쌀이 없으면 떡'을 먹으면 된다던 일화를 떠올리게 합니다. 한국 고대의 양대 자료가 같은 목소리로 말하니 이제 헌강왕은 '빼박캔트' 암군입니다. 딱 걸렸어! (멍청함이) 싸라있네~!

그런데 저 기록에서 사람들이 간과하고 지나치는 대목이 있었습니다. 『삼국유사』 기록의 첫머리는 이렇게 시작합니다. 바로 위에 인용된 『삼국사기』의 기록과도 같은 내용입니다.

> 제49대 헌강대왕憲康大王 때에는 서울로부터 지방에 이르기까지 집과 담이 이어져 있었고, 초가는 하나도 없었다. 음악과 노래가 길에 끊이지 않았고, **바람과 비는 사철에 조화가 있었다.**

맨 처음에 신라 중대와 하대의 골칫거리였던 자연재해에 대해 이야기했는데, 마침 헌강왕의 시절에는 전국적인 자연재해가 극히 드물었던 시대입니다. 삼국통일 후 멸망할 때까지 통틀어 가장 평온한 시대였다고 해도 과언이 아닙니다. 그리고 아버지인 경문왕 때에 원성왕의 후손들 사이에 치열하게 벌어졌던 왕위 계승 분쟁도 일단락되었습니다.

<원성왕계 왕실(음영은 피살당한 왕 및 왕위 계승권자를 표시)>

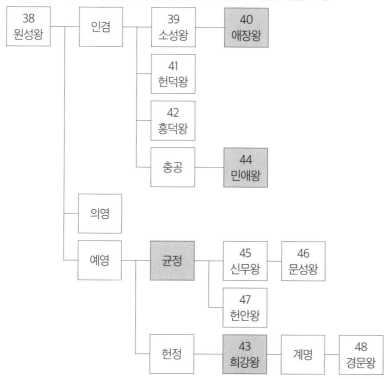

　저 위의 표는 신라 하대의 왕계표이지만 기록과 같이 보면 참혹한 가족사의 증명사진과도 같습니다. 일단 색이 입혀진 부분은 왕이거나 유력한 계승자인데 피살당한 사람입니다. 경문왕을 기준으로 보자면 할아버지인 희강왕은 왕위 계승의 경쟁자였던 삼촌 균정을 죽이고 왕이 되었다가 매제인 민애왕에게 죽습니다. 그 후 균정의 아들인 신무왕이 장보고의 도움을 받아 민애왕을 죽이고 왕위에 오르지요. 신무왕의 동생인 헌안왕이 자기의 딸을 경문왕에게 시집보내면서 원수지간이었던 두 집안이 화해합니다. 경문왕은 자기 할아버지를 죽인 민애왕을 기리는 탑을 세웁니다. 애

장왕이 피살당하는 809년부터 신무왕이 즉위하는 839년까지 30년 동안
벌어진 살육의 시대를 종식하고 화해하는 시대가 온 것입니다. 경문왕의
시대에 평화가 온 것이지요. 보통 경문왕과 그 자식들의 특성으로 복고주
의가 강했다는 점이 언급되는데 이런 사정을 보면 '나 (태평성대로) 돌아
갈래!'라는 외침이 들리는 것 같습니다.

전 대구 동화사 비로암 삼층석탑 납석사리호(보물 741호, 지식e음)

외침의 우려는 없었고, 국내의 정치적 혼란도 '일단' 멈추었고, 자연재해
도 잦아들었다면 어떻게든 일상은 유지됩니다. 소강상태라고 말할 때 쓰
는 소강小康이라는 말이 걸맞는 시대입니다. 물론 신라 하대의 정치적 혼
란상이 보시기에도 좋지 않고, 또 신라를 망하게 만든 가장 중요한 요인
은 맞습니다. 절대 그 시대는 암흑기가 아니었다고 이 글을 쓰려는 것이

아닙니다. 다만 그 혼란을 극복하려는 노력이 있었고, 사람들이 저지른 혼돈 이상으로 자연환경이 던져 준 고통도 매우 강했으며, 그 두 가지 혼란이 멈추었을 때 사람들이 기뻐한 모습까지 비난받는 것이 과연 옳은 것인가 의문을 가졌기 때문입니다. 2023년을 사는 우리는 1953년 7월 27일에 휴전협정이 맺어졌고, 지금까지 이어져 온 역사적 흐름을 잘 알고 있습니다. 전선에서 총성이 멎자 전우들을 부둥켜안으며 눈물을 흘리던 병사들을 향해 '반세기가 넘게 남과 북이 분단되고, 여전히 총을 겨누고 있다. 이산가족이 남북 합쳐 천만 명이 넘는데, 아직 전쟁이 완전히 끝난 곳이 아닌데 그걸 좋아하다니 제정신이냐고 말할 사람은 몇이나 될까요. 그 자리에서 휴전 소식을 들었을 때, 상대방 정부가 무너지지 않았으니 이 상태가 70년은 가겠구나. 떠나온 내 고향, 내 가족을 살아서 보기 힘들겠구나라고 계산할 수 있는 사람은 몇이나 될까요?

역사를 보면서 무조건 그 대상을 위해 방패질 하라는 게 아닙니다. 거듭 말하지만 평가는 후세의 몫입니다. 그러나 평가를 하는 과정에서 그 사람들의 입장에 서서 보는 것은 반드시 해야 할 일입니다. 그것이 안 되는 사람은 마치 KTX를 타면, 비행기를 타면 서울에서 부산도 한두 시간 거리에 갈 수 있는 곳인데 그걸 보름이나 한 달이 걸리다니, 놀면서 갔구나라고 조선시대 사람들을 욕하는 것과 같습니다. 그대로 하자면 만일 후대에 순간 이동 기술이 발명되었을 때, 우리도 이동에 너무 많은 시간을 쓰는 멍청이라고 욕을 먹어도 되겠습니까?

42

율령제 국가의 분식회계 – 가고자 하였으나 가지 못한 길

고대국가에서 일어난 일들에 대한 마지막 이야기는 오늘도 일어나고 있는 것입니다. 만약 그럴 수만 있다면 이 글을 읽으시는 분과 판돈을 걸고 내기해도 좋습니다. 내기할 대상은 오늘 저녁 뉴스에 정부가 내놓은 정책 중에 생각지도 못한 구멍이 있었다는 내용이 한 꼭지 이상 나올까입니다. 아, 어려울까요? 모두 같은 데 돈을 걸 테니 내기가 성립될 수 없다구요? 아차차, 이런! 그런 맹점이 있었군요. 다음에는 할 수 있다면 저만 돈을 딸 수 있는 내기를 생각해 보도록 하겠습니다.

살다 보면 기획서 한 번 이상은 쓰게 될 것입니다. 대체 이걸 왜 해야 하나 싶은 일도 무지갯빛 전망을 풀어 넣을 수밖에 없겠지요. (연구과제 신청서가 그렇습니다) 이걸 하면 뭐가 좋고, 또 무언가 대단한 효과를 거두게 될 것이다…라고 써야 도장을 찍어 주시는 분이 만족하고 긍정적으로 봐 주지요. 그러나 모든 일이 그렇듯 돌발적인 변수로 일이 틀어지기 일쑤고, 임무 완료해도 그 효과가 처음 기대한 것만큼 나오지 않는 경우도 흔합니다. 뭐, 사람 하는 일이 다 생각대로만 된다면 실패하는 이가 나올 리 없겠죠. 그렇다면 성공이란 단어가 굳이 필요하게 될까요?

예전에 읽었던 전쟁 관련 책 중에서 재미있는 대목을 읽은 적이 있습니다. 이웃, 또는 친구인 여러 가족이 함께 휴가 여행을 갑니다. 이 여행은 출발부터 어긋나기 시작하는데, 어느 집은 애가 늦게 일어나고, 어느 집은 물건을 찾느라, 또 어느 집은 약속을 까먹고 이래서 모이는 시간도 늦어집니다. 겨우겨우 출발했는데 어느 집은 집에 놓고 온 것을 생각해 내고, 또 어느 집은 아이가 멀미를 합니다. 나머지 집들의 아이들이나 어른들도 지치기 시작합니다. 그러다 여행 전에 꼼꼼하게 짠 일정표는 휴지 조각이 되는 겁니다. 여행은 우주선의 발사와는 다르니까 이런 착오가 생겨도 큰 문제가 생기지 않습니다. 오히려 추억이 된다고들 하지 않습니까?

'탁상 위에서 짠 그럴듯한' 전쟁 계획은 미처 생각지도 못한 변수들을 만난다고 말하는 대목입니다. 이 짤막한 이야기가 그 즈음에 읽은 다른 책과 함께 중요한 교훈을 주었습니다.

"큰일大業이라면 첫 계획의 5할만 이루어져도 대성공이다."

거대한 규모의 군대가 쏜살같은 속도로 대륙을 우회해서 적을 포위한다고 가정해 보면 참 멋진 일일지도 모릅니다. 최고 사령관이 결단을 내리면 참모들은 매우 정교한 시계처럼 시간표를 만듭니다. 작전 개시 1시간 전까지도 이렇게 아름다운 조화는 더 없을 것 같습니다. 승리는 나의 것!

그러나 1차 대전의 유럽에서처럼 보급이 따라 주지 못할 수도 있습니다. 철도 운송이 기본이지만 철도는 바로 앞까지 배달해 주지 못하고, 자동차를 이용한다는 구상도 있었지만, 그때 자동차의 생산은 지금과 달리 크고 작은 회사들이 난립하는 다품종 소량생산의 시대였습니다. (지금 살아남은 미국과 유럽의 회사들은 경쟁자를 잡아먹고 큰 회사들이죠) 그러니까 독일에서 출발해 프랑스를 달리던 차량에 고장이 나면 재빨리 수리해 시간을 단축할 수단이 없다는 것이죠. (2차 대전에 이르러서도 제대로 된 차량 수송을 할 수 있던 나라는 오직 하나뿐이죠. 독일도 말에 많은 부분을 의존했습니다. 유대인들에게 가스를 아낌없이 뿌려대던 나치가 적에게 사용하지 않은 이유는 보급물자를 나를 수 없어서였습니다)

그런 일은 1950년의 한반도에서 일어났습니다. 전쟁을 시작한 측의 계획은 완벽했습니다. 더욱이 한국군은 전쟁 직전 부대개편을 해서 (북한군의 전력이 가장 강력했던) 의정부 방면을 방어하던 7사단은 1개 연대를 후방으로 내려 보냈는데, 후방에서 와야 할 연대가 오지 않은 상태로 전쟁을 맞이했습니다. 각 사단의 얼마 있지도 않은 중화기나 차량도 대거 수리 중이었고, 작전지도조차 새것으로 바꾼다며 수거해 간 상황이었습니다. 새로 부임한 장교들은 지형도 익히지 못했고, 거기에 "땅크"도 없었습니다. 남북의 모든 상황을 알려 주고 승패를 걸라고 했다면 전 세계의 도박사들은 전부 남한의 패배에 돈을 걸었을 것입니다. 그런데 지리멸렬할 줄만 알았던 국군은 최대한 시간을 끌었고, 춘천을 우회해 서울을 포위한다던 아름다운 계획은 아주 우습게 무너졌지요. 심지어는 일제강점기에 만든 좁은 도로 탓에 소련이 제공한 신무기로 무장한 기갑병력이 움직이지 못한다거나, 하필 하나뿐인 진격로상에 포병 부대가 집결해 훈련 중이었던 것을 어떻게 상상할 수 있었을까요?

가끔 고대의 제도운영에 대한 현대인의 관점은 워게임을 보는 것과 같습니다. 작은 변수는 고려되지 않고 책상 위의 계획이 현실에서도 한 치 오차도 없이 이루어진 것이라 믿습니다. 그러나 현실, 그러니까 그 시절보다 훨씬 더 정교한 제도를 구축하고, 대다수의 사람들이 당시 기준으로 보면 초고급 교육을 받은 21세기에도 모든 제도에는 구멍이 있고, 또 실행을 하다 보면 예상치 못한 난관에 마주칩니다. 그때가 지금보다 더 엉성했으면 엉성했지 정확하게 구동되지는 않았을 것입니다.

한동안 제도에 관심을 갖고 경주와 서안, 그리고 나라를 오가던 시절이 있었습니다. 고구려는 아예 기록이 단편적이라 통일신라의 운영에 관심을 갖고, 또 그때 모습을 찾아 돌아다녔지요. 매년 10~11월에 열리는 나라 국립박물관의 정창원전正倉院展도 그래서 찾아다녔습니다. 오사카에서 나라로 오는 전철에서 내리면 가장 먼저 보는 것이 어느 승려의 동상이었습니다. 한국이나 일본의 고대사에 대해 관심을 가지지 않으면 그냥 지나칠 것인데, 하필이면 고대국가의 특성을 이야기하는데 가장 중요한 인물의 동상이었습니다.

나라 역 앞의 행기 동상

이 동상의 주인공인 행기行基(668~749)는 당대 사람들에게 살아 있는 부처로 불렸으며, 일본 고대 불교의 행동가라고 부를 수 있는 인물입니다. 조상을 거슬러 올라가면 한반도에서 건너간 백제계 인물입니다. 10대에 출가하여 20~30대에 이미 민중의 지지를 받는 승려였습니다. 그는 절에서 수도에 전념한 것이 아니라 속세로 내려와 부모를 봉양하면서도 교량건설, 제방공사, 도로보수, 전답개간, 항구건설 같은 일을 전국적으로 벌입니다. 물론 전국을 돌아다니며 사찰을 세우고 환자를 치료하는 시설도 세웁니다. 그가 관여한 것이 사찰 49개소, 교량 6개, 제방 15개소, 항구 2개처, 복지사업소 9개소입니다.

행기의 이런 행적을 따라가다보면 떠오르는 이가 있습니다. 원효元曉가 염불만 잘 외워도 된다고 설파한 것과 많이 유사합니다. 당시의 불교는 왕실과 귀족에게 기울어져서 일반 백성들의 목소리를 제대로 들어주지 않은 면도 있습니다. 행기나 원효는 당대 주류의 시야에서 벗어나 있던 사람들에게 관심을 준 것이죠. 다만 행기는 행동에 더 무게가 주어진다면 원효는 학승으로서의 면모가 더 두드러진다는 차이가 있겠습니다,

그런데 행기가 했었던 모든 사업 중 가장 큰일은 바로 세금을 운반하는 사람들을 위한 구호소를 만든 데 있습니다. 당시 일본은 율령을 통해 전 국민에게 땅을 나누어 주고 세금을 걷었습니다. 702년에 시행된 반전수수법班田收授法은 6년마다 조사를 벌여 국가 공민에게 땅을 주고(남녀의 차등이 있었습니다) 세금을 받는 제도였습니다. 이 제도에 따르면 각 지역의 세금은 지역민이 옮겨야 하는 것이었는데, 예를 들어 강원도 평창에서 얻은 세금을 평창 사람들이 서울까지 이고 지고 가는 방식입니다. 일본은 가장 큰 섬인 혼슈만 따져도 매우 길쭉한 모양이기 때문에 운송에 걸리는 시간이 달랐습니다. 당시 수도였던 나라를 기준으로 해서 서쪽의

규슈에선 약 20일, 동쪽의 도쿄에선 30여 일, 동북의 후쿠시마 같은 곳은 50일도 더 걸렸습니다. 이는 편도입니다. 그렇다면 개척이 안 되어 거친 땅인 동북 지방의 경우 왕복에 100일이 걸린다는 것입니다.

운송에 종사하는 사람들은 이동 기간 내내 먹고 자는 것을 자기가 준비해야 했습니다. 현대의 기관이나 회사에서는 미리 정해진 여비를 지급하거나 차후에 영수증을 청구합니다. 그러나 이때 사람들은 거기까지 생각지 못한 것입니다. 예를 들어 쌀을 40㎏ 내야 한다면 나라나 교토의 사람들은 40㎏만 준비하면 됩니다. 그러나 먼 곳일수록 세금 운송에 필요한 부담은 몇 배가 될 것입니다. 가면서 먹는 분량, 포장이 완벽하지 않아 새거나 악천후에 상해 버리는 분량까지 더 걷어서 옮겨야 합니다. 먼 곳일수록, 특히 동북 지방의 경우 서쪽보다 생산량이 떨어질텐데 부담량은 더 많은 형국입니다. (규슈도 멀지만 세토내해를 통해 좀 더 편하게 수송한다는 이점이 있습니다. 한번 이동으로 가능한 수송량은 육로가 감히 견줄 수 없습니다) 소득에 따른 차이, 부족한 쪽을 지원하는 것에 익숙한 현대인은 결코 이해할 수 없는 일입니다. 거기에 돌아올 때도 똑같은 여정인데 짐이 없으면 더 가벼운 것이 아니라 굶주리며 돌아가는 경우가 많았습니다. 가뜩이나 열악한 교통환경에 죽는 이가 부지기수지요.

행기가 살아 있는 부처로 불린 데는 이런 이들을 돕기 위한 활동을 했다는 데 있습니다. 이들이 중간에 비와 바람을 피할 장소를 제공하고 먹을 것도 나누어 주는 곳을 세웠습니다. 현대와 극명히 다른 점은 이런 문제가 발생할 때, 실상을 파악자마자 국가가 적극적으로 나서서 고치려고 하는 대신 당시 일본의 위정자들은 행기의 행동을 불온 시 했다는 데 있습니다. 행기가 인정을 받은 것은 말년에 나라 동대사東大寺의 거대 불상을 봉안하는 행사에 대승정大僧正으로 참여하면서였습니다. 국가의 대규모 행사라 전국적으로 명성이 높고 지지자가 많은 행기의 참여가 절실했다고 보입니다. 다시 말해 그때까진 불온분자 취급을 받은 걸까요?

　일본 고대의 율령은 동아시아 역사 전체에서도 매우 중요한 주제입니다. 언제 율령을 만들었고 어떤 내용이 있는가에 관심이 집중되는 것은 당연합니다. 그러나 그 문구의 정교함에 빠지면 실제 운영하는 모습을 놓치게 됩니다. 국가가 전국민을 파악하여 땅을 나누어 주고 세금을 걷는다는 것은 막무가내로 지배하던 것보다는 훨씬 진보한 모습입니다. 그러나 그것을 실제 어떻게 운영하였는가는 문장 너머에 숨어 있습니다. 이 제도가 가혹해 도망가는 사람들이 많아지자 당연히 세금이 줄어듭니다. 고대와 중세의 동아시아 국가들이 백성 보호에 힘쓸려고' 한 것은 이른바 공민(호적상 자유민)이 세금과 병역의 주요 원천이었기 때문입니다. (지적인 척 하는 사람들이 그리 욕하는 '유교탈레반'이 다스린 조선은 거기에 인간성 보호를 겸하기 위해 노력했던 국가입니다)

　그러나 율령의 아름다움과 달리 실제 운영은 엉터리에 가까웠습니다. 공민들이 가혹한 세제에 기겁해 도망치자 정부가 내놓은 대책은 100만 정보 개간 사업입니다. 원시림을 개간하고 농지를 늘려 세수를 확보하자! 냉정히 보면 실소가 나올 일이지만 더 황당한 일은 그다음입니다. 실제로 100만 정보, 그러니까 30억 평, 9,917.35537㎢에 달하는 면적의 개간을 추진하긴 했습니다. 8세기 전반에 추진한 일이 완료된 것은 19세기 후반 메이지 초반입니다.

　이런 기계적인 숫자 이야기가 낯설게 느껴지신다면 「원령공주」에 나오는 에보시 고젠의 타타라 마을을 상상하시면 됩니다. 「원령공주」의 제작

진들은 원시림을 개척해 농지를 만들며 신화를 무너뜨린 시대를 다룬다고 했으니 애니메이션이라고 해도 역사성을 반영한 것입니다. 100만 정보를 만들기 위해 나무를 베고 철을 캐던 이들이 원시림을 베어 내고 그곳의 터줏대감인 정령들을 몰아낸 것이 천 년에 걸쳐 이루어졌다고 보면 됩니다.

제도에 대한 기록을 만들던 사람들은 국가 전체를 매우 정밀한 기계처럼 보이기 위해 애를 썼습니다. 그 기록들만 보면 오히려 뒷시대보다 더 나아 보이는 착시현상도 일어납니다. (무조건 뒷 시대가 발전한다는 뜻은 아닙니다) 잠시 조선시대 상소 하나를 볼까요?

> 국가 백 년의 가장 고질적인 폐단은 양역良役이니, 호포戶布·구전口錢·유포遊布·결포結布의 말이 어지러이 번갈아 나왔으나 적절히 따를 바가 없습니다. 백성은 더욱 날로 곤란해지고 폐해는 날로 더욱 심해져 간혹 한 집에서 부자父子·조손祖孫이 군적軍籍에 이름이 편입되기도 하고, 간혹 한 집에서 3, 4형제가 직접 군포軍布에 응하기도 합니다. 또 이웃의 이웃이기 때문에 책임을 당하고 일가의 일가이기 때문에 징수를 당하게 됩니다. 어린아이는 젖 아래에서 포함되고, 죽은 사람은 지하에서 징수를 당하며, 한 사람이 달아나면 열 가구가 보존되지 못하니, 비록 현명한 재상·어진 수령이 있더라도 또한 어찌할 수 없습니다.
> – 영조실록, 23년(1747) 10월 23일 기사

우연히 발견한 실록의 기사로 영조에게 군포제의 폐단을 고하는 전라감사 조영로의 상소 일부입니다. 고대에 비해서, 동시대 여러 나라들에 비해 조선의 제도 정비는 정교했고, 또 이렇게 하고 싶다는 선언적 의미

의 청사진만 떠드는 것이 아니고 문제가 있으면 수정을 하는 일이 흔했으며, 이를 위해선 신하들이 왕에게 들이받는 일도 있습니다. 고대보다는 행정의 기술이 대대적으로 늘어났는데도 현실에서는 구멍이 많았어요. 그래도 조선이 대단해 보이는 건 실무자뿐만 아니라 정책결정자 선에서 문제가 발견되면 어떻게든 고쳐 보려고는 했다는 거지요. 그게 사람들이 고대인보다 못하다고 욕을 하는 유교탈레반(전 이 표현을 매우 싫어합니다)들이 있던 시대의 수준입니다. 그러나 고대에도 그랬을까요?

지금의 이시카와현에 해당하는 옛 가하군加賀郡에서 발견된 관청의 명령문은 '농부는 새벽 4시부터 저녁 8시까지 일해야 한다', '생선이나 술을 마음대로 먹을 수 없다', '술 먹고 주정 부리지 마라. 제방공사에 힘써야 한다', '5월 30일 이전에 모내기를 마쳐라', '뽕밭에 누에를 치지 마라' 등등의 명령을 담고 있습니다. 일본에서 발견된 신라 촌락 문서(3년에 한 번 마을 내 인구변화와 재산을 기록)에는 아예 나이대를 나누어 기록합니다. 세금 내고 군역에 종사할 대상을 파악하려 했다는 것이죠.

그러나 왕경에서 먼 작은 마을의 세세한 변화까지 국가가 다 파악하고 장악하려고 맘먹는 것이야 자유입니다. 아니 모든 권력자가 모두 꿈꾸던 것이겠지요. 그러나 실행은 별개의 문제입니다. 이를 구현하기 위해선 현대 수준의 전산망과 행정 조직을 가져야 합니다. 그리고 그 정보들을 악의적으로 사용하지 않으려는 제어 장치도 필요하지요. 행정실무자나 정책결정권자들의 고고한 정신, 또는 유혹을 거절할 수 있을 정도의 급여와 감시체계가 요구됩니다만, 그건 불가능하니까 현대국가는 견제라는 도구를 사용하는 것이겠지요.

궁정시인들의 멋진 시나, 높으신 분들의 고아한 선언문과 달리 현장은 매우 질펀한 진창입니다. 산상억량山上憶良(660-733)의 「빈궁문답가貧窮問答歌」는 모두가 외면하던 진실을 보여 줍니다. 고려가요인 「청산별곡靑山別曲」과 당나라 시인 두보의 「석호의 관리石壕吏」와 함께 실제 역사와 문자 속 박제된 역사의 괴리를 극명하게 보여 주는 시라고 생각합니다.

빈궁문답가

바람 섞어 비 오는 밤의, 비 섞어 눈 오는 밤은

부질 없이 추워서 덩어리 소금 뜯어내어

조금씩 갉아먹고 찌꺼기 술 마시면서

연거푸 기침하며 코를 노상 씰룩씰룩

엉성한 수염을 쓰다듬으면서

나를 제쳐 놓고는

이 세상의 사람다운 사람 없다

뽐내어도 보건마는,

너무나 추워서 삼이불 뒤집어쓰고

솜 없는 포견의를 있는 대로 다 입어도,

이처럼 추운 밤인데

나보다도 가난한 사람의 부모는

배가 고파 떨고 있겠지.

처자들은 힘없이 흐느끼며 울고 있겠지

아아, 이러할 때 그대는 어떻게 살고 있는가

– 빈자의 물음

천지는 넓다 해도 나를 위해서는 좁아지고 말았던가.

일월이 밝다 해도 나를 위해서는 비쳐 주시지 않는단 말인가

누구나가 그러한가 나만이 그러한가

좀처럼 태어나기 어려운 인간이 되어

남처럼 나도 경작하고 있는데,

솜도 없는 포견의를 청각채 모양으로

조각조각 찢어져 축 처진 누더기를 어깨에다 걸치고,

억눌려 부서진 듯 비뚤어진 오막 속 봉당에 짚을 깔고,

어버이는 베갯머리에 처자들은 발치에서

나를 에워싸고 탄식하며 슬퍼하며, 부엌에는 연기가 안 나

시루 안에 거미줄 쳐 밥 짓기도 잊어버리고

가냘프게 소리 지르는데

다시 없이 짧은 것은 끄트머리마저 자른다는 속담과 같이

매를 쥔 동장의 독촉하는 소리가,

잠자리 문 앞까지 와서 버티어 서서

나를 마구 불러 대네

이처럼도 할 수 없는가

이 세상의 도리란 것이

– 궁자의 답가

이 세상이란 괴롭고 살을 깎듯 불안한데,

어딘가에 날아갈 수도 없지

새가 아닌 다음에야

- 궁자의 답가 뒤 이어 따르는 노래(이 부분을 「빈궁문답가」의 일부로 보는 견해도 있으나 대개는 별개의 시로 본다)

한국이나 일본이나 고대국가의 문서와 현실의 괴리라는 문제는 달리 보면 분식회계입니다. 그러나 그들도 잘못하려고 그렇게 행동한 것은 아닙니다. 문서만 들쳐다 보면 고대국가나 조선이나 거기서 거기처럼 보이지만, 그걸 무조건 욕할 수는 없을 것입니다. 조선의 모습은 고대와 고려의 반성이기도 할 테니까요. 이것을 군이 약간이나마 감싸고픈 감정을 담아 표현하자면(아무래도 팔은 안으로 굽기 마련이니까요. 고대사를 공부하는 사람으로서,)

가고자 하였으나 가지 못한 길

이라 할 수 있을 것입니다.

* 위 「빈궁문답가」의 번역은 김사엽의 책(『일본의 만엽집』, 민음사, 1983)을 인용하였습니다.

43

어제의 그들은 우리와는 다르다. 오늘의 우리와는,

몇 해 전 어느 인기 역사 강사가 말실수로 구설수에 오른 적이 있습니다. 그는 3·1 운동 당시 독립선언문을 만든 민족대표 33인이 한가하게 요리집에서 선언문을 발표했다고 이야기했습니다. 당시의 요리집이 어떤 성격이냐를 이야기하는 것은 옆길로 빠지는 것이니 넘어가더라도 젊은 학생들이 목숨 걸고 탑골공원에서 외칠 때 그들은 왜 거기 있었느냐를 이야기하는 것은 역사를 보는 눈에 대한 내용이니 고대사 글의 말미로 부족한 것은 아닌 것 같습니다.

적어도 1910년대 일본의 식민지 통치 기조가 어떤 것인지 강의할 수 있는 강사라면, 적어도 자기가 강의하는 것의 내용을 암기한 것이 아니라 이해하고 있었다면 결코 하지 말아야 할 이야기였습니다. (물론 무대라는 장소가 주는 흥분은 이따금 자제력을 잃어버리게 합니다) 1919년 당시 일본의 조선통치 방침은 언론 활동과 집회·결사의 자유를 허용하지 않았거든요. 우리는 그 통치 기조를 무단통치라고 부릅니다. 당연히 조선 총독이 3·1운동을 조직하고 후원하지 않은 이상 독립운동을 모의하는 모임은 모두 불법집회였습니다. 더욱이 33인의 인사는 당대의 명망가들이라 그

중 서너 명만 모여도 총독부는 의심의 눈길을 보낼 겁니다. 당대의 재담꾼으로 불리던 월남 이상재 선생도 강연 중에 객석 끝에 일본 순사가 앉아 있는 것을 보고 '저기 개나리가 피었구나'라고 비꼬았습니다. 개(같은 순사)나(으)리란 의미였지요. 무력 독립운동의 주창자도 아닌 이의 대중 강연조차 밀정이 따라붙는데 저명인사 수십 명이 모임을 가진다면 관심을 안 가질 수 있을까요?

33인의 민족대표들이 어느 공회당이라도 빌려서 소위 '민족해방운동 준비 위원회'라는 현수막이라도 걸고 사진이라도 찍어야 후손들 보기에 멋져 보였을까요? 총독부 사람들도 '좋아요'를 누를 수 있게 페이스북이나 인스타그램에 올려 볼까요? 진짜 그랬었으면 좋았다고 생각하세요???

민족대표들이 탑골공원이 아닌 곳에서 선언식을 갖고, 선언 직후 탑골공원으로 선언서를 보내고 자진해서 신고한 것은 감시의 시선을 자기들에게 집중시켜서 최소한 선언문의 낭독 시간이라도 벌려고 했던 것은 아닐까요? 어떤 후대인들에게는 한가하게 요리집에서 기생 끼고 놀다가 독립운동 한 척하는 것으로 보이겠지만, 현실과 상상은 다릅니다. 장렬하게 골목에 장벽을 쌓고 태극기와 장총을 흔들며 「Do you hear people sing」을 목 놓아 부르며 죽어 가야 독립운동의 자격이 있는 걸까요? Ang?

일본은 청과 러시아와 싸워 조선을 겨우 집어삼킬 수 있었는데, 나름 어렵게 먹은 식민지를 쉽게 버리려고 하지 않았을 것입니다. 그런 나라를 상대해야 하는 민족대표들의 절박감은 이해할 수 없는 것일까요? 그래서 짜낼 때까지 짜낸 지혜는 헛된 것이었을까요? 어느 순간 민족대표 33인 중 상당수가 친일을 했다는 이야기가 버젓이 통설처럼 떠돌고 있습니다. 물론 최린 같은 변절자도 있었지만 당시 기준으로 고령자에 가까운 분들이라 상당수가 옥살이를 한 직후 돌아가셨습니다. 어떤 이들은 운동 이후 느슨해진 문화정치를 떠올리며 경성의 봄을 상상하지만, 실상은 운동 이후 많은 사회 조직, 지역의 명망가들이 사라졌습니다. 1920년대 『개벽』에 실린 '조선문화기초연구' 같은 지역 탐방 글을 보자면, 동학농민운동에서도 살아남은 천도교 조직이 3·1운동으로 뿌리가 뽑혀 나갔다고 합니다. (후대에 알려진 복음의 도시 평양이란 이미지는 이런 종교적 공백 덕분이기도 합니다) 무단통치에서 문화통치로 전환이라고만 기계적으로 암기만 했다면 왜 그들이 두려움 속에 독립을 외쳤는지 이해 못 할 테지요.

집회 결사의 자유를 보장받은, 촛불만으로 정권을 교체해 본 우리는 그 시절의 감각을 이해하기 어렵습니다. 그래서 그것을 설명해 주는 것이 필요합니다. 그저 문자만으로 사실을 접할 때 해석은 어긋날 수 있습니다. 역사적 사실만을 '암기'하고 그 뒤에 숨겨진 맥락을 읽지 않고서 역사 공부를 한다고 말할 수 있을까요? 그것은 단순한 암기일 뿐입니다. 그 말을 하고, 또 거기에 박수 친 당신들은 과거를 겁탈한 것입니다.

100여 년 전으로 갈 것도 없이 지금으로부터 40여 년 전인 1979년 박정희가 죽은 지 한 달 후, 당대의 민주인사들은 군부정권의 감시를 피해 신랑만 있는 위장결혼식을 핑계로 집회를 가집니다. (독재자의 부하들도 바보는 아니라 곧바로 체포됩니다) 촛불시위로 대통령을 무혈로 물러나게 한 2017년의 사람들 중 6월 항쟁 이후에 태어난 이들은 불과 40년 전에 거짓으로 결혼식을 가장해 대통령직선제 촉구 집회를 가졌다는 것을 이해하기 힘들 것입니다.

고대사에 대해 다루는 책이면서 말미에 근현대사 이야기를 하는 이유는 100년 전의 일도 이해하기 어려운데 수천 년 전의 일을 '재판'하는 자칭

식자들의 말이 얼마나 허망한 것인가를 보여 주기 위한 것입니다. 50년 전에 홍천에서 춘천으로 시집온 어느 할머니는 신랑의 얼굴을 결혼식 당일 밤이 되어서야 처음 보셨다고 합니다. 서울, 아니 일제강점기의 경성京城에서도 신여성의 자유연애는 흔한 일이었음에도 말입니다. 「동아일보」, 「조선일보」, 「조선중앙일보」 같은 신문과 「개벽」, 「별건곤」 같은 잡지에는 자유연애에 대한 이야기가 넘쳐 납니다. 그러나 그 시대에 있었던 대부분의 결혼은 이러하였습니다.

불과 백 년 전까지도 왕조의 멸망은 우주의 멸망과 같은 것으로 이해하는 사람이 많았습니다. 그러니 선사와 고대의 사람들은 우리와 얼마나 다른 생각을 갖고 있었을까요? 불과 한두 시간이면 지구 반대편의 사건도 들을 수 있는, 애써서 해외 진출을 하지 않았는데 강남스타일이 세계적인 히트곡이 되고, 방탄소년단이 전 지구적 아이돌로 불리는 21세기와 수천 년 전의 과거가 같았을까요?

다른 예를 들어봅시다. 한국사 연구자들에 따라서는 1910년 이전을 전근대사회라고 묶어 부르기도 합니다. 가장 큰 공통점은 모두 왕정제 국가였다는 것이지요. 흔히들 왕조라고 부르기도 합니다만 역사학계에선 고려 이전의 국가를 왕조라고 부르진 않습니다. 모두 왕정제 국가니까 약간의 차이는 있어도 거기서 거기 아니겠느냐란 생각을 하실 분도 있을 것입니다.

오래전에 조선시대를 전공하시는 분과 대화를 하다 자신도 모르게 흥분한 적이 있었지요. (사실 그 직전에 며칠간 잠을 못 잤습니다) 대화의 주제는 군주에 대한 충성이었습니다. 자기 주군에 대한 충성심이야 지고의 가치로 불리기도 했습니다만 고대 전반부만 해도 양상이 다릅니다. 중요한 조언을 했는데 왕이 무시한다든가 또는 자기 세력 기반에 해로운 일이 있으면 그냥 이탈해 버립니다. 혼자 사표 던지고 사라지는 게 아닙니다. 그야말로 이탈입니다. 이를테면 경기도나 제주도지사가 중앙정부와 말다툼을 화끈하게 한 후, 이제 우리 도는 대한민국에서 벗어나겠다고 선언해서 하루 만에 대한민국의 국토가 대폭 줄어든 일이 일어난다고 보시면 됩니다. 적어도 삼국시대 후반 영토 쟁탈전이 치열하게 벌어지기 전까지 흔히 일어난 것입니다. 그런데 이런 것을 조선시대 사람들은 꿈을 꾸지도 못합니다. 이게 가능한 일이냐가 말다툼의 내용이었습니다.

되돌아보면 별거 아니었던 토론 내용이었습니다만 그때는 상대가 왜 이리 이해를 못 하나라고 생각했습니다. 고대사에서는 흔한 일이나 조선시대에는 상상조차 할 수 없는 일이었지요. 그분이 예로 든 것은 이순신이었습니다. 선조가 죽이기 직전까지 갔음에도 그는 충성을 버리지 않았습니다. 그런 시대를 다루는 그분에게 고대의 인간들은 뭔가 강호의 의리도 없는 무법자들로 보였을 수도 있습니다. 물론 그 반대편에 있던 저는 '와 미치겠네. 그런데도 충성을 바치냐? 무슨 약점이라도 잡히지 않고서야'란 생각을 했으니까요. 물론 삼국시대 후반, 국가 전체가 더 정교한 틀을 갖게 된 후에는 이런 일이 사라집니다. 백제의 성충이나 흥수는 의자왕이 간언을 무시해도 속절없이 죽었습니다. 반란은 흔했지만 끽해야 '나도 정권 잡아 보고 싶다'지, 새 나라를 세우겠다며 이탈을 꾀한 것은 후삼국시대 이전엔 김헌창의 반란이 유일합니다. 고대와 조선시대의 사유도, 아니 고대사의 전반과 후반도 이리 달랐습니다. 아니 그쪽 분들 말씀을 듣자니 조선시대는 전기와 후기 수준이 아니라 왕마다 다르기도 한다더군요. 이러니 어찌 과거라고, 전근대사회라고 뭉뚱그릴 수 있겠습니까.

(물론 이 용어는 편리한 면도 있어 종종 씁니다)

불과 100여 년 전에는 지금이라면 법으로 금지시킬 물질이 만병 특효약으로 여겨지기도 했지요. 바로 방사능 물질입니다. 방사능 물질을 비타민 먹듯 복용하고 얼굴에 바르기도 하였습니다. 후쿠시마 원전 오염수로 난리가 나는 시점의 현대인은 경악할 일이지요. 아예 방사능 물질을 품고 다녔던 마리 퀴리의 연구노트는 매우 위험한 물질로 분류되어 봉인되었다고 합니다. 지금은 알았으나 그때는 몰랐던 일입니다.

과거 위진남북조의 중국에서는 온몸을 썩게 만드는 중금속 덩어리를 오석산五石散(한식산寒食散)이란 이름의 신선이 되는 약이라 믿고 먹었습니다. 우리가 아는 죽림칠현竹林七賢이나 왕희지王羲之 같은 인물이 애용하였지요. 죽림칠현이 부모가 죽어도 슬피 곡하지 않고 술만 퍼마신 개똥철학자로 아는 이들이 많지만 그 중금속 덩어리를 먹으면 격한 감정을 드러내낼 때 피를 토하게 됩니다. (그중 한 명이 결국 슬픔을 못 참아 곡을 하니 피를 토했습니다) 중금속 중독으로 인한 갈증을 달래는 데 술이 최고였습니다. 옷을 벗고 산 것도 그 약 때문에 고열이 발생하고 피부 질환이 생기니 그럴 수밖에 없었습니다. 그걸 왜 먹었을까요? 중국의 고대 문명이 붕괴하는 듯 보였던 그 시대에 그들은 신선이 되어 탈출하고 싶었고 중금속 축적으로 인한 고통도 신선으로 전환되는 과정 중의 고통이라 여겼던 것이지요. 지금이라면 질색할 행위가 그때는 고통의 치유 행위로 여겨진 것이지요.

지금도 과학이 모든 컷을 설명하지 않습니다. 그러나 상당히 많은 부분을 규명해 내기 시작했고, 적어도 아직 모르는 것이 많다는 사실을 알 정도로 발전했습니다. (학문의 세계에서 우리가 모르는 것이 있다는 걸 안다는 것도 숭고한 전진입니다) 가끔 지구는 평평하다고 주장하는 사람들이 존재하지만 대다수의 현대인들은 해가 뜨고 지는 것과 계절이 바뀌는 것에 대해 신화적인 설명을 필요로 하지 않습니다. 우주 최고의 존재를 믿는 종교는 존재하지만 모든 자연활동이 신비로운 초자연적인 힘으로 움직인다고 강하게 주장하진 않습니다.

과거가 무조건 옳다는 이야기는 아닙니다. 지금의 우리처럼 과거 사람들도 수많은 잘못을 했습니다. 평가는 우리가 할 수 있지만(그럼요! 역사가란 종자는 죽은 사람 난도질이 직업입니다!!) 왜 그런 짓을 했는가는 그들의 입장에서 살펴본 후 해야 옳습니다. 마치 고속철도로 두어 시간, 비행기로는 한 시간 만에 서울에서 부산을 가는 시대의 우리가 보름에서 한 달이 걸린 조선시대 사람들 보고 '야~, 이 사람들 삥삥 놀면서 기어 갔군'이라고 손가락질할 수는 없는 것입니다.

그때는 그때고 지금은 지금이다. 그땐 그랬다.

우리에게 필요한 것은 이 말일지 모릅니다. 그냥 그때는 그랬습니다. 왜 그랬느냐고 죽은 사람 찾아가 멱살을 잡을 수도 없지요. 물론 무조건 덮거나 미화하자는 것은 아닙니다. 역사학의 본연의 임무 중 하나는 고인 드립이니까요. (고상하게 말하자면 포폄이나 역사의 냉엄한 평가라고 합니다) 우리의 현재는 과거로 흘러간 그들의 현재와 이어져 있습니다. 우리와는 다른 생각을 가지고 있었던, 우리로서는 이해 못 할 일들이 당연하게 여겨졌던, 그래도 상당 부분은 우리와 많은 부분이 연결되어 있던 사람들의 이야기를 하려고 합니다. 냉철한 평가를 하더라도 왜 그런 생각을 했는가는 알고 해야 공정하지 않을까요? 가급적이면 인류 공통의 도덕 관념에 입각해 그 사람들의 입장을 변호해 주면서 우리 시대의 생각으로 판단해 보는 일이 필요합니다. 그게 역사라는 학문의 모습입니다.

오늘도 SNS나 게시판에서 자기 머릿속에서 나온 이야기를 정설이라고 주장하는 사람들은 쉬지 않고 활동을 할 것입니다. 어떤 이는 민족의 영광에 취해, 어떤 이는 한두 번의 클릭질로 얻은 이야기로 남을 무시하는 것에 재미를 느끼며, 또 어떤 이는 맥락 없이 이어지는 암기의 힘을 사실 그 자체라 믿고 있을 것입니다. 그러나 역사의 뒷면은 그리 단순하지 않습니다.

한국고대사의 뒷골목

ⓒ 박인호, 2024

초판 1쇄 발행 2024년 2월 1일

지은이   박인호
펴낸이   이기봉
편집   좋은땅 편집팀
펴낸곳   도서출판 좋은땅
주소   서울특별시 마포구 양화로12길 26 지월드빌딩 (서교동 395-7)
전화   02)374-8616~7
팩스   02)374-8614
이메일   gworldbook@naver.com
홈페이지   www.g-world.co.kr

ISBN   979-11-388-2745-4 (03910)